W0072293

Klassiker der politischen Ideengeschichte

Von Platon bis Marx

von
Professor
Dr. Walter Reese-Schäfer
Georg-August-Universität Göttingen

2., überarbeitete und aktualisierte Auflage

Oldenbourg Verlag München

Bibliografische Information der Deutschen Nationalbibliothek

Die Deutsche Nationalbibliothek verzeichnet diese Publikation in der Deutschen
Nationalbibliografie; detaillierte bibliografische Daten sind im Internet über
http://dnb.d-nb.de abrufbar.

© 2011 Oldenbourg Wissenschaftsverlag GmbH
Rosenheimer Straße 145, D-81671 München
Telefon: (089) 45051-0
oldenbourg-verlag.de

Das Werk einschließlich aller Abbildungen ist urheberrechtlich geschützt. Jede Verwertung
außerhalb der Grenzen des Urheberrechtsgesetzes ist ohne Zustimmung des Verlages unzulässig
und strafbar. Das gilt insbesondere für Vervielfältigungen, Übersetzungen, Mikroverfilmungen
und die Einspeicherung und Bearbeitung in elektronischen Systemen.

Lektorat: Kristin Beck
Herstellung: Constanze Müller
Einbandgestaltung: hauser lacour
Gesamtherstellung: Grafik + Druck GmbH, München

Dieses Papier ist alterungsbeständig nach DIN/ISO 9706.

ISBN 978-3-486-70452-5

Inhaltsübersicht

Inhalt

1   Einleitung

Ein sehr nützliches Buch trägt den Titel „Guide to the places in the world you must have seen before you die". Ganz in diesem Sinne versteht sich mein Buch als Reiseführer zu den Texten der politischen Ideengeschichte, die man gelesen haben muss, bevor man stirbt. Es sind jene Texte, auf die sich alle anderen beziehen, also die wirklichen Klassiker. Insgesamt handelt es sich um etwa zwanzig bis fünfundzwanzig Texte.[1] Die Auswahl der in diesem Band vorgestellten Theorien und Theoretiker ist nicht schwer zu erklären. Es werden solche Theoretiker behandelt, die jeweils einen neuen Aspekt und einen neuen Gedanken in die politische Ideengeschichte eingebracht haben. Bei Platon finden wir schon die entscheidenden Motive: der Theoretiker versucht, als Politikberater zu wirken und scheitert dabei. Er verwirft von seinem ihm selbst als überlegen erscheinenden Standpunkt jedwede Machtpolitik als moralisch untragbar, was ihn weiterleitet zum Gesamtentwurf eines vollkommen neuen Staatsmodells, das von einer Philosophenherrschaft gelenkt und vom Gemeineigentum der herrschenden Klasse bestimmt wird. Am Anfang der politischen Philosophie schon steht der Bruch zwischen Macht und Denken, ein Thema, das bei den Intellektuellen der Aufklärung wiederkehrt und schließlich bei Marx in einer explosiven Mischung von Machtdenken und philosophischer Verwirklichungskonzeption mündet, mit der nach der Meinung Hannah Arendts und anderer die Geschichte der politischen Philosophie an ihr Ende gekommen ist.

Doch schon ein Schüler Platons, Aristoteles, hatte die utopischen Elemente von dessen Denken kritisiert und den unvermeidlichen Pluralismus jeder politischen Theoriekonzeption vertreten. Er entwarf die empirische Politikwissenschaft, die auf der Sammlung und dem systematischen Vergleich unterschiedlicher Verfassungsformen beruhte. Er entwickelte eine Typologie der Herrschaftsformen, die im Kern bis heute Bestand hat. Die Rezeption seines Denkens bestimmte die politische Philosophie im Mittelalter, nicht nur in der westlichen, sondern auch in der islamischen Welt. Die bei näherer Betrachtung durchaus faszinierende Geschichte des mittelalterlichen Rationalismus wird hier übersprungen, weil in jener Phase die Produktivität eigener Gedanken hinter die Rezeptivität zurücktrat und keiner der mittelalterlichen Theoretiker die Ranghöhe eines Aristoteles, Hobbes, Rousseau, Kant oder Marx erreicht hat.

Der nächste Schritt ist die radikale Abkehr von jeglichem Moralismus in der Politik und zurück zum Machtdenken der Sophisten und Vorplatoniker, den Machiavelli vor allem in seinem „Fürsten" (*Il Principe*) in bis heute paradigmatischer Form vollzogen hat. Böses und schlechtes Verhalten, um dessen Nutzen die Herrschenden selbstverständlich immer gewusst hatten, wird hier in glänzender Rhetorik als politisch überlebensnotwendig, ja im Grunde als

---

[1]   Im Anhang habe ich zur Anregung eines selbständigen Weiterstudiums eine Leseliste beigefügt, die auch die Lücken zwischen den hier behandelten Texten schließt und knapp 60 Titel umfasst. Das Schlusskapitel skizziert Methoden und Verfahrensweisen einer Auseinandersetzung mit klassischen Texten.

politisch gut, weil unvermeidlich, dargestellt. Mit Machiavelli ist die politische Philosophie erstmals nicht mehr einfach eine Theorie des Guten, sondern eine Theorie vom Nutzen des Bösen.

Das neoplatonische Gegenbild wird entworfen von den großen Utopien der Renaissance. Thomas Morus hat mit seiner *Utopia* die Gattung der politischen Utopie ins Leben gerufen und ein klassisches Muster geschaffen, an dem alle späteren Utopien sich orientiert haben: Zeitdiagnose, Zeitkritik, Analyse der gesellschaftlichen und ökonomischen Lebensumstände und der große Gegenentwurf, entweder an einem unbekannten Ort oder weit in der Zukunft angesiedelt, sind die typischen Merkmale der ebenso reichhaltigen wie vielfältigen utopischen Literatur. In diesem Abschnitt wird erstmals nicht ein Autor mit seinem Werk behandelt, sondern im Wege eines ideengeschichtlichen Längsschnitts Anfang und Gegenwart der politischen Utopien miteinander verknüpft, denn die erschreckenden Negativutopien des 20. Jahrhunderts, allen voran George Orwells *1984*, vollenden nur die kollektivistische Tradition einer zugunsten der sozialen Stabilität gelenkten und gebremsten Ökonomie, wie sie für fast alle Utopien charakteristisch ist.

Mit Thomas Hobbes wird das politische Gemeinwesens erstmals auf die vertraglich geäußerte Zustimmung jedes Einzelnen gegründet. Alle Menschen (übrigens auch die Frauen) sind bei der Vertragschließung gleich und übertragen aus Angst und dem Bedürfnis nach Sicherheit alle Macht dem Leviathan, jener zentralen Gewalt, die entweder eine Person oder eine Körperschaft darstellt. Gegen Hobbes haben John Locke und Jean-Jacques Rousseau eingewendet, dass es nicht schlüssig sei, aus Angst vor Füchsen und Mardern nun einem Löwen die Macht zu übertragen, der einen jederzeit selbst auffressen kann. Locke führte deshalb die Idee der Gewaltenteilung in die politische Theorie ein und reaktivierte die mittelalterliche Konzeption des Widerstandsrechts unter modernen kontraktualistischen Vorzeichen. Der Gewaltenteilungsgedanke wurde dann von Montesquieu an Hand seiner Interpretation der damaligen englischen Verfassungsstruktur in eine bis heute wirkmächtige und vielfältig rezipierte Form gebracht.

Adam Smith hat 1776 eine Revolution des ökonomischen Denkens ausgelöst mit seiner Theorie des rationalen Eigeninteresses. Da er systemisch dachte und das Funktionieren der Arbeitsteilung ohne zentrale Leitung zu erklären suchte, war das Böse für ihn nicht nur wie bei Machiavelli eine realistische Gegenwelt zur Predigt aller Moralisten, sondern er band es in einen Strukturzusammenhang ein, in dem ein so schlechter Zug wie die Geldgier die Motivation lieferte, für das Wohl der Kunden hart und unermüdlich zu arbeiten. In einer Ideengeschichte, die bis ins 19. Jahrhundert reicht, kann nicht die ganze Tragweite von Smiths Innovationen entwickelt werden, denn vieles davon hat sich erst in der Institutionenökonomie und der rationalen Entscheidungstheorie des 20. Jahrhunderts entfaltet. Aber bis hin zu Marx werde ich die Wirkungen seiner Theorie verfolgen, denn dort zeigt sich auch die Ambivalenz, zeigen sich die Gefahren und die Fehler dieses Denkansatzes.

Die politische Theorie der Aufklärung wird von mir wieder in einem größeren Zusammenhang dargestellt, um deutlich zu machen, dass sich hier ein Modell theoretischer Gruppenbildung mit weitreichenden Folgen beobachten lässt. Bewusst habe ich die Darstellung der Gedanken von Jean-Jacques Rousseau in dieses Kapitel integriert, um klarzumachen, dass er keineswegs als Gegner, sondern als Protagonist der Aufklärung rezipiert wurde und dass die Differenzen zwischen Verstand und Gefühl, aber auch der Gegensatz zwischen Rousseaus

Fortschrittskritik und dem Fortschrittsdenken Turgots und Condorcets in den inneren Kern der Aufklärung selbst gehören. Es geht mir in diesem Kapitel auch um eine Ehrenrettung der Aufklärung gegen eine oftmals flache und oberflächliche Kritik, die eine ihrer Hauptursachen darin hat, dass sich erstmals in dieser Zeit eine radikale Religionskritik unter den Intellektuellen ausbreitete, welche nicht nur die damaligen klerikalen Herrschaftsansprüche in Frage stellte, sondern sogar noch heute Gefühle verletzen kann. Die Aufklärung gehört zu den am meisten kritisierten Epochen der politischen Ideengeschichte. Rousseaus Idee einer Zivilreligion, die für den politischen und sozialen Zusammenhalt einer Gesellschaft erforderlich sei, passt genau in diese aufregende und von Gegensätzen und Widersprüchen zerrissene Denkwelt.

Immanuel Kant verdient als Vollender der politischen Aufklärung einen eigenen Abschnitt. Seine vielbelächelte Theorie des ewigen Friedens hatte im Abbé Saint-Pierre und in Rousseau ihre Vorläufer. Kant allerdings hat die präzisesten und folgenreichsten Formulierungen gefunden, aus denen sich die Gründung des Völkerbundes und der UNO ergab. Die neuere Politikwissenschaft hat sich empirisch wie theoretisch mit seiner Hypothese auseinandergesetzt, dass republikanische Verfassungen Ländern daran hindern, Kriege zu beginnen, und dass der Handelsgeist als friedensstiftender Faktor wirkt. Beides schien durch den Ausbruch des Ersten Weltkriegs auf der ganzen Linie widerlegt. Heute aber zeigt sich, dass zwischen liberalen Demokratien tatsächlich ein Separatfriede existiert, und es ist auch klargeworden, dass Kant eher an einen Bund der freien Staaten, keineswegs an eine Organisation aller Länder unter Einschluss der Diktaturen und Tyranneien gedacht hatte.

Alexis de Tocqueville ist der analytische Beobachter der amerikanischen Demokratie, dessen durch Experteninterviews wohlinformierte Überlegungen in den USA bis heute vielfach als zutreffende Beschreibungen ihres politischen Systems und damit der ersten dauerhaft funktionierenden Massendemokratie der Welt überhaupt aufgefasst werden. Tocqueville als Vernunftrepublikaner warnte, ganz wie Kant, vor der Tyrannei von Mehrheiten in Systemen, die sich über die individuelle Freiheit und die Gewaltenteilung hinwegsetzen. Seine Analyse der Ursachen und der Vorgeschichte der französischen Revolution aus den Quellen und Akten führte die Geschichtsschreibung zu neuen Hypothesen: nicht Repression, Armut und Unterdrückung hatten zur Revolution geführt, sondern vielmehr die Lockerung der Repression und der Aufstieg vieler unterer Volksschichten. Bis in das 20. Jahrhundert sind Tocquevilles Analysen Anlass für Historikerkontroversen gewesen. Noch François Furet griff auf sie zurück, als er die gängige heroisierende französische Revolutionsgeschichtsschreibung aus den Angeln zu heben versuchte.

Mit Marx schließlich ist die klassische politische Ideengeschichte an ihr Ende gelangt. Bei ihm liegt der radikale Anspruch vor, die politische Philosophie nicht mehr weiterzuspinnen, sondern direkt in die Praxis umzusetzen. Vielfach werden erst seine Nachfolger wie Lenin und Stalin für die fürchterlichen Folgen dieses Projekts verantwortlich gemacht. Ich werde jedoch zu zeigen versuchen, wo die Probleme der Marxschen Lehre selbst liegen und weshalb ihr Anspruch, der Smithschen Anarchie des Marktes geordnete Planung und Lenkung entgegenzusetzen, viele der gewalttätigen und terroristischen Konsequenzen impliziert, ob er dies nun gewollt hat oder nicht. Marx steht in der Denktradition Platons und der Renaissanceutopien. Sein antiutopisches Bilderverbot, sich die sozialistische Zukunft auszumalen, hat es verhindert, dass die repressiven und totalitären Elemente der Utopietradition als rechtzeitige Warnung hätten verstanden werden können. Da Marx auch nach dem Zusammenbruch des Sozialismus von allen hier behandelten Theoretikern immer noch die stärksten Nachwirkungen ausübt, stellt er auch die größte Herausforderung dar. Deshalb habe ich ihm, dessen Denken auch meine eigene Studienzeit geprägt und beeinflusst hat, die gründlichste und ausführlichste Auseinandersetzung gewidmet.

Selbstverständlich war die Geschichte des politischen Denkens mit Marx nicht wirklich an ihr Ende gelangt. Trotzdem hat sich hier ein Bogen geschlossen. Die politische Theorie des 20. Jahrhunderts, die ich in meinem Band *„Politische Theorie der Gegenwart in fünfzehn Modellen"* behandelt habe[2], basiert auf den hier analysierten Klassikern der politischen Theorie. John Rawls ist ohne die Vertragstheorie und ohne Kants antiutilitaristische und antikonsequentialistische[3] Moralkonzeption nicht verständlich. Ludwig von Mises und der kapitalistische Anarchismus reagieren auf Marxens These von der Anarchie des Marktes, die sie positiv als Leistungskraft und Leistungsfähigkeit von Markt und Wettbewerb aufgreifen und so die klassischen Lehren von Adam Smith auf neue Weise gegen Marx aktualisieren. Michel Foucault, der sich permanent an Marx und dessen Anhängern reibt, hat den Neoliberalismus der modernen Ökonomie zum Gegenstand seiner Theorie der Gouvernementalität gemacht. Jean-François Lyotard zeigt, wie die postmoderne Wissensgesellschaft das Ende der großen Emanzipationserzählungen eingeleitet hat. Niklas Luhmann, der originellste der Gegenwartstheoretiker, entwirft eine Sphärentheorie der Systeme, die gegen die politische Ökonomie der Traditionslinie von Smith über Marx zu den Neoliberalen gerade die Trennung von Politik und Ökonomie verlangt. Jürgen Habermas bringt über das kommunikative Handeln und die implizite Ethik der Diskurse eine neue prozedurale Moralbegründung in das politische Spiel ein, nachdem Marx versucht hatte, der Linken moralische Erwägungen auszutreiben und diese durch einen rigiden Wissenschaftlichkeitsanspruch zu ersetzen. Hannah Arendt hat die Handlungstheorie wiederbelebt und so gezeigt, dass trotz Marx die politiktheoretische Klassik nicht ganz verloren ist und dass sich die – amerikanische – Revolution durchaus in der aristotelischen Traditionslinie denken lässt. Kommunitarische Theoretiker wie Amitai Etzioni und Michael Walzer können zeigen, dass trotz der utopischen und marxistischen Geschichte eines radikalen Kollektivismus heute eine Wiederbelebung von Gemeinschaftsdenken unter liberalen Vorzeichen möglich ist, die nicht in die Fallen des Antiindividualismus geht. Die demokratische Friedenstheorie schließlich bekennt sich so entschieden zu ihrem Erbe aus Kants Friedensschrift wie die rationale Entscheidungstheorie zu den systemisch-egoistischen Hypothesen von Adam Smith. Karl Popper und Hans Albert machen klar, dass eine methodologische und sozialphilosophische Kritik am Ganzheitsdenken der Sozialphilosophie eine hilfreiche Versicherung liberaler Demokratien gegen den Absturz in neue Totalitarismen sein kann.

All diesen politischen Ideen im 20. Jahrhundert wird man vielleicht dann am ehesten gerecht, wenn man sie nicht oder höchstens zum Teil als genuine politische Philosophie, sondern eher als politische Theorie betrachtet, die auf den Schultern der Klassiker selbst noch kaum klassischen Rang beanspruchen kann, sondern deren Themen in immer neuen Variationen aus-

---

[2]   Reese-Schäfer, Walter: Politische Theorie der Gegenwart in fünfzehn Modellen, München und Wien 2006.

[3]   D.h.: Die Folgen einer Handlung werden bei der moralischen Bewertung nicht berücksichtigt.

führt und – durchaus produktiv – weiterdenkt. Aus diesem Grunde halte ich es für gerechtfertigt, einen Band zur politischen Ideengeschichte mit Marx zu beenden.

Gelegentlich ist der Versuch unternommen worden, eine politische Ideengeschichte ohne die Heraushebung von Klassikern, lediglich durch Rekurs auf eine Vielzahl von Autoren zu schreiben, die oftmals nur dem Namen nach vorkommen.[4] Aber ohne Hierarchisierung des Quellenmaterials wird die Darstellung zum bloßen *namedropping*, zum bloßen Erwähnen und Fallenlassen von Namen. Auch das andere Extrem, das bei Juristen besonders beliebt ist, die Ideengeschichte ausschließlich als Abfolge von Klassikern zu betrachten, welche chronologisch, Name für Name abgehandelt werden, erschien mir unattraktiv. Um jeden der in diesem Band behandelten Autoren herum gibt es eine Vielfalt von anderen, die auch hätten erwähnt werden können. Sogar von diesen Autoren gibt es eine Vielzahl von Texten, während ich mich bemüht habe, die Darstellung auf wenige zentrale und dicht geschriebene, stringent argumentierende, eben „klassische" Texte zu konzentrieren. Die Zitation dieser Texte hat immer auch die Funktion einer Einladung zur direkten, eigenen Lektüre.

In der vielfältigen Wirklichkeit permanent veröffentlichter Texte bilden Klassiker, die dies zu Recht für sich beanspruchen können, eine Art deutlich sichtbaren Höhenkamm. Gerade in den Kanondiskussionen der verschiedenen Literaturwissenschaften ist die Höhenkammliteratur immer wieder kritisch in Frage gestellt worden. Es hat sich aber gezeigt, dass solche Diskussionen letztlich nicht zur Verwerfung kanonischer Ansprüche geführt haben, sondern vielmehr dazu dienten, den Kanon lebendig zu erhalten, indem neue Autoren in ihn eingeführt und andere entfernt wurden. Vor allem aber musste durch derartige Diskussionen immer wieder der Rang derer, die weiterhin kanonisch bleiben sollten, verteidigt und begründet werden. Autoren wie der Kirchenvater Augustinus, wie Thomas von Aquin oder William von Ockham, wie Marsilius von Padua oder Dante Alighieri mit seiner *Monarchia* haben die politische Ideenwelt des Mittelalters bestimmt.[5] Dem hier gestellten Anspruch einer theoretischen Innovation gegenüber der bisherigen Tradition allerdings haben sie nicht wirklich entsprochen. Wenn ich überhaupt einen mittelalterlichen Autor hätte aufnehmen wollen, dann hätte ich Ibn Khaldun, den arabischen politischen Soziologen und Verfasser der berühmten Einleitung in die arabische Geschichte aus dem 14. Jahrhundert behandelt. Dies allerdings wäre ohne Hinweise auf Averroës (Ibn Ruschd) und Avicenna (Ibn Sina) unvollständig gewesen, darüber hinaus wäre es mir unausgewogen erschienen, dann nicht doch die westlichen Philosophen und Theologen des Mittelalters daneben zu stellen. Schon wäre auch bei konzentriertester Darstellung ein Band von weit über 120 Seiten allein für die politische Philosophie des Mittelalters erforderlich gewesen. Ich habe einiges davon allerdings nachgeholt in meinen beiden kleinen Bänden: „Platon interkulturell gelesen" und „Aristoteles interkulturell gelesen"[6], denn alle diese Autoren gehören zur mittelalterlichen Antikerezeption. Für den Zusammenhang der politischen Ideengeschichte jedoch kam es vor allem auf Originalität und Zuspitzung der Argumente an, nicht dagegen auf die möglichst gleichmäßige Repräsentation westlicher und nichtwestlicher Traditionen.

---

[4] Z.B. bei Fenske, Hans; Mertens, Dieter; Reinhard, Wolfgang; Rosen, Klaus: Geschichte der politischen Ideen von Homer bis zur Gegenwart, Frankfurt am Main 1991.

[5] Dante Alighieri: De Monarchia, lat.-dt., Hg., Einl. und Übers. Imbach, Ruedi, Stuttgart 1989.

[6] Reese-Schäfer, Walter: Platon interkulturell gelesen, Nordhausen 2009; ders.: Aristoteles interkulturell gelesen, Nordhausen 2007.

Auch bei John Locke lässt sich zeigen, welche vielfältigen Einflüsse von Broschüren und Pamphleten in seine „Zweite Abhandlung über die Regierung" eingegangen sind. Er aber hat all diesen Überlegungen die klassische Formulierung gegeben. Genauso ist das Marxsche Denken Produkt einer Verbindung von deutschem Junghegelianismus mit dem französischen Frühsozialismus insbesondere der Traditionslinie von Claude-Henri de Saint-Simon und Proudhon. Das, was Marx und Engels daraus entwickelt haben, ist aber insofern kanonisch zu nennen, als es eine prägende und wirkungsmächtige Form gefunden hat.

Insgesamt geht es bei der Auswahl der in diesem Band behandelten Theoretiker um die Textgrundlagen für das politische Selbstverständnis unserer Gesellschaft. Die Gemeinschaft der über Politik Diskutierenden entwickelt einen Prozess der provisorischen, immer nur momentan geltenden Übereinstimmung, welche Texte ihr wichtig sind, welche sie zu ihrem Gesprächskontext benötigt oder für unverzichtbar hält. Es ist eine aufklärerische Aufgabe, die Kenntnis dieser Texte zu vermitteln, damit die immer neu in diesen Diskurs Eintretenden nicht durch die Erwähnung großer Namen und ihnen unbekannte Anspielungen eingeschüchtert und unmündig gehalten werden können. Zugleich muss ständig an der Veränderung und Neubegründung des Kanons gearbeitet werden, damit dieser nicht zur Orthodoxie erstarrt und so das Denken dogmatisch lähmt.

Am Schluss der einzelnen Kapitel steht jeweils ein Kasten mit dem Hinweis auf die wichtigsten bzw. am besten erreichbaren und handlichsten *Textausgaben*. Da ich zum Selberlesen anregen und einladen möchte, vermeide ich die Unsitte vieler Gelehrter, nur die Gesamtausgaben zu nennen, welche lediglich in Bibliotheken greifbar sind, sondern habe auf die Erreichbarkeit der Texte für Studierende und auch auf die Qualität der Übersetzung geachtet. Wo es hilfreich schien, habe ich knappe Bemerkungen und Kommentare hinzugefügt. In einem zweiten Kasten schließt sich eine Auswahl aus der *Sekundärliteratur* an, die nicht um Vollständigkeit bemüht ist, sondern ausdrücklich empfehlenden Charakter trägt. Der tatsächliche Klassikerstatus der hier behandelten Autoren manifestiert sich auch darin, dass alle in aktuellen Ausgaben und immer wieder verbesserten, der Sprachentwicklung und neueren Forschungsergebnissen angepassten Übersetzungen verfügbar sind. Wo es zweisprachige Textausgaben gibt, wird auf sie verwiesen.

Im studienpraktischen Anhang am Ende dieses Bandes werden *Fragen* zum Textverständnis formuliert, die dem vertiefenden Selbststudium und der Anregung zur weiteren oder auch zur erneuten, genaueren Lektüre dienen sollen. Darauf folgt eine knapp sechzig Titel umfassende Leseliste von Texten klassischer Qualität und Bedeutung, die ebenfalls als Anregung und Anstoß zur Weiterlektüre zu verstehen ist. Etwa die Hälfte der dort angegebenen Titel wird in den folgenden Kapiteln kommentiert, dargestellt oder kritisiert. Die übrigen sind als ergänzende Bereicherung gemeint.

Gesamtdarstellungen und Nachschlagewerke zur politischen Ideengeschichte:

Fenske, Hans; Mertens, Dieter; Reinhard, Wolfgang; Rosen, Klaus: Geschichte der politischen Ideen von Homer bis zur Gegenwart, Frankfurt am Main 2003 (wie schon aus dem Titel hervorgeht, werden auch literarische Quellen einbezogen, dadurch werden die einzelnen Theorien mehr erwähnt als analysiert).

Fetscher, Iring, und Münkler, Herfried (Hg), Pipers Handbuch der politischen Ideen, 5 Bände, München und Zürich 1985ff (enthält sowohl Klassikerartikel als auch übergreifende Darstellungen etwa zum islamischen Rationalismus des Mittelalters, zur Staatsräson, zum Widerstandsrecht oder zur Imperialismustheorie).

Gress, David: From Plato to NATO, New York 1998 (umfassende kritische Geschichtsdarstellung westlichen politischen Denkens vom alten Griechenland bis zum kalten Krieg und dem Scheitern des Universalismus).

Hauptwerke der politischen Theorie. Hg. von Stammen, Theo; Riescher, Gisela und Hofmann, Wilhelm, Stuttgart 1997 (enthält Artikel über 154 Hauptwerke der politischen Theorie von den Anfängen bis zur Gegenwart, reicht also deutlich über die wirklich klassischen Texte hinaus).

Lieber, Hans J. (Hg.): Politische Theorie von der Antike bis zur Gegenwart, München 1991 (Ein Überblickswerk des lexikalisch-aufzählenden Typus, trotz aller Schwächen immer noch die beste Darstellung in einem Band).

Maier, Hans; Rausch, Heinz und Denzer, Horst (Hg.), Klassiker des politischen Denkens, 2 Bände, München 1968, Neuausgabe 2008 (enthält solide und ausführliche Artikel zu Platon, Aristoteles, Cicero, Augustinus, Thomas von Aquin, Dante, Marsilius von Padua, Machiavelli, Morus, Luther, Vitoria, Grotius, Bodin, Hobbes, Locke, Pufendorf, Montesquieu, den Federalist Papers, Rousseau, Sieyes, Burke, Kant, Hegel, Tocqueville, Mill, Comte, Marx, Nietzsche und Max Weber).

Ottmann, Henning: Geschichte des politischen Denkens, Stuttgart und Weimar 2001ff.

Sabine, George H. und Thorson, Thomas L.: A History of Political Theory, 4th Edition, Chicago 1961 (die Stärke dieses Bandes ist die Präsentation der Ideen in ihrem historischen Kontext).

Steinvorth, Ulrich: Stationen der politischen Theorie. Hobbes, Locke, Rousseau, Kant, Hegel, Marx, Weber, Stuttgart 1981 (nachvollziehbarer Kanon, philosophische Durchdringung).

Sternberger, Dolf: Drei Wurzeln der Politik, Frankfurt am Main 1978 (behandelt Aristoteles, Machiavelli, Marx und Augustinus als Politologik, Dämonologik und Eschatologik. Die Zitationsnachweise finden sich in einem separaten Anmerkungsband).

Strauss, Leo und Cropsey, Joseph: History of Political Philosophy, 3 rd Edition, Chicago und London 1987 (dieser Band bietet anders als im Titel angekündigt, keine zusammenhängende Geschichte, sondern enthält wie der Band von Hans Maier und anderen gründlich gelehrsame Artikel über Klassiker. Interessant ist, dass der Kanon um Alfarabi und Moses Maimonides erweitert wird, ansonsten handelt es sich um die westliche Tradition).

Weber-Fas, Rudolf: Staatsdenker der Moderne. Klassikertexte von Machiavelli bis Max Weber, Tübingen 2003 (Textausschnitte mit kurzen Einführungen).

Weber-Fas, Rudolf: Staatsdenker der Vormoderne. Klassikertexte von Platon bis Martin Luther, Tübingen 2005 (Textausschnitte mit kurzen Einführungen).

2   Platon: Zwischen Machtkritik und Politikberatung

Platon (427-347/48 v. Chr.) ist in seinem Leben dreimal an den Hof des Tyrannen von Syrakus in Sizilien gereist, um als Politikberater tätig zu werden. Über die Geschichte der Misserfolge, ja sogar der Lebensgefahr, in die er bei diesen Unternehmungen geraten ist, hat er in seinem Siebenten und Achten Brief berichtet. Durch diese beiden Briefe kann er nicht nur als Klassiker der politischen Ideengeschichte, sondern auch als Klassiker der Politikberatung gelten. Die Geschichte dieses Beratungsunternehmens soll hier nicht im Einzelnen nachgezeichnet werden.[7] Bemerkenswert ist an dieser Stelle nur das Motiv eines Autors, der aus dem demokratischen Athen kam, sich aber als Ratgeber in eine Umgebung verdingte, die ihm „nicht gemäss" war, wie er es vorsichtig umschreibt: „Denn jetzt brauchte ich nur einen einzigen Menschen hinlänglich zu überzeugen, und ich würde alles Gute erreicht haben."[8] Der kürzeste Weg für den politischen Philosophen besteht darin, den Diktator zu überzeugen. Platon war sich bewusst, dass er seine berühmte These aus der Politeia, die Philosophen sollten König sein oder wenigstens die Herrscher Philosophen werden, bei passender Gelegenheit auch umsetzen müsse, „um mir nicht etwa als bloßer Theoretiker vorzukommen".[9] Schon in ihren Anfängen bewegt sich die Geschichte des politischen Denkens in diesem Spannungsverhältnis von Philosophie und Demokratie. Viele der Meisterdenker von Platon über Hobbes bis Karl Marx waren Gegner der Demokratie.

Bei Platons *Staat (Politeia)* handelt es sich um etwas ganz anderes als um praktische Politikberatung. Was dort als Gedankenexperiment von Sokrates und seinen Gesprächspartnern durchgespielt wird, hat beinahe alle Motive versammelt, die für Platon charakteristisch sind. Es wird aber weiter unten gezeigt werden, dass der in Syrakus beschrittene Weg, nämlich die Erziehung des Machthabers, methodisch gesehen der einzige Weg war, den man beschreiten konnte, wenn man die Gedanken der *Politeia* in die Wirklichkeit umsetzen wollte.

Der erste Teil des *Staat* dient als Problemaufriss. Der Sophist Thrasymachos hatte einige Zeit der Debatte zugehört und war dabei zunehmend ungeduldig geworden. Sokrates berichtet: „Als wir aber nach meinen letzten Worten eine Pause machten, hielt er nicht mehr länger an sich, sondern krümmte sich zum Sprung zusammen wie ein wildes Tier und stürzte sich auf uns, als wollte er uns zerreißen. Ich und Polemarchos waren wie betäubt vor Schreck. Er aber rief mitten unter uns hinein: Was für ein elendes Geschwätz, Sokrates, ist es, an das ihr euch

---

[7]   Ich habe dies ausführlich getan in Reese-Schäfer, Walter: Antike politische Philosophie zur Einführung, Hamburg 1998, S. 71-84.

[8]   Platon: Siebenter Brief, 328c.

[9]   Ebenda.

nun schon so lange verloren gebt!"[10] Er verlangt, dass endlich genau gesagt wird, was Gerechtigkeit eigentlich sei, statt sich lange bei umständlichen Definitionen im Vorfeld aufzuhalten. Sokrates antwortet mit dem Hinweis, dass er es nicht weiß, aber sich gerne von einem Wissenden, wie Thrasymachos doch offenbar einer sei, belehren lasse wolle. Thrasymachos verlangt für seine Antwort als guter Sophist, der von seiner Weisheit lebte, ein Honorar. Offenbar lässt er sich dann aber doch zu einem kostenlosen Diskurs überreden, auch wenn einige der Gesprächsteilnehmer das Angebot machen, anstelle von Sokrates die Bezahlung zu übernehmen.

Die politische Konzeption von Thrasymachos erinnert an die des Kallikles aus dem *Gorgias*. Das Gerechte ist seiner Auffassung nach nichts anderes als der Vorteil des Stärkeren. Diese These erläutert er damit, dass jede Regierung sich ihre Gesetze zu ihrem eigenen Vorteil gibt, „die Demokratie demokratische, die Tyrannis tyrannische usw. Durch diese Art der Gesetzgebung bekunden sie eben, dass für die Regierten dasjenige gerecht ist, was ihnen selbst (den Regierenden) vorteilhaft ist, und wer es übertritt, den bestrafen sie als einen Gesetzesverächter und einen, der Unrecht tut. Und dies ist, mein Bester, was – so behaupte ich – in allen Staaten in gleicher Weise 'gerecht' ist, nämlich der Vorteil der bestehenden Herrschaft. Diese ist an der Macht, so dass für jeden, der nur richtig überlegt, daraus folgt: Überall ist das Recht dasselbe, nämlich der Vorteil des Mächtigeren!"[11]

Die Sprache, in der Thrasymachos sich ausdrückt, ist noch rudimentär, und es gelingt Sokrates sehr bald, ihn in Widersprüche zu verwickeln. Im Grunde ist die gesamte *Politeia* der Widerlegung dieses einen Gedankens gewidmet, denn auch noch, als Thrasymachos längst schweigt, vielleicht gar nach Hause gegangen ist, kommen die anderen Gesprächspartner mehrfach auf sein Argument zurück und versuchen, es besser zu formulieren, weil es ihnen anfangs zu schnell widerlegt worden war. Aus diesem Grunde lohnt es sich, ein wenig länger hierbei zu verweilen. Die sokratisch-platonische Position hat sich durchgesetzt, während von den Sophisten wenig überliefert ist. Schon aus dem Gefühl heraus, dass ihnen durch Platons einseitige Porträtierung ein Unrecht geschehen sein könnte, ist vor allem im 20. Jahrhundert ihre Ehrenrettung versucht worden. Aus diesem Grunde hat Ralf Dahrendorf 1966 sein „Lob des Thrasymachos" verfasst als einem der ersten Machttheoretiker.

Gerechtigkeit ist nach Thrasymachos kein objektiver oder absoluter Begriff, sondern einer, der unter verschiedenen Regimes jeweils anders gefasst wird. In Wirklichkeit ist sie kein letztes Prinzip. Hinter ihr verbirgt sich das allgemeinere Prinzip der Macht. Diese umfasst für den Dahrendorf von damals, der am Beginn seiner eigenen kurzen politischen Karriere in Deutschland stand, neben einigen anderen einfachen Versicherungen, wonach „Konflikt und Wandel allgegenwärtig sind und der politische Prozess sich nicht kalkulieren lässt", den ganzen Inhalt des Politischen.[12] Für ihn haben Thrasymachos und sein neuzeitlicher Nachfolger Thomas Hobbes darin recht, dass Institutionen und Gesetze nicht Ergebnisse der Moral, der Gerechtigkeit oder des Konsens sind, sondern vielmehr Bastionen gegen die Schlechtigkeit der Menschen. „Der Ausgang vom Zwangscharakter menschlicher Gesellschaften ist

---

[10]   Platon: Politeia 336b/c.

[11]   Ebenda 338e-339a.

[12]   Dahrendorf, Ralf: Lob des Thrasymachos. Zur Neuorientierung von politischer Theorie und politischer Analyse, in ders.: Pfade aus Utopia. Zur Theorie und Methodologie, München und Zürich 4. Aufl. 1986, S. 302.

die allgemeinere, die plausiblere, die bessere Perspektive auf das soziale und politische Leben"[13]. Dieser Ansatz sollte daher die Gerechtigkeits- und Konsenstheorien ersetzen, die sich nur auf einen eher unwahrscheinlichen Sonderfall beziehen und im Grunde nur für diesen Erklärungskraft besitzen. Für den modernen Liberalen Dahrendorf behält deshalb Thrasymachos Recht gegenüber Sokrates. Der sokratische Moralismus steht in Gefahr, sobald die Wertbindung verabsolutiert wird, eine totalitäre Gesellschaft herbeizuführen.

Wirkungsgeschichtlich ist es wohl vor allem dem Thrasymachos zu verdanken, dass Platons *Politeia* eines seiner meistgelesenen Werke wurde. Die „Gesetze" (*Nomoi*), sein sehr viel umfangreicheres Spätwerk, sind demgegenüber verblasst, weil in ihnen ein solcher Diskussionspartner und damit der Reiz der scharfen intellektuellen Auseinandersetzung fehlt. Dennoch ist Thrasymachos nicht gerade der klügste und geschickteste Vertreter der Machtposition. Jedenfalls in der platonischen Darstellung benötigt Sokrates nur wenige einfache Argumenten, um ihn zu schlagen. Das Gerechte soll also das für die jeweilige Regierung Vorteilhafte sein. Was nun aber, wenn diese sich täuscht und ungewollt etwas für sie Schädliches anordnet? Wäre das dann auch gerecht? Sokrates beharrt auf einem äußeren, in irgendeiner Weise objektiven Maßstab. Thrasymachos lässt sich ungeschickterweise darauf ein. Ungeschickterweise deshalb, weil Kleitophon ihm zu helfen versucht und einwirft, auf objektiven Vorteil komme es nicht an, sondern gerecht sei einfach das, von dem der Stärkere glaubt, es sei gut für ihn. Diesen Einwurf übergeht Thrasymachos. Seine Antwort, dass der Stärkere, der fehlerhaft handelt, dann eben nicht mehr der Stärkere sei, lässt seine Position ins Schwimmen geraten. Der Arzt, der in der Behandlung des Kranken fehlgreift, ist dann eben kein Arzt mehr, und es ist nur eine fehlerhafte Redeweise, wenn man sagt, der Arzt habe einen Fehler gemacht. Dies bietet eine neue Angriffsfläche für Sokrates, der ihm nachweist, der Arzt würde dann als fehlerfreier Arzt gelten, wenn er für seinen Patienten das Richtige tut, und der Herrscher, der für seine Untergebenen das Richtige tut, nicht jedoch, was ihm lediglich selbst nützt.

Thrasymachos greift hier zum Mittel der Ironie und legt ihm dar, dass die Schaf- und Rinderhirten ja auch alles zum Wohle ihrer Tiere tun – aber doch wohl, um diese zu melken, zu scheren und zu schlachten! Er expliziert nochmals seine Moralkritik: Gerechtigkeit ist nichts weiter als ein Vorwand, um die Gehorchenden und Dienenden dazu zu bringen, nicht ihrem eigenen Interesse, sondern einem anderen zu dienen. Glücklich wird dadurch nur der Herrschende, während der Gerechte immer gegenüber dem Ungerechten im Nachteil ist. Der Ungerechte ist dagegen im Vorteil, vor allem dann, wenn es ihm gelingt, dieses Geschäft im allergrößten Stil zu betreiben, nämlich zum Tyrannen zu werden. „So hat denn, Sokrates, die Ungerechtigkeit, wenn sie nur gehörig im Großen verübt wird, etwas viel Kraftvolleres, Vornehmeres und Herrenmässigeres als die Gerechtigkeit."[14] Schärfer hat das nicht einmal Nietzsche formulieren können, und selbst Bertolt Brecht fielen nur Varianten dazu ein. Was übrigens die wirkliche Meinung des Thrasymachos war, können wir nicht rekonstruieren. Unabhängig von Platons Dialog sind nur wenige Fragmente überliefert. Gegenüber Sokrates besteht er darauf, dass dieser seine Worte widerlegen und sich nicht darum kümmern solle, ob er nun seine wahre Meinung ausspreche oder die Thesen nur um der Diskussion willen

---

[13]   Ebenda 313.
[14]   Ebenda 344c.

aufgestellt habe.[15] Für den Sophisten geht es um die Formulierung einer Position, den expressiven Ausdruck seiner Meinung, nicht so sehr um die Aufrichtigkeit. Auch der Versuch, andere durch Argumente zu überzeugen, ist ihm nicht wirklich wichtig. Er reagiert unwirsch, als er gebeten wird, mit hinreichenden Gründen darzulegen, warum es ein Irrtum ist, die Gerechtigkeit über die Ungerechtigkeit zu stellen: „Und wie soll ich dich überzeugen? Denn wenn du durch das eben von mir Gesagte nicht überzeugt worden bist, wie soll ich dir dann noch beikommen? Soll ich dir meine Worte etwa in die Seele stopfen und sie dir so beibringen?"[16]

Wieder wird einer jener für die Dialoge mit den Sophisten so charakteristischen Kämpfe um die Gesprächsführung und Gesprächstechnik ausgetragen. Auch Thrasymachos würde lieber seine Thesen in einem geschlossenen Vortrag darlegen, um nicht ständig durch die Fragen des Sokrates unterbrochen zu werden. Er gibt aber nach und lässt sich auf das Gespräch ein, um nicht dem Vorwurf ausgesetzt zu sein, er redete wie ein Volksredner. Sokrates antwortet mit einem schon damals gängigen Standardargument: „Glaubst du, dass ein Staat oder ein Heer oder Räuber oder Diebe oder sonst eine Bande, die gemeinschaftlich auf einen Frevel ausgehen, etwas ausrichten können, wenn sie selbst einander Unrecht tun?"[17] Interne Ungerechtigkeit macht Heere, Staaten und Räuberbanden unfähig, sich als Ganzes für etwas einzusetzen, und auch der Einzelne wird, wenn er mit sich selbst in Zwiespalt und Uneinigkeit ist, nicht wirksam handeln können. Auch das gibt Thrasymachos zu, obwohl Sokrates hier ein auf gewagtesten Analogien beruhender Fehlschluss unterlaufen ist, indem er über den Zwischenbegriff der Zwietracht in einer Gruppe auf die innere Uneinigkeit des Selbst kommt und diese wiederum mit Ungerechtigkeit gleichsetzt.

Gelegentlich stellt man sich in der Forschung die Frage, ob Platon solche Fehler nicht aufgefallen sein müssen. Eine stringente Argumentationslogik ist aus der systematischen Widerlegung der Sophisten jedoch erst von Aristoteles entwickelt worden. Bei Platon finden wir vielmehr das Bemühen um möglichst gründliche Begriffsdefinitionen, d.h. ein eher materiales als formales Interesse. Er ist nur bis zur Entwicklung einer Frühform der Argumentationslogik gekommen, der sogenannten *Dihairesis* (Unterscheidung, Begriffszergliederung). Vor allem in dem Dialog „Der Sophist" wird dies modellhaft vorgeführt. Es dürfte kaum einen Philosophiestudenten geben, der sich nicht mit dem Angelfischerbeispiel, der berühmtesten der *Dihairesen*, abgemüht hat. Wer erfahren will, wie man sich behelfen konnte, als die Logik noch nicht erfunden war, möge die Seiten 218c bis 221c im *Sophistes* nachlesen.

---

[15]   Ebenda 349a.
[16]   Ebenda 345b.
[17]   Ebenda 351c.

2.1   Platons Staatsutopie und die Herrschaft der Philosophen

> „Die größte Strafe aber ist es,
> von einem Schlechteren regiert zu werden,
> wenn man sich nicht selbst zum Regieren entschließt."
> (Sokrates, Politeia 347c)

Es war Sokrates zwar gelungen, gegenüber Thrasymachos zu zeigen, dass Gerechtigkeit besser sei als Ungerechtigkeit. Was Gerechtigkeit aber genau sei, blieb undefiniert. Der Rest der Politeia ist dieser Aufgabe gewidmet. Es handelt sich dabei um eine seltsame Grundkonstruktion. Sowohl einzelne Menschen als auch der Staat insgesamt können gerecht sein. Da der Staat größer ist, kann man an ihm leichter, nämlich sozusagen im Vergrößerungsglas, das Gerechte erkennen. Wenn die Grundbegriffe dann entwickelt sind, werden sie auf die Einzelpersonen übertragen. Politik wird von ihm als Schlüssel zur Psychologie verwendet, wie Ernst Cassirer bemerkt hat.[18] Es handelt sich um eine Personalisierung des Politischen. Das Politische ist für Platon kein besonderer Bereich mit eigenen Regeln wie in der Neuzeit seit Machiavelli. Der Staatskörper lässt sich mit der Einzelperson analogisieren. Ziel und Ergebnis der Betrachtung ist eine Charakterologie von Menschentypen. Die Athener Intellektuellen von damals hielten offenbar ihr politisches System für wesentlich leichter durchschaubar als wir das unsere. Der moderne methodologische Individualismus geht genau umgekehrt vor, indem er das Individuum auf seine Präferenzen reduziert und von dort aus die ganze Komplexität von Gesellschaft und Politik zu erklären sucht. Heute glaubt man, das Individuum sei theoretisch in seinen Präferenzen leicht zu erfassen, der Staat jedoch das Komplizierte und zu Erklärende. Gerade weil man bei der Lektüre einen unmittelbaren Zugang zur Lebendigkeit und Zugespitztheit der damaligen Diskussionen gewinnen kann, ist es wichtig, sich über eine solche fundamentale Differenz klar zu sein.

Trotz der immer noch nicht erlahmten Gegenwehr der Platon-Verehrer ist die derzeit herrschende Lehre in der Interpretation der *Politeia* die zuerst 1945 veröffentlichte These Karl R. Poppers, hier werde das Modell eines autoritären Staatswesens entwickelt.[19] Diese Deutung hat der Platon-Rezeption übrigens in keiner Weise geschadet, sondern den Text in eine grundsätzliche und aktuelle Kontroverse zurückgeholt, in der man sich heftig über ihn und die Regeln der Interpretation streiten kann. Popper hat Platon sehr genau gelesen und auch die Struktur und den Aufbau der *Politeia* sorgfältig reflektiert, so dass der Vorwurf an ihm vorbei geht, er habe den Unterschied zwischen Platons Denken und den in den Dialogen entwickelten Gedanken nicht berücksichtigt. Um sich für Platon zu interessieren und über sein Denken zu diskutieren, muss man ihn nicht kniefällig verehren.

---

[18]   Ernst Cassirer: Der Mythus des Staates, Philosophische Grundlagen menschlichen Verhaltens, Frankfurt 1985, S. 81.

[19]   Zum neuesten Forschungsstand vgl. Saage, Richard: Zur Utopiekritik Karl R. Poppers, in ders.: Vermessungen des Nirgendwo. Begriffe, Wirkungsgeschichte und Lernprozesse der neuzeitlichen Utopien, Darmstadt 1995, S. 69-86. Eine zusammenfassende Darstellung der Debatte findet sich bei Otto, Dirk: Das utopische Staatsmodell von Platons Politeia aus der Sicht von Orwells Nineteen-Eighty-Four. Ein Beitrag zur Bewertung des Totalitarismusvorwurfs gegenüber Platon, Berlin 1994.

Platons *Politeia* wird sogar umso interessanter, je mehr wir verstehen, dass die in diesem Werk konzipierte *geschlossene Gesellschaft* die Reaktion auf eine welthistorisch erstmalige Entwicklung war, nämlich auf den Schub der Individualisierung und Demokratisierung im damaligen urbanen Athen. Der Versuch, die geschlossene Welt der Stammesgesellschaft in einem großen Entwurf zu konservieren, in einer Rückbesinnung auf die Fundamente der Polis, ist offenbar ein Musterfall für fundamentalistische Gegenreaktionen gegen Modernisierungsprozesse, die das menschliche Sicherheits- und Orientierungsbedürfnis überfordern. Es wäre vollkommen ahistorisch, wollte man in den fundamentalistischen Modernitätsreaktionen des Sozialismus und des Faschismus in unseren Jahrhundert Spätwirkungen des platonischen Denkens sehen. Zurechenbare Kausalitäten gibt es hier nicht, wohl aber strukturelle Homologien, die lehrreich sein können für die vergleichende Analyse von Modernisierungsprozessen.[20]

Ein Durchgang durch Platons Staat ergibt, dass dieses Werk in einem erstaunlichen Maße und bis in viele Details hinein Regeln und Richtlinien des modernen Totalitarismus vorwegnimmt. Es geht nicht einfach um Unterdrückung und Zensur, sondern darum, dass das gesamte Erziehungs- und Gesellschaftssystem angelegt ist, um diese Gesellschaft in ihrer Struktur auf Dauer zu stellen und ihr die begeisterte Akzeptanz ihrer Mitglieder zu sichern. Es ist eine Klassengesellschaft, in der es entsprechend den drei Seelenteilen des Menschen drei Klassen oder, wie meist übersetzt wird, Stände, gibt. Der erste Seelenteil, der vernünftige, entspricht dem Stand der herrschenden Philosophen. Der zweite Seelenteil ist der Selbstbehauptungswille. Ihm entspricht der Krieger- bzw. Wächterstand. Der dritte Stand schließlich ist der Erwerbsstand, der dem niedrigsten Seelenteil, dem Begehrungsvermögen oder auch dem Triebhaften entspricht. Wer zu welchem Stand gehören soll, richtet sich nach der Anlage, die im Prozess der Erziehung zum Ausdruck kommt. Ein Kind aus dem Erwerbsstand kann also, wenn es schon früh die entsprechende Begabung zeigt, aufsteigen und die Erziehung der Wächter bekommen. Doch auch der Abstieg ist möglich und soll mitleidlos durchgesetzt werden. Die Philosophenherrscher werden ihren Untertanen durch einen eingängigen Mythos klarmachen, wohin sie gehören: den Herrschern war bei ihrer Erschaffung Gold beigemischt, den Gehilfen Silber, den Bauern und Handarbeitern Eisen und Erz. Jeder soll seiner Natur entsprechend das Seinige und ihm Angemessene tun.

Für die höheren Stände gelten höhere Anforderungen. Unter den Wächtern herrscht Frauen- und Kindergemeinschaft. Frauen sind gleichgestellt. Eine exklusive Ehebeziehung soll es nicht geben, weil dadurch die Gemeinschaftlichkeit gestört würde. Besitz gibt es nur für den unteren Stand. Für die Oberen ist das Privateigentum abgeschafft. Platons Argument für die Gleichberechtigung der Frauen ist in der extrem männlich geprägten Gesellschaft des antiken Athen ausgesprochen ungewöhnlich. Die gängigen Vorurteile werden der Reihe nach diskutiert und widerlegt. Wäre es nicht sittlich anstößig, wenn Frauen unbekleidet gemeinsam mit den Männern Gymnastik üben? Die Antwort ist: es habe eine Zeit gegeben, da den Griechen wie heute noch den Barbaren selbst schon der Anblick nackter Männer anstößig vorkam. Das sei eine Sache der Gewöhnung. Entsprechender Kritik müsse man standhalten. Der Einwand, Männer und Frauen seien nun einmal von unterschiedlicher Natur und müssten deshalb un-

---

[20]   Vgl. hierzu vor allem Parsons, Talcott: Democracy and Social Structure in Pre-Nazi Germany (1942). Essays in Sociological Theory. Revised Edition. New York und London 1954, S. 104-123.

terschiedliche Tätigkeiten ausüben, wird damit beantwortet, dass dies für die Wächteraufgaben unerheblich sei. Auch Menschen mit Glatzen und solche mit vollem Haar seien unterschiedlicher Natur und könnten doch die gleichen Tätigkeiten ausführen: „Wenn aber die Besonderheit bloß darin besteht, dass die Frau gebärt und der Mann zeugt, so ist, wie wir behaupten werden, dadurch noch gar nicht bewiesen, dass hinsichtlich des von uns geltend gemachten Gesichtspunkts die Frau vom Manne verschieden ist, sondern wir werden nach wie vor der Überzeugung sein, dass unsere Wächter und ihre Frauen denselben Beschäftigungen nachgehen müssen."[21]

Die Fortpflanzung soll in der *Politeia* nach Kriterien der Zuchtwahl geregelt werden, das heißt, es „müssen die besten Männer so häufig wie möglich den besten Frauen beiwohnen, die schlechtesten dagegen den schlechtesten so selten wie möglich. Die Kinder der ersteren müssen aufgezogen werden, die der anderen nicht, sofern die Herde auf voller Höhe bleiben soll. Und von allen diesen Maßnahmen darf außer den Herrschern selbst niemand etwas wissen, wenn die Herde der Wächter so viel als möglich vor Zwietracht bewahrt werden soll."[22] Schon damals also musste die Eugenik sich verstecken und konnte nur im Verborgenen wirken – ein Beleg dafür, dass sie als öffentliches, demokratisches Prinzip zu keiner Zeit vertretbar gewesen ist. Die Herrscher werden die Hochzeiten organisieren und reglementieren, die Dichter haben die Aufgabe, für die passenden Gesänge zu sorgen. Der Nachwuchs wird in gemeinschaftlichen Institutionen erzogen, d.h. die Eltern sollen ihre Kinder nicht kennen.

Die Funktion von Literatur und Kunst ist streng geregelt. Die Dichter werden beaufsichtigt und ihre Werke zensiert. Sie sollen „möglichst schön ersonnene Erzählungen von durchaus sittsamer Art"[23] hervorbringen. Von der bisherigen Literatur muss ein großer Teil verworfen werden. Selbst die Dichtungen Homers werden wegen der mythologischen Unwahrscheinlichkeiten und weil sie die Götter mit allzu menschlichen Leidenschaften und Begierden darstellen, einer scharfen Kritik unterzogen. Auch in die Musik darf sich keine ungeregelte Neuerung einschleichen. Es ist ein Fehler, sie als bloße Unterhaltung zu betrachten, denn wenn die Regeln der Musik verändert werden, werden die wichtigsten Gesetze des Staates in Mitleidenschaft gezogen.[24] Für die kriegerischen Wächter sind klagende Tonarten sowie weichliche und müßiggängerische abzulehnen. Flöten und ähnliche Instrumente sind zurückzuweisen, während die Lyra und die Kithara sowie für die Hirten die Rohrpfeife akzeptiert werden können. So bleiben nur die dorische und die phrygische Tonart übrig. Wir wissen zuwenig über antike Musik, um genau sagen zu können, wie diese Tonarten geklungen haben mögen. Aus der Funktionsbeschreibung, die Sokrates für sie gibt, können wir immerhin eine Vorstellung gewinnen. Sie sollen nämlich bei kriegerischen Männern die Tapferkeit und das Durchhaltevermögen fördern, bei friedlicher Tätigkeit aber die Offenheit gegenüber anderen und die Besonnenheit unterstützen. Auch die Rhythmen müssen so gewählt werden, dass sie für ein gesittetes und tapferes Leben förderlich sind. Was über die anderen Künste wie etwa die Malerei gesagt wird, braucht hier nicht ausgeführt zu werden.

---

[21] Platon: Politeia, 454e.
[22] Ebenda 459d/e.
[23] Ebenda 378e.
[24] Ebenda 424c.

Herrscher in diesem Staat sollen die Philosophen sein. Diesen Gedanken führt Sokrates mit einigem Zögern und unter einiger Absicherung ein, muss er doch befürchten, dass ihn „eine rauschende Sturzflut von Lachen und Unglauben hinwegspülen"[25] wird. Dennoch dürfte diese so deutlich in eigener Sache gesprochene Stelle außerordentlich ernst gemeint sein. Zählt man die Zeilen der *Politeia*, steht sie genau in der Mitte. Ihr Wortlaut: „Wenn nicht die Philosophen in den Staaten Könige werden oder die Könige, wie sie heute heißen, und Herrscher echte und gute Philosophen und wenn nicht in eine Hand zusammenfallen politische Macht und Philosophie, und wenn nicht die Vielzahl derer, die sich heute auf Grund ihrer Anlage nur der einen der zwei Aufgaben widmen, mit Gewalt davon ferngehalten wird, gibt es, mein Glaukon, kein Ende des Unglücks in den Staaten, ja nicht einmal im ganzen Menschengeschlecht, und unsere Verfassung, die wir nun in Gedanken entworfen haben, wird nicht früher, soweit überhaupt möglich, verwirklicht und das Licht der Sonne erblicken. Aber das ist es, was auszusprechen ich mich schon lange scheue, weil ich sehe, wie sehr es wider die allgemeine Meinung verstößt."[26]

Wie passt es zu diesem Gedanken, dass Philosophen oft weltfremd oder gar seltsam sind? Dieses Thema wird ausführlich und umständlich erörtert. Die eigentliche Antwort erfolgt erst mit dem berühmten Höhlengleichnis am Anfang des siebenten Buches. Die mit dem Blick zur Höhlenwand gefesselten Höhlenbewohner nehmen nur die durch ein Feuer projizierten Schattenbilder der Wirklichkeit wahr. Der Philosoph, der sich aus der Höhle zur Sonne hinausgearbeitet hat, wird zunächst geblendet sein und gar nichts sehen. Erst nach einer Gewöhnung wird er die Wirklichkeit wahrnehmen, wie sie ist. Kommt er dann in die Höhle zurück, wird niemand seinen Bericht hören wollen und keiner ihm glauben. Er wird im Dunkeln sich zunächst nicht zurechtfinden und von den Höhlenbewohnern verspottet und ausgelacht werden. Wer die Idee des Guten einmal geschaut hat und dann wieder hinabsteigt in die Jammerwelt der Menschen, der wird sich ungeschickt benehmen und lächerlich erscheinen. Kann man diesen Leuten die Herrschaft anvertrauen? Die sokratische Antwort: Es ist politisch gesehen besonders ungefährlich, wenn diejenigen an der Regierung sind, die aufgrund ihrer Veranlagung und ihres Bedürfnisses zur Reflexion am wenigsten darauf aus sind, zu herrschen. Sie werden am wenigsten ihren eigenen Vorteil suchen und am ehesten dem Gemeinwohl dienen. Hungerleider und Geldgierige dagegen würden als erstes darauf achten, sich selbst zu bereichern.[27]

Die Herrschaft solcher Philosophen, die Literatur und Kunst reglementieren und zensieren, den Beischlaf ihrer Untertanen sowie die Kinderaufzucht nach Kriterien der Eugenik organisieren, ist schon damals unattraktiv gewesen und hat als exzentrisch gegolten. Den Vorwurf der Weltfremdheit seiner Überlegungen hat Platon zwar vorweggenommen, jedoch nicht wirklich überzeugend widerlegen können. Sein Gesellschaftsentwurf ist aber dem Anspruch nach mehr als ein bloßes Gedankenspiel. Er war auf Verwirklichung angelegt. Die Gesellschaft, die er schildert, ist auf Dauer, das heißt auf Immobilität angelegt. Sozialer Wandel ist nicht vorgesehen, sondern stattdessen Stabilität.

---

[25]   Ebenda 472d.
[26]   Ebenda 473d.
[27]   Ebenda 520d.

Wie aber kann sie hergestellt werden, wie kann der Übergang von der gegenwärtigen zerris-senen Gesellschaft zu dieser neuen Harmonie bewerkstelligt werden? Wie soll der Stand der Philosophen an die Macht kommen? Hier bleibt keine andere Antwort übrig als die der *Re-form von oben*, wie sie Platon in Sizilien versucht hat. Es gibt die Möglichkeit, „dass sich wirklich Söhne von Königen oder Machthabern finden könnten, die philosophisch begabt sind.“[28] Es wird schwer sein, sie vor der sittlichen Verderbnis ihrer Umgebung zu bewahren, allerdings ein einziger würde schon ausreichen, wenn er über einen folgsamen Staat verfügt, all das zu verwirklichen, was man jetzt für unglaublich hält. Es ist also nicht unmöglich, dass sich dann auch die Bürger bereit finden, so zu leben. In den „Gesetzen“ ist er sogar noch weiter gegangen und hat sich einen jungen, besonnenen, edlen, philosophisch interessierten und vom Glück begünstigten Tyrannen gewünscht, um seinen Staat zu realisieren.[29] Denn ein radikaler Wandel ist am leichtesten, je kleiner die Zahl der Regierenden ist. Wir sehen, dass Platons Versuch in Sizilien kein Abweichen von seiner reinen Lehre, kein Praxisirrtum war, sondern die einzig mögliche Strategie, um seine Gedanken in die Praxis umzusetzen. Andere Wege waren für ihn nicht gangbar.

Die Revolution von unten kam für ihn nicht in Frage, weil er von einer demokratischen Herr-schaft nichts hielt. Er sah in ihr ein Übermaß an Freiheit. Sokrates und Adeimantos ziehen mit ziemlich simplen Witzen über sie her. Selbst die Haustiere in Athen seien unter den hier herrschenden Zuständen aufmüpfig und frech geworden: „Was nämlich die Tiere betrifft, die von den Menschen gehalten werden, so wird niemand glauben, der es nicht selbst mit erlebt, wie viel freier und frecher sie hier sind als anderwärts. (...) Pferde und Esel sind daran ge-wöhnt, frei und stolz daherzuschreiten und jeden, der ihnen auf der Straße begegnet, anzu-rennen, wenn er nicht ausweicht. Und so ist auch sonst alles voll der Freiheit.“[30] Platon zeigt hier deutlich seine Zugehörigkeit zum antidemokratisch gesinnten Athener Adel. Für den „Wahnwitz der Menge“[31] hatte er nur ablehnende Worte übrig. Immerhin konnte er sich die Entstehung des Idealstaats notfalls auch aus der Demokratie heraus vorstellen, wenn auch am schwierigsten.

Die Oligarchie dagegen, die Herrschaft weniger, wird die Entstehung der Politeia am schwie-rigsten werden lassen, weil es in ihr die meisten Machthaber gibt, deren Interessen eine Be-harrungskraft aufweisen.[32] Der Weg des Putsches und der aristokratischen Oligarchie schied für ihn aus, nachdem er als junger Mann in Athen eine Probe dieser Herrschaftsform erlebt hatte. Sein Onkel Kritias war der Anführer der „Dreißig Tyrannen“, die kurzzeitig nach der Niederlage Athens im Peloponnesischen Krieg eine Oligarchie etablierten. Platon wurde zum Mitmachen eingeladen, und hoffte anfangs wohl wirklich, dass sie eine gerechtere Lebens-führung in Athen durchsetzen würden. In kürzester Zeit aber ließen diese Leute die frühere demokratische Verfassung „als paradiesisch erscheinen“.[33] Eine gründlichere Schilderung dessen, was sich unter ihrer Herrschaft abgespielt hat, findet sich in Xenophons *Hellenika*:

---

[28]   Ebenda 502a.

[29]   Ebenda 710c.

[30]   Ebenda 563c.

[31]   Ebenda 496c.

[32]   Platon: Gesetze (Nomoi) 710e.

[33]   Platon: Siebenter Brief, 324d.

Die Dreißig ließen einem großen Teil der Bürger die Waffen wegnehmen, und begannen, „da sie nun schon eher die Möglichkeit hatten, nach ihrer Willkür zu verfahren, viele aus Feindschaft, viele um ihres Geldes willen zu töten. So beschlossen sie, um die Besatzungsmannschaften [aus Sparta, WRS] bezahlen zu können, dass jeder von ihnen einen Metöken greifen und hinrichten und sein Vermögen beschlagnahmen solle."[34] Kurz darauf wurden sie in einem Bürgerkrieg gestürzt.

Platon ist mit seiner Idee der Philosophenherrschaft weitgehend allein geblieben. Immanuel Kant, der die Grenzen seines Faches sehr viel genauer als sein großer Vorgänger kannte, hat dazu bemerkt, die Philosophenherrschaft sei keineswegs zu erwarten und auch nicht zu wünschen, „weil der Besitz der Gewalt das freie Urteil der Vernunft unvermeidlich verdirbt."[35] Die Könige sollten sie nur anhören und öffentlich sprechen lassen. Dies ist bis heute die vorherrschende Ansicht geblieben, bis hin zu Bertrand Russell, Karl R. Popper oder heutigen politischen Philosophen wie Michael Walzer, der zu dem knappen Ergebnis kam: „Philosophical founding is an authoritarian business."[36] Lenins Revolution war der vorläufig letzte Versuch der Umsetzung einer umfassenden und in vielen Elementen der platonischen ähnlichen Konzeption mit dem Philosophen an der Spitze. Unter den heute diskutierten und als bedeutend geltenden Philosophen hat nur ein einziger eine derartige Möglichkeit erwogen, nämlich die Tyrannis als Mittel zum Zweck der Überwindung der ökologischen Krise, weil sich nur so der Massenwohlstand nachhaltig senken lasse. Das ist das Modell des „Prinzips Verantwortung" von Hans Jonas.[37] Wenn man einmal vom statischen und totalitären Charakter der Gesamtanlage der Politeia absieht, besteht das Grundproblem dieses platonischen Denkens darin, dass es den guten und gerechten Herrscher verlangt, also eine Voraussetzung macht, die empirisch und historisch in der Mehrzahl der Fälle nicht erfüllt und auch durch Erziehung (Wer erzieht die Erzieher?) nicht zu erreichen ist. Modern ist demgegenüber Poppers Frage: „Wie können wir politische Institutionen so organisieren, dass es schlechten oder inkompetenten Herrschern unmöglich ist, allzu großen Schaden anzurichten?"[38]

Im *Staat* hat Platon die beste Verfassung präsentiert, die auf der Gemeinsamkeit von allem: des Besitzes, der Kinder und der Frauen beruht – nach dem Sprichwort, dass Freunden in Wahrheit alles gemeinsam sei. Alle werden gemeinschaftlich sehen, hören und arbeiten, sie werden in Lob und Tadel möglichst einstimmig sein und auch über dasselbe Freude oder Trauer empfinden. Einen besseren Staat kann es nicht geben. Er würde wohl von Göttern und Göttersöhnen bewohnt werden. In den *Gesetzen* nun, dem anderen umfangreichen staatstheoretischen Dialog, macht sich Platon daran, den zweitbesten Staat zu entwerfen, der möglicherweise eher und leichter realisiert werden könnte, zum Beispiel durch die Gründung einer neuen Kolonie auf der Grundlage der ausgearbeiteten Gesetze. Die Ausarbeitung einer drittbesten Verfassung hat Platon sich für später vorbehalten. Auch der zweitbeste Staat nämlich

---

34   Xenophon: Hellenika. Griechisch-Deutsch, Hg. Gisela Strasburger, 2. Aufl. München und Zürich 1988, Buch II, Abschnitt 3.

35   Immanuel Kant: Zum ewigen Frieden, 2. Abschnitt. Zusatz, in ders.: Kleinere Schriften zur Geschichtsphilosophie, Ethik und Politik, Hg. Karl Vorländer, Hamburg 1973, S. 150.

36   Michael Walzer: Philosophy and Democracy, in: Political Theory, Vol. 9, 1981, S. 381.

37   Näheres zur Ökodiktatur bei Hans Jonas in Walter Reese-Schäfer: Grenzgötter der Moral. Der neuere europäisch-amerikanische Diskurs zur politischen Ethik, Frankfurt 1997, Kap. 4.

38   Karl R. Popper: Die offene Gesellschaft und ihre Feinde Bd. I, München 6. Aufl. 1980, S. 170.

ist nicht unbedingt realisierbar. Platon hat es aber für seine Aufgabe gehalten, zunächst einmal die nötigen Gesetze zu entwerfen. Falls es dann bei der Realisierung nicht möglich sein sollte, bestimmte Teile umzusetzen, dann soll man diese eben weglassen und vom Restlichen das ausführen, was dem Fehlenden so weit wie möglich nahe kommt. Auf jeden Fall verfügt man im Idealmodell über einen Maßstab. Der Entwurf muss vollständig und zusammenhängend sein. Anschließend kann man dann überlegen, was wirklich anwendbar ist und was demgegenüber in der Realität nicht durchführbar sein wird.[39]

Dieses Werk ist schwieriger zu lesen als der *Staat* und war auch in der Antike weniger populär. Aristoteles bemerkt dazu mit seinem feinen Gelehrtenspott: „Die *Gesetze* bestehen größtenteils nur aus Gesetzen, und wenig ist über die Staatsverfassung gesagt."[40]

Textausgaben:

Platon: Sämtliche Werke in zehn Bänden. Griechisch und Deutsch. Nach der Übersetzung Friedrich Schleiermachers, Frankfurt und Leipzig 1991 (zitiert wird mit der Stephanus-Seitenzählung von 1578).

Platon: Der siebente Brief, Übers. Ernst Howald, Stuttgart 1993 (sehr handlich, glänzend übersetzt und kommentiert).

Sekundärliteratur:

Finley, Moses I.: Antike und moderne Demokratie, Stuttgart 1980 (knappe, mit starken analytischen Thesen vorgetragene Konfrontation mit der modernen liberalen Demokratie. Für Anfänger unverzichtbar).

Fritz, Kurt von: Platon in Sizilien und das Problem der Philosophenherrschaft, Berlin 1968.

Höffe, Otfried: Platon. Politeia. Reihe Klassiker auslegen, Berlin 2. Aufl. 2005.

Jaeger, Werner: Paideia. Die Formung des griechischen Menschen, 3 Bände, Nachdruck in einem Band, Berlin und New York 1989.

Maurer, Reinhart: Platos Staat und die Demokratie. Berlin 1970.

Meier, Christian: Athen. Ein Neubeginn der Weltgeschichte, München 1993 (lebendigste Darstellung der Athener Demokratie).

Meier, Christian: Die Entstehung des Politischen bei den Griechen, Frankfurt/M. 1983 (die abstraktere, theoretischere Version).

Ottmann, Henning: Geschichte des politischen Denkens, Bd. 1, Stuttgart 2001 (sehr gründlich).

Popper, Karl R.: Die offene Gesellschaft und ihre Feinde, Bd. 1, Der Zauber Platons, 6. Aufl. München 1980 (brillante Polemik, gilt als ungerecht, hält die Diskussion aber lebendig).

Reese-Schäfer, Walter: Antike politische Philosophie zur Einführung, Hamburg 1998 (Vertiefend vor allem zu Platon und zum Verhältnis von Politik und Intellektualität in Athen).

Reese-Schäfer, Walter: Platon interkulturell gelesen, Nordhausen 2009.

Wieland, Wolfgang: Platon und die Formen des Wissens. Göttingen 1982 (behandelt u.a. die „verborgene Lehre" Platons).

Zehnpfennig, Barbara: Platon zur Einführung, Hamburg 1997.

---

[39]   Platon: Nomoi 746b/d.
[40]   Aristoteles: Politik, 1265a.

3 Aristoteles: Die Entstehung der politischen Wissenschaft

3.1 Das Ziel des Politischen und die Suche nach dem höchsten Gut

Ich komme damit zu dem wirkungsmächtigsten antiken Philosophen, der die Lehre der Universitäten seit dem Mittelalter wegen seines systematischen, mit durchdachten und aufeinander abgestimmten Begriffen arbeitenden Verfahrens geprägt hat, und als ein solcher Weltlehrer natürlich jederzeit nicht nur Verehrung, sondern auch Widerspruch herausgefordert hat. Aristoteles (384-322 v. Chr.) hat nicht nur die europäische Philosophie geprägt, sondern auch den mittelalterlichen arabischen Rationalismus von Averroës und Avicenna bis Ibn Khaldun, bis dieser schließlich von der islamischen Orthodoxie unterdrückt wurde. Seit dem 12. Jahrhundert wurden seine Werke in Europa wieder bekannt. Bei Thomas von Aquin und Marsilius von Padua wird „Ta Politika" (wörtlich: Die politischen Dinge), die aristotelischen Vorlesungen zur Politik, dann in einer lateinischen Übersetzung zum maßgeblichen Text der scientia politica, der politischen Wissenschaft. Bis in die frühe Neuzeit wurden in Europa seine Lehren als aktuelles Wissen betrachtet und gelten erst seitdem durch eine systematische Erneuerung der Forschungsprogramme und ihrer Methoden als überwunden. Im Bereich der Politik als einer praktischen Wissenschaft sind heute zwar viele seiner Ansichten, insbesondere sein Rechtfertigungsversuch für die Sklaverei, vollkommen überholt, seine vergleichende Methode und auch seine Empfehlung, nur solche Grade wissenschaftlicher Exaktheit anzustreben, die dem Gegenstand angemessen sind, sind es aber keineswegs.

Seine Methodologie unterscheidet ihn radikal von den heutigen Empirikern: „Wir werden uns aber mit demjenigen Grade von Bestimmtheit begnügen müssen, der dem gegebenen Stoffe entspricht. Denn man darf nicht bei allen Fragen die gleiche Präzision verlangen, wie man es ja auch nicht im Handwerklichen tut." „Denn es kennzeichnet den Gebildeten, in jedem einzelnen Gebiete nur so viel Präzision zu verlangen, als es die Natur des Gegenstandes zulässt. Andernfalls wäre es, wie wenn man von einem Mathematiker Wahrscheinlichkeitsgründe annehmen und vom Redner zwingende Beweise fordern würde."[41] Das ist das Prinzip sachgerechter Klarheit: „Da wir nun über solche Gegenstände und unter solchen Voraussetzungen reden, müssen wir damit zufrieden sein, grob und im Umriss das Wahre aufzuweisen."[42] Der Umriss ist griechisch der *typos*: ein Wort, das fester Bestandteil unserer

---

41 Aristoteles: Nikomachische Ethik, Übers. Olof Gigon, München 1991, 1094b10.
42 Ebenda 1094b19-21.

Wissenschaftssprachen geworden ist und schon damals vielfältige Bedeutungen angenommen hat. Aristoteles ist der Erfinder der Typologie, was weiter unten noch an seiner Lehre von den Staatsformen zu zeigen sein wird.

Damit kennzeichnet Aristoteles die Politik als praktische Wissenschaft. Sie ist zwar die höchste der Wissenschaften, weil sie sich mit dem höchsten, alles zusammenführenden Gut befasst. Aber andererseits ist sie eine praktische Wissenschaft wie die Medizin, also eher eine Art Handwerkskunst, und keine theoretische Wissenschaft wie die Mathematik oder Physik. Denn ihr Ziel ist nicht so sehr die Erkenntnis als vielmehr das Handeln. Und auch bei Aristoteles erfolgt die Warnung: Man beurteilt nur das richtig, was man kennt. Deshalb ist ein junger Mensch kein geeigneter Hörer für die politische Wissenschaft „Es macht allerdings keinen Unterschied, ob man an Jahren jung ist oder an Charakter unreif. Denn der Mangel hängt nicht von der Zeit ab (...)" [43]. Seit Aristoteles gehört die Politik zur praktischen Philosophie, deren Bestandteil sie auch geblieben ist bis zur Auflösung dieser Wissenschaftstradition im 19. Jahrhundert, als die Politik zunächst im Zeichen des Historismus in die Geschichte auswanderte, um dann zunächst Ende des 19. Jahrhunderts in den USA und Frankreich, schließlich im 20. Jahrhundert, im Grunde erst seit den frühen 60er Jahren, in der Bundesrepublik Deutschland nunmehr als eigenes und eigenständiges sozialwissenschaftliches, nicht mehr philosophisches Fach etabliert zu werden.

Zur praktischen Philosophie gehört auch jenes andere Buch des Aristoteles, die sogenannte Nikomachische Ethik. Von dieser Ethik her und von seinem Grundlagenbuch, der Metaphysik, wird die Politik meist auch gelesen. Anders als bei Platon geht es nicht um einen Staat, wie man ihn sich ausdenken könnte und wie er sein sollte, sondern um tatsächlich existierende Staaten, ihre Struktur und ihre Verfassungen. Man hat Aristoteles deshalb als Empiriker bezeichnet. Methodisch ist dies insofern richtig, als viele seiner Aussagen auf Beobachtungen beruhen, die übrigens an den mittelalterlichen Universitäten oft ungeprüft übernommen wurden. Von heutigen Empirikern unterscheidet ihn allerdings, dass er eine deutliche normative Orientierung für unverzichtbar hält. Diese normative Orientierung begründet Aristoteles handlungstheoretisch. Der erste Satz der nikomachischen Ethik lautet:

„Jede Kunst und jede Lehre, ebenso jede Handlung und jeder Entschluss scheint irgendein Gut zu erstreben. Darum hat man mit Recht das Gute als dasjenige bezeichnet, wonach alles strebt."[44] Das Gute also ist das Ziel, oder präziser gesprochen: das, was jeder anstrebt und für etwas Gutes hält. Die verschiedenen Handlungen, Künste und Wissenschaften erstreben natürlich verschiedene Güter: die Medizin die Gesundheit, die Ökonomik den Reichtum etc. Aristoteles sucht nun nach einem höchsten Gut, das alle anderen dieser Güter überragt und zugleich zusammenführt und zusammenfasst. Dieses höchste Gut ist das politische, weil in der Polis als Gemeinschaft alle diese Künste zusammenkommen, oder, präziser in der typisch aristotelischen Normativität ausgedrückt: eine wohlorganisierte Polis zeichnet sich dadurch aus, dass sie groß genug und ausdifferenziert genug ist, alle diese wichtigen Fertigkeiten, Künste und Wissenschaften in sich zu vereinigen. Sie muss in diesem Sinne vollständig, in der heute missverständlichen Terminologie von Aristoteles autark sein, was nichts anderes heißt, als alles Wesentliche in sich enthalten.

---

[43]   Ebenda 1095a.
[44]   Ebenda 1094a1.

Die Wissenschaft, die sich mit der Polis als dem höchsten Gut befasst, ist dementsprechend für Aristoteles die wichtigste und leitendste der Wissenschaften: die politische Wissenschaft „Denn sie bestimmt, welche Wissenschaften in den Staaten vorhanden sein müssen, welche ein jeder lernen muss und bis zu welchem Grade man sie lernen muss. Wir sehen auch, dass die angesehensten Fähigkeiten ihr untergeordnet sind: Strategik, Ökonomik, Rhetorik und andere. Da sie sich also der übrigen praktischen Wissenschaften bedient und außerdem Gesetze darüber erlässt, was man zu tun und zu lassen habe, so dürfte wohl ihr Ziel die Ziele aller anderen mit umfassen; dann wäre also dieses das Gute für den Menschen. Mag nämlich auch das Gute dasselbe sein für den Einzelnen und den Staat, so scheint es doch größer und vollkommener zu sein, das Gute für den Staat zu greifen und zu bewahren; erfreulich ist es zwar schon bei einem einzigen Menschen, schöner und göttlicher aber für Völker und Staaten.“[45] Hier und an der Verwendung des Attributs „göttlich“ erkennt man die Diesseitsorientierung des antiken Weltbildes. Im Mittelalter wurde selbstverständlich die Theologie zur höchsten aller Wissenschaften, in der Neuzeit die Naturwissenschaften, auch wenn sich die Philosophie immer wieder bemüht hat, eine Führungsposition in der Nachfolge zu behaupten. Wenn später Thomas Hobbes und Alexis de Tocqueville eine „neue politische Wissenschaft“ propagieren, dann ist mit dem alten Modell immer Aristoteles gemeint.

Wenn nun jede Erkenntnis und jeder Entschluss nach irgendeinem Gut strebt: was ist das höchste der Güter? Wonach soll also die politische Wissenschaft streben? Die aristotelische Antwort lautet: die meisten werden darin übereinstimmen, dass es sich um die *Eudaimonia* handelt, die Glückseligkeit. „Glückseligkeit nennen es die Leute ebenso wie die Gebildeten, und sie setzen das Gut-Leben und das Sich-gut-Verhalten gleich mit dem Glückseligen. Was aber die Glückseligkeit sei, darüber streiten sie, und die Leute sind nicht der gleichen Meinung wie die Weisen.“[46] Die einen sehen die *Eudaimonia* in Lust, Reichtum und Ehre, andere nennen zur Verblüffung der übrigen ganz unverständliche und unbekannte Dinge. Hier setzt Aristoteles eine systematische Untersuchung an, die beim Bekannten beginnt: „Darum muss der, der über das Schöne und Gerechte und überhaupt über die politische Wissenschaft hören will, eine gute Lebensführung aufweisen; denn der Ausgangspunkt ist das Dass, und wenn dieses hinreichend sichtbar geworden ist, dann wird es nicht mehr des Warum bedürfen.“[47] Diese Form der Beweisführung zielt ganz eindeutig auf einen Evidenzbeweis.

Aristoteles nimmt nunmehr eine soziologische Abstufung der verschiedenen Formen des Guten vor:

- Die große Menge wählt die Lust in der Form des rohen Genusses. Sie ist sklavenartig, indem sie das Leben des Viehes vorzieht. Das kaufmännische Leben hat etwas Gewaltsames an sich, und Reichtum ist offenbar nicht das gesuchte Ziel, sondern nur Mittel zum Zweck.

- Die gebildeten und energischen Menschen wählen die Ehre, die man auch als das Ziel des politischen Lebens betrachten kann. Aber sie ist doch ein wenig zu oberflächlich, denn sie liegt wohl eher in den Ehrenden als in den Geehrten, und kann deshalb leicht verloren gehen. Dies ist der *bios politikos*, die *vita activa*.

---

[45] Ebenda 1094b.

[46] Ebenda 1095.

[47] Ebenda 1095.

- Die höchste Lebensform ist aber die betrachtende, der *bios theoretikos*, die *vita comtemplativa*

Die Verachtung von Handel und Gewerbe, die Hochschätzung eines weltabgewandten philosophischen Lebens ist eine Gemeinsamkeit von Platon und Aristoteles, während die vorherrschende öffentliche Haltung in Athen dagegen das politische Handeln im Interesse der Allgemeinheit für das Beste und Höchste hielt.

Kommen wir auf eine nähere Bestimmung des Guten, das ja das höchste Ziel sein soll. Ein vollkommenes Gut ist nach Aristoteles nur eines, das seinen Zweck in sich selbst hat. Unvollkommene Güter dagegen haben einen anderen Zweck. Musikinstrumente dienen dazu, Musik zu machen. Reichtum ist ebenso instrumentell zu verstehen: er dient dazu, sich das gute Leben zu verschaffen, das in etwas anderem bestehen muss als dem Reichtum selbst. Güter wie Ehre, Lust und Vernunft würden wir teils schon um ihrer selbst wählen, teils aber auch um der Glückseligkeit willen. Man kommt zum gleichen Ergebnis, wenn man das Prinzip der Selbstgenügsamkeit anwendet. Das vollkommene Gut ist selbstgenügsam, und damit ist nicht der Einzelne gemeint, der für sich allein lebt und sich selbst versorgt, sondern, da der Mensch seiner Natur nach in der Gemeinschaft lebt, die Gemeinschaft, die sich alle nötigen Güter verschaffen kann. Der aristotelische Autarkiebegriff setzt anders als in der modernen Volkswirtschaftslehre den Akzent nicht auf die Abschließung nach außen, sondern vielmehr auf die Größe und Komplexität eines Wirtschaftsraumes, in dem dadurch alle erforderlichen Güter verfügbar sind. Die Glückseligkeit ist in diesem Sinne autark, weil sie das Wünschenswerteste ist, zu dem nichts anderes mehr addiert werden muss. Sie ist das vollkommene Gut und damit das Endziel allen Handelns. Sie besteht in der Tätigkeit der Seele auf Grund ihrer jeweiligen besonderen Befähigung (wenn es mehrere Begabungen gibt, dann nach der besten und vollkommensten), und dies wiederum das ganze Leben hindurch, denn ein einziger Tag macht noch niemanden glücklich und selig. So hat Aristoteles die klassische Idee vom guten Leben zusammengefasst.

Wenn man diese aristotelischen Überlegungen mit modernen Ansichten vergleicht, dann wird deutlich, dass damals in gewisser Weise eindimensional gedacht wurde. Endzweck des Staates ist das Gute, die *Eudaimonia*. Daraus folgt, dass auch die Staatsbürger sich auf dieses Gute bezogen verhalten, also das Schöne und das Gute in sich vereinen, sich vor allem auch selber tugendhaft verhalten. Heute, seit Machiavelli, Thomas Hobbes und vor allem seit der Erfindung der klassischen politischen Ökonomie, seit Adam Smith, denkt man anders. Gerade das böse Verhalten, das Streben nach Macht und Profit, kann dazu beitragen, die Ziele der Gemeinschaft zu erreichen. Die zentrale Formel Adam Smiths lautet: nicht dem Wohlwollen des Bäckers haben wir unser Brot zu verdanken, sondern seiner Geldgier. Ähnlich Machiavelli: der politische Erfolg des Gemeinwesens hängt davon ab, dass der politische Führer skrupellos und machtorientiert handelt, dass er im richtigen Augenblick lügt, betrügt und seine Freunde verrät. Das alles war zwar in der Antike nicht anders und wurde von den Sophisten auch gesehen, in der offiziellen Politikphilosophie allerdings kam es nur am Rande zur Sprache (bei Aristoteles dort, wo er sich mit der Tyrannis näher befasst und beinahe in machiavellistische Ratschläge an den Tyrannen verfällt), wird jedoch nicht zum Bestandteil des Denksystems. Da uns von den Sophisten keinerlei Schriften überliefert sind, sondern nur einige bruchstückhafte Zitate aus Texten, die ihrer Widerlegung dienten, wissen wir nicht, ob dort schon über gelegentliche Bemerkungen hinaus die Ausarbeitung eines Systems gelungen war.

Ausgangspunkt für Aristoteles ist, dass alle Menschen von Natur aus in einer politischen Gemeinschaft leben, einer *koinonia politike*[48] Er ist ein Gegner der Vertragstheorie und behauptet, der Staat müsse mehr sein als ein bloßes Bündnis zur Abwehr von Feinden oder zum Zweck der Garantie von Rechten, wie man seit Thomas Hobbes und John Locke annimmt und wie es in der Antike schon der Sophist Lykophron behauptet hatte. Das Gegenargument des Aristoteles: Wenn man einfach formal mehrere Ortschaften mit einer Mauer umschließen würde, würde daraus noch keine *Polis* entstehen. Zur Polis gehört ein Entschluss zum wirklichen Zusammenleben, also zur politischen Gemeinschaft. Der Staat muss also, dies ist eine wichtige aristotelische Kategorie, auf Freundschaft basieren. Ein moderner bundesrepublikanischer Aristoteliker, Dolf Sternberger, hat deshalb in seiner Rede zum hundertjährigen Bestehen der deutschen Sozialdemokratie von deren Staatsfreundschaft gesprochen.[49]

Diese aristotelische Staatsbestimmung muss als normativ-teleologisch angesehen werden: der Staat hat einen Zweck, die *Eudaimonia*, eine Norm, die Orientierung am Guten und an der Tugend, und eine nichtegoistische Basis, die Freundschaft (*philia*). In der modernen liberalen Theorie neigt man dazu, das Gute als Staatsziel durch die Gerechtigkeit zu ersetzen. Wenn wir dann allerdings Gerechtigkeit als soziale Gerechtigkeit definieren, sind wir wieder beim traditionellen, nämlich inhaltlich-materiell und nicht bloß formal bestimmten Guten. Wenn wir darüber hinaus den Umweltschutz, den Tierschutz oder den Minderheitenschutz als Staatsziel in die Verfassung aufnehmen, sind wir wieder bei einer klassisch aristotelischen Politik des Guten angelangt. Die Herrschaft der Tugendhaften über die anderen lehnt Aristoteles ab, weil dann die übrigen für ehrlos und tugendlos gelten müssten – ein damals schon erkanntes Grundproblem jeder Tugenddiktatur von Cromwell über Robespierre bis zum Ajatollah Chomeini.[50]

Ich fasse, orientiert an der Aristoteles-Interpretation des Philosophen Günter Bien, die Hauptthesen des Aristoteles zusammen:

*   These 1: Die Polis ist die koinonia politike, die alle anderen Gemeinschaften umfasst und auf die Realisierung des höchsten und umfassendsten Gutes zielt, nämlich der *Eudaimonia*, eines autarken Gutes, das an sich selbst gut ist und keinem anderen Zweck untergeordnet werden kann. In diesem Sinne ist sie die höchste Perfektionsform, die höchste Steigerung des Menschenmöglichen.
*   These 2: Der Staat, die Polis ist von Natur aus da.
*   These 3: Der Mensch ist ebenfalls von Natur aus ein politisches Lebewesen.
*   These 4: Der Staat ist vor dem Einzelnen, er ist die Substanz, Natur und Erfüllung (im Sinne der Perfektion und Überbietung) der Einzelnen.
*   These 5: Der Mensch ist als einziges Lebewesen sprachbegabt, weil er zur Gerechtigkeit und Sittlichkeit bestimmt ist.[51]

---

[48]   Aristoteles: Politik, übers. Von Eugen Rolfes, Hamburg 1991, 1252a.

[49]   Sternberger, Dolf: Staatsfreundschaft. Rede zur Hundertjahrfeier der Sozialdemokratischen Partei Deutschlands. Mit drei Glossen, in ders.: Staatsfreundschaft, Schriften IV, Frankfurt am Main 1980, S. 209-247.

[50]   Aristoteles: Politik, a.a.O. 1281a28ff.

[51]   vgl. Bien, Günther: Einleitung, in: Aristoteles: Politik, Übers. Eugen Rolfes, Hamburg 1990, S. XXVI.

Mit Günter Bien kann man festhalten, dass alle fünf Thesen konträr zu Grundüberzeugungen der modernen Welt stehen. Vor allem Hobbes, der während seines Studiums in Oxford unter dogmatischen Aristoteles-Exegeten zu leiden hatte, formuliert in seinem Leviathan zu allen diesen Thesen konsequent die Gegenthese. Diese Antithetik kann aber auch und gerade zu Missverständnissen verleiten, weil sie so einfach, so leicht, so einprägsam ist, dass sie dazu verleiten kann, die pluralistischen und kritischen Grundzüge der aristotelischen Gedanken zu verkennen.

Die Gegenthesen der Moderne lauten, ebenfalls auf kurze Punkte gebracht:

- Der Staat hat kein höchstes Ziel, sondern ist eine menschliche Notgemeinschaft. Es gibt kein höchstes Gut, sondern nur die divergierenden Ziele der Einzelnen.
- Der Staat ist ein Produkt der Herauslösung des Menschen aus dem Naturzustand und insofern eine komplexe zivilisatorische Leistung, die auf einem Gesellschaftsvertrag basiert. Griechisch ausgedrückt: der Staat ist nicht *physei*, sondern *thesei*, er existiert nicht von Natur aus, sondern durch einen bewussten, vernunftgeleiteten Akt der Konstruktion und Vereinbarung.
- Der Mensch ist von Natur aus ein Individuum, das im Zweifel mit den übrigen im Streit liegen würde und erst durch einen doppelten Akt, nämlich die vernunftmäßige Zustimmung zum Vertrag und den gewaltsamen staatlichen Zwang, diesen Vertrag dann auch einzuhalten, gesellschaftsfähig wird.
- Der Staat ist also das Produkt der Einzelnen und erst nach ihnen da. Sein Zweck ist die Lebenserhaltung der Einzelnen. Er ist nicht mehr als ein Rahmen, in dem diese ihre beliebigen Zwecke verfolgen können.
- Es gibt keine Bestimmung des Menschen, sondern nur die verstandesmäßige Einsicht und den Zwang.

Die Kennzeichnung des modernen Staatsverständnisses als Notgemeinschaft findet sich in der berühmten Formulierung Hegels: Not- und Verstandesstaat.[52] Hegel hatte das kritisch gemeint, denn er war Aristoteliker. Hegel ging es, wie auch Aristoteles, um den sittlichen Staat. Der Ethikbegriff bei Aristoteles entspricht (das unterscheidet sein Denken vom personalen Gerechtigkeitsbegriff Platons) durchaus noch dem modernen: Politische Ethik kümmert sich um die Institutionen, die Ethik im engeren Sinne ist Individualethik und interessiert sich für die Tugendhaftigkeit der Person.

Aristoteles hatte ein sehr ausgeprägtes Verständnis für die Besonderheit des Politischen. Er hält es für einen Grundirrtum, wenn man die Herrschaft eines demokratischen Politikers wie Perikles mit der eines Königs, eines Hausherrn (*oikonomikos*) oder gar eines Herren über Sklaven (*despotes*) gleichsetzt. Nicht jede Herrschaft von Menschen über Menschen ist eine Despotie.[53] Die Despotie ist nicht von Natur aus schlecht, sondern nur dann, wenn der Versuch gemacht wird, sie über Gleiche auszuüben. Gegenüber Sklaven, das versucht Aristoteles im ersten Buch der Politik mit einer umständlichen und für seine Verhältnisse auffallend unlogischen Beweisführung nachzuweisen, wäre sie gerecht, weil diese von Natur aus nicht zur Selbstbestimmung fähig sind. Die politische Herrschaft im engeren Sinn ist die Herr-

---

52 Hegel, Georg Wilhelm Friedrich: Werke Bd. 7, Werke in zwanzig Bänden, Hg. Eva Moldenhauer und Karl Markus Michel, Grundlinien der Philosophie des Rechts, Frankfurt 1970, § 183.

53 Aristoteles: Politik, a.a.O. 1325a.

schaft der freien Bürger über sich selbst, also die politische Selbstverwaltung, in der die Einzelnen sich abwechseln und letztlich jeder nur so viel regiert wird, als er selbst auch regiert. Dort, wo Gleiche und Freie zusammenleben, wäre es naturwidrig, wenn einige in besonderer Weise herausgehoben wären und über die anderen herrschen würden. In der Ehe empfiehlt er übrigens ebenfalls eine politische statt einer despotischen Führungsregelung. Das heißt, die Männer sollen zwar die Frauen führen, aber nicht, wie dies gegenüber Sklaven oder Kindern üblich ist, sondern wie in einem freien Staat als Herrschaft über im Prinzip Gleiche. Nur bei den Barbaren würden Frauen wie Sklaven behandelt.[54]

3.2   Naturrecht bei Aristoteles

Die Idee des Naturrechts wird von Aristoteles im Rahmen eines Systems von Begriffsunterscheidungen in der Nikomachischen Ethik eingeführt. Er differenziert zwischen dem gesetzlichen, lediglich auf Vertrag beruhenden (nomos), und dem natürlichen politischen Recht. Das gesetzliche wird vereinbart und unterliegt dem Prinzip der Zuträglichkeit. Es kann so oder auch anders sein. Das natürliche Recht dagegen ist daran zu erkennen, dass es überall gleich ist, überall dieselbe Autorität hat und von den Meinungen der Menschen nicht abhängt. Da es sich um den Bereich der Politik handelt, ist das Gerechte allerdings durchaus wandelbar und veränderbar. Aristoteles bemerkt, dass es nur bei den Göttern anders sein mag; in menschlichen Angelegenheiten dagegen gebe es etwas zwar Naturgemäßes, dabei aber durchaus Veränderliches. Das, was auf Konvention (Gesetz und Abmachung) beruht, und das, was auf dem Naturrecht beruht, ist also beides wandelbar. Er fügt hinzu: dennoch könne der Unterschied zwischen beiden jederzeit klar erkannt werden.[55]

In vielen Darstellungen und Handbüchern wird das Naturrecht ähnlich zu den Gesetzen des physikalischen Kosmos als unwandelbar angesehen[56] – Aristoteles aber verwendet den Begriff der Natur (*physis*) hier in einem eher analogischen oder übertragenen Sinn. Das Natürliche in menschlichen Angelegenheiten ist für ihn das universell zu einer bestimmten Zeit Gültige, das mit einer solchen Sicherheit feststeht, dass es nicht beliebigen Meinungen unterliegt. Er behauptet lediglich die universelle Gültigkeit zu einer bestimmten Zeit, nicht dagegen die Ewigkeit des Naturrechts. Im Mittelalter, z.B. im Naturrechtsdenken Thomas von Aquins, wurde genau dieser Punkt umgekehrt und das Naturrecht zur *lex aeterna*, zum ewigen und unwandelbaren Gesetz, das letztlich auf der Offenbarung basiert. Hugo Grotius begründete 1625 das Völkerrecht ebenfalls als ein Gebot der Vernunft, das eine Handlung nach ihrer Übereinstimmung mit der vernünftigen Natur bewertet, und das – eine typisch neuzeitliche Ergänzung – selbst von Gott nicht verändert werden könnte.[57]

Das Naturrechtsdenken der Aufklärung geht dann in Analogie zum naturwissenschaftlichen Denken von universellen Natur- und Vernunftgesetzen aus. An der Selbstevidenz dessen,

---

[54] Ebenda 1252.

[55] Aristoteles: Nikomachische Ethik, Übers. Olof Gigon, München 1991, 1134b. Vgl. Rhetorik I, 10.13.15.

[56] Z.B. in dem von Hans Boldt verfassten Artikel „Naturrecht" in Nohlen, Dieter (Hg.), Lexikon der Politik, Bd. 1, Berlin 2003.

[57] Grotius, Hugo: Vom Recht des Kriegs und des Friedens. Drei Bücher, Hg. Walter Schätzel, Tübingen 1950, I. Buch, 1. Kap. X,7.

was von Natur aus gilt, wird allerdings wie bei Aristoteles festgehalten, z.B. in der von Thomas Jefferson formulierten Unabhängigkeitserklärung der amerikanischen Revolutionäre: "We hold these truths to be self-evident, that all men are created equal; that they are endowed by their Creator with inherent and inalienable rights; that among these, are life, liberty, and the pursuit of happiness." Der Gesetzespositivismus des 19. Jahrhunderts hat diese Ideen massiv bekämpft mit der These, dass wir auch „das niederträchtigste Gesetzesrecht, sofern es nur formell korrekt erzeugt ist, als verbindlich anerkennen" müssen[58]. Diese Position, ganzen Juristengenerationen eingeflößt, ließ keinen Widerstand gegen den mit scheinbarer Legalität an die Macht gekommenen Nationalsozialismus zu, so dass nach 1945 eine Renaissance des Naturrechtsdenkens einsetzte und 1948 die UNO eine allgemeingültige Menschenrechtserklärung verabschiedete. Noch in den neunziger Jahren des 20. Jahrhunderts haben verschiedene Diktatoren mit kulturrelativistischen Argumenten die Universalität dieser Menschenrechte bestritten. Unumstritten ist aber die aristotelische Einsicht ihrer Wandelbarkeit, denn es hat eine dynamische Entwicklung des Menschenrechtsdenkens eingesetzt. Dem ursprünglichen Grundkatalog sind vor allem in den 60er Jahren des 20. Jahrhunderts vielfältige Ergänzungen und Ausweitungen hinzugefügt worden. Die Diskussion, ob es auch kulturelle Menschenrechte geben soll, hat gerade erst begonnen.

Das der menschlichen Natur entsprechende Leben in der Gemeinschaft wird von ihm auch *ex negativo* begründet: Wer nicht in Gemeinschaft leben kann, ist entweder ein Tier oder ein Gott. Da die intellektuellen Fähigkeiten der Menschen weit über die aller anderen Lebewesen hinausgehen, so sind die Menschen ohne Moralität auch die rücksichtslosesten und rohesten Geschöpfe. Die Gerechtigkeit, der Oberbegriff aller Moralität, ist eine politische Angelegenheit. Die Sklaverei hielt Aristoteles unter den damaligen wirtschaftlichen Bedingungen für notwendig. Wenn aber ein genialer Erfinder wie Dädalus die Produktion automatisieren würde, wenn „das Weberschiff von selber webte und der Zitherschlägel von selber spielte, dann brauchten allerdings die Meister keine Gesellen und die Herren keine Knechte."[59] Diese schöne Formel zeigt übrigens, dass die Phantasien, Wünsche und Bedürfnisse den technischen Möglichkeiten schon damals weit vorauslagen, und dass Probleme eher aus dem Ungenügen und der Rückschrittlichkeit der Technik resultieren als daraus, dass diese sich zu schnell entwickeln würde. Eine Technikfeindschaft, der immer alles zu schnell geht, wäre für Aristoteles unverständlich gewesen.

Es bleibt die Frage, ob die Sklaverei dem Naturrecht widerstreitet.[60] Sklaverei hält Aristoteles dann für gerechtfertigt, wenn Herren und Sklaven nicht von Natur aus gleich sind, sondern einen naturgemäßen Unterschied aufweisen. Wenn z.B. Sklaven körperlich und seelisch hinter den Herren zurückstehen würden, z.B. die Sklaven kräftig und für die körperliche Arbeit geeignet, die Herren schlank und zu niedrigen Verrichtungen ungeeignet wären, dann wäre Sklaverei gerechtfertigt. Allerdings sieht Aristoteles, dass es sich in vielen Fällen umgekehrt verhält. Darüber hinaus gibt es Sklaven aufgrund des Gesetzes, z.B. im Falle von Besiegten im Krieg, die versklavt wurden, statt sie zu töten. Man könnte hier vielleicht an-

---

[58]   Bergbohm, Karl: Jurisprudenz und Rechtsphilosophie Bd. 1, Glashütten 2. Aufl. 1973 (zuerst 1892), S. 144f. Den Hinweis auf diese bemerkenswerte Stelle verdanke ich Walter Schweidler: Der gute Staat. Politische Ethik von Platon bis zur Gegenwart, Stuttgart 2006, S. 66.

[59]   Aristoteles: Politik 1254.

[60]   Ebenda 1254.

nehmen, dass der Sieger deshalb gewonnen habe, weil er besser war. Doch auch dieses Argument schränkt Aristoteles ein: Kriege können ungerecht angefangen worden sein. So kommt er zu dem Schluss, dass nicht alle Menschen, die Sklaven und Freie sind, dies von Natur aus sind, so dass er eine gegenseitige Freundschaft zwischen Sklaven und Herren als nützlich empfiehlt, zumal die Sklaven bei einem solchen Verhalten ihnen gegenüber ohnehin besser arbeiten würden. Nach allen Kriterien der von Aristoteles begründeten und entwickelten Logik muss diese Beweisführung als gescheitert angesehen werden. Sie steht an herausgehobener Stelle, im 1. Buch der Politik. Schon daraus ergibt sich, dass es sich um eine wichtige und vieldiskutierte Frage handelt. Unter den Sophisten gab es längst Gegner der Sklaverei. Man konnte die Sklaverei auch damals schon kritisieren, ohne über unser heutiges Menschenrechtsmodell zu verfügen. Die vielfach behauptete These, Aristoteles habe die Sklaverei gerechtfertigt, weil er sie für selbstverständlich hielt, wird schon durch den Argumentationsgang und Aufbau seines Textes widerlegt. Man könnte sich sogar fragen, ob hier nicht ein Versuch des Philosophen vorliegt, in subversiver Weise die Argumente für die Sklaverei zu unterminieren, denn die Schwäche und innere Widersprüchlichkeit seiner Argumente müsste ihm doch selbst aufgefallen sein.

Aristoteles' ökonomische Theorie hat die Vorurteile von Jahrtausenden, wohl bis heute, geprägt. Er hält die Tätigkeit des wirtschaftenden Haushaltsvorstandes für notwendig und nützlich, die des Händlers dagegen wird getadelt, weil sie eine Bereicherung auf Kosten eines anderen bedeutet, und die Tätigkeit des Zinsgebers, oder, wie er es nennt, Wucherers, erscheint ihm als mit Recht verhasst, weil dieser aus dem Geld selbst Gewinn zieht, so dass diese Erwerbsweise am meisten dem Naturrecht widerstreitet.[61].

3.3   Aristoteles' pluralistische Kritik am platonischen Einheitsstaat

Zentral im aristotelischen Werk ist seine grundlegende Platon-Kritik. Da der Staat eine Gemeinschaft ist, muss systematisch geklärt werden, ob alle Bürger an allem gemeinschaftlichen Anteil haben sollen oder aber nur an einigen Dingen, an anderen dagegen nicht. Die dritte Möglichkeit, dass sie gar nichts gemeinsam hätten, scheidet aus, weil dann eine Staatsbildung offenkundig nicht denkbar wäre. Die Extremposition, dass alle alles gemeinsam besitzen sollen, hat Platon in der Politeia entwickelt, denn er hat die Gemeinsamkeit von Kindern, Frauen und Besitz postuliert. Aristoteles setzt dagegen eine pluralistische Staatstheorie: Ein Staat ist seinem Wesen nach eine Vielheit. „Wenn er aber immer mehr einer wird, wird aus dem Staat ein Haus und aus dem Haus ein Einzelmensch."[62] Das jedoch darf man nicht verwirklichen, selbst wenn jemand die Macht hätte, es zu tun. Der Staat besteht aus einer Vielheit von unterschiedlichen Menschen. Sie sind nicht gleichartig und dürfen auch nicht durch Zwang vereinheitlicht werden. Dann würde nämlich der Staat beseitigt.

Auf der Basis dieser Überlegungen entwickelt Aristoteles seine berühmte pluralistische Politiktheorie. Der Staat ist eine Gemeinschaft, vor allem aber auch eine Vielheit, denn aus glei-

---

[61]   Ebenda 10. Kap.
[62]   Aristoteles: Politik 1261a.

chen Menschen kann nie ein Staat entstehen. Staaten werden erhalten durch eine Form von Gleichheit, die auf dem Gerechtigkeitsprinzip der Wiedervergeltung oder der Gegenseitigkeit beruht. Da nicht alle auf einmal herrschen können, müssen Freie und Gleiche einander abwechseln. Das Streben nach einer allzu großen Einheitlichkeit des Staates ist nicht zu empfehlen. Aus diesem Gründen lehnt er die von Platon empfohlene kommunistische Gemeinschaft des Besitzes ab. Wenn jeder sich um seine eigenen Angelegenheiten kümmert, entfällt der Streit um die Gemeinschaftskasse, und jeder pflegt seinen Eigenbesitz um einiges sorgfältiger. Schon die Liebe zu sich selbst wird das bewirken.

Aristoteles warnt davor, den Staat lediglich als eine Art größere Hausgemeinschaft zu betrachten, wie das in vielen despotischen politischen Konzeptionen geschieht. *Despotes* ist das Wort für den Hausherrn und den Eigentümer, den Besitzer, den unumschränkten Herrscher. In der gesamten Antike war der Hausherr eine patriarchalische Gestalt mit der Herrschaftsgewalt über alle Hausbewohner und eignete sich deshalb als leicht fassliches Bild und Modell für die Zentralgewalt. Aristoteles jedoch sieht eine grundlegende Differenz zwischen der häuslichen und der politischen Sphäre. Das eigentlich Politische, nämlich die Koordination der Pluralität, wäre dann ausgeschlossen. Ein zweites Argument kommt hinzu: das der Autarkie, der Selbstgenügsamkeit. Das bedeutet, dass alles vorhanden sein muss und nichts vermisst wird. Aristoteles verwendet diesen Begriff so, dass das Haus selbstgenügsamer ist als der Einzelne, weil es nämlich über mehr einander ergänzende Ressourcen verfügt, und der Staat selbstgenügsamer als das Haus. Es handelt sich um graduelle, aber wesentliche Differenzen. Größere Autarkie ist aber nur möglich bei geringerer Einheitlichkeit. Da sie das wählenswertere Ziel ist, ist damit bewiesen, dass die Pluralität der Homogenität vorzuziehen ist. Dieses Argument aus der Pluralität ist das Grundsätzlichste, was gegen das Gemeineigentum überhaupt vorgebracht werden kann.

Das zweite Argument spürt einen logischen Fehlschluss im platonischen Kommunismus auf, nach dem alle von allem zugleich sagen, es gehöre ihnen und doch nicht ihnen. „Denn das, was den meisten gemeinsam ist, erfährt am wenigsten Obsorge. Die Leute kümmern sich nämlich um das Eigene am meisten, um das Gemeinsame weniger oder doch nur, sofern es den Einzelnen angeht."[63] Das Eigene und das, was man liebt, ist das, wofür die Menschen am meisten sorgen. Genau das aber ist in Platons Staat ausgeschlossen. Er glaubt, dadurch die Ursachen von Zwietracht, Neid und Hass beseitigen zu können. Darin irrt er aber. „Denn weil in den Genüssen und in den Arbeiten nicht alle gleich sind, sondern vielmehr ungleich, ergeben sich notwendigerweise Anklagen bei denen, die weniger erhalten, doch mehr arbeiten, denen gegenüber, die genießen oder viel erhalten, aber wenig arbeiten."[64] Sein Gegenvorschlag ist, dass das Gute wohl in einer Kombination von Privat- und Gemeinbesitz bestehen wird. Generell soll jeder seinen Privatbesitz haben, die Gesellschaft soll jedoch so organisiert sein, dass er bereit ist, daran andere teilhaben zu lassen.

Weitere Vorwürfe richten sich gegen die ständestaatliche Gliederung des platonischen Idealstaats. Wenn die Bauern und Handwerker aus der Leitung ausgeschlossen werden, dann werden die Wächter eine Art Besatzungsmacht sein müssen. Sie wären eine Gruppe von vielleicht fünftausend Nichtstuern, die von den übrigen ernährt werden müssten. Hinzu kä-

---

[63]   Ebenda 1261b.

[64]   Ebenda 1263a.

men weitere vielfache Mengen von Frauen und Dienern. (Aristoteles übersieht hier die Gleichstellung der Frauen in Platons Modell). Dazu bedürfte es eines riesigen Landes, vielleicht von der Größe Babyloniens. Das aber wäre unmöglich. Es sei zwar erlaubt, theoretisch Voraussetzungen zu entwerfen, wie man sie für ein Staatsmodell benötigt. Der Konstruktivismus darf aber nicht so beliebig verfahren, dass er sich verselbständigt und in den Bereich des Unmöglichen hinausgreift. Vor allem muss auch die außenpolitische Dimension berücksichtigt werden, denn ein solcher Staat müsste ja unter Nachbarstaaten leben und mit ihnen zurechtkommen. Das Hauptproblem liegt jedoch in der innenpolitischen Ungleichheit: „Es ist aber unmöglich, dass der gesamte Staat glücklich sei, wenn nicht alle, oder die meisten, oder wenigstens einige Teile über Glückseligkeit verfügen."[65]

Diese Kritik deckt sich mit der späteren des politischen Realisten Polybios, der meinte, Platons Staat müsse aus dem Wettbewerb um die beste Verfassung ausscheiden, so wie auch Schauspieler nicht auftreten dürfen, die keine Zulassung haben, und Athleten nicht an Wettkämpfen teilnehmen dürfen, die nicht trainiert haben. Denn so schön die künstlerische Ausführung auch sein mag, sie ist bloß ausgedacht und wird deshalb im Vergleich mit realen Verfassungen immer leblos und unzulänglich erscheinen.[66]

3.4   Verfassungstheorie

Aristoteles hat (wohl unterstützt durch seine Mitarbeiter) 158 damalige Verfassungen beschrieben. Unter Verfassungen sind nicht die Verfassungstexte im heutigen Sinne zu verstehen, sondern es handelt sich um analytische wie historische Beschreibungen des politischen Systems der jeweiligen Staaten. Aristoteles verwendet also den Realbegriff der Verfassung statt des bloßen Textbegriffs der geschriebenen Verfassung. Er kann mit diesem Werk als Begründer der heutigen vergleichenden Regierungslehre gelten. Allerdings ist er mit seinem Blick für die sozialen Grundlagen und die historische Gewordenheit politischer Systeme weit über viele heutige Veröffentlichungen hinausgegangen. Wir wissen das, weil uns eine einzige aus diesen 158 Darstellungen überliefert ist: Athenaíon politeía, die Darstellung von Geschichte und Struktur des politischen Systems in Athen.[67]

Angesichts der Vielfalt von kleinen Stadtstaaten bot sich der Gedanke geradezu an, ihre Verfassungen systematisch miteinander zu vergleichen. Wer einen Staat gründen oder sich auch nur ausdenken wollte, konnte sich sozusagen „wie in einer Trödelbude von Verfassungen"[68] diejenige auszuwählen, die ihm am meisten zusagte.

Bis heute maßgeblich ist die Systematisierung der Verfassungslehre durch Aristoteles, die scheinbar einfach, aber vollkommen schlüssig die Staatsformen nach der Zahl der Regierenden unterscheidet: entweder regiert einer, oder wenige, oder „alle". Der Exkurs des Aristoteles über die verschiedenen Auslegungsmöglichkeiten des Wörtchens „alle" kann bis heute als

---

[65]   Ebenda 1264b.

[66]   Polybios, Historien. Auswahl, Hg. Karl Friedrich Eisen, Stuttgart 1983, VI 47, 10.

[67]   Aristoteles: Der Staat der Athener (Athenaion Politeia), übersetzt von Martin Dreher, Stuttgart 1993. Dieser Text wurde als Papyrus erst im 19. Jahrhundert gefunden.

[68]   Platon: Politeia 557d.

lehrreiche Übung im Grenzbereich von Politik und Logik gelten.[69] Neben diese Unterscheidung nach der Zahl tritt die nach der Qualität der Herrschaft, nämlich danach, ob sie auf das Gemeinwohl zielt oder stattdessen auf das Wohl der Regierenden. Aristoteles kommt zu der Bestimmung, „dass alle diejenigen Verfassungen, die auf den gemeinsamen Nutzen abzielen, richtige sind nach dem Maßstab des Rechtes schlechthin, und dass dagegen diejenigen, die nur auf den eigenen Vorteil der Regierenden abzielen, sämtlich fehlerhafte Verfassungen und Entartungen der richtigen sind; sie sind despotischer Art, der Staat ist aber eine Gemeinschaft freier Leute."[70]

Tab. 3.1: Die Verfassungsformen nach Aristoteles:[71]

Zahl der Herrschenden	Ziel: Wohl der Gesamtheit (*Politie*)	Ziel: Wohl der Herrschenden (Ausartungsformen)
Einer (*monarchia*)	Königtum (*basileia*)	Tyrannis (zum Wohl des Alleinherrschers)
Einige (*oligoi*)	Aristokratie (Herrschaft der Besten oder beste Herrschaft für den Staat und seine Teile)	Oligarchie (zum Vorteil der Reichen)
Die Menge, die Vielen, der *demos*	Politie	Demokratie (zum Vorteil der Armen)

Der entscheidende Unterschied war für Aristoteles jedoch nicht die Zahl der Regierenden und erstaunlicherweise auch nicht die normative Differenzierung nach dem Wohl der Gesamtheit oder dem Wohl der Herrschenden, sondern vielmehr die Frage der sozialen Schichtung. Angelehnt an seine grundsätzliche Unterscheidung zwischen Substanz und Akzidenz[72] sieht er die bloße Zahl der Regierenden als die Oberfläche an. Der wahre Unterschied nämlich besteht zwischen Armut und Reichtum.[73] Wo die Herrschaft auf dem Reichtum beruht, ist die Regierungsform notwendigerweise oligarchisch, auch wenn relativ viele oder gar die Mehrzahl daran beteiligt sind. Nach diesem Gedanken müsste also eine Gesellschaft, in der eine Mehrheit von Reichen eine arme Minderheit beherrscht, eine Oligarchie genannt werden. Würde die arme Minderheit dagegen die Reichen dominieren, würde dies Demokratie genannt werden müssen, weil nach dem sozialen Modell der Verfassung eine Herrschaft der Armen definitionsgemäß immer Demokratie heißt. In der Realität ist zwar die Mehrheit meist arm, aber dies muss als lediglich akzidentiell, also als nicht im Kern notwendig angesehen werden. Die unterschiedlichen Kriterien, einmal nach der Zahl der Herrschenden, sodann nach den sozialen Interessen, geraten auf diese Weise in ein Spannungsverhältnis

---

[69]   Aristoteles: Politik 1261b.
[70]   Aristoteles: Politik 1279a17-21.
[71]   Ebenda 1279a.
[72]   Die Akzidenz ist *ta symbebekota* und bezeichnet die zufällige äußere Erscheinung, Vgl. Aristoteles, Metaphysik IV, 1025a14; die Substanz ist *ousia* und meint das Wesen eines Dinges.
[73]   Aristoteles: Politik 1279b.

zueinander, das Aristoteles eindeutig zugunsten seiner Hauptunterscheidung *arm* und *reich* entscheidet.

Der Begriff *Politie* ist bei Aristoteles nicht nur reserviert für die zum Wohle der Allgemeinheit ausgeübte Volksherrschaft, sondern zugleich im umfassenderen Sinn für alle Formen guter Herrschaft. Er hat also eine Doppelbedeutung, die darauf schließen lässt, dass die Volksherrschaft in jenem Jahrhundert der griechischen Polis für ihn als die naheliegendste Regierungsform und als das Verfassungsideal gegolten hat. Platon hatte noch den einen ungetrennten Namen der Demokratie sowohl für deren gute als auch deren schlechte Ausformung verwendet[74].

Hinzu kommt eine Bestimmung, die bis heute für die sich selbst als aristotelisch begreifenden Traditionslinien der politischen Theorie bestimmend geblieben ist. Gegen die Sophistik, gegen Lykophron, der gesagt hatte, es sollte einen Gesellschaftsvertrag geben, der die gegenseitige Gerechtigkeit regelt, nicht aber auf die Tugend der Bürger ziele, also nicht zum Zweck habe, sie gut und gerecht zu machen, sagt Aristoteles: „dass der Staat keine Gemeinschaft bloß dem Orte nach oder nur zum Schutz wider gegenseitige Beeinträchtigungen und zur Pflege des Tauschverkehrs ist, sondern dass dies zwar da sein muss, wenn ein Staat vorhanden sein soll, dass aber, auch wenn es alles da ist, noch kein Staat vorhanden ist, sondern als solcher erst zu gelten hat: die Gemeinschaft in einem guten Leben unter Häusern und Geschlechtern zum Zwecke eines vollkommenen und sich selbst genügenden Daseins."[75] Dazu gehören auch in den Staaten Verwandtschaftsbeziehungen, Kultusvereine, also religiöse Gemeinschaften und gesellige Verbände, also das, was wir heute als Verbands- und Vereinswesen und als bürgerschaftliches Engagement bezeichnen. „Die sind das Werk der Freundschaft; denn es ist Freundschaft, wenn man sich entschließt, zusammen zu leben."[76] Die Freundschaft, griechisch *philia*, gehört zu den Kernbegriffen bei Aristoteles. Das Ziel ist damit nicht das bloße Zusammenleben selbst und auch nicht wie später bei Hobbes, die nützlichen Freundschaften des Marktes, sondern ein glückliches und tugendhaftes Leben. Bei Aristoteles sind die vielfältigen Ansätze der heutigen politischen Kulturforschung und der kommunitarischen Suche nach freiwilligen Vereinigungen und den Gewohnheiten des Herzens vorgedacht. Sein umfassendes Politikkonzept wird in der Neuzeit weiterentwickelt von Autoren wie Montesquieu, Tocqueville und anderen, während die Linie der Sophisten mit ihrer Konzentration auf die Macht oder den Vertrag fortgeführt wird von Machiavelli, Hobbes, Schumpeter und den modernen Ökonomen der Rational Choice Theorie, den „*rat choicers*", wie sie von Aristotelikern gern beschimpft werden.

Textausgaben:

Aristoteles: Politik, übers. Von Eugen Rolfes, Hamburg 1991 (diese handliche und gut lesbare Ausgabe habe ich zitiert).

Aristoteles: Politica, (griech.) Hg. Von W. D. Ross, 12. Aufl. Oxford 1992.

Aristoteles: Die Nikomachische Ethik. Griechisch-Deutsch, Übers. Olof Gigon, München 2001 (zweisprachige Ausgabe: Bei Aristoteles selten, bei Platon selbstverständlich).

---

74 Platon: Politikos 291c ff.

75 Aristoteles: Politik 1280b30-35.

76 Ebenda 1280b35.

Aristoteles: Der Staat der Athener, übers. Von Martin Dreher, Stuttgart 1993.
Aristoteles: Rhetorik, übers. Von Franz G. Sieveke, 2. Aufl. München 1987.

Sekundärliteratur:

Bien, Günther: Die Grundlegung der politischen Philosophie bei Aristoteles. Freiburg und München 3. Aufl. 1985.
Gerhardt, Volker (Hg.): Der Begriff der Politik. Bedingungen und Gründe politischen Handelns. Stuttgart 1990.
Gutschker, Thomas: Aristotelische Diskurse. Aristoteles in der politischen Philosophie des 20. Jahrhunderts, Stuttgart und Weimar 2002.
Höffe, Otfried: Politik. Reihe Klassiker auslegen, Berlin 2001
Höffe, Otfried: Praktische Philosophie. Das Modell des Aristoteles, Berlin 1996.
Ilting, Karl-Heinz: Grundfragen der praktischen Philosophie. Hg. und mit einem Nachwort versehen von Paolo Becchi und Hansgeorg Hoppe. Frankfurt/M. 1994.
Jaeger, Werner: Aristoteles. Grundlegung einer Geschichte seiner Entwicklung, Berlin 1955.
Reese-Schäfer, Walter: Antike politische Philosophie zur Einführung, Hamburg 1998.
Reese-Schäfer Walter: Aristoteles interkulturell gelesen, Nordhausen 2007.
Riedel, Manfred: Metaphysik und Metapolitik. Studien zu Aristoteles und zur politischen Sprache der neuzeitlichen Philosophie. Frankfurt/M. 1975.
Ritter, Joachim: Metaphysik und Politik, Studien zu Aristoteles und Hegel, Frankfurt am Main 1977.
Strauss, Leo: Naturrecht und Geschichte, Stuttgart 1956.
Voegelin, Eric: Ordnung und Geschichte Band 7: Aristoteles, München 2001.

4 Machtpolitischer Realismus: Niccolò Machiavelli

> „Ich muss leider zugeben, dass Machiavelli recht hat."
> Friedrich der Große, Politisches Testament von 1752.[77]

4.1 Einführung und begrifflicher Aufbau

Niccolò Machiavellis (1469-1527) politische Überlegungen, insbesondere der Principe, gelten bis heute „als einer der spektakulärsten Traktate im Klassikerkanon der abendländischen politischen Theorie überhaupt."[78] Entscheidend und charakteristisch für den Principe und für den etwas anstößigen Ruf, den Machiavelli bis heute genießt, ist die intellektuell radikal durchgeführte Reduktion des Politischen auf den Begriff der Macht. Der antiken und mittelalterlichen Theorie des Menschen als soziales Wesen, des Naturrechts und des Guten wird damit die vollkommene Antithese entgegengesetzt und zugleich eine neue Tradition des politischen Denkens begründet, die bis zu den Traktaten über die Realpolitik im 19. Jahrhundert, zum Machtstaatsdenken des deutschen Kaiserreichs und zu Max Weber und Carl Schmitt reicht.

Diese Umkehr der Darstellung und damit vor allem auch die Umkehr der moralischen Wertungen hat dementsprechend massive Polemiken und Gegenreaktionen herausgefordert. Das Werk wurde vom Vatikan auf den Index der verbotenen Bücher gesetzt (1557, lange nach Machiavellis Tod), Friedrich der Große hat noch als Kronprinz gemeinsam mit Voltaire einen sehr moralischen Anti-Machiavell verfasst, sich als preußischer König dann allerdings doch an die Rezepte des Florentiners gehalten. Friedrichs Vorwurf lautete: Machiavelli habe die Politik korrumpiert und die Gebote gesunder Moral außer Kraft gesetzt. Da seine Maximen den Leidenschaften schmeicheln, könnten junge Nachwuchspolitiker leicht durch sie verdorben werden. Besonders verwerflich sei es, Fürsten zu pervertieren, weil diese dadurch ganze Länder zugrunderichten können. Die Verführung der Macht, die vom Thron ausgeht, verlange gerade eine besondere Tugendhaftigkeit. Die wirkliche Politik dürfe allein auf Ge-

---

[77] Friedrich der Große: Politisches Testament von 1752, Stuttgart 1987, S. 81.

[78] Nitschke, Peter: Machiavelli, in: Hauptwerke der politischen Theorie. Hg. von Stammen, Theo; Riescher, Gisela und Hofmann, Wilhelm, Stuttgart 1997, S. 297. Auch in der Zusammenfassung des Principe kann ich mich an einige von Nitschkes Einschätzungen anschließen.

rechtigkeit, Klugheit und Güte gestützt sein. Die ungerechten und verbrecherischen Fürsten sollte man aus den Geschichtsbüchern streichen.[79]

Der begriffliche Aufbau von Machiavellis Machtstaatsdenkens beruht auf bestimmten Kernbegriffen. Dazu gehören vor allem die Tüchtigkeit des Herrschers, die *virtú,* sowie dessen Klugheit, die *prudenzia*. Diese wirken zusammen mit dem Glück – *fortuna* – und der Gunst des Augenblicks – *occasione*. Die Mittel der Machtpolitik sind an der Nützlichkeit – *utilità* – orientiert. Diese kann sogar Lug und Trug, Mord und Totschlag rechtfertigen, wenn diese Mittel zur erfolgreichen Herrschaftsgewinnung und Herrschaftserhaltung notwendig sind – die *necessità* ist dabei einzukalkulieren. Letztlich wird die Zeit die Empörung darüber heilen, und die Einschüchterung der Gegner wird heilsam wirken. In achtzehnten Kapitel heißt es unmissverständlich: „Ein Fürst braucht nur zu siegen und seine Herrschaft behaupten, so werden die Mittel dazu stets für ehrenvoll gehalten und von jedermann gepriesen werden."[80] Machiavelli kennt den Begriff der Staatsräson noch nicht, er hat sie aber der Sache nach vertreten.

4.2   Der Argumentationsgang des Principe

Gerne wird davor gewarnt, das Studium Machiavellis mit „Il Principe" (Der Fürst) zu beginnen, weil man auf diese Weise den denkbar schlechtesten Eindruck von diesem Autor gewinnen werde. Dennoch ist dies keine Gelegenheitsarbeit, sondern das konzentrierte und durchkomponierte Hauptwerk, das auch entsprechend rezipiert werden muss. Es hat wohl auch wenig Zweck, Altersgrenzen der Lektüre vorzuschreiben. Es lohnt sich unbedingt, dem Argumentationsgang des Principe einige Schritte zu folgen. Machiavelli, der 1512 nach der Machtergreifung von Lorenzo Medici und der Abschaffung der Republik aus seinem Amt entlassen worden war, widmet diese Schrift eben diesem Lorenzo, wohl weil er auf eine Wiederanstellung hoffte. Der Text ist ein hochaktuelles Empfehlungsbuch für einen Fürsten, wie er es am besten schaffen kann, nach seiner usurpatorischen Machtübernahme diese Macht in einer sehr unruhigen Zeit auch zu erhalten. Zugleich enthält die Widmung ein Bewerbungsschreiben Machiavellis, was aus dem letzten Satz deutlich wird, in dem er sein unverdientes Schicksal beklagt. Lorenzo hat ihn dennoch nicht eingestellt.[81]

Machiavelli geht davon aus, dass alle Staaten Republiken oder Fürstentümer sind – ein radikaler Reduktionismus, wenn man an die Verfassungstheorien der Antike mit ihren sehr viel komplexeren Möglichkeiten und Mischformen denkt. In den *Discorsi* geht er sogar noch einen Schritt weiter und konzentriert sich empirisch auf die reine Zahl der Entscheidungsträger: „In allen Gemeinwesen, gleichgültig, welche Verfassung sie haben, gelangen zu den

---

[79]   Friedrich der Große: Der Anti-Machiavell oder Untersuchung von Machiavellis „Fürst", bearbeitet von Voltaire, Leipzig 1991.

[80]   Machiavelli: Der Fürst, Übers. Ernst Merian-Genast, Stuttgart 1984, Kap. 18, S. 106. Peter Nitschke ordnet dieses Zitat fälschlich dem Kap. 23 zu.

[81]   Lorenzo von Medici lebte von 1492-1519, war der Sohn des Pietro de Medici und der Enkel von Lorenzo il Magnifico, dem Prächtigen, mit dem er gern verwechselt wird. Seit 1512 herrschte er in Florenz.

leitenden Stellen nur vierzig bis fünfzig Bürger."[82] Damit werden alle Erwägungen über gute und schlechte Staatsformen souverän beiseitegeschoben. Im *Principe* konzentriert er sich allein auf die Fürstenherrschaft und behandelt diese im wesentlichen an Hand der Geschichte der oberitalienischen Städte seiner Zeit, während er in den *Discorsi* die republikanische Staatsform behandelt und die Beispiele zu einem großen Teil aus der römischen Geschichte von Titus Livius entnimmt. Wesentlich ist, dass es Machiavelli nicht auf eine korrekte Geschichtsdarstellung, sondern auf die Gewinnung von Fällen, also auf eine Typologisierung ankommt. Es handelt sich um Fallstudien des politischen Systems. Bei den mittelalterlichen Scholastikern ging es vor allem um die Abwägung zwischen Theorien. Machiavellis Fallstudien sind dagegen die Hinwendung zu einer dem politischen System angemessenen Form von Empirie.

Seine Rezepte zur Eroberung und Aneignung von Ländern sind außerordentlich realitätsnah – das eigentlich Skandalöse ist nicht ihr Inhalt, da es sich um die übliche Praxis handelt, sondern vielmehr seine nüchterne Darstellung, die eine Empfehlung und Bejahung impliziert. Die heutige Machiavelli-Diskussion hat bei vielen Autoren der neueren Sekundärliteratur einen ganz merkwürdigen Zungenschlag bekommen. Er wird als Moralist und Tugendlehrer dargestellt, der sein teuflisches Image zu Unrecht bekommen habe. Die klassische Auslegung und Machiavelli-Kritik gilt derzeit als überholt. Als Hermeneutiker empfehle ich für solche Fälle, die Texte am besten selbst so genau wie möglich zu lesen. Ganz eindeutig wird das Ergebnis nicht sein, denn es wird sich zeigen, dass Machiavelli den Herrschenden auf der einen Seite die konsequente Amoralität des Machtgewinns und Machterhalts nahe legt, andererseits diese Amoralität an einigen Stellen doch an einen höheren Zweck, nämlich die mögliche Einheit Italiens bindet. Es lohnt sich immer noch, den *Principe* daraufhin durchzugehen, um ein paar Hinweise zu erhalten, was Machiavelli genau gemeint und vorgeschlagen hat.

So empfiehlt er bei der Übernahme eines Landesteils, in dem die gleiche Sprache wie im Lande des erobernden Fürsten gesprochen wird, dass es, um sich den Besitz zu sichern, genüge, „das Haus des Fürsten, der sie beherrschte, auszurotten. Die Bevölkerung wird sich ruhig verhalten, wenn man ihr in allem übrigen ihre alten Einrichtungen unangetastet lässt und keine Verschiedenheit in den Lebensgewohnheiten besteht."[83] Leichter wird die Beherrschung, wenn der Eroberer persönlich dort seinen Wohnsitz nimmt. „Ein Fürst, der in einer Provinz wohnt, wird sie also nur schwer wieder verlieren. Das zweite, sehr gute Mittel ist, Militärkolonien nach ein oder zwei Orten zu senden, die gleichsam Blöcke sind, woran das Land geschmiedet wird."[84]

Ein typisch machiavellischer Rat ist es, „dass man die Menschen entweder für sich einnehmen oder vernichten muss. Denn für leichte Kränkungen nehmen sie Rache, für schwere können sie es nicht. Wer also jemand schädigt, muss es so gründlich tun, dass er keine Rache zu fürchten hat."[85] Man muss nicht lange nachdenken, um gegenwärtige Beispiele für den

---

[82]   Machiavelli: Discorsi. Gedanken über Politik und Staatsführung, Hg. Rudolf Zorn, 2. Aufl. Stuttgart 1977, S. 60.

[83]   Machiavelli: Der Fürst, Übers. Ernst Merian-Genast, Stuttgart 1984, Kap. 3, S. 38.

[84]   Ebenda S. 39.

[85]   Ebenda Kap. 3, S. 40.

erfolgreichen und für den zum Scheitern verurteilten Weg der Landnahme zu finden. Machiavelli fügt hinzu, dass man, wenn ein Konflikt unvermeidlich ist, diesen nicht durch aufschiebende Kompromisse vertagen, sondern austragen sollte, solange das auf fremdem Gebiet möglich ist und solange man sich den Kriegsschauplatz selbst aussuchen kann. „Die Eroberungslust ist etwas sehr Natürliches und Verbreitetes, und sooft Fürsten auf Eroberungen ausgehen, die die Macht dazu haben, werden sie gepriesen oder wenigstens nicht getadelt. Wenn ihnen aber die Kräfte zu Eroberungen fehlen und sie doch um jeden Preis solche machen wollen, so ist das verkehrt und verdient Tadel."[86] Das wäre sein Einwand gegen Saddam Husseins Einmarsch in Kuwait gewesen.

In der typischen machiavellischen Knappheit zählt er die Ursachen auf, warum die Eroberungspolitik Frankreichs gegenüber Italien scheiterte. „Ludwig (XII.) hatte also folgende fünf Fehler begangen. Er hatte die Schwächeren vernichtet, einem Mächtigen in Italien seine Macht vergrößern helfen, eine auswärtige Großmacht ins Land geholt, seinen Wohnsitz nicht dort genommen und keine Kolonien begründet. Alle diese Fehler hätten vielleicht, solange er lebt, noch keinen Schaden angerichtet, wenn er nicht den sechsten begangen hätte, den Venezianern ihren Besitz zu entreißen."[87] Ludwig XII. war 1499 mit seinen Truppen nach Italien einmarschiert und verlor seine italienischen Besitzungen 1512 durch den Krieg mit Papst Julius II.

Für derartige Kurzanalysen ist Machiavelli bis heute berühmt. Hinter seinen Formeln stecken immer kleine Theorien mittlerer Reichweite, die an Fallbeispielen entwickelt und mit ihnen begründet werden, die aber Allgemeingültigkeit haben sollen. So sagt er in den Passagen, in denen er diese leitartikelhaften Kurzanalysen gegen mögliche Einwände verteidigt: „Wenn nun jemand meint, König Ludwig habe die Romagna an Alexander [den Papst] und Neapel an Spanien abgetreten, um einen Krieg zu vermeiden, so verweise ich auf die oben angeführten Gründe, dass man nie einen Missstand andauern lassen darf, um einen Krieg zu vermeiden, denn er lässt sich nicht vermeiden, sondern nur aufschieben zum eigenen Nachteil."[88]

Auf der Basis seiner Grundregeln hat Machiavelli dann auch ein schlüssiges Rezept entwickelt, wie ein eroberter Staat dauerhaft zu behaupten ist: „Wenn eroberte Staaten nach ihren eigenen Gesetzen und frei zu leben gewöhnt sind, so gibt es drei Wege, sie zu behaupten. Der Erste ist, sie zu Grunde zu richten; der zweite, persönlich darin zu wohnen; der dritte, ihre Verfassung ihnen zu lassen, indem man ein Jahrgeld daraus zieht, und eine Regierung von Wenigen einsetzt, die uns dieselben befreundet erhalte: denn jene Regierung, als das Geschöpf des Fürsten, ist sich wohl bewusst, dass sie nicht ohne seine Macht und Freundschaft sich behaupten kann, und alles tun muss, ihn aufrecht zu halten."[89]

Vor der Eroberung von Republiken warnt er: „Aber in den Republiken ist mehr Leben, mehr Hass, mehr Rachsucht. Die Erinnerung an ihre alte Freiheit lässt sie nicht ruhen und kann sie nicht ruhen lassen. Daher ist es für den Eroberer am sichersten, sie zu vernichten oder in ihnen seinen Wohnsitz zu nehmen."[90] Er rät also davon ab, die dritte Möglichkeit einer Satel-

---

[86]   Ebenda Kap. 3, S. 45.
[87]   Ebenda S. 45.
[88]   Ebenda S. 46.
[89]   Ebenda S. 50f.
[90]   Ebenda S. 52.

litenregierung anzuwenden. Nun, wie wir wissen, haben alle drei Methoden die sowjetische Eroberung Osteuropas nicht dauerhaft machen können.

Dieses Problem, die Usurpation der Macht durch solche Menschen, die durch eigene Fähigkeiten die Macht an sich zu reißen vermögen und die dann politische Neuerungen einführen wollen, diskutiert Machiavelli recht gründlich. Er hatte eine der ersten modernen Revolutionen vor Augen, nämlich die religiös-fundamentalistische Machtübernahme des Predigers Savonarola in Florenz, auf die er eine Seite später auch direkt zu sprechen kommt.

Seine Auseinandersetzung, die auch hier ganz kalt und nüchtern ist, bezieht sich allerdings nicht auf Savonarolas frühkommunistisches Umwälzungsprogramm, sondern sehr viel wertfreier und dadurch allgemeiner anwendbar auf die Möglichkeit der Einführung politischer Innovationen überhaupt. „Diejenigen, die durch eigene Fähigkeiten (...) sich zu Fürsten aufschwingen, haben es schwer, die Herrschaft zu erwerben, aber leicht, sie zu behaupten. Die Schwierigkeiten bei der Erwerbung der Macht entstehen zum guten Teil daraus, dass sie genötigt sind, zur Begründung ihrer Herrschaft und ihrer persönlichen Sicherheit Neuerungen einzuführen. Dabei ist zu bedenken, dass für einen eben zur Herrschaft gelangten Fürsten nichts so schwierig zu betreiben, so unsicher im Hinblick auf den Erfolg und so gefährlich in der Durchführung ist als die Vornahme von Neuerungen." In einer älteren Ausgabe stand hier: Die Einführung einer neuen Verfassung. „Er hat hierbei alle zu Feinden, für welche die alte Ordnung vorteilhaft ist, und findet nur laue Verteidiger an denen, welchen die neue Vorteile bringen könnte."[91] Machiavelli kommt dann zu dem Schluss, dass alle bewaffneten Propheten gesiegt haben und alle unbewaffneten untergegangen sind.

Predigt Machiavelli also die vollkommene Unmoralität? Bestimmte Maßstäbe setzt er doch an, wenn er das Beispiel des antiken sizilianischen Tyrannen Agathokles (360-289 v. Chr.) behandelt. Agathokles führte in der Darstellung Machiavellis von Kindheit an ein verbrecherisches Leben, kam aus einem Stand unterhalb des Bürgertums, hatte im Grunde keine *fortuna*, sondern erarbeitete sich alle Erfolge durch Zähigkeit und Geschick sowie durch eine Reihe kühner und gefährlicher Entschlüsse. „Ebenso wenig kann man es Verdienst nennen, wenn einer seine Mitbürger niedermetzelt, seine Freunde verrät, Treue, Glauben und Gottesfurcht nicht kennt. Auf diese Weise kann man wohl Macht erwerben, aber keinen Ruhm. (...) Wenn man die Tapferkeit erwägt, mit der Agathokles sich in Gefahr stürzte und daraus rettete, die Seelengröße, mit der er Unglück ertrug und überwand, dann verdient er den hervorragendsten Feldherrn an die Seite gestellt zu werden. Aber seine barbarische Grausamkeit und Unmenschlichkeit samt seinen zahllosen Verbrechen gestatten nicht, ihn als hervorragenden Menschen zu preisen."[92] Machiavelli kann ihm also weder *fortuna* noch *virtú* zusprechen. Hier sieht man auch, dass dieser Begriff *virtú*, den man mit Verdienst oder Fähigkeiten im Sinne der griechischen *aretē* oder der römischen *virtus* übersetzen könnte, eben doch einen gewissen Anklang des moralischen Tugendbegriffs enthält. Ich denke, dass man diesen scheinbaren Widerspruch so auflösen sollte: Vernichtungsaktionen und Morde zum Zwecke der Aufrechterhaltung der Herrschaft mögen in Einzelfällen gerechtfertigt sein. Wo sie aber zum System und zur Grundlage werden und wo jemand aus den unteren sozialen Schichten

---

[91]   Ebenda S.54f.
[92]   Ebenda Kap. 8, S. 67f.

zu diesem Mitteln greift, geht es nun doch zu weit. Agathokles war Sohne eines Töpfers, also nur eines Handwerkers.

Es scheint so, wie man vor allem aus der Interpretation des letzten, des 26. Kapitel des *principe* ableiten kann, dass Machiavelli an einen höheren politischen Zweck, nämlich die Einigung Italiens durch einen mächtigen und skrupellosen Fürsten dachte, der durch dieses Ziel gerechtfertigt sei. Ein Fürst oder König wie Agathokles aber, dem man nichts anderes als das Streben nach dem eigenen Vorteil unterstellen muss, hätte ein derartiges höheres Ziel für sich nicht anführen können. Aber wie auch immer, trotz der Kritik an Agathokles zieht Machiavelli auch aus dessen Handlungen politische Lehren. Durch die moralische Distanzierung von dieser Figur sind sie eindeutig als wenn-dann-Lehren zu verstehen und rechtfertigen in einem gewissen Sinne die Interpretation, ein gewisses Maß an Moralität hätte selbst Machiavelli eingefordert. Aber lesen wir ihn selbst:

„Man könnte fragen, woher es kommt, dass Agathokles und andre seinesgleichen nach unzähligen Verrätereien und Grausamkeiten sich eines langen sicheren Lebens in ihrer Vaterstadt erfreuen und der auswärtigen Feinde erwehren konnten und dass ihre Mitbürger sich nie gegen sie verschworen, während viele andere durch Grausamkeiten nicht einmal im Frieden ihre Herrschaft zu behaupten vermochten, geschweige denn in unsicheren Kriegszeiten. Ich glaube, das hängt davon ab, ob die Grausamkeiten gut oder schlecht angewandt sind."[93] Und nun folgen ein paar Rezepte für die richtige Anwendung von Grausamkeit. „Gut angewandt kann man diejenigen nennen – wenn anders man das Schlechte gut nennen darf – die ein Fürst begeht aus Notwendigkeit, um sich zu sichern, und bei denen er späterhin nicht verharrt, sie vielmehr, soweit möglich, zum Wohle seiner Untertanen zu wenden sucht." Es folgt der wohl meistzitierte Satz aus dem *Principe*: „Daraus ist zu entnehmen, dass ein Eroberer gleich, wenn er einen Staat in Besitz nimmt, alle Gewalttaten, die er nicht umgehen kann, sich vergegenwärtigen und alle auf einen Schlag ausführen sollte, damit er nicht jeden Tag von neuem damit zu beginnen braucht, sondern, indem er sie nicht wiederholt, die Gemüter der Untertanen beruhigen und ihre Herzen durch Wohltaten für sich gewinnen kann. (...) Gewalttaten muss man alle auf einmal begehen, damit sie weniger empfunden werden und dadurch weniger erbittern. Wohltaten dagegen muss man nach und nach erweisen, damit sie nachhaltiger wirken."[94]

Diese klassisch machtpornographische Stelle wird mittlerweile bei jedem demokratischen Regierungsantritt zitiert, auch wenn heute mit den Grausamkeiten nur Steuererhöhungen gemeint sind. Machiavelli hat ihr eine klare Distanzierung vorangeschickt. Im Zusammenhang mit Agathokles hatte Machiavelli die niedrige soziale Herkunft dieses Tyrannen erwähnt. Er vertritt aber keineswegs, wie man vielleicht meinen könnte, eine aristokratische Position, sondern eher eine des Volkes, wobei im *Principe* nicht recht klar wird, aus welchen Schichten es sich zusammensetzt, weil es nur im Gegensatz zu den „Großen", also den Aristokraten und natürlich zum Fürsten selbst gesehen wird. Machiavelli plädiert für einen Volksfürsten, der nicht durch die Gunst der Großen, sondern durch die Gunst des Volkes zur Macht gelangt: „Außerdem kann man den Großen nicht zu Gefallen sein, ohne andere zu schädigen, wohl aber dem Volke. Denn das Verlangen des Volkes ist berechtigter als das

---

[93]   Ebenda Kap. 8, S. 70.
[94]   Ebenda 8. Kap. S. 70f.

Verlangen der Großen, da diese auf Bedrückung ausgehen, das Volk aber nur auf Schutz gegen Bedrückung. Ferner kann ein Fürst sich gegen ein feindseliges Volk nie sichern, da es zu zahlreich ist, wohl aber gegen die Großen, da ihrer nur wenig sein. (...) Endlich muss der Fürst zwar immer mit demselben Volke leben, wohl aber kann er ohne dieselben Großen auskommen, da er sie alle Tage stürzen und neue ernennen und nach Gutdünken Würden verleihen und nehmen kann."[95]

Machiavellis Grundüberlegung ist, „dass ein Fürst das Volk zum Freund haben muss, sonst ist er im Unglück ohne Hilfe"[96] Allerdings ist auf das Volk kein Verlass. Wenn die Bürger den Staat brauchen, dann versprechen diese zwar alles, sogar für den Staat in den Tod zu gehen, wenn dieser aber die Bürger braucht, dann sind nur wenige zu finden. „Diese Probe ist um so gefährlicher, als man sie nur einmal machen kann. Daher muss ein kluger Fürst es so einzurichten verstehen, dass seine Bürger stets und in jeder Lage den Staat und ihn selbst nötig haben: dann werden sie stets treu sein."[97]

Im übrigen lautet seine Empfehlung, jeder Staat brauche „gute Gesetze und ein gutes Heer"[98]: Welches von beiden die Voraussetzung und Bedingung der Möglichkeit des anderen ist, das ist für den Renaissance-Theoretiker vollkommen klar. „Da aber gute Gesetze nicht bestehen können, wo ein gutes Heer fehlt, und wo dieses vorhanden ist, auch jene sich finden müssen, will ich auf die Gesetze nicht eingehen und nur von dem Heerwesen reden."[99] Er hält Söldner und Hilfstruppen für gefährlich und empfiehlt stattdessen die allgemeine Wehrpflicht. Beispiele aus der Geschichte, als die Söldner Aufstände anzettelten oder gar die Macht übernommen haben, kann er genügend anführen. Denn den Untergang des römischen Reiches führt er auf die Anwerbung der gotischen Truppen zurück. Selbst wenn Hilfstruppen gut und tüchtig sind, werden sie dem, der sie ruft, fast stets Unheil bringen. „Denn unterliegen sie, so ist er verloren, siegen sie aber, so ist er in ihrer Gewalt."[100]

Der Krieg ist für Machiavelli ein ganz wesentlicher Punkt seiner Überlegungen, was heute in Europa überholt erscheint, aber bis 1945 gegolten hat und jetzt z.B. noch für Länder wie Israel gilt, die deshalb auch gerne ihre Generäle zu Ministern machen. „Ein Fürst soll also kein anderes Ziel und keinen anderen Gedanken haben und sich in keiner andern Kunst üben als im Krieg und seinen Regeln und Erfordernissen. Denn das ist die einzige Kunst, die sich für einen Herrscher ziemt."[101] Für Friedenszeiten empfiehlt er die Jagd als gute Übung – ein Gedanke, der die von uns oft für seltsam gehaltene Jagdleidenschaft des DDR-Politbüros um Erich Honecker in einem unerwarteten Licht erscheinen lässt.

Menschliche Eigenschaften des Fürsten sind danach zu bewerten, ob sie ihm bei seinen Untertanen oder seinen Freunden Lob oder Tadel einbringen. Machiavelli wehrt sich gegen alle lebensfernen Konstruktionen von Menschen, die immer nur das Gute wollen, weil solche Ratschläge in einer Welt, in der die meisten nicht gut sind, zum sicheren Untergang führen

---

[95]   Ebenda Kap. 9, S. 72f.
[96]   Ebenda S. 74.
[97]   Ebenda S. 75.
[98]   Ebenda Kap. 12, S. 81.
[99]   Ebenda S. 81.
[100]   Ebenda S. 87.
[101]   Ebenda Kap. 14, S. 91.

würden. Dies ist übrigens auch das Kernargument, mit dem er eine bestimmte Spielart des Normativismus zurückweist, nämlich die Empfehlung, das Gute zu tun, wie es in der herkömmlichen politischen Philosophie Standard war. In diesem Punkt war die klassische politische Philosophie unterkomplex. Sie sah zwar nicht über die Schlechtigkeit der Menschen hinweg, schaffte es aber nicht, diese, wie das in der neuzeitlichen Theoriebildung der Fall ist, als Positivum in die Theorie und in die Staatskonstruktion einzubauen oder wenigstens, wie bei Machiavelli, als Selbstverständlichkeit anzusehen, auf die sich jeder ernsthaft politisch Tätige einstellen muss.

Der notorisch schlechte Ruf des politikphilosophischen Normativismus ist genau auf diese Unterkomplexität zurückzuführen, der gegenüber die Texte Machiavellis intellektuell revolutionär wirkten, weil sie von einer reinigenden Klarheit waren. Bis heute aber ist nur von wenigen verstanden worden, dass es neben einem reinen Relativismus und Zynismus ja auch einen neuen Normativismus geben kann, der mit den Individual- und Gruppeninteressen der Menschen rechnet und diese so in die Politik und Wirtschaftsorganisation einbaut, dass die bestmögliche Lösung für das Gemeinwohl, den Wohlstand der Bürger, den Abbau von Arbeitslosigkeit, das Wirtschaftswachstum oder wie immer die Maßstäbe definiert werden mögen, herauskommt. Machiavelli hat schon so gedacht, auch wenn es erst später pointiert und ausformuliert worden ist, so bei Bernard Mandeville in seiner *Bienenfabel* (1714) und vor allem dann bei Adam Smith in seinem *Wohlstand der Nationen* (1776). Jedenfalls nutzt Machiavelli diese Überlegungen, um sein Publikum zu definieren, denn er schreibt, seine Absicht sei es, „zum Nutzen derer zu schreiben, die mich verstehen."[102]

Dieser neue Normativismus hat dann nicht die Güte oder Schlechtheit des einzelnen Politikers als Maßstab, sondern vielmehr das Wohlergehen einer bestimmten Einheit, die je nach Situation und Ausgangspunkt wechseln kann. Es kann sich um das Wohlergehen des Landes und seiner Bürger handeln, was, wie ich mit vielen anderen annehme, im Falle Machiavellis für Italien der Fall war. Es kann sich um das Wohlergehen einer Stadt oder eines Fürstentums handeln, was ebenfalls eine mögliche Machiavelli-Interpretation ist. Das Wohlergehen, also der normative Maßstab, würde sich dann im engeren Sinne auf einen Staat beziehen. Deshalb kann Machiavelli durchaus als Theoretiker der Staatsräson in Anspruch genommen werden. Ich meine im übrigen, dass es in seinen Arbeiten, selbst im *Principe*, viele Stellen gibt, an denen auch in einem als normativ interpretierbaren Sinn an die Bürger gedacht wird, denn zwischen dem Wohlergehen eines Staates und dem seiner Bürger kann es ja durchaus eine Differenz geben. Insofern ist es nicht die reine Räson des Staates, für die er eintritt. Ein Beispiel aus Kapitel 16: „Der Fürst verausgabt entweder sein oder seiner Untertanen Gut oder fremdes. Im ersten Fall muss er sparsam sein; im zweiten darf er keine Gelegenheit zur Freigebigkeit vorübergehen lassen."[103] Deutlicher kann man nicht sein. Das Gut der Bürger wird auf der gleichen Seite wie das des Fürsten verbucht. Bei Kriegszügen im Ausland lautet Machiavellis Rat: Beute machen, plündern und brandschatzen, zu Hause dagegen sparsam sein.

Im vielzitierten siebzehnten Kapitel des *Principe* behandelt Machiavelli die Frage, ob Grausamkeit oder Milde besser seien, ob es also besser ist, geliebt als gefürchtet zu werden, oder

---

[102]   Ebenda Kap. 15, S. 95.
[103]   Ebenda S. 99.

umgekehrt. Machiavelli beginnt das Kapitel mit einem dialektischen Spiel. Milde sei natürlich besser, aber Cesare Borgia (1475–1507), der als grausam galt, hat doch in der Romagna Ordnung und Eintracht geschaffen, hat dort den Frieden gebracht und war, so gesehen, sehr viel milder als andere, z. B. die Florentiner, die sich scheuten, in die Parteikämpfe von Pistoia mit harter Hand einzugreifen und so der Selbstzerstörung der Stadt tatenlos zugesehen haben. „Denn einige wenige abschreckende Strafen sind viel milder als übertriebene Langmut, welche die Missstände so weit einreißen lässt, bis Mord und Raub daraus entstehen. Dadurch wird die Allgemeinheit betroffen, durch ein Todesurteil des Fürsten aber nur ein einzelner."[104]

Sein praktischer Rat lautet, „dass es am besten wäre, geliebt und gefürchtet zu sein; da es aber schwer ist, beides zu vereinigen, ist es weit sicherer, gefürchtet zu sein als geliebt, wenn man schon auf eins verzichten muss."[105] – „Denn wer Freunde durch Geld und nicht durch großherzige Gesinnung gewinnt, erwirbt sie, ohne sie zu besitzen, und kann in der Zeit der Not nicht auf sie zählen." – „Doch muss ein Fürst, der sich gefürchtet machen will, darauf achten, dass er, wenn schon nicht Liebe, so doch keinen Hass erwirbt." – „Und wenn er auch genötigt wäre, das Blut eines Untertanen zu vergießen, mag er es ruhig tun, wenn er eine ausreichende Rechtfertigung und offenbaren Grund dazu hat – nur an seinen Besitz darf er nicht rühren. Denn die Menschen vergessen schneller den Tod ihres Vaters als den Verlust des väterlichen Erbes."[106]

An diese Überlegungen schließt er die Beantwortung der Frage an, ob Fürsten eigentlich ihr Wort halten sollten oder besser nicht. Sarkastisch stellt Machiavelli fest: „Wie rühmlich es für einen Fürsten ist, die Treue zu halten und redlich, ohne Falsch, zu leben, sieht jeder ein. Nichtsdestoweniger lehrt die Erfahrung, dass gerade in unsern Tagen die Fürsten Großes ausgerichtet haben, die es mit der Treue nicht genau nahmen und es verstanden, durch List die Menschen zu umgarnen; und schließlich haben sie die Oberhand gewonnen über die, welche es mit der Redlichkeit hielten."[107]

„Ein kluger Fürst kann und darf demnach sein Wort nicht halten, wenn er dadurch sich selbst schaden würde oder wenn die Gründe weggefallen sind, die ihn bestimmten, es zu geben. Wenn alle Menschen gut wären, wäre diese Vorschrift nicht gut; da sie aber schlecht sind und dir die Treue nicht halten würden, brauchst du sie ihnen auch nicht zu halten. Auch hat es einem Fürsten noch nie an rechtmäßigen Gründen gefehlt, um seinen Wortbruch zu beschönigen."[108] – „Es ist also nicht nötig, dass ein Fürst alle aufgezählten Tugenden besitzt, wohl aber, dass er sie zu besitzen scheint. Ja, ich wage zu behaupten, dass sie schädlich sind, wenn man sie besitzt und stets ausübt, und nützlich, wenn man sie zur Schau trägt. So muss der Fürst Milde, Treue, Menschlichkeit, Redlichkeit und Frömmigkeit zur Schau tragen und besitzen, aber wenn es nötig ist, imstande sein, sie in ihr Gegenteil zu verkehren. (...) Ein Fürst muss sich also sehr hüten, dass irgend etwas über seine Zunge kommt, was gegen eine der fünf aufgezählten Tugenden verstößt, und wenn man ihn sieht und hört, ein Muster von

---

[104]   Ebenda S. 100.
[105]   Ebenda S. 101.
[106]   Ebenda S. 102.
[107]   Ebenda S. 103f.
[108]   Ebenda S. 104.

Milde, Treue, Redlichkeit und Gottesfurcht scheinen. Besonders der Schein dieser letzten Tugend ist für ihn unerlässlich."[109]

„Zudem beurteilt man die Taten der meisten Menschen, und insbesondere der Fürsten, die keinen Richter über sich haben, nach dem Erfolg. Ein Fürst braucht nur zu siegen und seine Herrschaft zu behaupten, so werden die Mittel dazu stets für ehrenvoll gelten und von jedem gepriesen werden. Denn der Pöbel lässt sich durch den Augenschein und den Erfolg beste-chen, und in der Welt gibt es nur Pöbel – die wenigen richten nichts aus, wenn die Menge einen Rückhalt hat. Ein Fürst unserer Zeit, den ich lieber nicht nennen will, predigt stets Friedfertigkeit und führt nichts als Treue im Mund und ist dabei ein geschworener Feind beider Tugenden – und beide hätten ihn oft genug sein Ansehen oder sein Reich gekostet, wenn er sie befolgt hätte."[110]

Die Frage der Verschwörungen gegen Herrscher behandelt Machiavelli selbstverständlich ebenfalls in gewohnter Weise. „Mit der beste Schutz gegen Verschwörungen, den es für einen Fürsten geben kann, ist, dass er bei der großen Masse nicht verhasst ist. Denn die Ver-schwörer glauben stets, durch die Ermordung des Fürsten das Volk zufriedenzustellen; müs-sen sie aber fürchten, es zu erbittern, so finden sie nicht den Mut zu einem solchen Ent-schluss, denn die Schwierigkeiten für die Verschwörer sind ungeheuer. Die Erfahrung lehrt, dass es viele Verschwörungen gegeben hat, aber nur wenige geglückt sind. (...) Um es kurz zu sagen: auf seiten der Verschwörer ist nichts als Furcht, Argwohn, Angst vor Strafe, die sie schreckt; auf seiten des Fürsten aber ist die Majestät des Herrschers, der Gesetze, die Waffen seiner Bundesgenossen und des Staates, die ihn verteidigen; und kommt zu all dem noch die Zuneigung des Volkes, so ist undenkbar, dass einer so tollkühn sein sollte, eine Verschwö-rung anzuzetteln."[111] „Die beste Festung, die es gibt, ist ein Volk, das den Fürsten nicht hasst."[112]

Politikberatung ist für Machiavelli selbstverständlich ein wichtiges Thema: „Ein Fürst muss sich daher stets beraten lassen; aber nur, wenn er will, nicht wenn die anderen wollen. Viel-mehr muss er jedem den Mut nehmen, ihm irgendeinen Rat zu geben, wenn er ihn nicht darum gefragt hat. Aber er selbst muss reichlich Rat begehren und darf nicht müde werden, die Wahrheit anzuhören."[113] Wenn nämlich jeder raten darf, entwickelt jeder ein Gefühl der Überlegenheit dem Fürsten gegenüber, und der Respekt geht verloren. Der kluge Mittelweg ist hier, einige weise Leute auszuwählen, die die Wahrheit sagen dürfen, aber nur dann, wenn sie danach gefragt werden.

Die Rolle des Glücks der *fortuna*, in der Politik behandelt Machiavelli ebenfalls auf eine äußerst moderne Art. Er kritisiert als seine eigene, falsche und überholte Ansicht, dass die Dinge ohnehin vom Schicksal vorherbestimmt und vom Glück abhängig seien, und kommt zu einem etwas anderen Schluss: Ein Fürst, der sich ganz auf sein Glück verlässt, wird zu-grunde gehen. Aber Machiavelli nimmt an, „dass der Glück hat, welcher mit seiner Art zu

---

[109]   Ebenda S. 105f.
[110]   Ebenda S. 106.
[111]   Ebenda S. 109.
[112]   Ebenda S. 123.
[113]   Ebenda Kap. 23, S. 131.

handeln in die Zeit passt, und ebenso der Unglück, dessen Handlungsweise nicht zur Zeit stimmt."[114]

Das abschließende 26. Kapitel ist schließlich ein Aufruf, Italien von den Barbaren zu befreien. Es gilt als der Kern der modernen, moralistischen Machiavelli-Interpretation. Die Barbaren, denen Machiavelli die Plünderung der Lombardei und die Aussaugung von Neapel und der Toskana vorwirft, sind die Franzosen und Spanier, die um 1513 große Teile Italien dominierten. Machiavelli hofft auf das Florentiner Haus der Medici, die Italien einigen sollen und es sogar schaffen könnten, die als furchtbar geltenden spanischen und schweizer Truppen zu besiegen. Wir wissen, dass es dazu nicht kam und die Einigung Italiens noch bis in 19. Jahrhundert, bis in die Zeit Garibaldis und des Grafen Cavour warten musste.

4.3   Machiavelli in der Perspektive der politischen Ethik

Den Klassikerstatus hat Machiavelli vor allem durch die Präzision und Schärfe seiner Argumentation erworben, die sich um Rücksichten konventioneller Moralität nicht kümmert. Dennoch wird vor allem im Schlusskapitel des „Fürsten" deutlich, dass all die von ihm empfohlenen Lügen, Täuschungen und Gewalttaten einem guten, einem höheren Zweck dienen sollen, nämlich der Herstellung gesicherter Verhältnisse, der Befreiung von Fremdherrschaft und letztlich der Einheit Italiens. Unter der Fassade der Amoralität erscheint damit eine Art verkappter Moralismus, der keineswegs nur eine Eigentümlichkeit des Autors Machiavelli ist, sondern in der Tradition des politiktheoretischen Realismus regelmäßig wiederkehrt, so dass sich der Eindruck aufdrängt, hier handele es sich um einen theorieimmanenten Argumentationszug. Ein moderner Klassiker des Machtrealismus, Hans Morgenthau, spricht in seinem „Politics among Nations" geradezu von einer Verpflichtung des verantwortlichen Politikers, moralische Bedenken zurückzustellen und im Interesse der Aufrechterhaltung des Gleichgewichts, damit letztlich des Friedens, alle erforderlichen Maßnahmen zu ergreifen. Die Ethik des Realismus verlangt geradezu, sich nicht die persönliche Eitelkeit der reinen Weste zu gönnen, sondern sich die Hände schmutzig zu machen. Gemildert ist diese Moral nur dadurch, dass sie bei Machiavelli wie bei Morgenthau als Empfehlung allein an die Führungsgestalten, die politische Elite, gedacht ist, nicht jedoch an das Volk selbst.

Friedrich Meinecke, der Historiker der Staatsräson und des politischen Realismus hat allerdings darauf hingewiesen, dass schon am Ende des wilhelminischen Kaiserreichs in Deutschland der Machiavellismus von einer elitären Sache zu einer bürgerlichen Angelegenheit wurde, als solche Gedanken die Stammtische beherrschten, um schließlich in einen Machiavellismus der Massen zu münden.[115] Die Schlüssel zum Giftschrank waren in einem schrecklichen Absturz gegenüber dem Humanismus der Aufklärung und der Goethezeit allgemein zugänglich geworden. Aus der Sicht Meineckes erfolgte an diesem Punkt eine entscheidende Abweichung von den westeuropäisch-liberalen Ideen, die nicht zuletzt auch die Zuverlässigkeit und die Bündnisfähigkeit Deutschlands gegenüber den liberalen Demo-

---

[114]   Ebenda Kap. 25, S. 135f.

[115]   Friedrich Meineckes Diagnose des Massenmachiavellismus in: „Die deutsche Katastrophe", in: ders.: Autobiographische Schriften, hg. und eingeleitet von Eberhard Kessel, Stuttgart 1969, S. 376-381.

kratien gefährdete. Einem Land, in dem die Öffentlichkeit nicht menschenrechtsorientiert, sondern machtstaatsorientiert auf politische Ereignisse reagiert, erzeugt ein Gefühl der Bedrohung bei den Nachbarn – ein Problem, das gegenwärtig wieder angesichts von Russlands Außenpolitik beobachtet werden kann, dessen Nachbarn sich überall dort, wo sie können, unter den Schutz der NATO begeben. Der Machiavellismus kann, wenn er nicht mehr nur das Geheimwissen klug zurückhaltend agierender diplomatischer Eliten bleibt, sondern die Massen ergriffen hat, zur Ursache außenpolitischen Dominanzverhaltens und der entsprechenden Gegenbündnisse werden und so bis zur Einkreisung und Disqualifikation des eigenen Landes führen, also zum Gegenteil dessen, was die auftrumpfenden Machtstaatler gewollt hatten. Ein Machiavellismus der Massen muss ohne die Qualität der *prudentia*, der Klugheit auskommen. Man könnte sich sogar fragen, ob eine öffentlich und massenhaft propagierte Strategie der Lüge und Täuschung, weil sie doch offensichtlich ist, überhaupt noch funktionieren kann. Die Geschichte der totalitären Propaganda im 20. Jahrhundert hat aber gezeigt, dass auch die offenkundigsten Lügen über lange Zeit von großen Massen von Menschen geglaubt und fanatisch vertreten werden können. Viele ihrer Propheten verbreiten ihre Parolen durchaus im vollen Bewusstsein, etwas Falsches zu verkünden.

In der politischen Ethik des Machiavellismus geht es nicht einfach darum, amoralisch handeln zu dürfen, sondern vielmehr um die ausdrückliche Pflicht, das Böse zu tun, wenn dies erforderlich scheint. Der für einen selbst und andere überzeugendste Rechtfertigungsgrund dafür ist nur selten das Böse selbst, sondern vielmehr das Gute oder für gut gehaltene. Nur wer ein gutes Ziel vorweisen kann, darf beruhigt seine Gewaltverbrechen begehen. Daher erklärt sich im Aufbau des „*Principe*" die strukturelle Notwendigkeit des Schlusskapitels.

Die moderne Moralstufentheorie Lawrence Kohlbergs, die von Jürgen Habermas, Karl-Otto Apel und anderen politischen Philosophen übernommen worden ist, bietet einen hilfreichen Leitfaden zur Orientierung, wo das Denken Machiavellis anzusiedeln ist. Kohlberg unterschied sechs Stufen:

SCHAUTAFEL DER MORALSTUFENTHEORIE

A. Präkonventionelle Ebene
1. Stufe: Straf- und Gehorsamsorientierung
2. Stufe: Instrumentelle relativistische Orientierung

B. Konventionelle Ebene
3. Stufe: Gegenseitige Erwartungen, Beziehungen, Konformität
4. Stufe: Orientierung an den Erwartungen des sozialen Systems
Stufe 4 ½: Zwischenstufe: Postkonventionalität ohne Prinzipien

C. Postkonventionelle Ebene
5. Stufe: Orientierung am Sozialvertrag
6. Stufe: Universale ethische Prinzipien.[116]

---

[116]   Vgl. hierzu Reese-Schäfer, Walter: Karl-Otto Apel zur Einführung, Hamburg 1990, S. 23-41.

Der Elitenmachiavellismus überschreitet die mittelalterliche Moral von Strafe und Gehorsam hin zu einem machttechnischen Instrumentalismus der zweiten Stufe. Gleichzeitig wird auf der B-Ebene die Konventionalität gegenseitiger Erwartungen durchbrochen zugunsten einer Orientierung an den Rollenerwartungen eines erfolgreichen politischen Führers. Die Rechtfertigung liegt in den vom System her zu erfüllenden Anforderungen, die Verhaltensweisen gebieten, welche der Konvention widerstreiten. Im Grunde läuft Machiavellis Ethik ähnlich wie der Existentialismus Sartres auf jene gefährliche transitorische Zwischenstufe der Postkonventionalität ohne Prinzipien hinaus: daher auch die Betonung der irrationalen Momente des Handelns, des Glücks und der günstigen Gelegenheit. Die Verlässlichkeit des Gesellschaftsvertrags, die Einheitlichkeit einer universellen Ethik ist noch nicht erreicht. Die Gefährlichkeit einer Situation, in der jeden Augenblick die eigene Macht und die Existenz des eigenen Staates auf dem Spiel steht, weil es im italienischen Stadtstaatensystem der Renaissance keine Verlässlichkeit und Sicherheit gibt, ist von Machiavelli unmittelbar in sein Denken übertragen worden. Es scheint eine Regel der politischen Ideengeschichte zu sein, dass Theorien, die auf dieser Zwischenstufe 4 ½ angesiedelt sind, wie die Machiavellis, Sartres oder Carl Schmitts, zu den „gefährlichen" Theoriemodellen gehören.

4.4 Wie ist der Mythos Machiavelli zu erklären?

Was ist es nun eigentlich, das die Bedeutung Machiavellis ausmacht? Weshalb wird er heute immer noch gelesen, weshalb ist er zum Mythos geworden? Sein Gesamtwerk ist sehr viel umfangreicher als der Principe, doch die anderen Texte stehen heute eher im Hintergrund, mit Ausnahme vielleicht noch der Discorsi, seiner reflexiven Auseinandersetzung mit politischen Grundproblemen vor dem Hintergrund der Lektüre der römischen Geschichte des Titus Livius. Aber die Discorsi sind Betrachtungen, die nicht stringent und logisch aufgebaut sind, sondern der Livius-Lektüre folgen. Der Principe dagegen ist „mit der ganzen Strenge eines Kunstwerkes komponiert."[117] Auch seine Dramen sind heute weitgehend vergessen und werden nicht mehr aufgeführt, obwohl Mandragola zu seiner Zeit ein Erfolgsstück war. Seine „Sieben Bücher über die Kriegskunst" werden kaum gelesen, seine Geschichte der Stadt Florenz, die er seit 1520 auf der Basis eines Stipendiums geschrieben hat, ist eine wichtige und lesenswerte historische Quelle, aber doch kein Werk der politischen Wissenschaft. Seine 52 Gesandtschaftsberichte gelten als stilistisch glänzend und politisch klar, sie bleiben aber doch Gelegenheitsarbeiten und liegen in keiner aktuellen deutschen Ausgabe vor. Seine Briefe werden oft als Interpretationshilfe herangezogen, insbesondere der Briefwechsel mit Francesco Vettori.[118] Aber das Werk, an das jeder denkt, der den Namen Machiavelli erwähnt, ist der Principe.

Ich halte die Interpretation von Hans Freyer immer noch für die überzeugendste. Freyer verweist nämlich auf Machiavellis Neigung, aktuelle Lagen grundsätzlich zu interpretieren, Beobachtungen zu verallgemeinern und zu Regeln auszuformen, und Personen und Gestal-

---

[117] Freyer, Hans: Einführung in: Machiavelli, Niccolo: Der Fürst, Übers. Ernst Merian-Genast, Stuttgart 1984, S. 3-32, hier S. 21.

[118] Machiavelli, Niccolò: Gesammelte Schriften, Hg. Hanns Floerke, 5 Bde, München 1925. Dort findet man eine Auswahl der Briefe und die Gesandtschaftsberichte.

ten, denen er in seiner politischen Tätigkeit begegnete oder die er beobachtete, nicht anders als historische Gestalten besonders der Antike, als Typisierungen, wir können vielleicht ruhig sagen, als Idealtypen zu nehmen. „In seinem Geist ist ein geheimer Drang am Werke, seinen Beobachtungen und Erfahrungen (...) jenes Eigengewicht, jenen geschlossenen Zusammenhang und jene Rundung zu geben, die wir ‚Theorie‘ nennen.“[119] Machiavellis politische Wissenschaft stammt von jemanden, der selbst mitten in diesem Geschehen und Getriebe stand, es aber mit intellektueller Überlegenheit beobachten und analysieren konnte. Durch seine zwangsweise Arbeitslosigkeit hatte er zudem die Zeit und auch den nötigen kritisch-distanzierten Blick dazu.

Machiavelli stellt das politische Geschehen nicht in der bunten Vielfalt unübersichtlicher Einzelereignisse dar, wie das moderne Historiker gerne tun, sondern eher als regelgeleitetes Spiel, vielleicht nach der Art des Schachspiels.[120] Es gibt zwar eine extrem hohe Anzahl möglicher Kombinationen, aber bestimmte Standardsituationen, bestimmte typische Eröffnungen, bestimmte typische Stellungen im Endspiel lassen sich isolieren und auf ihre Potentiale hin befragen. Politik kann auf diese Weise zu einer Technik, einer handwerklich beherrschbaren Kunst gemacht werden. Auch derjenige, dem die intuitiven Fähigkeiten dazu fehlen, kann doch einiges erlernen. Machiavelli arbeitet typische Lagen heraus, für die er die passenden Handlungsrezepte entwickelt. Sein Umgang mit Geschichte ist also ein stilisierender. Es kommt nicht darauf an, was wirklich gewesen ist, sondern ob sich aus den Berichten eine Standardsituation ableiten lässt. Geschichtliche Ereignisse sind Fallbeispiele. Es sind keine Einzelfälle, sondern immer typische Fälle, die ihre Typik durch die an ihnen entwickelte Generalisierung bekommen. Diese Methode Machiavellis muss man heute erklären, weil im Zeichen des Historismus ein derartige Nutzung von Geschichte als Steinbruch für Fallstudien unüblich geworden ist. Der Politikwissenschaftler, der nicht zugleich ausgebildeter und ausgewiesener Historiker ist, ist heute gut beraten, wenn er auf derartige Fallbeispiele verzichtet, weil er sonst den Zorn der Fachhistoriker mit ihrem historistisch erworbenen Geschichtsmonopol zu spüren bekommt.

Dabei geht viel verloren. Ernst Cassirer hat das so formuliert: „Unsere Art, von Geschichte zu sprechen, ist individualistisch; die Machiavellis war universalistisch. Wir glauben, dass sich Geschichte nie wiederholt, er glaubt, dass sie sich immer wiederhole.“[121] Das ist eine zuspitzende Übertreibung, der ich meine Interpretation Machiavellis als Theoretiker der Standardsituationen entgegenstellen würde. Cassirer ist an manchen Stellen etwas zu moralistisch, wenn er Machiavelli z.B. vorhält: „In seiner Theorie ist Machiavelli geneigt zu vergessen, dass das politische Spiel nicht mit Schachfiguren, sondern mit wirklichen Menschen von Fleisch und Blut gespielt wird; und dass es um das Wohl und Wehe dieser Wesen geht.“[122] Nun, wir werden wohl feststellen müssen, dass ihm dies bekannt war, zumal er es mit seiner Entfernung aus dem Amt am eigenen Leibe erlebt hatte. Er hat es nicht vergessen, sondern für das Wesen der Politik gehalten.

---

[119]   Ebenda S. 10.
[120]   Ebenda S. 14.
[121]   Cassirer, Ernst: Der Mythus des Staates. Philosophische Grundlagen politischen Verhaltens, Frankfurt am Main 1985, S. 165.
[122]   Cassirer, ebenda S. 188f.

Aber es geht bei Machiavelli um mehr als um bloße Techniken des politischen Handelns. *Virtú* und *fortuna* kommen als irrationale, aber beeinflussbare Mächte ins Spiel. Die Moral ist nur in einem bestimmten Sinne ausgeschaltet. Anders als im modernen Totalitarismus werden nicht die Begriffe umdefiniert, also das Wahrheitsministerium, das für die Propaganda zuständig ist, und das Friedensministerium für den Krieg. „Lüge bleibt Lüge, Mord bleibt Mord. Das hat Machiavelli ausdrücklich betont."[123] Allerdings: „(...) wenn man die politische Wirklichkeit als eine Summe typischer Situationen auffasst und sie unter die Frage stellt, wie man sich in diesen mit Erfolg behaupten kann, gibt es keine Substanz-, sondern nur noch Funktionswerte, gibt es nicht Gut und Böse, sondern nur taugliche und untaugliche Mittel."[124] Machiavelli könnte also verstanden werden als Vertreter eines modernen Funktionalismus, der zugleich aber komplexere Aspekte wie *virtú* und *fortuna* in den Blick bekommt, für welche die moderne Politikwissenschaft nicht einmal mehr Residualkategorien hat.

Deshalb liegt hier auch ein Grund dafür, Klassiker der politischen Wissenschaft zu lesen, denn sie können uns immer wieder an Dimensionen politischer Analytik erinnern, die im Prozess der Ausdifferenzierung und Engführung unserer Wissenschaft verloren zu gehen drohen, dennoch aber beim Reflexionstraining für Standardsituationen jederzeit wieder hilfreich sich erweisen werden.

4.5   Wirkungsgeschichte

Die Wirkungsgeschichte Machiavellis heißt Machiavellismus. Und es ist natürlich der *Principe*, der als Grundlage dieser Wirkung gelten kann. Die Sprache und Stilistik dieses Werkes ist an jeder Stelle darauf gerichtet, nichts zu beschönigen, sondern die Dinge immer so schonungslos und offen auszusprechen, wie es nur möglich ist, unter Einsatz aller rhetorischen Mittel, der Ironie, der Pointe und der Radikalisierung. „Machiavelli hat eine Denkweise eröffnet, in der das Politische das absolut herrschende Prinzip ist, keinem anderen Werte untertan, mit keinem auch nur konkurrierend, alle anderen übergreifend; zumindest kann sein Denken, ohne dass es grob verfälscht wird, so aufgefasst werden. Er ist der theoretische Wegbereiter, der Künder und Rechtfertiger des ‚absoluten' Staates. (...) Dieser Staat war in ganz Europa im Entstehen. Machiavelli sah seine Anfänge, erkannte mit Seherblick, dass ihm die Zukunft gehöre, und gab ihm ein gutes Gewissen, indem er mit eindringlicher Kraft die Wesensgesetze des reinen Machthandelns aussprach."[125]

Seine Gegner waren die Jesuiten, die am Naturrecht festhielten und ihm seine kritischen Worte gegen den Papst nicht verzeihen konnten. Seine Werke kamen auf den Index verbotener Bücher. Aber auch die französischen Hugenotten und weitere Protestanten in Europa sahen ihn als Rechtfertiger der Tyrannen gegen die individuelle Gewissensfreiheit. Die Theoretiker des Absolutismus wie Jean Bodin setzten sich zwar verbal gegen Machiavelli ab, rezipierten aber im Grunde seine Gedanken, woraus dann die Theorie der Staatsräson entstand, die in gültiger Form von Friedrich Meinecke dargestellt worden ist. Meinecke beginnt

---

[123]   Freyer, a.a.O. S. 16.
[124]   Ebenda S. 16.
[125]   Ebenda S. 29.

sein berühmtes Buch *Die Idee der Staatsräson in der neueren Geschichte* ganz selbstverständlich mit Machiavelli.[126]

Ernst Cassirer hat in *Der Mythus des Staates* (1945) die Wirkungen des *Principe* so beschrieben: „Der Ruhm des Buches war einmalig und ohne Beispiel. Es war keine bloß scholastische Abhandlung, die Gelehrte lesen und Philosophen der Politik erklären sollten. Das Buch wurde nicht zur Befriedigung einer bloß intellektuellen Wissbegierde gelesen. In den Händen seiner ersten Leser wurde der ‚Fürst' Machiavellis sofort in die Tat umgesetzt. Das Buch wurde als eine mächtige und gefährliche Waffen in den großen politischen Kämpfen unserer modernen Welt gebraucht."[127] Machiavelli war eine extrem populäre Figur. In der Dramenliteratur der elisabethanischen Zeit ist Machiavelli 395 mal erwähnt worden, also bei Marlowe, Shakespeare, Johnson und den übrigen. Immer war er die Inkarnation des Teuflischen, der List, der Heuchelei, der Grausamkeit und Verbrechen. „Der Bösewicht des Stückes nennt sich gewöhnlich selbst einen Machiavellisten"[128], so Richard, der Herzog von Gloucester. Dass der historische Richard der Dritte Machiavelli gar nicht kennen konnte, weil er vor dessen Zeit gelebt hatte, war für Shakespeare und sein Publikum bedeutungslos, denn Shakespeares Römer haben ja auch Hüte getragen und zur Begrüßung abgenommen.

Im ganzen 17. Jahrhundert. galt Machiavelli als eine Art Teufel. Im 19. Jahrhundert. wurde dies umgekehrt, einige Autoren sprachen sogar vom göttlichen Machiavelli. Machiavelli wurde zum anerkannten Lehrer des revolutionären Nationalismus, z.B. bei Fichte in dessen 1807 geschriebenen Text *Über Machiavelli als Schriftsteller und Stellen aus seinen Schriften*. Die Kerngedanken Machiavellis hat er in zwei Sätzen zusammengefasst[129]:

- „1. Der Nachbar, es sei denn, dass er dich als seinen natürlichen Alliierten gegen eine andere euch beiden furchtbare Macht betrachten müsse, ist stets bereit, bei der ersten Gelegenheit, da er es mit Sicherheit können wird, sich auf deine Kosten zu vergrößern. Er muss es tun, wenn er klug ist, und kann es nicht lassen, und wenn er dein Bruder wäre."

- „2. Es ist gar nicht hinreichend, dass du dein eigentliches Territorium verteidigest, sondern auf alles, was auf deine Lage Einfluss haben kann, behalte unverrückt die Augen offen, dulde durchaus nicht, dass irgend etwas innerhalb dieser Grenzen deines Einflusses zu deinem Nachteile verändert werde, und säume keinen Augenblick, wenn du darin etwas zu deinem Vorteil verändern kannst; denn sei versichert, dass der andere dasselbe tun wird, sobald er kann; versäumst du es nun an deinem Teile, so bleibst du hinter ihm zurück. Wer nicht zunimmt, der nimmt, wenn andere zunehmen, ab."

Fichtes Machiavelli-Deutung blieb im ganzen 19. Jahrhundert vorherrschend. So, wie er sie formuliert hat, lauten heute noch die Maximen des politischen Realismus von Hans Morgenthau bis Henry Kissinger. Eine moderne Machtstaatstheorie, die zudem noch freiheitlich orientiert ist, hat James Burnham in seiner Studie *Die Machiavellisten. Verteidiger der Freiheit* (1949) vorgelegt. Für Burnham waren die Machtstaatstheoretiker von Machiavelli über

---

[126]   Meinecke, Friedrich: Die Idee der Staatsräson in der neueren Geschichte. Hg. und eingel. von Walther Hofer, in Friedrich Meinecke, Werke, Bd. 1. München und Wien 4. Aufl. 1976.

[127]   Cassirer: Mythus a.a.O. S. 153 „Die Machiavelli-Legende".

[128]   Cassirer, ebenda S. 155.

[129]   Zit. nach Meinecke a.a.O. S. 435f.

Gaetano Mosca, Georges Sorel, Robert Michels und Vilfredo Pareto, gerade weil sie Realisten waren, auf der Seite der Freiheit zu verorten, während die Politiker des Wunsches, für die er als klassisches Beispiel Dantes *De monarchia* anführt, und die er für die typischeren Politiktheoretiker hält, immer den Weg in die Unterdrückung weisen werden. Die gängige Interpretation wird also zugunsten des Machtrealismus umgekehrt.

Damit stellt Burnham sich gegen „die Sprache des guten Gewissens im Machtkampfe aller Zeiten, ob es sich um Staaten, Kirchen oder Parteien, um Könige oder Diktatoren handelt. So sprechen heute die Russen, und so müssen ihnen die Amerikaner antworten. Darum bedarf es einer Wissenschaft, die diese Sprache nicht spricht, und darum bedarf es einer Isolierung des Machtproblems von moralischen, religiösen und anderen geistigen Werten in dem Sinne, wie jede Wissenschaft die Gegenstände ihrer Untersuchung isolieren muss. Diese Scheidung gibt ihr den Schein des Zynischen, ja des Diabolischen."[130] Die Macht kann nur durch die Macht beschränkt werden, nicht durch Ideen, das ist Burnhams Botschaft.

Lange Zeit galt es als selbstverständlich, dass Machiavelli in die Dämonologie der Macht gehört und ein entschiedener politischer Amoralist sei. Der neuseeländische Ideengeschichtler John G. A. Pocock dagegen hat in den siebziger Jahren des 20. Jahrhunderts eine Neudeutung vorgelegt und im Denken Machiavellis einen bürgerrepublikanischen Gegenpol zum Liberalismus entdeckt. Das florentinische politische Denken beruhe auf einem „*Civic Humanism*", also einer im Grunde hochmoralischen Konzeption des bürgerlichen Engagements. Dieser klassische Republikanismus sei nicht nur in der englischen Politiktradition, sondern auch als „machiavellischer Augenblick" in der revolutionären Generation der Gründungsväter der USA nachzuweisen, während später der Gegenpol, ein eher zur politischen Passivität und zum Individualismus anhaltender Marktliberalismus die Oberhand gewonnen habe.[131] In dieser Deutung wird Machiavelli geradezu ein politischer Moralist, der die Bürger zum aktiven Engagement für ihr Staatswesen, zum Wehrdienst und zur politischen Mitgestaltung motivieren will.

An diesem Beispiel zeigt sich, welche Spielräume gelehrte, gründliche Interpretationen öffnen und gegen eine vorherrschende Lektüre vertreten können. Das Herausbrechen eines Augenblicks aus dem Strom des Denkens hat hier zu neuen Verknüpfungen und Spiegelungen geführt und so das Interesse für Machiavelli wieder mobilisiert und zu einer Reihe interessanter Veröffentlichungen geführt. Eine Zeitlang konnte als gelehrt nur gelten, wer Pococks Deutung folgte. Bald jedoch wurden die methodologischen Prämissen dieses Ansatzes in ihrer Enge und in ihrem problematischen Charakter erkannt. Wenn nämlich Pocock und andere einen Autor wie Machiavelli aus seiner Rezeptionsgeschichte herauslösen und sein Denken auf einen bestimmten historischen Augenblick verdichten wollen, versuchen sie, einen bestimmten historischen Quellentypus als maßgeblich zu behaupten und durchzusetzen. Doch schon zur gleichen Zeit, als Pococks Neudeutung erschien, hat sich in der literaturwissenschaftlichen Rezeptionsforschung die Einsicht durchgesetzt, dass ein Text gerade auch durch seine Rezeptionsgeschichte zum Klassiker wird und diese so als genuiner Be-

---

[130] Reiwald, Paul: Einleitung zu Burnham, James: Die Machiavellisten. Verteidiger der Freiheit, Zürich 1949, S. 11.

[131] Vgl. Pocock, J. G. A.: The Machiavellian Moment. Florentine Political Thought and the Atlantic Republican Tradition, Princeton und Oxford 1975; ders.: Die andere Bürgergesellschaft. Zur Dialektik von Tugend und Korruption, Frankfurt, New York und Paris 1993.

standteil des Werkcharakters und der Werkgeschichte betrachtet werden muss. Es ist ein legitimes und angemessenes Verfahren, Machiavelli durch den „Machiavellismus" zu verstehen; es kann sich jedoch auch als ebenso produktiv und diskussionsbereichernd erweisen, dazu einen Gegensatz und Spannungsbogen aufzubauen durch den Blick auf den Entstehungskontext und das diskursive Umfeld. Methodologisch gibt es keinen Grund, den Ausschließlichkeitsanspruch einer dieser Deutungsweisen zu akzeptieren.

Heute wird Machiavelli meist als Klassiker der Politikberatung gelesen. Textauszüge und Textauslegungen unter Titeln wie „Machiavelli für Manager"[132] oder „Machiavelli für Frauen"[133] liegen in den Bahnhofsbuchhandlungen. Dick Morris, der zwanzig Jahre lang als der schillernde Berater für Bill Clinton tätig war, hat ein Update veröffentlicht: *The New Prince. Machiavelli updated for the Twenty-First Century.*[134] Passenderweise wurde der Text im Renaissance Verlag publiziert. Ein konservativer Professor für Militärstrategie am Naval War College hat ein paralleles Werk vorgelegt: *The Modern Prince. What Leaders need to know.*[135] Das ist die Variante für die Neokonservativen und die Bush-Administration. Autoren wie Verlage sind sich sicher, dass der Name des Florentiner Autors von vor 500 Jahren immer noch das politisch interessierte und politisch kompetente Publikum, eben die Führungspersönlichkeiten, anspricht.

Textausgaben:

Machiavelli, Niccolò: Il Principe/Der Fürst. Italienisch/Deutsch, Übers. und Hg. von Philipp Rippel, Stuttgart 1986.

Machiavelli, Niccolò: Der Fürst. Übers. Ernst Merian-Genast, Einführung von Hans Freier, Stuttgart: Reclam 1984. (Nach dieser modernen und sehr frisch wirkenden Übersetzung habe ich zitiert. Die Übersetzung von Gottlob Regis von 1842, wie sie neuerdings wieder auf CD-Rom vorgelegt worden ist, ist heute unlesbar, und so chaotisch und pathetisch übersetzt, dass sie nicht einmal in die damalige Zeit gepasst hätte.).

Machiavelli, Niccolò: Discorsi. Gedanken über Politik und Staatsführung, 2. Aufl. Stuttgart 1977.

Machiavelli, Niccolò: Geschichte von Florenz, Zürich 3. Aufl. 1993.

Machiavelli, Niccolò: Gesammelte Schriften, Hg. Hanns Floerke, 5 Bde, München 1925 (basiert auf einer Übersetzung von Johannes Ziegler aus den Jahren 1831-41). Dies ist leider immer noch die neueste dt. Werkausgabe, in der auch eine Auswahl aus dem Briefwechsel und die Gesandtschaftsberichte enthalten sind.

Sekundärliteratur:

Berlin, Isaiah: Die Originalität Machiavellis, in ders.: Wider das Geläufige. Aufsätze zur Ideengeschichte, Frankfurt am Main 1982.

---

[132]   Spagnol, Luigi und Elena: Machiavelli für Manager. Sentenzen, Frankfurt 1995.

[133]   Rubin, Harriett: Machiavelli für Frauen. Strategie und Taktik im Kampf der Geschlechter, Frankfurt 2000.

[134]   Morris, Dick: The New Prince. Machiavelli updated for the Twenty-First Century, Los Angeles: Renaissance-Books 1999.

[135]   Lord, Carnes: The Modern Prince. What Leaders need to know, New Haven und London 2003.

Burnham, James: Die Machiavellisten. Verteidiger der Freiheit, Zürich 1949 (wichtig zur Wirkungsgeschichte des politischen Realismus).

Cassirer, Ernst: Der Mythus des Staates. Philosophische Grundlagen politischen Verhaltens, Frankfurt am Main 1985, S. 165, darin vor allem Die Machiavelli-Legende, S. 153ff.

Freyer, Hans: Einführung in: Machiavelli, Niccolò: Der Fürst, Übers. Ernst Merian-Genast, Stuttgart 1984, S. 3-32 (glänzender Problemaufriss).

Freyer, Hans: Machiavelli, Weinheim 2. Aufl. 1986.

Friedrich der Große: Der Anti-Machiavell oder Untersuchungen von Machiavellis „Fürst". Bearbeitet von Voltaire, Leipzig 1991 (unverzichtbar als Sammlung der aufklärerisch-moralischen Argumente gegen Machiavelli).

Knoll, Manuel: Die konservative Verantwortungsethik des Humanisten Niccolò Machiavelli, in: Politisches Denken, Jahrbuch 2003, Stuttgart und Weimar 2002, S. 94-116 (vertritt die moralische Deutung Machiavellis).

Meinecke, Friedrich: „Die deutsche Katastrophe", in: ders.: Autobiographische Schriften, hg. und eingeleitet von Eberhard Kessel, Stuttgart 1969 (hier trägt M. die These vom Machiavellismus der Massen und der fatalen Folgen vor).

Meinecke, Friedrich: Die Idee der Staatsräson in der neueren Geschichte, München und Wien 1976.

Morris, Dick: The New Prince. Machiavelli updated for the Twenty-First Century, Los Angeles: Renaissance-Books 1999 (eine der modischen Aktualisierungen durch Clintons Berater).

Münkler, Herfried: Im Namen des Staates. Die Begründung der Staatsräson in der frühen Neuzeit, Frankfurt am Main 1987 (die neuere Variante von Meineckes Buch).

Münkler, Herfried: Machiavelli. Die Begründung des politischen Denkens der Neuzeit aus der Krise der Republik Florenz, Frankfurt am Main 1987 (umfassende ideengeschichtliche Arbeit, die nichts zu wünschen übrig lässt).

Pocock, J. G. A.: Die andere Bürgergesellschaft. Zur Dialektik von Tugend und Korruption, Frankfurt, New York und Paris 1993.

Pocock, J. G. A.: The Machiavellian Moment. Florentine Political Thought and the Atlantic Republican Tradition, Princeton und Oxford 1975.

Skinner, Quentin: Machiavelli zur Einführung, Hamburg 2. Aufl. 1990 (knapp, solide, von einem der berühmtesten Ideengeschichtler).

Sternberger, Dolf: Drei Wurzeln der Politik, Frankfurt am Main 6. Aufl. 1986.

Strauss, Leo: Thoughts on Machiavelli, Glencoe 1958.

5   Politische Utopien und Anti-Utopien der Neuzeit

Geprägt durch zwei Klassikertexte, nämlich die Utopia des Thomas Morus aus dem Jahre 1516, die erste der großen Renaissance-Utopien, sowie durch den Rückgriff auf Platons Politeia mit ihrem ausgearbeiteten Staatsmodell, hat sich eine Gattung etabliert, die bei aller Vielfalt doch bestimmten typischen Regeln unterliegt. Richard Saage, der führende Utopienforscher, hat im Vergleich von 36 Utopietexten gezeigt, dass die sich an Morus anschließenden Utopien normalerweise eine Zeitdiagnose und Sozialkritik enthalten, auf die sie mit der Konstruktion einer idealen Gegenwelt antworten, die entweder auf einer Insel (Raumutopien) oder in der Zukunft (Zeitutopien) angesiedelt ist. Hinzu kommen normative Aussagen über das Gemeinwohlideal, aber auch zu äußeren Erscheinungsformen wie zur Architektur und zu den Stadt- und Siedlungsformen. Eine politische Utopie nach klassischem Muster enthält auch präzise Informationen über die sozialen Voraussetzungen des Lebens im utopischen Staat, z.B. über die Arbeitszeiten und Arbeitsmethoden, über die Eigentumsverhältnisse sowie die Organisation der Güterherstellung und –verteilung. Das Muster einer politischen Verfassung gehört ebenfalls dazu. Es gibt nicht nur Staatsutopien, die Herrschaftsstrukturen vorsehen, sondern durchaus auch anarchistische Modelle. Auch über die Geschlechterbeziehungen, die Familienverhältnisse und die Stellung der Frauen werden normalerweise Aussagen gemacht. Ob politische Eliten vorgesehen sind und wie sie sich rekrutieren, ebenfalls. Hinzu kommen „mehr oder weniger ausführliche Kommentare zur Erziehung, Justiz, Religion, Kunst und zur Außenpolitik, insbesondere zu Krieg und Frieden."[136]

Der Begriff Utopie hat in der politischen Ideengeschichte oftmals einen abwertenden Klang. Marx und Engels hatten den utopischen Sozialismus durch ihren mit dem Anspruch der Wissenschaftlichkeit auftretenden Ansatz für überwunden erklärt.[137] Besonders aber nach dem Scheitern des etatistischen Sozialismus hat man sogar vom Ende der Utopien gesprochen. Ernst Nolte hat den Vorwurf erhoben, die Utopie sei „die Sehnsucht nach dem Unpolitischen inmitten der Welt der Politik. Alle Utopie hat einen unpolitischen Zustand im Auge, und insofern gibt es keine ‚politische Utopie'".[138] Richard Saage führt den Gegenbeweis, dass es sich bei den Utopien durchweg um eine zeitdiagnostische Reaktion auf Gegenwartsprobleme handelt und dass sie meist ein klar ausgearbeitetes Zukunftsmodell vorlegen, also genau das, was Marx und Engels systematisch verweigert hatten.

---

[136]   Saage, Richard: Politische Utopien der Neuzeit, Darmstadt 1991.

[137]   Engels, Friedrich: Die Entwicklung des Sozialismus von der Utopie zur Wissenschaft, MEW Bd. 19, Berlin 1968.

[138]   Nolte, Ernst: Was ist oder was war die „politische" Utopie? In Richard Saage (Hg.): Hat die politischeUtopie eine Zukunft?, Darmstadt 1992, S. 3-15, hier S. 5.

Die zeitdiagnostische Reaktion auf Entwicklungen des 20. Jahrhunderts führte zu einer charakteristischen Verdüsterung des Utopischen. Es ist das Jahrhundert der Negativutopien, der großen Zukunftswarnungen geworden: Jewgenij Samjatins *Wir*, Aldous Huxleys *Schöne neue Welt* und die berühmteste aller Dystopien, George Orwells *1984*. Auch hier gilt der Vorrang des Zeitdiagnostischen und die genaue Analyse und Information über die zu erwartende Zukunftsgesellschaft. Dank der systematisch durchstrukturierten Forschungsarbeiten von Richard Saage ist es nunmehr möglich, nicht mehr anekdotisch interessante Momente aus dem Inhalt einzelner Utopien zu berichten, sondern diese im Kontext zu sehen und sie idealtypisch gegeneinanderzustellen. Es bietet sich an, die Konfrontation zwischen dem Beginn und dem Ende der Neuzeit zu suchen, also zwischen den drei großen Renaissance-Utopien von Thomas Morus (*Utopia*, 1516), Tommaso Campanella (*Sonnenstaat*, 1602) und Francis Bacon (*Neu-Atlantis*, 1627) und den drei bedeutendsten schwarzen Utopien des 20. Jahrhunderts. Es kommt mir im Folgenden darauf an, möglichst im Vergleich die Grundelemente und Strukturen des utopischen Denkens darzustellen, nicht aber die Inhalte der einzelnen Utopien. Die sechs hier im Zentrum stehenden Bücher sind für jeden leicht greifbar und stellen für sich schon eine lohnende Lektüre dar. Hier geht es aber nicht um ein literarisches Interesse, sondern darum, im Kontext der politischen Ideengeschichte die Strukturen so darzulegen, wie sie aus der bloßen Kenntnis der Bücher allein nicht zu erkennen sind und dadurch einige über die Erzählungen selbst hinausgehende Aspekte des Verstehens zu erschließen.

5.1   Die drei großen Renaissance-Utopien

Die Utopie von Thomas Morus beginnt mit einer scharfen Zeitkritik: der Weltreisende kritisiert die englischen Gesetze, die es ermöglichen, Diebe aufzuhängen, als unverhältnismäßig. Hinter der großen Zahl von Dieben, Bettlern und Entwurzelten stehen soziale Probleme: die zunehmenden Einhegungen von Land, das früher im Allgemeinbesitz war, um dort große Schafherden weiden zu lassen, deren Wolle für die entstehende Textilindustrie benutzt wurde. Die sanften und genügsamen Schafe seien auf diese Weise so gefräßig und bösartig geworden, dass sie sogar Menschen fressen und Dörfer verwüsten und entvölkern.[139] Die Pächter des Landes würden enteignet und vertrieben, sie bildeten neben arbeitslosen Soldaten, häufig ohne Versorgungsansprüche entlassenen Kriegsverletzten, jenen kriminellen Bodensatz der Bevölkerung, den die Regierung durch überscharfe Strafgesetze zu kontrollieren versucht. Der Zusammenhang zwischen Eigentum, Massenarmut und Entwurzelung ist ein durchgehendes Thema der Utopien – mit der Ausnahme des eher eigentums- und kapitalismusfreundlichen Francis Bacon. Auch Tommaso Campanella problematisiert die hohe Arbeitslosigkeit in Neapel als Schule des Lasters: von den damals etwa 70000 Einwohnern arbeiten höchstens 10000 bis 15000, diese allerdings übermäßig. Die Ursache sieht er darin, dass jeder für sich wohnt und lebt, statt eine kommunistische Gemeinschaft zu bilden. Die utopische Kritik richtet sich gegen das herrschende sozio-politische System. Bei Morus wird das in der Zweiteilung seines Werkes besonders präzise herausgearbeitet: auf die detaillierte Zeitkritik (die hier nur in einem Punkt angedeutet werden konnte) folgt die Ausmalung jenes

---

[139]   Morus, Thomas: Utopia, in: Der utopische Staat. Hg. Klaus J. Heinisch, Reinbek 27. Aufl. 2004, S. 26.

fernen Gemeinwesens auf der Insel Utopia. Als Gegenbild zum Individualismus der Renaissance wird ein radikal antiindividualistisches Gemeinwesen entworfen, dessen äußeres Erscheinungsbild geometrischen Strukturen folgt. Im Sonnenstaat Campanellas steht für jeden das Leben der Gesamtheit im Vordergrund. Den Behörden ist unbedingt zu gehorchen. Die Gerechtigkeit basiert nicht auf der Autonomie der Einzelnen, sondern auf der gemeinsamen Erhaltung. Der geometrische Grundriss der Utopien symbolisiert „eine überraschungslos gewordene Welt, deren absolute Transparenz individuelle Abweichungen nicht duldet."[140] Auch die Kleidung ist reglementiert wie später in Maos China: die Utopier tragen bei „der Arbeit einen einfachen Anzug aus Leder oder Fellen, der bis zu sieben Jahren hält. Wenn sie ausgehen, ziehen sie ein Obergewand darüber, das jene gröbere Kleidung verdeckt; seine Farbe ist auf der ganzen Insel dieselbe, und zwar die Naturfarbe."[141] Auch bei Campanella tragen alle Männer und Frauen dieselbe Kleidung, die auch für den Kriegsdienst geeignet ist. Eine Ausnahme stellt hier wieder Francis Bacon dar: die Amtsträger tragen eine repräsentative Kleidung, die detailliert ausgemalt wird, von edelsteingeschmückten Handschuhen bis zu hyazinthfarbenen Schuhen aus reiner Seide. Dieser Luxus dient allerdings nur der öffentlichen Repräsentation, keinesfalls dem privaten Genuss. Die sozialen und politischen Verhältnisse sind statisch angelegt: ein massives Gegenbild zur dynamischen sozialen Entwicklung der Renaissance.

Die ökonomischen Grundlagen der utopischen Gesellschaften werden genau beschrieben: das ist eine Neuerung gegenüber Platons Politeia, wo dies nur am Rande Erwähnung findet. Hatte Platon noch ein Gemeineigentum lediglich für die Wächterklasse vorgeschlagen, weiten Morus und Campanella dies auf die Gesamtgesellschaft aus. Gemeinsam wird produziert und die Behörden übernehmen die Verteilung. Alle sind zugleich arm und reich: reich, weil sie alles haben, und arm, weil sie nichts persönlich besitzen, „und dabei dienen sie nicht den Dingen, sondern die Dinge dienen ihnen."[142] Die Wirtschaftsform der frühneuzeitlichen Utopisten ist „eine in ihrer Dynamik gebremste Ökonomie"[143]. Das trifft selbst für Bacons *Neu-Atlantis* zu, wo es immerhin Privateigentum gibt, wo aber der Außenhandel weitgehend verboten ist und allein in Teilbereichen betrieben wird, um vom Wissen anderer Länder zu profitieren. Ansonsten soll der Staat sich selbst versorgen.

Der gesellschaftliche Reichtum entsteht im wesentlichen in der Landwirtschaft. Diese ist öffentliche Angelegenheit, und alle unterliegen einer Arbeitspflicht. Bei Campanella wird dies sehr anschaulich geschildert: „Während nur wenige zurückbleiben, ziehen alle anderen bewaffnet aus der Stadt, um die Äcker zu bebauen, zu säen, zu pflügen, zu hacken, zu mähen, zu ernten und Weinlese zu halten, und zwar mit Hörnern und Trommeln und Fahnen. In wenigen Stunden erledigen sie alles, da sie die Arbeit kunstfertig verrichten."[144] Es gibt also keine spezialisierten Bauern, wohl aber eine gründliche Schulung und Ausbildung für alle in den Produktionstechniken. Bedeutsam ist der Hinweis auf die durch Effizienz möglichen relativ kurzen Arbeitszeiten. Morus hält etwa 6 Stunden täglich für erforderlich: „Diese Ar-

---

[140] Saage, S. 27.

[141] Morus, S. 57f.

[142] Campanella, Tommaso: Sonnenstaat in: Der utopische Staat. Hg. Klaus J. Heinisch, Reinbek 27. Aufl. 2004, S. 136.

[143] Saage, S. 34.

[144] Campanella, S. 145.

beitszeit genügt (...) zur Erzeugung aller Dinge, die lebensnotwendig sind oder zur Bequem-lichkeit dienen, ja, es bleibt sogar Zeit übrig."[145] Die Renaissance-Utopisten setzen selbstver-ständlich auf moderne technische Entwicklungen und wissenschaftliche Ausbildung. Morus beschreibt eine Brutmaschine zur Geflügelzucht und die Entwicklung einer präzisen Wetter-vorhersage. Bei Campanella ermöglicht eine hochentwickelte Medizin Lebenszeiten von hundert bis zweihundert Jahren, und es gibt Schiffe ohne Ruder und Segel.

In Morus' *Utopia* gibt es Sklavenarbeit. Bei den Sklaven handelt es sich um Menschen, die ein schweres Verbrechen begangen haben oder in einem ausländischen Staat zum Tode ver-urteilt wurden, außerdem gibt es freiwillige Sklaven aus dem Ausland, die in Utopia ein besseres Leben führen und eine bessere Behandlung erwarten können als in ihrer Heimat. Sie müssen alle jene Dienstleistungen verrichten, die besonders schmutzig, unangenehm oder mühsam sind, wie zum Beispiel den Abwasch oder die Kinderbetreuung. Diese Sklaven haben jederzeit das Recht, mit einer kleinen Abfindung Utopia wieder zu verlassen. Solche Gedanken sind erkennbar nicht bloß Skurrilitäten, sondern in typisch neuzeitlich-utopischem Geist Projekte zur Humanisierung selbst einer Institution der Sklaverei. Für alle Bewohner besteht Arbeitspflicht. Selbst ausländische Besucher erhalten nur dann ein Mittag- oder Abendessen, wenn sie vorher soviel gearbeitet haben, wie die Bürger üblicherweise auch. Selbstverständlich gibt es keinen Müßiggang, keine Weinstuben, keine Bierkneipen, Laster-höhlen oder Freudenhäuser, in denen man sein Geld verprassen könnte.

Charakteristisch und schon von Platon vorgezeichnet ist der Verzicht auf jeglichen Luxus. Sie glauben auf diese Weise, sinnlose Arbeitszeit einsparen zu können. Dies wird mit rigoro-sen Strafen durchgesetzt. Bei Campanella können Frauen, die hochhackige Schuhe tragen oder sich schminken, die Todesstrafe erhalten.[146] Da alle Versorgungsgüter verteilt werden, haben Gold und Silber keinen praktischen Wert: man muss dem Erwerb dieser Güter nicht mehr nachjagen.

Schon bei Platon war die individuelle Familie für die politisch herrschende Wächterklasse verboten. Campanella weitet dies auf die Gesamtgesellschaft aus. Die Eugenik spielt wie bei Platon eine wichtige Rolle. Die Behörden wählen unter wissenschaftlicher Beratung durch Ärzte und Astrologen die passenden Geschlechtspartner aus (bei Platon geschah dies in ei-nem manipulierten Lossystem, damit die Leute die Steuerung nicht zu sehr bemerkten). Campanellas Modell ist das Weitestgehende. Morus, Bacon und andere halten an der traditio-nellen patriarchalischen Familie fest, aber nicht als Residuum der Individualität, sondern als Ausführungsorgan des Staates, wie umgekehrt auch der Staat die Befehle des Familienober-haupts, wenn sie nicht freiwillig befolgt werden, der Ehefrau oder den Kindern gegenüber durchsetzen kann. Bei Morus wird eine ideale Familiengröße angenommen: zwischen 10 und 16 Erwachsenen. Überzählige werden an kinderarme Familien abgegeben.

Während Platon eine Philosophenherrschaft vorgesehen hatte, finden wir bei Morus wahl-demokratische Elemente. Je 30 Familien wählen jährlich einen Vorstand. Diese bilden eine Volksversammlung und wählen den Staatspräsidenten sowie dessen Berater. Jede wichtige Frage wird der Volksversammlung vorgelegt. Die Abgeordneten besprechen dies zunächst in ihren Familien, dann untereinander und teilten den Beschluss dem Senat mit, der die Legisla-

---

[145]   Morus, S. 56.

[146]   Campanella, S. 134f.

tive bildet. Der Staatspräsident bildet das autokratische Element der Verfassung, denn er ist lebenslang gewählt, kann aber zum Rücktritt gezwungen werden, wenn er sich mit seinen Beratern zu einer tyrannischen Gewaltherrschaft verschwört. Bei Campanella gibt es ebenfalls Regierung, Senat und Volksversammlung, bei ihm allerdings dominiert der Regierungschef, genannt HOH, Metaphysicus oder Sol. Er ist lebenslänglicher Diktator mit allumfassenden Kompetenzen. Die Volksversammlung, zu der alle Männer und Frauen über 20 Jahre Zutritt haben, dient im wesentlichen dazu, das Vertrauen in die Obrigkeit zu stärken. Sie hat ein Vorschlagsrecht für die höheren Beamten unterhalb der Regierungsspitze. Immerhin gilt für praktisch alle Renaissance-Utopien, dass das Volk anders als bei Platon nirgendwo völlig übergangen wird, offenbar weil die Arbeit im Selbstverständnis der Gesellschaften aufgewertet worden ist. Bei Platon war sie noch elitär verachtet worden, in der Renaissance aber bildet sie die Basis der gesellschaftlichen Selbsterhaltung und des bescheidenen luxusfreien Wohlstandes. In Bacons *Neu-Atlantis* allerdings haben die Naturwissenschaftler offenbar eine ähnliche Führungsrolle wie einst bei Platon die Philosophen.

Interessant ist die Aufhebung des Individuellen. In der Utopia trägt niemand einen Namen. Eine Privatsphäre ist nicht vorgesehen, selbst die Türen des Familienhauses lassen sich leicht öffnen, und jeder darf eintreten. Die Trennung von öffentlich und privat ist aufgehoben: ein häufiges Grundmotiv utopischen Denkens. Die Mahlzeiten werden in geräumigen Hallen, über die jeder Häuserblock verfügt, wie bei Platon gemeinsam eingenommen – außer bei den Utopiern, die auf dem Lande leben. Das Werk von Morus war schule- und epochemachend. Es dürfte sich bis heute um die meistgelesene Utopie handeln. Die entspannte, distanziertfreundliche literarische Form, der wohlwollende Humanismus gerade auch bei der Behandlung von Kriminalität und Strafen, haben entscheidend dazu beigetragen. Die bedeutsamste Innovation gegenüber Platons Politeia bestand darin, nicht bloß einen Idealstaat zu konstruieren, sondern diesen, wenige Jahre nach der Entdeckung Amerikas und der Entwicklung eines von den modernen astronomischen Navigationssystemen ermöglichten Überseeschiffsverkehrs, auf eine ferne Insel zu verlegen. An die Stelle der intellektuellen Konstruktion konnte die Erzählung des wohlinformierten Weltreisenden treten. Der Exotismus der Darstellung erzwingt, anders als bei Platon, nicht notwendigerweise eine Stellungnahme des Lesers. Man kann diesen Text genauso gut als Bericht aus einer fernen, fremden Welt lesen, in deren Spiegel die europäischen Institutionen zwar als problematisch und verbesserungsbedürftig erscheinen, aber es geht kein drängender argumentativer Zwang von diesem Text aus. Der Weltreisende Raphael Hythlodeus lehnt es ausdrücklich ab, als Politikberater tätig zu werden, weil er die Erfahrung gemacht hat, dass man auf ihn nicht hört, und er erwartet, wie Platon in Syrakus, wegen seiner Vorschläge auf der Stelle verjagt oder verspottet zu werden, besonders weil er keine militärischen Ratschläge geben könne, diese aber die einzigen seien, für welche die Fürsten wirkliches Interesse hätten.

Die literarische Form der Utopien muss in Rechnung gestellt werden. Sie ermöglicht eine größere, spielerische Freiheit bei der Ausmalung einer Gegengesellschaft. Im Rahmen einer politischen Ideengeschichte sollten diese Ideen allerdings durchaus zum Nennwert genommen werden, denn insbesondere viele der Vorstellungen, von der Aufhebung des Privateigentums über den Arbeitszwang bis hin zur Abschaffung der Individualität, zur einheitlichen Kleidung und zum Luxusverbot sind die wiederkehrenden Grundmotive praktisch aller späteren Realisierungsversuche. Die Utopisten der Aufklärung sind durchweg Platon und Morus in der Ablehnung des Privateigentums als wesentliche Ursache gesellschaftlicher Konflikte gefolgt. Die Gütergemeinschaft und die Aufhebung von Ungleichheit ist wohl das prägendste utopische Motiv überhaupt. Praktische utopische Gemeinschaften haben sich allerdings erst im Übergang zum 19. Jahrhundert gebildet, so Robert Owens *New Lanark* (Schottland, 1800-1825) und *New Harmony* (USA, 1825-29). Diese Modelle, auf die vor allem in den USA viele weitere kurz- wie längerlebige folgten, blieben auf kleinere, überschaubare Gruppen beschränkt.[147]

Das 20. Jahrhundert wurde dann zum Jahrhundert der Realisierung von Utopien im allergrößten Maßstab. Auch im 20. Jahrhundert hat es eine Reihe von positiven Utopien gegeben. Die utopische Zeitkritik folgt immer wieder den Gegenwartsproblemen. Der hypertrophierten Herrschaft des Etatismus treten immer wieder Utopien anarchischer Selbstorganisation entgegen, das Aufkommen der Umweltschutzproblematik brachte ökologische Utopien hervor. Seit es die Frauenbewegung gibt, sind auch Utopien von rein weiblichen Gesellschaften entstanden, die den Mythos der Amazonen ebenso aufgenommen haben wie Bacon dies einst mit dem Atlantis-Mythos getan hatte.[148] Die russischen Bolschewiki haben trotz des Utopieverbots der marxistischen Tradition in ihren Schriften vielfältige Elemente der klassischen Utopietradition aufgenommen und ausgemalt.[149]

Aber die bemerkenswerteste Innovation war das Aufkommen der Gegenutopien. Denn auf die Utopien der Bolschewiki[150] reagierte Jewgenij Samjatin im Jahre 1920 mit seinem Roman *Wir*, der die späteren schwarzen Utopien von Huxley und Orwell geprägt hat, und in dem nicht nur die Weltraumrakete, die Gehirnchirurgie und die elektronische Musik, sondern auch die Rolle der Geheimpolizei, des Eisernen Vorhangs, die Konzentrationslager und Gaskammern vorausgesagt werden. Das Verhältnis zur Technik hatte sich gewandelt, das Fortschrittsdenken war in eine Krise geraten und die positive Utopie verlor ihre Hegemoniestellung auch im Denken der europäischen Linken.[151]

Schaut man jedoch genauer in die Utopietradition, ist der Bruch weniger groß, als es auf den ersten Blick scheinen mag, denn die Furchtutopien des 20. Jahrhunderts greifen Motive des Kollektivismus und der Vergesellschaftung der Individuen auf, die in den Renaissance-Utopien selbst schon unübersehbar waren. Sie werden jedoch jetzt mit einem eindeutig negativen Vorzeichen versehen. Die Gesellschafts- und Sozialkritik richtet sich jetzt gegen die Struktur der utopischen Gesellschaft selbst. Winston Smith, der Protagonist von Orwells 1984, vermutet, dass die vorrevolutionäre Gesellschaft trotz aller ihrer Defizite doch menschlicher gewesen sein könnte als die Gegenwart des utopischen Staates. Die Gemeinschaftlichkeit wird in den Negativutopien als die Bekämpfung und Unterdrückung des Individuums herausgearbeitet. Samjatins Ich-Erzähler heißt „D-503": dieses Motiv hatten wir schon bei Morus kennengelernt, jetzt aber wird es zum Gegenstand der Kritik gemacht. Wissenschaft und Technik, die in den klassischen Utopien eine wesentliche ökonomische Grundlage redu-

---

[147]   Vgl. Holloway, Mark: Utopian Communities in America 1690-1880, Mineola/NY 1966.

[148]   Z.B. Callenbach, Ernest: Ökotopia. Notizen und Reportagen von William Weston aus dem Jahre 1999, Berlin 1984; Gilman, Charlotte Perkins: Herland. Dt. von Sabine Wilhelm, Reinbek 1980.

[149]   Saage, S. 235.

[150]   Z.B. Bogdanow, A.: Der rote Planet. Ingenieur Menni. Utopische Romane, Berlin 1989.

[151]   Saage, S. 265ff.

zierter Arbeitszeiten und humanerer Arbeitsformen waren, werden in den Negativutopien zum direkten Herrschaftsinstrument der herrschenden Oligarchien. Die Arbeit wird zum Zwangsinstrument. Bei Orwell heißt es: „Die Macht ist kein Mittel, sondern Selbstzweck. Der Zweck der Macht ist die Macht."[152] Hier hat im Rahmen der Gattung und ihrer Formen ein Umschlag stattgefunden: die Kritik an der Unterdrückung der Freiheit rückt in den Vordergrund, die Individualität wird wichtiger, die gebremste Ökonomie wird zum Problem, wenn Orwell den Verfall der Städte und Siedlungen, die hässliche Außenseite einer unproduktiven Großgesellschaft schildert, das Gemeineigentum wird als unproduktiv erkannt, die propagandistische Seelenlenkung als Horrorvorstellung. „In gewisser Weise können die schwarzen Utopien als immanente Kritik der gesamten Tradition der Staatsutopie seit Platon und Morus gelesen werden: Sie decken schonungslos deren Gefährdungspotentiale auf. (...) Die klassische Formel des utopischen Denkens, dass das Ganze Priorität vor dem Einzelnen habe, gerät zum Signum der Zerstörung."[153]

Durch seine literarische Form ermöglicht der utopische Diskurs sowohl eine Zeitkritik wie auch die experimentelle Ausmalung einer Gegengesellschaft. Die Detailliertheit dieser Ausmalung, die Behandlung der Gesellschaftsstruktur, des politischen Systems, der Wirtschaftsform, der Arbeitswelt und des Alltags, vorgegeben durch den klassischen Utopia-Text von Thomas Morus, konnte immer schon zugleich als Hoffnungsbild und als Warnung gelesen werden. Der Text von Morus enthält eine offenbar unwiderstehliche Aufforderung an alle Utopisten, die schwärzesten Geheimnisse der von ihnen angestrebten Gegen- oder Zukunftsgesellschaft zu verraten. Kollektiveigentum, Gemeinschaftsdenken, Aufhebung der Individualität und der Trennung des Privaten vom Öffentlichen, Arbeitszwang und weitgehende äußere Gleichheit gehören zu den bedrängenden und bedrohlichen Zügen dieser Tradition, die nicht nur bloße Nebenwirkungen sind, sondern offenbar unvermeidliche Implikationen der großen Gegenentwürfe.

Textausgaben:

Huxley, Aldous: Schöne neue Welt. Ein Roman der Zukunft. Übers. Herbert E. Herlitschka, München und Zürich 5. Aufl. 1992.

Morus, Thomas: Utopia; Bacon, Francis: Neu-Atlantis; Campanella, Tommaso: Sonnenstaat. Diese drei Utopien sind abgedruckt in: Der utopische Staat. Hg. Klaus J. Heinisch, Reinbek 27. Aufl. 2004.

Orwell, George: 1984, Übers. Kurt Wagenseil, Wien 1984.

Samjatin, Jewgenij: Wir. Roman. Mit einem Essay über die Literatur und die Revolution, Übers. von Gisela Drohla, Köln 1984.

Sekundärliteratur:

Berlin, Isaiah: Der Verfall des utopischen Denkens, in ders.: Das krumme Holz der Humanität. Kapitel der Ideengeschichte, Frankfurt am Main 1995, S. 37-71.

---

[152]   Orwell: 1984, Übers. Kurt Wagenseil, Wien 1984, S. 68

[153]   Saage, S. 335f.

Elias, Norbert: Thomas Morus' Staatskritik, in: Voßkamp, Wilhelm(Hg.), Utopieforschung. Interdisziplinäre Studien zur neuzeitlichen Utopie, Bd. 2, Frankfurt am Main 1985, S. 101-150.

Heyer, Andreas: Studien zur politischen Utopie. Theoretische Reflexionen und ideenge-schichtliche Annäherungen, Hamburg 2005.

Holloway, Mark: Utopian Communities in America 1690-1880, Mineola/NY 1966.

Mannheim, Karl: Ideologie und Utopie, Frankfurt am Main 7. Aufl. 1985.

Roß, Bettina: Politische Utopien von Frauen. Von Christine de Pizan bis Karin Boye, Dort-mund 1998.

Saage, Richard: Politische Utopien der Neuzeit, Darmstadt 1991.

Saage, Richard: Utopische Profile: Renaissance und Reformation, Münster 2001.

Saage, Richard: Utopische Profile: Widersprüche und Synthesen des 20. Jahrhunderts, Müns-ter 2003.

Saage, Richard: Zur Utopiekritik Karl R. Poppers, in ders.: Vermessungen des Nirgendwo. Begriffe, Wirkungsgeschichte und Lernprozesse der neuzeitlichen Utopien, Darmstadt 1995, S. 69-86.

Schwarz, Egon: Aus Wirklichkeit gerechte Träume. Utopische Kommunen in den Vereinig-ten Staaten von Amerika, in: Voßkamp, Wilhelm (Hg.), Utopieforschung. Interdisziplinä-re Studien zur neuzeitlichen Utopie, Bd. 3, Frankfurt am Main 1985, S. 411-430.

Waschkuhn, Arno: Politische Utopien, München und Wien 2003.

6 Thomas Hobbes, der Erfinder des Leviathan

Der Leviathan ist das Haupt- und Meisterwerk von Thomas Hobbes (1588-1679), jedenfalls was die ersten beiden Teile, „Vom Menschen" und „Vom Staat" angeht, während Teil III und IV, nämlich „Vom christlichen Staat" und „Vom Reich der Finsternis" seltener zitiert und behandelt werden. Der Titel lautet auf Englisch: Leviathan or the Matter, Form and Power of a Commonwealth Ecclesiastical and civil, oder in der Übersetzung von Walter Euchner: „Leviathan oder Stoff, Form und Gewalt eines kirchlichen und bürgerlichen Staates."

Methodisch hat Hobbes einen entscheidenden Anstoß durch die Lektüre von Euklids Geometrie empfangen, von der er 1628 zufällig ein Exemplar in einer privaten Bibliothek fand und sogleich von der Methode der Beweisführung von Satz zu Satz, von Beweis zu Beweis überwältigt war. Daneben orientiert er sich an der damals modernen Naturwissenschaft. Im Stile Galileis ging Hobbes von Körpern aus, die er in drei Gruppen teilt: Die erste bilden die toten und lebendigen Körper der außermenschlichen Welt, die zweite die rein materiell-physiologisch verstandenen menschlichen Körper und die dritte schließlich der *corpus politicum* oder *body politick*, der politische Körper, auch Staat genannt. Der Name Leviathan ist dem Buch Hiob sowie dem Propheten Jesaia aus der Bibel entlehnt.[154] Wie wir uns den mythischen Leviathan genau vorzustellen haben, ist unklar, er wurde meist als Wassertier dargestellt, also als eine Art Krokodil, Walfisch oder ähnliches, während der mit ihm gemeinsam auftretende Behemoth ein Landungeheuer ist, ein Elefant, Stier oder dergleichen. Es gibt diese beiden Ungeheuer natürlich nicht nur in der Bibel, sondern auch in der kabbalistischen Tradition.[155]

6.1 Erster Teil des Leviathan: Vom Menschen (Of Man)

Die Kapitel eins bis neun des ersten Teils des Leviathan enthalten Hobbes naturalistische Konzeption des Menschen mit der Kernaussage, dass alle Menschen nach Selbsterhaltung und Lustgewinn streben und dass alle ihre komplexeren Äußerungen und Gefühlsregungen auf diese letzten Elemente zurückzuführen sind. Hobbes' Sprachtheorie ist bemerkenswert modern. Wörter sind zunächst nur Namen, die als Merk- und Kennzeichen der Erinnerung

---

[154] Vgl. Hiob 40f. mit den schönen Formeln 41,1: "Niemand ist so kühn, daß er ihn reizen darf" und 41,15: „Sein Herz ist so hart wie ein Stein". Vgl. Jesaia 27,1.

[155] Wer sich für die Symbolik interessiert, findet einiges dazu in dem einschlägigen Interpretationsbuch von Carl Schmitt: Der Leviathan in der Staatslehre des Thomas Hobbes. Sinn und Fehlschlagen eines politischen Symbols, Köln 1982 (zuerst Hamburg 1938).

gebraucht werden. Jedes benannte Ding ist individuell und einzeln. „Es ist nämlich auf der Welt nichts allgemein außer den Namen",[156] so dass sich vielerlei Arten von möglichen Fehlschlüssen ergeben, wenn nämlich Dinge mit dem gleichen Namen bezeichnet werden, die sinnvollerweise nichts gemeinsam haben. Alle Allgemeinheit, alles Zusammenfassen ist lediglich eine Operation der Sprache, die vorgenommen wird wegen einer Ähnlichkeit in einer Hinsicht. Hobbes ist radikaler Nominalist. Die Wissenschaft beginnt dort, wo man die Namen richtig definiert. Hobbes hält die richtige Definition in der Tat für den Anfang aller Wissenschaft und hält dementsprechend eine definierende Disziplin, nämlich die Geometrie, für die erste und einzige richtige Wissenschaft. „Wörter sind die Rechensteinchen der Klugen, mit denen sie nur rechnen. Sie sind aber das Geld der Narren, die es nach der Autorität eines Aristoteles, eines Cicero oder eines Thomas oder sonst irgendeines Doktors von was auch immer bewerten (or any other doctor whatsoever, if but a man), der doch bloß ein Mensch ist."[157]

Daraus ergibt sich, dass man aus bloßen Namen nichts folgern darf, und schon gar nicht aus Metaphern oder bildhaften Redewendungen, die Hobbes allerdings für weniger gefährlich hält, da deren schwankende Bedeutung ja offenkundig ist. Von hier ist es nicht mehr weit bis zu Nietzsches radikalem Schluss, dass alle unsere Begriffe nichts als Bilder und Metaphern sind, von denen wir dies bloß vergessen haben.

Vernunft ist für Hobbes nichts weiter als Addieren und Subtrahieren – er liebte die einfacheren mathematischen Operationen. Multiplizieren und Dividieren sind nichts als Additionen und Subtraktionen gleicher Dinge. „Denn Vernunft in diesem Sinne ist nichts anderes als Rechnen, das heißt Addieren und Subtrahieren der Folgerungen aus allgemeinen Namen, auf die man sich geeinigt hat, um unsere Gedanken zu markieren und sie anzuzeigen, nämlich markieren für uns selbst und anzeigen, wenn wir anderen etwas vortragen wollen."[158] Wie in der Mathematik werden Leute, die keine Übung haben, Fehler begehen.

Die Menschen übertreffen alle anderen Lebewesen in der Fähigkeit, nach den Folgen eines beliebigen Dinges seiner Vorstellung zu fragen, und mit allgemeinen Regeln, Theoremen und Denksätzen zu operieren. Diese überlegene Fähigkeit wird allerdings durch eine andere menschliche Besonderheit abgeschwächt, „nämlich durch das Privileg des Widersinns, dem kein anderes Lebewesen ausgesetzt ist als allein der Mensch. Und die Menschen, die ihm am meisten ausgesetzt sind, sind die Professoren der Philosophie."[159] Denn diese stellen keine Definitionen an den Anfang wie die Geometer.

Diese kühlen Gedanken hat Hobbes dann ein weiteres Mal pathetisch zusammengefasst: „Um abzuschließen: Klare Wörter sind das Licht des menschlichen Geistes, aber nur, wenn sie durch exakte Definitionen geputzt und von Zweideutigkeiten gereinigt sind. Die Vernunft ist der Schritt; die Mehrung der Wissenschaft der Weg und der Nutzen der Menschheit das Ziel. Und im Gegensatz dazu sind Metaphern und sinnlose und zweideutige Wörter wie

---

[156] Hobbes, Thomas: Leviathan. Oder Stoff, Form und Gewalt eines kirchlichen und bürgerlichen Staates, Hg. Iring Fetscher, Übers. Walter Euchner, Frankfurt a.M. 1966, Kap. 4, S. 26.
[157] Ebenda Kap. 4, S. 29, mit Blick in den englischen Text.
[158] Ebenda Kap. 5, S. 32.
[159] Ebenda S. 34f.

Irrlichter. Sie dem Denken zugrunde legen heißt, durch eine Unzahl von Widersinnigkeiten wandern, und an ihrem Ende stehen Streit und Aufruhr oder Ungehorsam."[160]

Diese Stelle macht mit ihrer Lichtmetaphorik, ihrer Vernunftbindung, ihrer Wissenschaftsorientierung und ihrer Zweckbestimmung des *benefit of mankind* deutlich, in wie ausgeprägter Weise Hobbes ein Philosoph der Frühaufklärung ist. Hier zeigt er alle Mitgliedsausweise des aufklärerischen Geistes vor. Der Test auf die Richtigkeit und Wissenschaftlichkeit einer Theorie ist ganz wie bei Hobbes' Zeitgenossen Descartes, dass die Wahrheit einer wissenschaftlichen Aussage über einen Gegenstand *clare et distincte*, klar und deutlich einem anderen demonstriert werden kann. Nur das ist Wissenschaft, während es für die praktische Klugheit keine deutlichen Zeichen gibt, weil es unmöglich ist, durch Erfahrung zu beobachten und sich an alle Umstände zu erinnern, die einen anderen Ausgang bewirken könnten. „Signs of prudence are all uncertain; because to observe by experience, and remember all circumstances that may alter the successe, is impossible."[161]

An dieser methodologischen Überlegung wird klar, dass Hobbes eben kein Empirist ist, wie viele seiner Kollegen, die an der Begründung moderner Natur- und Sozialwissenschaften mitgewirkt haben, sondern im Gegenteil ein Rationalist, für den allein verallgemeinerbare Vernunftschlüsse Geltung hatten, nicht jedoch Beobachtungen, bei denen sich am nächsten Tag etwas anderes würde beobachten lassen. Entsprechend warnt er vor der politischen Klugheit der Männer in staatlichen Ratskollegien. Meist seien sie klug genug, ihre häuslichen Dinge auch ohne Wissenschaft zu regeln, in staatlichen Angelegenheiten aber, in der Öffentlichkeit ist die Verführung zu groß, als gescheit zu gelten, und das eigene Interesse am Erfolg des Unternehmens anderer zu gering. Deshalb besteht die Neigung, in Beratungsgremien seine Belesenheit zur Schau zu stellen und sich von allgemeinen Sätzen leiten zu lassen, die doch in der Praxis so vielen Ausnahmen unterliegen.[162] Auch das ist eine heute noch gültige Grundregel: beim *particular interest* und den *private affairs* reicht die Klugheit meist aus, aber nicht bei *anothers business*, (in der Ausdrucksweise von Hobbes), wo man das Geld anderer Leute ausgeben kann.

Ab Kapitel 10 beginnt dann eine politische Theorie im engeren Sinne. Hobbes ist wie Machiavelli Machttheoretiker und erkennt Macht als das wichtigste Mittel zur Befriedigung menschlicher Bedürfnisse. Seine Machtdefinition lautet: „The Power of a Man (to take it Universally), is his present means, to obtain some future apparent Good. And is either Originall, or Instrumentall."

Diese sehr generelle Definition geht er dann durch, um auch die möglichen Grenzfälle zu erfassen. So kann es durchaus auch Macht sein, nur im Rufe der Macht zu stehen, weil dies die Anhänglichkeit der Schutzbedürftigen nach sich zieht. Auch Eloquenz ist Macht, denn sie ist der Schein der Klugheit. Die Wissenschaften sind eine geringe Macht. Der Wert eines Menschen ist wie bei allen anderen Dingen sein Preis: *„The Value, or Worth of a man, is as of all other things, his Price."*

---

[160] Ebenda Kap. 5, S. 37.
[161] Hobbes, Thomas: Leviathan, ed. with an Introduction by C. B. Macpherson, London 1987. S. 117.
[162] Hobbes: Leviathan, Übers. Walter Euchner, a.a.O. S. 38.

Die antike Definition der Glückseligkeit wirft Hobbes in ähnlichem Stil über Bord. Für ihn gibt es kein letztes Ziel, kein *finis ultimus*, das man im Leben erstreben kann, und auch kein *summum bonum*, kein höchstes Gut. Glückseligkeit kann nichts anderes sein als ständiges Fortschreiten der Begierde von einem Gegenstand zu einem anderen sein, wobei jedoch das Erlangen des einen Gegenstandes nur der Weg ist, der zum nächsten Gegenstand führt: „Felicity is a continuall progresse of the desire, from one object to another".[163] Ein Gleichgewicht oder ein Ruhezustand kann von hier aus nicht mehr gedacht werden. In diesem Punkt ist Hobbes absolut modern: „So halte ich an erster Stelle ein fortwährendes und rastloses Verlangen nach immer neuer Macht für einen allgemeinen Trieb der gesamten Menschheit, der nur mit dem Tode endet."[164] Bei gegenwärtig erlangter Macht kann man niemals stehen bleiben, da sie schon dadurch gefährdet ist, dass andere in der Zwischenzeit neue und zusätzliche Macht erlangen.

Die neue Wissenschaft des Thomas Hobbes besteht vor allem darin, dies klar zu durchschauen und daraus allgemeine wissenschaftliche Regeln abzuleiten. Bisher folgten die Menschen meist Gewohnheiten und Beispielen, aber nur aus Unkenntnis der rationalen Gründe: „Sie gleichen damit kleinen Kindern, die keinen anderen Maßstab für gute und schlechte Sitten haben als die Zurechtweisungen ihrer Eltern und Kinder"[165] also, mit Kohlberg und Habermas zu sprechen, auf der konventionellen Ebene der Moral stehen bleiben. Von diesem Ausgangspunkt aus entwickelt Hobbes denn auch seine postmittelalterliche Antitheologie. Wer systematisch nach den allerersten Ursachen forscht, wird dabei irgendwann auf etwas stoßen, was seinerseits keine frühere Ursache hat, sondern ewig ist. „Das ist es, was die Menschen Gott nennen."[166] Hobbes galt als Atheist, und an einer Stelle wie dieser ist klar zu erkennen, dass er keinen persönlichen Gott gelten ließ, sondern allenfalls ein rationales Konstrukt, also den Gott der Philosophen, der aus der Perspektiven der Gläubigen keiner mehr ist. Die Religion ist für ihn nichts weiter als die Furcht vor unsichtbaren Dingen, also Aberglaube. Der Unterschied zwischen Aberglauben und Religion besteht ausschließlich darin, dass man es bei anderen Aberglauben, bei sich selbst aber Religion nennt.[167] Die damit verbundenen Zeremonien werden einem bei anderen entsprechend auch regelmäßig als lächerlich vorkommen. Von der Kirche und ihren Priestern hielt Hobbes nämlich überhaupt nichts, von den katholischen selbstverständlich ohnehin nicht, aber auch nicht von den reformierten: „So möchte ich also alle Veränderungen der Religionen auf der Welt ein- und derselben Ursache zuschreiben, nämlich der Widerwärtigkeit der Priester, und zwar nicht nur bei den Katholiken, sondern selbst in der Kirche, die in der Reformation am weitesten ging."[168]

---

[163]   Hobbes: Leviathan, engl. Ausg. S. 160.
[164]   Hobbes: Leviathan, Übers. Walter Euchner, a.a.O. S. 75.
[165]   Ebenda S. 79.
[166]   Ebenda S. 80.
[167]   Ebenda S. 81.
[168]   Ebenda S. 93.

6.2   Das dreizehnte Kapitel

Das berühmte dreizehnte Kapitel enthält Hobbes' Theorie des Naturzustandes. Ich sage ausdrücklich Theorie, denn die Beschreibung wird aus mehreren einfachen theoretischen Grundannahmen abgeleitet, nicht aus empirischer Beobachtung. Sie wird rationalistisch erschlossen. Der alte Streit, ob Hobbes' Naturzustand historisch oder theoretisch gemeint war, ist m.E. leicht aus dem Aufbau dieses Kapitels zu lösen. Aber folgen wir seiner Argumentation.

Die erste Prämisse lautet: Die Natur hat die Menschen hinsichtlich ihrer körperlichen und geistigen Fähigkeiten so gleich geschaffen, dass der Unterschied zwischen ihnen so gering ist, dass keiner allein auf Grund dessen einen Vorteil für sich beanspruchen könnte. Beweis: „Denn was die Körperkräfte angeht, so ist der Schwächste stark genug, den Stärksten zu töten – entweder durch Hinterlist oder durch ein Bündnis mit anderen, die sich in derselben Gefahr wie er selbst befinden. Und was die geistigen Fähigkeiten betrifft, so finde ich, dass die Gleichheit unter dem Menschen noch größer ist als bei der Körperstärke." – „Denn Klugheit ist nur Erfahrung, die alle Menschen, die sich gleich lang mit den gleichen Dingen beschäftigen, gleichermaßen erwerben."[169]

Die Gleichheit ist bei Hobbes kein Postulat, sondern eine Naturtatsache, aus der durchaus unangenehme Dinge folgen. Denn wenn alle gleich sind, haben sie auch die gleichen Hoffnungen, ihre Absichten erreichen zu können. „Und wenn daher zwei Menschen nach demselben Gegenstand streben, den sie jedoch nicht zusammen genießen können, so werden sie Feinde und sind in Verfolgung ihrer Absicht, die grundsätzlich Selbsterhaltung und bisweilen nur Genuss ist, bestrebt, sich gegenseitig zu vernichten oder zu unterwerfen."[170]

Das Zusammenleben bereitet den Menschen nur Verdruss und kein Vergnügen, „wenn es keine Macht gibt, die dazu in der Lage ist, sie alle einzuschüchtern."[171] So folgen aus der menschlichen Natur der Gleichheit drei hauptsächliche Konfliktursachen: „Erstens Konkurrenz, zweitens Misstrauen, drittens Ruhmsucht." „Competition, Diffidence, Glory".

Wenn es also keine übergeordnete Macht gibt, werden die Menschen in einem Kriegszustand eines jeden gegen jeden leben: Hobbes berühmter *bellum omnium contra omnes*. Für ihn besteht der Kriegszustand nicht nur im aktiven Kampf, sondern auch in der Situation, in welcher dieser grundsätzlich möglich ist und man jederzeit darauf vorbereitet sein muss. „Denn wie das Wesen des Wetters nicht in ein oder zwei Regenschauern liegt, sondern in einer Neigung hierzu während mehrerer Tage, so besteht das Wesen des Krieges nicht in tatsächlichen Kampfhandlungen, sondern in der bekannten Bereitschaft dazu während der ganzen Zeit, in der man sich des Gegenteils nicht sicher sein kann."[172]

Aus dem permanenten Kriegszustand wiederum folgt allgemeine Armut. „In einer solchen Lage ist für Fleiß kein Raum, da man sich seiner Früchte nicht sicher sein kann; und folglich gibt es keinen Ackerbau, keine Schifffahrt, keine Waren, die auf dem Seewege eingeführt

---

[169]   Ebenda S. 94.
[170]   Ebenda S. 95.
[171]   Ebenda.
[172]   Ebenda S. 96.

werden können, keine bequemen Gebäude, keine Geräte, um Dinge, deren Fortbewegung viel Kraft erfordert, hin- und herzubewegen, keine Kenntnis von der Erdoberfläche, keine Zeitrechnung, keine Künste, keine Literatur, keine gesellschaftlichen Beziehungen, und es herrscht, was das Schlimmste von allem ist, beständige Furcht und Gefahr eines gewaltsamen Todes – das menschliche Leben ist einsam, armselig, ekelhaft, tierisch und kurz."[173] – *„And the life of man, solitary, poore, nasty, brutish and short."*

Hobbes versucht diese weitreichende These dadurch plausibel zu machen, dass ja jeder sich bei Antritt einer Reise bewaffnet und zu Hause seine Türen und Kästen verschließt, weil er mit einem derartigen Verhalten der Mitmenschen ständig rechnen muss. „Vielleicht kann man die Ansicht vertreten, dass es eine solche Zeit und einen Kriegszustand wie den beschriebenen niemals gab, und ich glaube, dass er so niemals allgemein auf der ganzen Welt bestand. Aber es gibt viele Gebiete, wo man jetzt noch so lebt. Denn die wilden Völker verschiedener Gebiete Amerikas besitzen überhaupt keine Regierung (...)".[174]

Vor allem aber: selbst wenn es Autoritäten und Zentralgewalten gibt, die in den meisten Bereichen der Welt einen Kampf aller gegen alle verhindern, so befinden sich doch diese souveränen Machthaber ihrerseits in genau dieser Situation. Die Anarchie der internationalen Beziehungen wird hier zu Hobbes' zweitem wichtigem Argument für die strukturelle Realität des Naturzustandes. „(...) sie haben ihre Festungen, Garnisonen und Geschütze an den Grenzen ihrer Reiche und ihre ständigen Spione bei ihren Nachbarn. Das ist eine kriegerische Haltung. Weil sie aber dadurch den Fleiß ihrer Untertanen befördern, so folgt daraus nicht dieses Elend, das die Freiheit von Einzelmenschen begleitet."[175]

Im Naturzustand, wie Hobbes ihn beschreibt, gibt es übrigens keine Ungerechtigkeit. Denn ohne übergreifende Staatsgewalt existiert kein Gesetz, und wo kein Gesetz ist, gibt es auch keine Ungerechtigkeit. Die Gerechtigkeit entsteht also erst mit der Etablierung der Staatsgewalt. Aus dem Naturzustand kann man nämlich durch zweierlei Dinge herauskommen: durch die Leidenschaften und durch die Vernunft. „Die Leidenschaften, die die Menschen friedfertig machen, sind Todesfurcht, das Verlangen nach Dingen, die zu einem angenehmen Leben notwendig sind und die Hoffnung, sie durch Fleiß erlangen zu können. Und die Vernunft legt die geeigneten Grundsätze des Friedens nahe, auf Grund derer die Menschen in Übereinstimmung gebracht werden können. Diese Gebote sind das, was sonst auch Gesetze der Natur genannt wird."[176]

Sehr bald hat Rousseau gegen diese Beschreibung des Naturzustandes den Einwand erhoben, dass hier nicht der wirkliche Mensch vorgeführt wird, sondern der konkurrenzkapitalistische Engländer zur Zeit des englischen Bürgerkriegs. Später hat C.B. Macpherson daraus dann die wichtige Kritik entwickelt, dass Hobbes Naturzustand nicht von den gesellschaftlich erworbenen Merkmalen des zeitgenössischen Menschen abstrahiert, sondern vielmehr diese auf einen ursprünglichen, wie immer hypothetisch gedachten Zustand zurückprojiziert. Der natürliche Mensch von Hobbes ist ein Mensch mit einer Neigung zum angenehmen Leben, aber

---

[173]   Ebenda.
[174]   Ebenda S. 97.
[175]   Ebenda S. 98.
[176]   Ebenda.

ohne die Beschränkung durch Gesetze.[177] Die Funktion des Naturzustandes liegt darin, dass er als Grund für die Notwendigkeit einer Staatsgründung dienen soll. Je schärfer das Leiden der Menschen unter diesen Ausgangsbedingungen gezeichnet wird, um so härter und autoritärer kann dann auch das Gegenmittel, der Staat sein.

6.3   Der Gesellschaftsvertrag

Das natürliche Recht oder ius naturale definiert Hobbes so: Es ist „die Freiheit eines jeden, seine eigene Macht nach seinem Willen zur Erhaltung seiner eigenen Natur, das heißt seines eigenen Lebens, einzusetzen, und folglich alles zu tun, was er nach eigenem Urteil und eigener Vernunft als das zu diesem Zweck am meisten geeignete Mittel ansieht. Unter Freiheit versteht man nach der eigentlichen Bedeutung des Wortes die Abwesenheit äußerer Hindernisse."[178]

Diese Freiheitsdefinition muss als grundlegend gelten. Sie weicht vollkommen von späteren Freiheitstheorien wie derjenigen Kants ab, derzufolge derjenige, der einfach tut, was er will, seinen Begierden und Trieben schutzlos ausgesetzt ist und erst dann wirklich frei und menschlich sein kann, wenn er sich der vernünftigen Moralität unterwirft, woraus Hegel dann später die paradoxieverdächtige Formulierung von der Freiheit als Einsicht in die Notwendigkeit gemacht hat. Hobbes als schnörkelloser Materialist hätte in solchen Gedanken wohl nur Vernebelungsversuche vermutet, weil es für ihn lediglich auf die äußere Handlungsfreiheit ankam und er es für vollkommen gleichgültig gehalten hätte, aus welchen inneren Motiven man nun eine solche Handlung vollziehen möchte. Bei Hegel und Kant ist der Freiheitsbegriff übrigens seltsam eingeschränkt: es ist dann nämlich nur noch die Freiheit zum Guten, nicht mehr zum Bösen vorhanden; denn Böses würde man nur aus Unfreiheit tun, also zum Beispiel aus dem Affekt oder der Begierde.

Im Naturzustand hat jeder ein Recht auf alles, selbst auf den Körper des anderen. Und deshalb kann niemand seines Lebens sicher sein. Die vernünftige Folgerung: statt des allgemeinen Kriegszustandes muss jeder im eigenen Interesse den Frieden anstreben. Solange aber dieser Frieden nicht hergestellt ist, darf man sich mit allen zur Verfügung stehenden Mitteln verteidigen. Dieser doppelte Satz bildet das *erste* Hobbessche Gesetz der Natur.[179]

Daran schließt sich das *zweite* Gesetz an: „Jedermann soll freiwillig, wenn andere ebenfalls dazu bereit sind, auf sein Recht auf alles verzichten, soweit er dies um des Friedens und der Selbstverteidigung willen für notwendig hält; und er soll sich mit soviel Freiheit gegenüber anderen zufrieden geben, wie er anderen gegen sich selbst einräumen will."[180] Selbstverständlich kann nicht jedes Recht aufgegeben werden, weder durch Worte noch durch andere Zeichen, denn wenn die Grundlage das sichere Überleben ist, dann kann keiner das Recht freiwillig aufgeben, „denen Widerstand zu leisten, die ihn mit Gewalt angreifen, um ihm das

---

[177]   Macpherson, C. B.: Die politische Theorie des Besitzindividualismus. Von Hobbes bis Locke,. Frankfurt/M. 2. Aufl. 1980 (dt. zuerst 1967, engl. 1962), S. 42f.

[178]   Hobbes: Leviathan, Übers. Walter Euchner, a.a.O. S. 99.

[179]   Ebenda S. 100.

[180]   Ebenda.

Leben zu nehmen". „Dasselbe gilt für Verletzungen, Ketten und Gefängnis"[181], so dass er zu der Folgerung kommt, niemals würde ein Straftäter das Recht zu fliehen freiwillig aufgeben. Deshalb werden Leute, die man hinrichten will, in Ketten gelegt. Dieser naturrechtliche Grundsatz wirkt noch bis in unser heutiges Recht nach, denn es ist nicht strafbar, aus dem Gefängnis zu fliehen. Strafbar sind nur Taten, die damit verbunden sein können, z.B. Sachbeschädigung durch Sprengen der Gefängnismauer oder Mord durch Umbringen von Wachpersonal. „Ein Vertrag, sich nicht mit Gewalt gegen Gewalt zu verteidigen, ist immer nichtig."[182] Außerdem darf man niemals vertraglich gezwungen werden, sich selbst anzuklagen, ohne dass einem die Vergebung sicher ist.

Die wechselseitige Übertragung von Rechten ist ein Vertrag. Fundamental für das Verständnis des Vertragsmodells von Hobbes ist es, dass dieser Vertrag von allen Bürgern untereinander abgeschlossen wird und die gegenseitige Übertragung von Rechten zum Ziel hat. Allerdings kann der Vertrag nicht bloß in Worten bestehen, da deren Kraft zu schwach ist. Es gibt nur zwei andere denkbare Hilfsmittel: die Furcht vor den Folgen eines Wortbruchs und das Gefühl des Ruhmes und Stolzes, wenn man einen Wortbruch nicht nötig hat. Das zweite wäre Edelmut, und der dürfte sehr selten anzutreffen sein, so dass man im Grunde allein auf die Furcht der Menschen rechnen kann. Eide sind nicht nötig, da sie einer Verpflichtung nichts hinzufügen können.

Ein *drittes* Prinzip aus dem Gesetz der Natur muss hinzukommen: *Pacta sunt servanda* – Abgeschlossene Verträge müssen gehalten werden[183]. Von hier aus kommt Hobbes zu einer minimalistischen und negativen Gerechtigkeitsdefinition. Ungerechtigkeit ist die Nichterfüllung des Vertrags. Alles, was nicht ungerecht ist, ist gerecht.[184] Entscheidend ist nun aber, dass gegenseitige Verträge, die auf Vertrauen basieren, schon dann ungültig sind, wenn eine der beiden Parteien die Nichterfüllung befürchtet, denn dann kann es eigentlich keine Ungerechtigkeit geben, bis die Ursachen dieser Furcht beseitigt sind. „Bevor man deshalb von ‚gerecht' und ‚ungerecht' reden kann, muss es eine Zwangsgewalt geben, um die Menschen gleichermaßen durch Angst vor einer Bestrafung zur Erfüllung ihrer Verträge zu zwingen, die gewichtiger ist als der Vorteil, den sie sich vom Bruch ihres Vertrages erhoffen, und um das Eigentum zu sichern, das die Menschen durch gegenseitigen Vertrag als Entschädigung für das aufgegebene universale Recht erwerben. Eine solche Macht gibt es aber vor der Errichtung eines Staates nicht."[185] Es folgt: „Wo es keinen Staat gibt, gibt es kein Eigentum, da alle ein Recht auf alles haben: deshalb ist nichts ungerecht, wo es keinen Staat gibt." Schärfer, aber ganz im Geist von Hobbes hat Niklas Luhmann formuliert: Am Anfang war kein Unrecht.[186]

„Aber die Gültigkeit von Verträgen beginnt erst mit der Errichtung einer bürgerlichen Gewalt, die dazu ausreicht, die Menschen zu ihrer Einhaltung zu zwingen, und mit diesem Zeit-

---

181   Ebenda S. 101.
182   Ebenda S. 107.
183   Ebenda S. 110.
184   Ebenda S. 110.
185   Ebenda S. 110.
186   Luhmann, Niklas: Am Anfang war kein Unrecht, in ders.: Gesellschaftsstruktur und Semantik. Studien zur Wissenssoziologie der modernen Gesellschaft, Frankfurt am Main 1989, S. 11-64.

punkt beginnt auch das Eigentum."[187] Staat und Eigentum hängen bei Hobbes unmittelbar und ursächlich zusammen – deshalb ist Macphersons Charakterisierung dieser Vertragstheorien als Besitzindividualismus, als *possessive individualism*", keineswegs abwegig, sondern trifft durchaus den Kern der Sache. Hobbes argumentiert individualistisch, weil er die gesamte Errichtung des Staates, also die Herstellung einer zwangsweisen Friedensordnung, aus dem Interesse der Einzelnen ableitet, und zwar deduktiv aus zwei Eigenschaften: der Furcht vor gewaltsamen Tod und der Begierde nach den Dingen, die zum angenehmen Leben notwendig sind. Hinzunehmen muss er eine dritte menschliche Fähigkeit, nämlich die Vernunft, dies zu erkennen. Vernunft wird hier bei ihm verstanden als zweckrationale Kalkulation, quasi als „Zählen". Reine Vernunft könnte keinen Frieden erreichen, sondern allein in Verbindung mit der Todesfurcht. An diesem Punkt liegt die wohl wichtigste Differenz von Hobbes zur klassischen Naturrechtslehre etwa von Grotius oder Pufendorf, wo die Vernunfteinsicht die Menschen dazu bringt, nach Frieden und Gerechtigkeit zu suchen, weil der Mensch ein vernunftbegabtes Wesen ist.

Der Individualismus von Hobbes impliziert logischerweise die Gleichheit aller Menschen. Die entsprechenden Formulierungen lohnen es, zitiert zu werden. „Die Frage, wer der bessere Mensch ist, hat keinen Platz unter den Bedingungen der bloßen Natur, wo alle Menschen gleich sind. Die gegenwärtig bestehende Ungleichheit wurde durch die bürgerlichen Gesetze eingeführt. Ich weiß, dass Aristoteles im ersten Buch seiner Politik zu einer Grundlage seiner Lehre macht, einige Menschen seien von Natur aus zum Befehlen geeigneter, womit er die klügere Sorte meint, nämlich die, zu der er sich auf Grund seiner Philosophie selbst zählte, und andere zum Dienen, womit er Leute meinte, die starke Körper besaßen, aber keine Philosophen waren wie er. Als ob die Einteilung in Herr und Knecht nicht durch Übereinstimmung der Menschen, sondern auf Grund ihres unterschiedlichen Verstandes eingeführt worden wäre! Dies widerspricht nicht nur der Vernunft, sondern auch der Erfahrung. Denn es sind nur wenige so dumm, dass sie sich nicht lieber selbst regieren als von anderen regieren lassen würden. Ebenso wenig fällt denjenigen, die sich selbst für klug halten, immer oder oft oder meistens der Sieg zu, wenn sie mit denen kämpfen, die ihrer eigenen Klugheit misstrauen. Und wenn deshalb die Natur die Menschen gleich geschaffen hat, so muss diese Gleichheit anerkannt, oder aber, wenn die Natur die Menschen ungleich geschaffen hat, die Menschen sich jedoch für gleich halten und nur zu gleichen Bedingungen für den Friedenszustand eintreten wollen, diese Gleichheit eingeräumt werden. Deshalb stelle ich dieses neunte Gesetz der Natur auf: Jedermann soll den anderen für Seinesgleichen von Natur aus ansehen. Der Bruch dieser Vorschrift ist Hochmut."[188]

Im englischen Text steht für Menschen natürlich *men*, wodurch sich einige haben verleiten lassen, dies mit „Männer" zu übersetzen. Dies ist aber nicht nur grammatisch falsch, sondern Hobbes hat sich ausdrücklich zu diesem Thema geäußert. Er schreibt: „Und wenn einige die Herrschaft nur dem Manne als dem hervorragenden Geschlecht zugeschrieben haben, so verrechnen sie sich damit. Denn zwischen Mann und Frau besteht nicht immer ein solcher Unterschied an Stärke und Klugheit, als dass ohne Krieg entschieden werden könnte, wem

---

[187]   Hobbes: Leviathan, a.a.O. S. 111.

[188]   Ebenda S. 118.

das Recht zusteht."[189] Erinnern wir uns: reine Stärke nützt nichts, weil auch der Stärkste einmal schlafen muss und im Schlaf von körperlich Schwächeren überwältigt werden kann, ganz abgesehen einmal von Möglichkeiten der List, des Giftmordes etc. Hobbes ist in diesem Punkt schonungslos und direkt: der Grund der Gleichheit besteht nicht in irgend etwas Gutem, wie z.B. der gleichen Menschenwürde eines jeden, sondern in etwas Bösen, nämlich der Fähigkeit, jeden anderen zu töten.

Die von Hobbes ausformulierten Naturgesetze lassen sich alle in einem einzigen Satz zusammenfassen: „Füge einem anderen nicht zu, was du nicht willst, dass man dir zufüge."[190] Diese Naturgesetze sind nach Hobbes unveränderlich und ewig, „denn Ungerechtigkeit, Undankbarkeit, Anmaßung, Hochmut, Unbilligkeit, Begünstigung und anderes mehr können niemals rechtmäßig gemacht werden. Denn es kann nie der Fall eintreten, dass Krieg das Leben erhält und Frieden es vernichte."[191] Allerdings verpflichten sie nur nach innen, d.h. zu dem Wunsch, dass sie gelten mögen. Nach außen, also in der Praxis, sind sie nicht immer verpflichtend, weil jemand, der im Kriegszustand alle seine Versprechen erfüllen würde, sich den anderen als Beute darbieten und seinen sicheren Ruin herbeiführen würde. Im übrigen sind die natürlichen Gesetze unseren natürlichen Leidenschaften entgegengesetzt, denn diese führen uns zu Parteilichkeit, Hochmut, Rachsucht und Ähnlichem.[192]

Deshalb ist der Staat erforderlich, denn „Verträge ohne das Schwert sind bloße Worte und besitzen nicht die Kraft, einem Menschen auch nur die geringste Sicherheit zu bieten."[193] Da es Menschen gibt, die Verträge, die aus Furcht oder unter Gewaltdrohung geschlossen wurden, für ungültig halten, sei ihnen gesagt, dass dann niemals irgend jemand, in welcher Staatsform auch immer, zum Gehorsam gezwungen werden könnte.

6.4   Der Staat

Verträge sind künstlich. Sie reichen nicht aus, wenn sie nur auf dem Papier stehen und keine Instanz zu ihrer Durchsetzung vorgesehen ist. Deshalb ist eine übergeordnete Gewalt notwendig. Der alleinige Weg dazu „liegt in der Übertragung ihrer [aller Menschen] gesamten Macht und Stärke auf einen Menschen oder eine Versammlung von Menschen, die ihren Einzelwillen durch Stimmenmehrheit auf einen Willen reduzieren können."[194] Die Aufgabe lautet also, wieder mit Luhmann zu sprechen: Die Herstellung kollektiv verbindlicher Entscheidungen und deren Durchsetzung mittels Gewalt. Das ist mehr als die vertragliche Übereinstimmung eines jeden mit jedem, und mehr als Zustimmung und Übereinstimmung, weil jetzt die wirkliche Einheit aller in einer einzigen Person oder einem einzigen politischen Körper wie z.B. einem Parlament hergestellt wird. „Dies ist die Erzeugung jenes großen Leviathan, oder besser, um es ehrerbietiger auszudrücken, jenes sterblichen Gottes, dem wir

---

[189]   Ebenda Kap. 20, S. 156.
[190]   Ebenda S. 120.
[191]   Ebenda S. 121.
[192]   Ebenda S. 131.
[193]   Ebenda S. 131
[194]   Ebenda S. 134.

unter dem unsterblichen Gott unseren Frieden und unseren Schutz verdanken." „Wer diese Person verkörpert, wird Souverän genannt, und besitzt, wie man sagt, höchste Gewalt, und jeder andere daneben ist sein Untertan."[195]

Selbstverständlich muss dieser Vertrag zu keinem Zeitpunkt schriftlich oder mündlich fixiert gewesen sein. Es handelt sich um eine notwendige Fiktion, durch welche die unbedingte Gehorsamsverpflichtung gegenüber der Obrigkeit rational begründet werden kann. Es gibt dabei zwei Ebenen zu berücksichtigen: den Gesellschaftsvertrag, den die Individuen untereinander und miteinander abschließen, und der darin besteht, einem einheitlichen Körper die Herrschaft zu übertragen, und der Übertragung an diesen einheitlichen Körper, die ihrerseits nicht durch einen Vertrag mit diesem geschieht. Bei Hobbes ist nämlich der Souverän seinerseits nicht vertraglich gebunden, sondern steht über der Gesellschaft. Er kann aus diesem Grunde auch im Falle eines Vertragsbruchs seinerseits nicht abgesetzt werden, weil seine Rechte und Pflichten überhaupt gar nicht festgelegt sind.

In anderen Vertragstheorien, z.B. bei John Locke, finden wir dagegen neben dem Gesellschaftsvertrag der Bürger untereinander einen zweiten Vertrag, den Herrschaftsvertrag, den die Bürger mit dem Souverän abschließen. Der Unterschied ist grundlegend, denn wenn der Souverän diesen Herrschaftsvertrag durch unrechtmäßige Übergriffe gegen seine Untertanen bricht, ergibt sich ein Recht auf Widerstand und auf Umsturz. Bei Hobbes dagegen ist ein Widerstandsrecht nicht vorstellbar – ähnlich wie später bei Immanuel Kant. Zwar kann sich dem Naturrecht gemäß der einzelne Bürger gegen Inhaftierung und Hinrichtung wehren – es wird sich aber die Herrschaftsgewalt durchsetzen. Wenn größere Gruppen von Bürgern Widerstand leisten, ist der Naturzustand wiederhergestellt und es herrscht Bürgerkrieg. Dann entscheiden die Macht und das Glück, aber jedenfalls nicht das Recht. Denn in diesem Fall gibt es keinen Richter zur Entscheidung eines solchen Streites. „Deshalb läuft dies wieder auf das Schwert hinaus (...)".[196] Es gibt kein Widerstandsrecht, wohl aber das Recht der Gehorsamsverweigerung, wenn z.B. der Souverän einem Untertanen befiehlt, sich selbst zu töten, zu verletzen oder zu verstümmeln.[197] So ist auch durchaus eine Gehorsamsverweigerung von Soldaten denkbar, nicht zuletzt auch aus natürlicher Ängstlichkeit, die respektiert werden sollte.[198]

Nachdem also die Bürger durch freien Vertrag den Leviathan ernannt haben, können sie nicht mehr über ihn verfügen – er ist verselbständigt, abgelöst, absoluter Herrscher. Über ihm gibt es kein menschliches Gericht mehr. Er kann durch keine seiner Maßnahmen einem seiner Untertanen Unrecht zufügen, weil hierüber vertraglich nichts geregelt ist, und deshalb auch von keinem von ihnen des Unrechts angeklagt werden. Im Grunde bleibt er nach dem Gesellschaftsvertrag als einziger ausgenommen und steht zu seinen Untertanen in einem Verhältnis des Naturzustandes. Der Souverän ist oberster Richter und militärischer Oberbefehlshaber. Andere, sekundäre Aufgaben, wie z.B. das Münzschlagen, das Marktrecht und ähnliches können von ihm ohne Gefährdung seiner Souveränität übertragen werden, nicht aber diese zentralen Staatsaufgaben. Hobbes ist ein entschiedener Gegner jeglicher Gewal-

---

[195]   Ebenda S. 134f.
[196]   Ebenda S. 137.
[197]   Ebenda S. 168.
[198]   Ebenda S. 169.

tenteilung, weil er im Gegeneinander der Gewalten eine wesentliche Gefahr für das Wieder-
kehren des Krieges aller gegen alle sieht. So kritisiert er die Formel der römischen Republik:
Senatus populusque romanus, weil diese anzeigt, dass weder der Senat noch das Volk die
gesamte Macht innehaben. Dies habe zu den Aufständen von Tiberius und Gaius Gracchus,
und später zu den Kämpfen zwischen Volk und Senat unter Marius und Sulla, unter
Pompeius und Cäsar und damit letzten Endes zum Zusammenbruch der Republik und zur
Errichtung der Monarchie geführt. Gewaltenteilung mag im Himmel möglich sein, wo es
offenbar, wie Hobbes mit trockenem Spott über die Dreifaltigkeitslehre bemerkt, drei voneinander unabhängige Personen gibt, ohne dass die Einheitlichkeit des christlichen Gottes
gefährdet sei – wo aber Menschen herrschen, die verschiedenen Meinungen unterliegen, ist
dies nicht möglich.[199] Klar ist auch, dass Hobbes Korporationen ablehnt, weil er sie für viele
kleine Staaten im Inneren eines größeren hält, ähnlich den Eingeweidewürmern bei den
Menschen.[200] Allerdings: „Die Verpflichtung der Untertanen gegen den Souverän dauert nur
so lange, wie er sie auf Grund seiner Macht schützen kann, und nicht länger. Denn das natürliche Recht des Menschen, sich selbst zu schützen, wenn niemand anderes dazu in der Lage
ist, kann durch keinen Vertrag aufgegeben werden.“[201] Denn der Zweck des Gehorsams ist
Schutz, und Schutz und Gehorsam sind voneinander nicht zu trennen. Das dürfte einer der
Kernpunkte der Lehre von Thomas Hobbes sein.

Was ist mit denen, die dagegen gestimmt haben? „Da die Mehrzahl übereinstimmend einen
Souverän ernannte, hat derjenige, welcher dagegen stimmte, nunmehr mit den übrigen über-
einzustimmen, das heißt, sich mit der Anerkennung aller zukünftigen Handlungen des Souveräns zufriedenzugeben, oder aber er wird rechtmäßig von den übrigen vernichtet.“[202] Denn
falls er sich nicht unterwirft, bleibt er im Kriegszustand, wo die Vernichtung keine Ungerechtigkeit darstellt.

Um Zwietracht und Bürgerkrieg für die Zukunft zu verhindern, bedarf es der Meinungszen-
sur. Die Freiheit der Leute, die angeblich politische Klugheit besitzen, die absolute Gewalt in
Worten anzugreifen, gehört ebenfalls zu den Krankheiten des Staates[203]. An diesem Punkt
wird Hobbes zynisch: „Es werden doch ganze Völker dazu gebracht, die großen Mysterien
der christlichen Religion hinzunehmen, die über der Vernunft stehen, und Millionen Menschen glauben gemacht, derselbe Körper könne zu ein und derselben Zeit an unzähligen
Orten sein, was der Vernunft widerspricht: Sollte man dann nicht dazu in der Lage sein,
durch gesetzlich geschützte Lehre die Anerkennung dessen zu bewirken, was mit der Vernunft so sehr übereinstimmt, dass es jeder vorurteilslose Mensch schon lernt, wenn er es nur
hört?“[204] „Deshalb ist es offenkundig, dass die Unterrichtung des Volkes gänzlich von der
richtigen Belehrung der Jugend an den Universitäten abhängt.“[205]

---

[199] Ebenda S. 252.
[200] Ebenda S. 254.
[201] Ebenda S. 171.
[202] Ebenda S. 138.
[203] Ebenda S. 254.
[204] Ebenda S. 257.
[205] Ebenda S. 261.

Hobbes folgt der Aristotelischen Verfassungslehre darin, dass es im Prinzip nur drei Arten von Staaten geben kann: Monarchie, Aristokratie und Demokratie. In allen diesen Fällen ist die souveräne Gewalt aber einheitlich und ungeteilt, denn sie wird entweder von einem einzigen, von einigen oder von allen ausgeübt. Vom zweiten Teil der aristotelischen Verfassungslehre, nämlich der Bezeichnung der Entartungsformen als Tyrannis, Oligarchie und Anarchie, hält Hobbes nichts, weil es sich dabei nur um die subjektiven Werturteile derjenigen handelt, die eine dieser Staatsformen für schlecht halten. Hobbes selbst schätzt die Monarchie, verstanden als Herrschaft eines einzigen, am meisten. Er nennt dafür eine Reihe von Gründen: das Privatinteresse des Monarchen an Reichtum, Macht und Ehre fällt mit dem Interesse seiner Untertanen zusammen. *Zweitens* kann ein Monarch jederzeit die Meinungen anderer anhören und heranziehen, *drittens*, die Entscheidungen des Monarchen sind nur so unbeständig wie die menschliche Natur. *Viertens* kann ein Monarch nicht aus Neid und Selbstinteresse mit sich unterschiedlicher Meinung sein, wohl aber eine Versammlung, bei der daraus ein Bürgerkrieg entstehen kann. Leider hat sie auch Nachteile, z.B. die Möglichkeit der Aneignung des Eigentums eines Bürgers durch den Herrscher oder den Übergang der Herrschaft auf ungeeignete Personen, z.B. auf Kinder. Aber auch Versammlungen brauchen in Krisenzeiten immer einen Einzelnen, auf den sie sich stützen, als Diktator oder Freiheitswächter, so dass hier die Situation im Grunde nicht anders ist. Die größte Schwäche der Monarchie ist die Frage der Nachfolgeregelung, während demokratische Körperschaften einfach durch Nachwahl auf Ewigkeit gestellt werden können.

Wahlkönige sind nicht Souveräne im Hobbesschen Sinne, sondern Diener eines Souveräns, nämlich des politischen Körpers, der sie gewählt hat. Auch eine beschränkte Königsgewalt oder konstitutionelle Monarchie, wie Thomas von Aquin sie für richtig gehalten hatte, lehnt Hobbes ab, weil in diesem Fall die Souveränität bei denen liegt, die die Macht zur Beschränkung der königlichen Gewalt haben. In solchen Fällen handelt es sich der Regierungsform nach um eine Demokratie oder Aristokratie.[206] An diesem Beispiel ist deutlich zu erkennen, dass Hobbes' zugespitzter Rationalismus keinen Platz für Gewaltenteilung, Gegenmacht und Konkurrenz von Gewalten hat. Seine Argumente dafür sind klar: „Und obwohl man sich vorstellen kann, dass eine so unbeschränkte Gewalt üble Folgen hat, so sind doch die Folgen ihres Fehlens, nämlich der beständige Krieg eines jeden gegen seinen Nachbarn, viel schlimmer. (...) Und wer die souveräne Gewalt für zu mächtig hält, wird sie einzuschränken versuchen und muss sich selbst einer Gewalt unterwerfen, die diese beschränken kann, das heißt, einer noch mächtigeren."[207] Der Souverän, sei es ein Einzelner oder eine Versammlung, ist konsequenterweise den bürgerlichen Gesetzen nicht unterworfen, da er ja jederzeit die Gesetze ändern und neue erlassen kann. Die Immunität unserer Abgeordneten erinnert noch ein wenig an diesen Grundsatz.[208]

Hobbes schließt mit einer methodischen Bemerkung: „Die Kunst, Staaten zu schaffen und zu erhalten, besteht wie die Arithmetik und die Geometrie aus sicheren Regeln und nicht wie Tennisspielen aus bloßer Übung. Bisher besaßen wieder arme Leute, denen die Muße dazu fehlt, noch Reiche, die diese Muße gehabt hätten, die Neugier oder die Methode, um diese

---

[206] Ebenda S. 151.
[207] Ebenda S. 162.
[208] Ebenda S. 204.

Regeln ausfindig zu machen."[209] Im Leviathan finden wir sie. Politik soll ab sofort nicht mehr wie eine Handwerkskunst, sondern wissenschaftlich betrieben werden.

Charakteristisch für Hobbes ist noch ein weiterer Satz: Wie kann sich ein Mensch sicher sein, dass ein Gesetz auch richtig ist? Die Antwort ist eindeutig: Er ist zum Gehorsam in jedem Fall verpflichtet, aber nicht verpflichtet, an die Richtigkeit eines Gesetzes auch zu glauben.[210] Denn es gibt keinen Ort der Welt, an dem es den Menschen erlaubt ist, „sich auf andere Befehle Gottes zu berufen als auf die vom Staat dazu erklärten"[211]. Ein auf angeblich besserer Einsicht des Einzelnen basierendes Widerstandsrecht ist damit konsequent ausgeschlossen.

Die größte Gefahr für einen Staat ist seine unvollkommene Organisation und Einrichtung, insbesondere die Aufteilung und Aufspaltung von Gewalten. Die zweitgrößte Gefahr liegt für Hobbes im „Gift aufruhrstiftender Theorien"[212], z.B. derer, dass ein Privatmann Richter darüber sein könne, ob eine Handlung gut oder böse ist. „Diese falsche Lehre bringt die Menschen dazu, die staatlichen Befehle untereinander zu diskutieren und zu kritisieren und ihnen später zu gehorchen oder nicht zu gehorchen, wie sie es nach ihrem privaten Urteil für richtig halten. Dadurch gerät der Staat in Verwirrung und wird geschwächt."[213] Am gefährlichsten ist die Lektüre der politischen und historischen Schriften der alten Griechen und Römer. „Die Lektüre dieser Bücher, meine ich, brachte die Menschen dazu, ihre Könige zu töten, weil die griechischen und römischen Schriftsteller in ihren Büchern und Abhandlungen über Politik dies zu einer rechtmäßigen und lobenswerte Handlung für jedermann machten, vorausgesetzt, er nenne ihn vor der Tat einen Tyrannen."[214] Deshalb bedürfen alle diese Bücher der Beifügung richtigstellender Kommentare umsichtiger Gelehrter, um ihnen ihr Gift zu nehmen.[215] Ähnliches gilt für die Berufung auf Gewissensfreiheit und die Haltung, es sei Sünde, etwas gegen das eigene Gewissen zu tun. Hobbes hält es für Anmaßung, sich zum Richter über Gut und Böse machen zu wollen, und betont die Irrtumsmöglichkeit des Gewissens wie jeglichen Urteils, denn dem Gewissen räumt er keinen besonderen Rang ein.[216]

6.5   Zur Beurteilung von Hobbes

Hobbes hat im Leviathan eine rationalistische Deduktion des Staates vorgetragen, die auf einem Bündel von Voraussetzungen beruht. Dazu gehört die Prämisse, dass die Menschen ohne Staat einen Kampf aller gegen alle beginnen würden. Meist wird dies in der Sekundärliteratur als anthropologischer Satz interpretiert, der allgemeingültig sein, also für alle Menschen gelten soll. Dann hält man Hobbes triumphierend entgegen, dass es durchaus friedfer-

---

[209]   Ebenda S. 162. Hobbes soll bis ins hohe Alter Tennis gespielt haben.
[210]   Ebenda S. 219.
[211]   Ebenda S. 221.
[212]   Ebenda S. 246.
[213]   Ebenda S. 247.
[214]   Ebenda S. 249.
[215]   Ebenda S. 250.
[216]   Ebenda S. 247.

tige und altruistische Menschen gebe. Wenn aber nicht alle Menschen so seien, wie Hobbes sie im Naturzustand beschreibt, dann gelte seine Behauptung nicht allgemein, sei also falsch.

Dieses Argument trägt nicht, denn für einen Kampf oder Krieg reicht es vollkommen aus, wenn eine Seite nicht friedfertig ist. Zum Friedensschluss gehören zwei. Um aber ein anderes Land oder eine andere Person zu überfallen, reicht einer. Hobbes' Argument ist anders angelegt: Wenn die Gefahr besteht, dass jemand jemanden anders angreift und tötet, muss dieser andere sich darauf einrichten, also seinerseits vorbereitet sein. Die Gefahr droht nicht deshalb, weil viele oder alle Menschen gefährlich sind, sondern allein deshalb, weil es im Naturzustand keine Instanz gibt, die sie hindern könnte, einen solchen Angriff zu beginnen. Einige werden es dann auch tun – wie die Erfahrung bestätigt.

Hobbes ist ein Vertreter des extremen Individualismus.[217] Er ist für Gedankenfreiheit und insofern ein früher Autor des Liberalismus, auch wenn er für einen autoritären, im Wortsinn absoluten, nämlich von den bürgerlichen Gesetzen freigestellten Staat plädiert. Absolutismus und Liberalismus scheinen sich nicht auszuschließen. Macphersons Theorie des Besitzindividualismus könnte uns erklären, warum. Das Eigentum steht bei Hobbes im Vordergrund, auch wenn er die Meinung vertrat, der Souverän müsste zu Staatszwecken beliebig Eigentum beschlagnahmen können. Hobbes beklagte die Schwierigkeiten des Staats beim Aufbringen von Geldern für die notwendigen Staatszwecke, besonders bei Kriegsgefahr.[218] Die Verbindung von politischem Absolutismus und persönlicher Wirtschaftsfreiheit haben wir zuletzt unter anderem in Chile unter der Diktatur von Augusto Pinochet beobachten können – ein Staat, der dem Hobbesschen Modell wohl ziemlich nahegekommen ist. Heute entwickelt sich das ehemals kommunistische China zu einer solchen wirtschaftsliberalen Diktatur Hobbesianischen Typs.

Man kann natürlich beklagen, dass es bei Hobbes nur Nützlichkeitsbeziehungen, nur Freundschaften des Marktes gibt. Aber diese sind wohl auch die allein politisch relevanten – alle anderen sind Sache des privaten Lebens, über die eine liberale politische Philosophie nichts zu sagen hat und möglichst auch nichts sagen sollte.

Aus der Sicht der modernen Sprachphilosophie könnte ein weiterer Einwand erhoben werden: die Sprache wird bei Hobbes verkürzt. Er hält es für ihre größte Wohltat, Befehle geben und verstehen zu können. An kommunikative Verständigung im Sinne von Habermas hat er nie gedacht, und der Mensch als vernunftbegabtes Wesen ist für ihn nur ein Mensch des rationalen Kalküls, also nach heutigen Begriffen der *Rational-Choice-Theorie*, die als legitime Erbin der Philosophie von Hobbes gelten kann. Damit kommen wir, glaube ich, dem Denkansatz von Hobbes am besten auf die Spur. Es kommt eben nicht darauf an, ob die Menschen wirklich so sind, ob sie wirklich rational kalkulieren, sondern allein darauf, ob man die gesellschaftlichen Entwicklungen nicht vielleicht am besten und konsistentesten dann erklären kann, wenn man dies – notfalls kontrafaktisch – annimmt. Denn kontrafaktisch ist ja auch die Theorie der Verständigung, also die Lehre von Habermas, Schelling und anderen. Das Kontrafaktische muss nicht als Einwand gelten, denn es kommt allein auf eine überzeugende rationale Erklärung an. Die Menschen bei Hobbes verhalten sich strategisch. Das Naturrecht, das er annimmt, ist nicht göttlich fundiert wie bei Thomas von Aquin, sondern

---

[217] Vgl. Kersting, Wolfgang: Hobbes zur Einführung, Hamburg 1992, S. 71.
[218] Hobbes: Leviathan, Übers. Walter Euchner, a.a.O. S. 252.

im Grunde eine Art Verhalten, das sie wählen müssten, wenn sie im Eigeninteresse vernünftig agieren würden, und von dem man deshalb bei der Analyse ihres Verhaltens am besten ausgeht.

Interessant ist der Vergleich mit Machiavelli. Was der „Fürstenberater noch als politische Klugheitsregel für Machthaber formuliert, wird für den wissenschaftlichen und weit radikaleren Philosophen zu einem allgemeinen anthropologischen *Prinzip*: Der Mensch als solcher ist wesentlich ein Machtwesen, das sich als handelnde Subjektivität allein durch die Kategorie der Macht definiert."[219] Wenn man mal von der Reduktion auf Anthropologie absieht, kann ich diesem Urteil Wolfgang Kerstings durchaus folgen. Jeder ein Machiavelli, jeder ein Macbeth, das scheint mir der – durchaus nicht beruhigende – demokratische Kern von Hobbes' Lehre zu sein.

6.6   Reaktionen

1683 wurden der Leviathan und De Cive an der Universität Oxford öffentlich verurteilt und verbrannt. Schon 1654 war De Cive auf den katholischen Index librorum prohibitorum gesetzt worden. Die Royalisten mussten eine Souveränitätstheorie ablehnen, in die auch der Diktator Cromwell und die Herrschaft des Parlaments passten. Die Common-Law-Juristen, die ständig über Gewaltbegrenzungen nachdachten, waren mit Hobbes' Absolutismus nicht einverstanden. Vor allem aber waren die Theologen gegen die Kirchen- und Religionskritik, die Negation der Willensfreiheit und den Egoismus, der den Einzelmenschen unterstellt wurde. Hobbes wurde als Atheist rezipiert – trotz seiner häufigen Berufungen auf Gott.

Später hat vor allem Jeremy Bentham auf Hobbes zurückgegriffen. Die utilitaristischen Theorien sind in vielen Punkten hobbesianisch. Ich würde darüber hinaus die These vertreten, dass die moderne rationale Entscheidungstheorie (*Rational-Choice-Theorie*) logisch ganz ähnlich argumentiert wie Hobbes.

Auch für den gegenwärtigen Leser ist der Leviathan noch Anreiz genug zu kontroversen Deutungen – es handelt sich nicht um einen überholten Text, wie Wolfgang Kersting suggeriert, dies gehöre in die szientistische Mentalität des 17. Jahrhunderts, enthalte jedoch nichts, was für die politische Diskussion der Gegenwart nützlich sein könnte.[220] Hobbes' Werk enthält mehr als Szientismus, außerdem ist dieser, wie nicht nur die rationale Entscheidungstheorie, sondern die gesamte Welt des positivistischen Denkens beweist, und wie vor allem die in der Philosophie vorherrschende sprachanalytische Richtung zeigt, keineswegs überholt. Auch heute noch verfällt man in die Fehler, die Hobbes vorgeworfen werden können, nämlich die Vermengung von Begriffsanalysen mit Kausalanalysen, die Verwechslung von Deduktionszusammenhängen mit Erzeugungszusammenhängen und die Vermischung von konstitutionstheoretischen Überlegungen mit Entwicklungsgeschichten.[221]

---

[219]   Kersting: Hobbes zur Einführung, S. 82.
[220]   Kersting, S. 59.
[221]   Kersting, S. 60.

Textausgaben:

Hobbes, Thomas: Leviathan. Oder Stoff, Form und Gewalt eines kirchlichen und bürgerlichen Staates, Hg. Iring Fetscher, Übers. Walter Euchner, Frankfurt a.M. 1966 (engl. Leviathan, ed. with an Introduction by C. B. Macpherson, London 1987). Dies ist die beste deutsche Ausgabe des Leviathan.
Hobbes, Thomas: Vom Menschen. Vom Bürger. Elemente der Philosophie II/III. Hg. Günter Gawlick. Hamburg 1977.
Hobbes, Thomas: Behemoth oder Das Lange Parlament, Frankfurt am Main 1991.

Sekundärliteratur:

Bermbach, Udo und Kodalle, Klaus-Michael (Hg.), Furcht und Freiheit. Leviathan-Diskussion 300 Jahre nach Thomas Hobbes, Opladen 1982.
Buchheim, Hans: Zu Hobbes' Leviathan, in: Politisches Denken. Jahrbuch 1993, Stuttgart und Weimar 1993, S. 47-58.
Höffe, Otfried: Widersprüche im Leviathan. Zur Aktualität der Staatsphilosophie von Thomas Hobbes,. Merkur 33. Jg. 1979, 1186-1203.
Kersting, Wolfgang: Hobbes zur Einführung, Hamburg 1992.
Koselleck, Reinhart: Kritik und Krise, Frankfurt 1973, S. 18-32.
Ludwig, Bernd: Die Wiederentdeckung des epikureischen Naturrechts. Zu Hobbes' philosophischer Entwicklung von De Cive zum Leviathan im Pariser Exil, Frankfurt am Main 1998.
Macpherson, C. B.: Die politische Theorie des Besitzindividualismus. Von Hobbes bis Locke, Frankfurt/M. 2. Aufl. 1980 (dt. zuerst 1967, engl. 1962).
Schmitt, Carl: Der Leviathan in der Staatslehre des Thomas Hobbes. Sinn und Fehlschlag eines politischen Symbols, Köln 1982 (zuerst 1938).
Skinner, Quentin: Freiheit und Pflicht. Thomas Hobbes' politische Theorie, Frankfurter Adorno-Vorlesungen, Frankfurt am Main 2008.
Strauss, Leo: Hobbes' politische Wissenschaft und zugehörige Schriften – Briefe. Hg. Heinrich und Wiebke Meier, Stuttgart und Weimar 2001.
Strauss, Leo: Naturrecht und Geschichte, Frankfurt 1977, S. 172-210.
Williams, Howard und Wischke, Mirko: Zwischen Widerstandsrecht und starkem Staat. Ein Beitrag zur deutschen Rezeptionsgeschichte von Hobbes, in: Politisches Denken, Jahrbuch 2004, Berlin 2004, S. 25-42.

7 John Locke: Eigentum, Vertrag und Widerstandsrecht

John Locke (1632-1704) kann von allen politischen Theoretikern wohl als derjenige mit der größten praktischen Wirkung angesehen werden. Seine Lehren wurden möglicherweise weniger diskutiert als die von Aristoteles oder Machiavelli, aber dafür häufiger in konkrete staatsorganisierende Politik umgesetzt. Er begleitete theoretisch die englische „Glorious Revolution" von 1688, inspirierte die französische Aufklärung des 18. Jahrhunderts und amerikanische Unabhängigkeitserklärung von 1776.[222] Im Zusammenhang einer politischen Ideengeschichte müssen vor allen Dingen zwei Texte Lockes behandelt werden: der im Amsterdamer Exil 1685/86 geschriebene Brief über Toleranz sowie die Zweite Abhandlung über die Regierung (1690).

Im Toleranzbrief Lockes geht es um die wechselseitige Duldung der Christen verschiedenen religiösen Bekenntnisses und, wie wir sehen werden, noch um einiges mehr. Er empfiehlt die völlige gegenseitige Duldung und kommt vor allem zu dem Schluss, dass religiöse Unduldsamkeit eigentlich nur dann ins Spiel kommt, wenn die staatliche Obrigkeit in religiösen Angelegenheiten Partei nimmt. Der Staat hat allein den bürgerlichen Interessen, den *civil interests*, zu dienen. Dazu gehören Leben, Freiheit, Gesundheit, Schmerzlosigkeit des Körpers und der Besitz äußerer Dinge wie Geld, Ländereien, Häuser, Einrichtungsgegenstände und dergleichen.[223] Diese Rechtsgewalt *in civil concernments*, in bürgerlichen Angelegenheiten, kann und darf nicht auf das Seelenheil ausgedehnt werden, und dies aus mehreren Gründen.

Erstens: die Sorge um die Seele ist dem Staat nicht von Gott übertragen, weil kein Mensch, selbst wenn er sich anpassen wollte, seinen Glauben dem Befehl einer Obrigkeit anpassen kann. Glaube bedeutet innere und vollkommene Gewissheit des Urteils. Diese kann nicht von außen aufgezwungen werden.

Zweitens: die staatliche Macht kann nur äußeren Zwang ausüben. Da Religiosität in der inneren Gewissheit des Urteilens liegt, nützen Konfiskation, Gefängnis oder Folter in diesen Angelegenheiten nichts. Der Staat darf allein mit Argumenten Druck ausüben, wenn er meint, Irrende unterrichten zu sollen. Dann ist er aber nicht als Autorität tätig, sondern so wie jedermann, der versuchen kann, einen anderen durch Vernunftgründe des Irrtums zu überführen, aber eben nicht Gewalt anwenden darf. Insbesondere dürfen gottesdienstliche

---

[222] So hat Walter Euchner angemerkt, dass die von Jefferson verfasste Unabhängigkeitserklärung der Vereinigten Staaten so klingt, als sei sie von Locke verfasst. Vgl. Euchner, in: Hauptwerke der politischen Theorie, Hg. Stammen, Theo u.a., S. 284.

[223] Locke, John: Brief über Toleranz, S. 13.

Formen oder irgendwelche Glaubensartikel nicht unter den Zwang der Gesetze gestellt werden.

Die Kirche definiert Locke als freie und auf Freiwilligkeit beruhende Vereinigung von Menschen. Niemand wird also als Glied einer Kirche geboren. Deshalb muss auch jederzeit die Freiheit des Austritts bestehen. Die Kirche ihrerseits kann nach Ermahnung und Ratschlägen Mitglieder ausschließen (Exkommunizieren), was aber unter keinen Umständen verbunden werden darf mit rohen Worten und Taten, wodurch Leib und Gut der ausgeschlossenen Person in irgendeiner Weise geschädigt werden.[224]

Keine Privatperson hat irgendein Recht, eine andere Person in der Wahrnehmung der bürgerlichen Rechte zu benachteiligen, weil diese einer anderen Kirche oder Religion angehört. Auch „Heiden" darf keine Gewalt und kein Unrecht angetan werden. Das Argument: „Niemand also (...), weder einzelne Personen noch Kirchen, ja nicht einmal staatliche Gemeinschaften haben einen Rechtstitel, in ihre gegenseitigen bürgerlichen Rechte und weltlichen Güter auf Grund von religiösen Ansprüchen einzugreifen. Die, die anderer Meinung sind, täten gut, sich Gedanken darüber zu machen, mit welch einer verderblichen Saat von Zwietracht und Krieg, was für einer gewaltigen Herausforderung zu endlosem Hasse, Raub und Mord sie dadurch die Menschheit ausstatten."[225] Die Autorität der Kirche muss in den Grenzen der Kirche bleiben und darf in keiner Weise auf weltliche Angelegenheiten ausgedehnt werden. The ecclesiastical authority „ought to be confined within the bounds of the church, nor can it in any manner be extended to civil affairs, because the church itself is a thing absolutely separate and distinct from the commonwealth. The boundaries on both sides are fixed and immovable."[226]

Die Sorge für das Seelenheil muss also jedem Einzelnen überlassen werden. Selbst Gott würde die Menschen nicht gegen ihren Willen selig machen wollen. Zwar gibt es nur einen einzigen Weg zum Seelenheil, da wir über diesen aber nicht sicher sein können und vielfältige Wege eingeschlagen werden, haben wir diese zu respektieren, und ebenso hat dies die Obrigkeit. Kirchen und Sekten müssen von der Obrigkeit geduldet werden. In die Zeremonien der Kirche darf nicht eingegriffen werden. Falls also Fischessen und Biertrinken beim Heiligen Abendmahl gewünscht werden, spricht nichts dagegen, ebenso nichts gegen das Aussprengen von Tierblut als Teil des Gottesdienstes.[227] Falls eine Religion anfangen wollte, Kinder zu opfern, so würde gelten, dass derartige Dinge schon im privaten Leben nicht erlaubt sind und daher auch nicht bei der Verehrung eines Gottes. Wer aber zusammenkommt, um in einem religiösen Ritual ein Kalb zu opfern, sollte daran nicht gehindert werden. Das mag Götzendienerei sein, wenn aber die Obrigkeit die Macht hätte, das zu verbieten, dann gäbe es kein Argument dagegen, ähnliche Verbote auch gegen die rechtgläubige Kirche anzuwenden. „Wenn daher der staatlichen Obrigkeit eine geistliche Gewalt gegeben wird, wie z.B. in Genf, so kann sie die Religion, die dort für götzendienerisch gilt, mit Gewalt und Blut ausrotten."[228]

---

[224]   Ebenda S. 29.

[225]   Ebenda S. 37.

[226]   Ebenda S. 36.

[227]   Ebenda S. 67.

[228]   Ebenda S. 69.

Von diesem allgemeinen Toleranzgebot gibt es allerdings einige Ausnahmen: Atheisten können nicht geduldet werden, weil Versprechen, Verträge und Eide das Band der menschlichen Gesellschaft sind, diese aber für einen Atheisten keine Geltung haben. Hier tritt also ein praktisches Argument ein. Im Kern bedeutet das, um dies kritisch anzumerken, dass Atheisten dann überhaupt kein Recht haben, in der menschlichen Gemeinschaft zu leben. Ebenso können Anhänger des Papstes („Papisten") nicht geduldet werden, da ihr politischer Machtanspruch die Sicherheit des Staates gefährdet und sie durch ihren Glauben einem auswärtigen Souverän verpflichtet sind.

Religiöse Sekten müssen toleriert werden, weil sie nur dann gefährlich werden, wenn man sie unterdrückt. Die jüdische Religion ist für Locke ganz selbstverständlich zu akzeptieren. Zum Islam sagt er nur an einer einzigen Stelle im Toleranzbrief etwas, und dies auch nicht argumentativ, sondern nur definitorisch: es handele sich bei Türken und Christen eben um verschiedene Religionen, weil die einen die Bibel und die anderen den Koran als Grundlage nehmen. Die Toleranzschrift ist von ihrem Ansatz her allerdings im wesentlichen auf die wechselseitige Duldung von Christen mit verschiedenen religiösen Bekenntnisse gerichtet. Das ist der Ausgangspunkt, und mehr strebt sie im Grunde nicht an. Zu seiner Zeit wurden Lockes Forderungen trotz des heute ungeheuerlich scheinenden Ausschlusses der Katholiken und Atheisten wohl noch in der Öffentlichkeit als viel zu weitgehend empfunden. Locke hat es immer vermieden, als Autor dieses Textes bekannt zu werden.

Kritisch ist zu bemerken, dass die Einschränkungen, insbesondere der Ausschluss der Atheisten von der Toleranz, kein bloßer Schönheitsfehler ist, den die Zeit schon heilen wird, sondern auf einem mit den Menschenrechten im Widerspruch stehenden Religionsbegriff beruhen. Sobald die Religion für wichtig bei der Einhaltung der bürgerlichen Eide gehalten wird, besteht die Gefahr der Intoleranz. Religionsphilosophisch ist der notwendige nächste Schritt zu einer wirklichen allgemeinen Toleranz erst gegangen worden, als der Glaube an historisch bedingte Offenbarung aus dem religiösen Grundforderungskatalog der Christen gestrichen wurde. Das geschah im 18. Jahrhundert, im Islam allerdings bis heute nicht, so dass diese Religion immer noch ein ausgeprägtes Intoleranzproblem hat. Es ist vielleicht eine interessante Lehre aus der Beschäftigung mit dem Aufklärer John Locke, dass dieser noch keineswegs die vollkommene und allumfassende Toleranz gepredigt hat, obwohl doch neben Natur und Vernunft die Toleranz als der dritte große Grundbegriff der Aufklärung zu gelten hat.

Die beiden Abhandlungen Lockes über die Regierung, vor allem die zweite, der *Second Treatise on Government*, sind die wichtigste Grundlage liberaldemokratischen Denkens bis heute geworden. Die amerikanischen Verfassungsväter haben sie herangezogen und kongenial in eine Verfassung umgesetzt, die in ihren Grundzügen bis heute Gültigkeit hat.

Die *erste* Abhandlung trägt den Obertitel *False Principles* und widmet sich der Widerlegung von Robert Filmers *Patriarchia*. Da Filmer die Notwendigkeit der Autorität aus einer Bibelexegese begründet, versucht Locke ihn seinerseits mit biblischen Argumenten zu widerlegen. Heute ist das weitgehend uninteressant geworden, weil es sich um Auslegungsfragen, nicht aber um theoretische Fragen handelt.

Die *zweite* Abhandlung dagegen ist die entscheidende, die positive, mit dem Titel „*True End of Government*". Der Text ist 1689 in London erschienen. Locke hat den größten Teil schon 1680 – 1682 als Streitschrift im Auftrag des Whig-Politikers Shaftesbury geschrieben, und zwar mit dem politischen Ziel, Argumente gegen eine katholische Thronfolge zusammenzustellen. Die Gegner der Stuarts befürchteten, dass ein Katholik auf dem englischen Thron absolutistische Verhältnisse nach dem französischen Vorbild einführen würde. Locke entwickelte jedoch eine prinzipielle Absolutismuskritik, die auf ein freiheitliches, auf das Naturrecht begründetes Gemeinwesen hinausliefen.

Locke ist ein Vertreter der *modernen*, individualistischen politischen Philosophie. Der natürliche Mensch ist ein unabhängiges, für sich existierendes Individuum, also kein *animal sociale* oder *zoon politikon* nach antikem und kein Kind der Schöpfung mittelalterlichem Vorbild. Das Individuum untersteht allein dem Naturgesetz, das vor sehr langer Zeit von Gott geschaffen wurde. Locke ist Deist, nimmt also einen Schöpfergott an, der jedoch später in den Weltlauf nicht mehr eingreift. Selbst wenn die Herrschaft von Adam her begründet sei, meint er zynisch, wäre doch die Kenntnis über die genaue Linie der Nachkommenschaft über so lange Zeit verlorengegangen, so dass sich kein heutiger Herrscher darauf berufen könne. Daraus ergibt sich, dass Herrschaft ein sekundäres, künstliches, abgeleitetes Phänomen ist, das nicht, wie Filmer meinte, gottgegeben oder naturgegeben ist, sondern überhaupt nur dann akzeptiert werden kann, wenn sie auf den Willensakten der ihr unterworfenen Individuen beruht.

Locke ist wie Hobbes ein Theoretiker des Gesellschaftsvertrags. Er geht wie dieser von einem Naturzustand aus, den er allerdings vollkommen anders konzipiert. Dies ist deshalb wichtig, weil er auch zu einer völlig andersgearteten Theorie der Staatsgründung und Staatslegitimation kommt. Der Naturzustand ist ein Zustand der Freiheit, aber nicht der Zügellosigkeit. Das natürliche Gesetz verpflichtet jeden Menschen. Die Vernunft lehrt, „dass niemand einem anderen, da alle gleich und unabhängig sind, an seinem Leben und Besitz, seiner Gesundheit und Freiheit Schaden zufügen soll."[229] Es kann unter ihnen keine Rangordnung angenommen werden, die es ihnen erlauben würde, einander zu vernichten, da alle mit den gleichen Fähigkeiten versehen sind und alle zur Gemeinschaft der Natur zu gehören.

Jeder Einzelne hat das Recht, andere zu bestrafen, die ihn in diesem Dingen verletzten. Aber auch hier gilt es den Grundsatz der Verhältnismäßigkeit zu beachten und dem Übeltäter nur soviel Schaden zuzufügen, wie es notwendig ist, ihn seine Tat bereuen zu lassen.[230] Das Problem dabei ist, dass jeder Richter in eigener Sache ist und deshalb zu Leidenschaftlichkeit und Ungerechtigkeit neigen wird. Locke sieht deshalb eine bürgerliche Regierung als das geeignete Heilmittel gegen die Nachteile des Naturzustands an.[231] Allerdings, das fügt er gegen Hobbes hinzu, müsse schon sehr genau festgelegt werden, wie jene Regierung beschaffen sei, und weshalb genau sie besser als der Naturzustand sei, denn absolute Monarchen seien auch nur Menschen mit aller Neigung zu Übertreibung, Ungerechtigkeit und Leidenschaftlichkeit. Wenn keine Kontrolle der Regierung möglich ist, dann wäre es besser, im Naturzustand zu bleiben.

Auf die naheliegende Frage, ob es überhaupt jemals einen solchen Naturzustand in der Realität gegeben habe, antwortet Locke, dass sich ja die Staaten, die unabhängigen Regierungen untereinander in einem solchen befinden. Damit ist immerhin die Möglichkeit eines solchen Zustandes bewiesen, und ein Teil der Menschheit wird sich vermutlich immer darin befin-

---

[229] Locke: Zweite Abhandlung S. 203.
[230] Ebenda S. 204.
[231] Ebenda S. 207.

den. Entscheidend ist, dass es keine gemeinsame Oberinstanz gibt, die im Konfliktfall ange-
rufen werden kann. Übrigens gilt das auch für bestimmte Situationen innerhalb eines gesetzmäßig geordneten Staates, in denen nicht die Zeit vorhanden ist, eine solche Instanz
herbeizurufen. „So darf ich einem Dieb, der mir alles gestohlen hat, was ich habe, nicht anders schaden als durch Anrufung des Gesetzes. Aber wenn er mich anfällt, um mir mein
Pferd oder meinen Mantel zu rauben, darf ich ihn totschlagen. Denn das Gesetz, das zu meiner Erhaltung geschaffen wurde, erlaubt mir die Selbstverteidigung, wo es nicht einschreiten
kann, um mein Leben, das – wenn es erst einmal verlorengegangen ist – durch nichts ersetzt
werden kann, vor unmittelbarer Gewalt zu schützen.“[232]

7.1   Das Eigentum

Der Kern von Lockes Theorie ist seine Theorie des Eigentums. Da den Menschen die Erde
laut Bibel gemeinsam gegeben ist, bemüht sich Locke um eine Antwort auf die schwierige
Frage, wie jemand überhaupt einen beliebigen Gegenstand als Eigentum besitzen kann. Lockes naturrechtliche und für den Naturzustand konzipierte Antwort auf diese Frage ist bis
heute durch keine überzeugendere ersetzt worden, wenn man einmal von funktionalistischen
Begründungen absieht. Auch wenn allen die Erde gemeinsam gehört, hat doch jeder ein
Recht auf die eigene Person.[233] Aber dann ist auch das, was man mit seinen eigenen Händen
tut und leistet, das Eigentum. Wenn man seine eigene Arbeit einem Gegenstand hinzufügt,
also Früchte sammelt, Äpfel erntet und dergleichen, verbindet man sie mit sich selbst und
erwirbt ein Eigentum daran. Mit einer Einschränkung: solange „wo genug und ebenso Gutes
anderen gemeinsam verbleibt.“ [234]

Lockes Formulierung an dieser Stelle ist hochinteressant, und sie ist weltberühmt geworden:
„Das Gras, das mein Pferd gefressen, der Torf, den mein Knecht gestochen, und das Erz, das
ich an irgendeiner Stelle gegraben, wo ich mit anderen gemeinsam ein Recht dazu habe,
werden ohne die Anweisung und Zustimmung von irgend jemandem mein Eigentum. Es war
meine Arbeit, die sie dem gemeinsamen Zustand, in dem sie sich befanden, enthoben hat
(...)“[235]. Der Übergang von der Arbeit meines Körpers und vom Werk meiner Hände zur
Arbeit meines Knechtes ist ziemlich verräterisch und geschieht beinahe unmerklich und ohne
besondere Begründung. Denn wieso mir die Arbeit eines anderen gehören soll, wenn er doch
diese verrichtet, ist nicht ohne weiteres einsichtig und wurde später ja zum Kernargument
des Sozialismus, der im Grunde an Lockes Arbeitswertlehre festhielt, nur meinte, es handle
sich um gemeinsame Arbeit, so dass das Resultat allen gehören müsse, und vor allem, es
handle sich um die Arbeit derer, die sie im körperlichen Sinne tun, so dass diesen und nicht
den untätigen bloßen Eigentümern das Resultat rechtmäßig gehören müsse. Auch der Sozialismus ist so gesehen nur eine Variante des Lockeschen Arguments der Aneignung durch
Arbeit.

---

[232]   Ebenda S. 211.

[233]   Es gibt eine Ausnahme: die Sklaven, die im Krieg gefangengenommen worden sind. Diese sind nicht Teil der
bürgerlichen Gesellschaft, ebenda S. 252.

[234]   Ebenda S. 217.

[235]   Ebenda S. 218

Das Eigentumsrecht im Naturzustand unterliegt nach Locke einer wesentlichen Grenze: man darf die Aneignung von etwas nur durchführen, um es zu genießen. Und deshalb darf man sich nur so viel aneignen, wie man auch verbrauchen kann, bevor es verdirbt. Man denke wieder an das Beispiel mit dem Sammeln der Äpfel. Was darüber hinausgeht, ist mehr als der eigene Anteil und gehört anderen. Das gilt ebenso für den Besitz von Land. „So viel Land ein Mensch bepflügt, bepflanzt, bebaut, kultiviert und so viel er von dem Ertrag verwerten kann, so viel ist sein Eigentum. Durch seine Arbeit hebt er es gleichsam vom Gemeingut ab."[236] Das gilt aber nur dann, wenn noch genügend und gleich gutes Land übrig bleibt.

Arbeit führt für Locke notwendig zum Privatbesitz. Dieser bleibt im Naturzustand aber auf ein sehr bescheidenes Ausmaß beschränkt. Mit dem Übergang aus dem Naturzustand in die Gesellschaft hat sich aber ein fundamentaler Wandel vollzogen. „Dieselbe Regel für das Eigentum, nämlich dass jeder Mensch so viel haben sollte, wie er nutzen kann, würde auch noch heute, ohne jemanden in Verlegenheit zu bringen, auf der Welt gültig sein, denn es gibt genug Land, das auch für die doppelte Anzahl von Bewohnern noch ausreicht, wenn nicht die Erfindung des Geldes und die stillschweigende Übereinkunft der Menschen, ihm einen Wert beizumessen (durch Zustimmung), die Bildung größerer Besitztümer und das Recht darauf mit sich gebracht hätte."[237] Denn Geld kann man beinahe beliebig viel aufhäufen, ohne dass es verdirbt. Der Wert des Geldes, damals vor allem Gold und Silber, hängt nach Locke allein von der Übereinkunft ab, von der stillschweigenden und freiwilligen Zustimmung.

Hierzu bedarf es des Gesellschaftsvertrages, der die politische oder bürgerliche Gesellschaft konstituiert, die *political or civil society*[238]. Entscheidend ist der Schutz der Eigentumsrechte – deshalb kann Locke sehr viel stärker noch als Hobbes als Theoretiker des Besitzindividualismus angesehen werden. „Da aber keine politische Gesellschaft bestehen kann, ohne dass es in ihr eine Gewalt gibt, das Eigentum zu schützen und zu diesem Zweck die Übertretungen aller, die dieser Gesellschaft angehören, zu bestrafen, so gibt es nur dort eine politische Gesellschaft, wo jedes Einzelne ihrer Mitglieder seine natürliche Gewalt aufgegeben und zugunsten der Gemeinschaft in all denjenigen Fällen auf sie verzichtet hat, die ihn nicht davon ausschließen, das von ihr geschaffene Gesetz zu seinem Schutz anzurufen."[239] Entscheidend ist, dass „alle Regierung kein anderes Ziel als die Erhaltung des Eigentums hat",[240] „whereas government has no other end but the preservation of property".[241] Dadurch wird das persönliche Strafgericht, das im Naturzustand gilt, beseitigt. Denn, da jeder im Naturzustand Richter in eigener Sache ist, besteht die Gefahr der Überreaktion und der Ungerechtigkeit, die ihrerseits zu Reaktionen der anderen Seite führen kann.

Locke gibt seine Grunddefinition im § 89 der zweiten Abhandlung: „Wo immer daher eine Anzahl von Menschen sich so zu einer Gesellschaft vereinigt hat, dass jeder Einzelne seine

---

[236] Ebenda S. 219.

[237] Ebenda S. 222.

[238] Ebenda Kap. 7.

[239] Ebenda S. 253.

[240] Ebenda S. 259.

[241] Locke, John: Two Treatises of Civil Government, London und New York 1960, § 94, S. 163f.

exekutive Gewalt des natürlichen Gesetzes aufgibt und zugunsten der Gemeinschaft darauf verzichtet, entsteht, und zwar nur unter diesen Umständen, eine politische oder bürgerliche Gesellschaft."[242] Auf diese Weise findet der Wandlungsprozess vom Naturzustand in ein Staatswesen statt. Und umgekehrt herrscht überall dort, wo eine vereinigte Anzahl von Menschen eine solche Gewalt mit Entscheidungsbefugnis, die sie anrufen können, nicht besitzen, der Naturzustand.

Daraus folgt für Locke – und das ist seine Kernthese gegen Thomas Hobbes – dass eine absolute Monarchie in Wahrheit mit bürgerlicher Gesellschaft unverträglich ist und überhaupt keinerlei Form von bürgerlicher Regierung sein kann. „Ein solcher Mensch, gleichgültig, ob man ihn Zar, Grandseigneur oder sonst wie nennen mag, befindet sich denjenigen gegenüber, die unter seiner Herrschaft stehen, ebenso sehr im Naturzustand wie der übrigen Menschheit gegenüber. Denn überall, wo zwei Menschen leben, die keine feste Regel und keinen gemeinsamen Richter auf Erden haben, den sie zur Entscheidung über ihre Rechtsstreitigkeiten anrufen könnten, befinden sich diese Menschen immer noch im Naturzustand mit allen seinen Unzuträglichkeiten."[243] Denn zwischen der Bevölkerung und dem Souverän herrscht weiterhin der Naturzustand. Die öffentliche Gewalt müsste nämlich über jedem Individuum, auch über dem Monarchen stehen. Locke hält es für unbegreiflich, dass Hobbes die Menschen für solche Narren hat halten können, dass sie sich bemühen, den Schaden zu verhüten, den ihnen Füchse und Marder zufügen, indem sie sich sicherer glauben, wenn sie von Löwen verschlungen werden.[244]

7.2   Der Vertrag

Wie kommt nun dieser Gesellschaftsvertrag zustande, d.h. wie entstehen politische Gesellschaften? Im Naturzustand sind alle frei, gleich und unabhängig. Deshalb „kann niemand ohne seine Einwilligung aus diesem Zustand verstoßen und der politischen Gewalt eines anderen unterworfen werden." So bleibt nur ein einziger Weg, diese natürliche Freiheit aufzugeben, nämlich die freiwillige Übereinkunft mit anderen, einen einheitlichen politischen Körper zu bilden, in dem die Mehrheit das Recht hat, zu handeln und die übrigen mit zu verpflichten, zum Zweck der Sicherheit und für den sicheren Genuss des Eigentums.[245] Die Mehrheitsregel ist für Locke zentral: die Gemeinschaft soll zu einem einzigen politischen Körper werden, und dieser kann sich nur in einer einzigen Richtung bewegen. Der Beschluss der Mehrheit muss daher als Beschluss aller gelten, und jeder muss mit Abschluss des Vertrages bereit sein, sich der Mehrheit zu unterwerfen. Andernfalls wäre dieser ursprüngliche Vertrag bedeutungslos, er wäre nicht einmal ein Vertrag, „wenn der Einzelne weiter frei bliebe und unter keiner anderen Verpflichtung stände als vorher im Naturzustand."[246] Wenn man nämlich nicht die Mehrheitsregel gelten lässt, dann müsste man die Zustimmung jedes

---

[242]   Locke: Zweite Abhandlung, S. 254.

[243]   Ebenda S. 256.

[244]   Ebenda S. 258.

[245]   Ebenda S. 260.

[246]   Ebenda S. 261.

Einzelnen zum Vertrag einholen. Das ist aber in der Praxis so gut wie unmöglich, weil einige immer krank oder beruflich unabkömmlich sein werden, und weil es immer unterschiedliche Meinungen und gegensätzliche Interessen geben wird. Eine Verfassung ohne Mehrheitsregel „würde dem mächtigsten Leviathan eine kürzere Lebensdauer gegen als den schwächsten Kreaturen und ihn nicht einmal den Tag seiner Geburt überleben lassen."[247] Die Zustimmung jedes Einzelnen ist damit genaugenommen in die Unterwerfung unter die Mehrheit transformiert worden.

Alle friedlichen Anfänge von Regierungen sind nach Locke durch die Übereinkunft des Volkes gelegt worden – unfriedliche Anfänge durch Gewalt und Eroberung hat es selbstverständlich gegeben. Gilt der Gesellschaftsvertrag eigentlich auch für die Nachkommen und Kinder? Sie können gerechterweise nicht durch Verbindlichkeiten und Versprechen ihrer Eltern gebunden werden. „Sowohl die Praxis der Regierungen selbst wie auch das Gesetz des gesunden Menschenverstandes machen deutlich, dass ein Kind weder als Untertan eines Landes noch einer Regierung geboren wird. Es steht unter der Vormundschaft und Autorität seines Vaters, bis es das Alter der Selbstverantwortlichkeit erreicht hat. Erst dann ist es ein freier Mensch, der auch die freie Entscheidung darüber hat, welcher Regierung er sich unterstellen will und welchem politischen Körper er sich anschließen möchte."[248]

Was kann nun als hinreichende Zustimmung zum Gesellschaftsvertrag gewertet werden? Ist ausdrückliche Zustimmung erforderlich, oder reicht stillschweigendes Einvernehmen? Locke antwortet, dass jeder Mensch, der irgendwelchen Besitz hat oder sich irgendeines Vorteils in einem Staat erfreut, damit seine stillschweigende Zustimmung gibt, wobei es völlig gleichgültig ist, ob es sich dabei um das Eigentum an Grund und Boden handelt oder ob man nur frei auf einer Landstraße reist, oder gar nur, indem man sich innerhalb des Gebietes dieser Regierung aufhält.[249] Die stillschweigende Zustimmung allerdings berechtigt jemanden, zu gehen und sich einem anderen Staatswesen anzuschließen, wenn man nur bereit ist, das auf dem Gebiet des vorigen Staates erworbene Eigentum zurückzulassen. Wer ausdrücklich zugestimmt hat, hat sich auf ewig und unwiderruflich verpflichtet. Fremde allerdings werden nicht dadurch zu Untertanen, dass sie sich vorübergehend in einem Staatsgebiet aufhalten. Sie haben sich dem Rechtssystem und der Verwaltung zu unterwerfen wie jeder andere Bewohner – zum Untertanen aber kann man nur durch einen wirklichen Eintritt mit positiver Verpflichtung werden.

Im Naturzustand ist jeder der absolute Herr seiner eigenen Person und seiner Besitztümer und Niemandem unterworfen. Weshalb sollte er dann bereit sein, auf diese Freiheit zu verzichten? Weil die Freude an diesem Besitz prekär ist, denn er ist fortwährend den Übergriffen anderer ausgesetzt. Deshalb der Gesellschaftsvertrag, zum Schutz von Leben, Freiheit und Eigentum, wobei der Eigentumsbegriff der übergreifende Begriff für alle drei ist. Denn im Naturzustand fehlt es an einem allgemeingültigen und bekannten Gesetz, an einem unparteilichen Richter und an einer vollstreckenden Gewalt. „So sind trotz aller Vorrechte des

---

[247]   Ebenda S. 261.
[248]   Ebenda S. 275.
[249]   Ebenda S. 276.

Naturzustandes die Menschen doch, solange sie in ihm verbleiben, in einer schlechten Lage und werden deshalb zur Gesellschaft gezwungen."[250]

Dennoch könnte man als Mensch im Naturzustand durchaus leben, denn innerhalb der Grenzen des Naturgesetzes würde man mit allen übrigen Menschen eine Gemeinschaft bilden, die doch besser als die aller anderen Lebewesen wäre, wenn da nicht die Verderbtheit und Schlechtigkeit einiger Menschen wäre. Außerdem könnte man selbst Verbrechen bestrafen. Diese beiden Gewalten gibt der Mensch auf: die Zugehörigkeit zur Gemeinschaft aller Menschen und die richterliche Gewalt in eigener Sache. Während also bei Hobbes der Naturzustand unerträglich ist und das Leben armselig, tierisch und kurz wäre, ist bei Locke im Grunde schon auch im Naturzustand eine Art von Gesellschaftlichkeit, wenn auch keine zivile und politische Gesellschaft, vorhanden, die allerdings wesentliche Unzuträglichkeiten aufweist. Der Rückfall in sie wäre aber keine so große Katastrophe wie bei Hobbes und muss aus diesem Grunde auch nicht durch so scharfe Maßnahmen vermieden werden. Ich komme am Schluss bei der Behandlung des Widerstandsrechts auf diesen Punkt zurück.

Da das Ziel die Erhaltung von Leben, Freiheit und Eigentum ist, folgt, dass die Staatsgewalt auch nur so weit reichen darf, dass dieser Zweck erreicht wird. Weiter darf sich der Staat dagegen nicht ausdehnen. Er ist zum Frieden, zur Sicherheit und zum Gemeinwohl verpflichtet. Hier zeigt sich der liberale Kern von Locke Lehre: privates Eigentumsrecht und Begrenzung der Staatsgewalt sind die einander gegenseitig bedingenden Grundelemente dieser Konzeption.

7.3   Gewaltenteilung

Lockes Gewaltenteilungslehre umfasst die legislative, die exekutive und die föderative Gewalt – die Judikative als in der heutigen Standardformel vorgesehene dritte Gewalt bekommt bei ihm keinen so herausgehobenen eigenständigen Rang. Daran lässt sich erkennen, dass das Wesen der Gewaltenteilungslehre, wie es sie auch schon in der Antike, z.B. bei Polybios gab, nicht in einem festen System bestimmter Gewalten besteht, sondern vielmehr darin, dass zwischen mehreren Machtpotentialen ein Modell der gegenseitige Austarierung, der checks and balances geschaffen wird, das keine der einzelnen Gewalten zur dominanten werden lässt und doch andererseits flexibel genug ist, tatsächliche Entscheidungen zu ermöglichen und sie nicht durch Vetomacht endlos bis zum Untergang des eigenen Staates aufzuschieben. Die Trennung von Legislative und Exekutive hat ihren Grund in der Schwäche der menschlichen Natur, weil es eine zu große Versuchung sein würde, „wenn dieselben Personen, die die Macht haben, Gesetze zu geben, auch noch die Macht in die Hände bekämen, diese Gesetze zu vollstrecken." [251] So kommt es darauf an, dass die Mitglieder der gesetzgebenden Versammlung, wenn diese nach Verabschiedung eines Gesetzes wieder auseinandergegangen sind, anschließend selber eben diesem Gesetz unterworfen sind. Der Gesetzgeber darf nicht wie bei Hobbes von seinen eigenen Gesetzen ausgenommen sein. Allein die Exekutive muss,

---

[250]   Ebenda S. 279.
[251]   Ebenda S. 291.

da die Gesetze ständig gelten, auch eine ständige Macht sein. Bei der Legislative stellt Locke sich dagegen vor, dass diese bloß periodisch zusammentritt.

Übrigens gibt es zu den genannten beiden Gewalten Lockes noch eine weitere, „die man eine natürliche nennen könnte, weil sie in etwa der Gewalt entspricht, die jeder Mensch von Natur aus hatte, bevor er in die Gesellschaft eintrat." [252] Diese Gewalt gilt gegenüber anderen Staaten und Menschen außerhalb der Gesellschaft und enthält die Gewalt über Krieg und Frieden, Bündnisse und alle Fragen der Außenpolitik. Wegen der Bündnisrechte nennt Locke diese natürliche Gewalt auch die föderative Gewalt (*foedus* = Bündnis). Sie hat also nichts mit dem Föderalismus im Sinne der deutschen oder amerikanischen Verfassung zu tun. Für die föderative Gewalt gelten etwas andere Regeln, denn sie ist schwieriger als die Exekutive durch vorher gefaßte, stehende, positive Gesetze zu leiten, und erfordert eine Art besondere Klugheit und Weisheit. Locke plädiert hier ganz offenbar für das Vorrecht einer außenpolitischen Elite, deren Handlungen und Entscheidungen nicht in gleichem Maße wie die innenpolitischen Gesetze und Entscheidungen dem legislativen Körper unterworfen sein müssen. [253] Hier ist eine Begründung für das, was in den USA eine Zeitlang als *imperial presidency* diskutiert worden war, was aber mit dem entschlossenen Zugriff des US-Kongresses auf diese Rechte nach dem Desaster des Vietnamkriegs von der politischen Bildfläche verschwunden ist. [254] Reste dieses Gedankens finden sich immer noch in den besonderen Kompetenzen des französischen Präsidenten in der Außenpolitik und sicherlich auch im Selbstwertgefühl und inneren Bewusstsein außenpolitischer Eliten in sehr vielen Ländern, die USA inbegriffen.

Die Legislative steht an erster Stelle, und sie kann nur verpflichten aufgrund der eigenen Zustimmung der Bürger und mit der ihr verliehenen Autorität. Es gibt also – ganz anders als bei Hobbes – Grenzen der Befugnisse dieser Obergewalt. Sie kann erstens nicht über die absolute willkürliche Gewalt über Leben und Schicksal des Volkes verfügen, und sie kann insgesamt nicht größer sein als die Gewalt, die die Menschen im Naturzustand besaßen, bevor sie in die Gesellschaft eintraten. Sie ist beschränkt auf das öffentliche Wohl der Gesellschaft. Deshalb kann es niemals das Recht geben, Untertanen zu vernichten, zu unterjochen oder mit Vorbedacht auszusaugen. Da „das fundamentale Gesetz der Natur die Erhaltung der Menschheit ist, kann keine menschliche Zwangsmaßnahme gut und gültig sein, die diesem Gesetz widerspricht." [255] Außerdem darf eine solche legislative und höchste Gewalt nie nach willkürlichen Beschlüssen des Augenblicks regieren, sondern nach öffentlich verkündeten, stehenden Gesetzen. Locke ist also ein Anhänger des Rechtsstaates.

Die Begründung dafür lautet: Die „Menschen würden nicht auf die Freiheit des Naturzustandes verzichten und sich selbst Fesseln anlegen, wenn es nicht darum ginge, ihr Leben, ihre Freiheiten und ihr Vermögen zu erhalten und auf Grund fester Regeln für Recht und Eigentum ihren Frieden und ihre Ruhe zu sichern." [256] Sie hätten kein Interesse daran, sich in eine schlimmere Lage zu begeben als es der Naturzustand war. Da die Erhaltung des Eigentums

---

252   Ebenda S. 292.
253   Ebenda § 147.
254   Schlesinger, Arthur M.: The Imperial Presidency, Boston 1973.
255   Locke: Zweite Abhandlung, a.a.O. S. 285.
256   Ebenda S. 286.

Zweck der Regierung ist, kann die höchste Gewalt auch keinem Menschen einen Teil seines Eigentums ohne seine eigene Zustimmung wegnehmen. Aus diesem Grunde plädiert Locke für die Übertragung der höchsten Gewalt an wechselnde Versammlungen, während eine einheitliche, dauerhafte Versammlung oder gar eine absolute Monarchie, wo die Macht in den Händen eines einzelnen Menschen liegt, dazu tendiert, „dass sie glauben, sie hätten ein von der übrigen Gemeinschaft gesondertes Interesse, und deshalb dazu neigen werden, ihre eigenen Reichtümer und ihre Gewalt zu vermehren, indem sie dem Volke einfach wegnehmen, was ihnen gut scheint." [257]

An solchen Formulierungen kann man die Brisanz der derzeitigen Diskussion um die politische Klasse erkennen. Wenn sich nämlich eine einheitliche und kohärente politische Klasse mit einem gemeinsamen, gegen das Volk gerichteten Interesse herausbildet, dann kommt es nicht mehr unbedingt darauf an, ob in ihr verschiedene konkurrierende Strömungen durch Wahlen ausgetauscht werden können – gegen das Volk und zu dessen finanzieller Heranziehung werden sie auf jeden Fall zusammenhalten. Das ist etwa das, was Hans-Herbert von Arnim den Bundestagsabgeordneten vorhält, die sich jeweils vorteilhafte Sonderregelungen in Renten- und Verkehrsfragen verschaffen und schon deshalb nicht mehr die Interessen der Bevölkerung repräsentieren, weil sie unter den von ihnen beschlossenen Einschränkungen selbst nur wenig zu leiden haben.[258]

Die Legislative ist im System der Gewalten die höchste, kann aber vom Volk abberufen und geändert werden, so dass letztlich die höchste Gewalt doch bei der Gemeinschaft verbleibt. Die Exekutive erscheint zwar als die Staatsspitze und in diesem Sinne als die höchste Gewalt, ist aber immer der Gemeinschaft und dem gesetzgebenden Körper unterworfen. Eide der Untertanentreue, die der Exekutive geleistet werden, gelten nicht uneingeschränkt, sondern verpflichten nur zum Gehorsam nach dem Gesetz. Oder anders: „Denn die Mitglieder schulden allein dem öffentlichen Willen der Gesellschaft Gehorsam." – „The members owing no obedience but to the public will of the society."[259]

7.4   Widerstandsrecht und Revolution

Darf nun die ständig im Amt befindliche Exekutive die Legislative daran hindern, zusammenzutreffen? Das würde dem Volk gegenüber die Erklärung des Kriegszustandes bedeuten. Das Volk hat dann ein Recht darauf, die Legislative wieder in die Ausübung ihrer Gewalt einzusetzen, und zwar notfalls mit Gewalt. „In all states and conditions the true remedy of force without authority is to oppose force to it." – „In allen Lagen und unter allen Umständen ist es das beste Heilmittel gegen ungesetzliche Gewalt, ihr Gewalt entgegenzustellen. Der unrechtmäßige Gebrauch von Gewalt versetzt denjenigen, der sie anwendet, als den Angreifenden stets in den Kriegszustand und setzt ihn damit auch einer entsprechenden Behandlung aus."[260] Locke ist also ein Anhänger des Widerstandsrechts, und zwar des gewaltsamen Wi-

---

[257] Ebenda S. 288.
[258] Vgl. Arnim, Hans Herbert: Die Partei, der Abgeordnete und das Geld, München 1996.
[259] Locke: Zweite Abhandlung, S. 295, § 151.
[260] Ebenda § 155.

derstands, wie er seit 1968 auch im deutschen Grundgesetz unter Artikel 20 Absatz 4 vorgesehen ist.

Dieses Widerstandsrecht, oder, wie unsere Juristen sagen, das *große Widerstandsrecht*, unterliegt gewissen naturrechtlichen Regeln. Es gilt gegen die Tyrannis, die nach Lockes sehr weiter Definition überall dort beginnt, wo das Gesetz endet, genauer gesagt, wo es zum Schaden eines anderen überschritten wird. Man darf sich einem Tyrannen entgegenstellen, wenn dieser z.B., um einen Haftbefehl zu vollstrecken, ins Haus eindringt, wie man sich einem Dieb oder Räuber widersetzen darf, der den gleichen Versuch macht. Allerdings darf man sich einem Fürsten nicht schon dann entgegenstellen, wenn man sich geschädigt fühlt, sondern nur ungerechter und ungesetzlicher Gewalt. Privatpersonen, Einzelne, sollten darüber nicht entscheiden, denn „für die Sicherheit des Volkes ist es besser, wenn einige wenige Privatpersonen hin und wieder Gefahr laufen, leiden zu müssen, als wenn das Haupt der Regierung leichthin und aus geringfügigen Anlässen preisgegeben werden soll."[261] Das sogenannte *kleine Widerstandsrecht* schon gegen irgendwelche Maßnahmen, die einem nicht gefallen, lässt Locke nicht zu, weil dies alle Regierungen auflösen und umstürzen würde und anstelle von Regierung und Ordnung nichts anderes übriglassen würde als Anarchie und Verwirrung.[262]

Gewalt darf nämlich nur dort ausgeübt werden, wo einem Menschen die Berufung auf das Gesetz verwehrt ist. „Betrifft das Unrecht nur Fälle einiger weniger Privatpersonen, so haben die Betreffenden zwar das Recht, sich zu verteidigen und mit Gewalt wieder an sich zu bringen, was ihnen durch unrechtmäßige Gewalt genommen wurde; ein Recht, durch das sie sich aber nicht so leicht in einen Streit verwickeln lassen, wenn sie sicher sind, darin umzukommen. Denn einem oder nur wenigen unterdrückten Menschen ist es so gut wie unmöglich, die Regierung in Unruhe zu stürzen, wenn die Gesamtheit des Volkes sich nicht davon berührt fühlt, genauso wenig wie es einem rasenden Verrückten oder einem hitzköpfigen Unzufriedenen möglich ist, einen wohlgeordneten Staat umzustürzen." [263]

Das eigentliche Widerstandsrecht gilt dort, wo sich die ungesetzlichen Akte auf die Mehrheit des Volkes ausgedehnt haben und das ganze Volk der Regierung mit Argwohn begegnet. Was kann in einem solchen Fall geschehen? Locke unterscheidet zwischen einer Auflösung der Gesellschaft und einer Auflösung der Regierung. Bei einer unrechtmäßigen Änderung der Legislative muss das Volk die neuen Gesetze nicht befolgen und kann eine neue Legislative gründen. Die zweite Möglichkeit ist die Vernachlässigung des Amtes durch den Inhaber der höchsten Exekutivgewalt, so dass die bereits erlassenen Gesetze nicht mehr vollzogen werden und die Anarchie ausbricht. In diesem und ähnlichen Fällen steht es dem Volk frei, für sich selbst zu sorgen.[264]

Das Widerstandsrecht gilt nicht bloß gegenüber einer vom Recht abweichenden Exekutive, sondern in bestimmten Fällen auch gegenüber der Legislative: „Wann immer (...) die Gesetzgeber bestrebt sind, dem Volk sein Eigentum zu nehmen und zu vernichten oder das Volk in Sklaverei unter ihre willkürliche Gewalt zu bringen, versetzen sie sich dem Volk

---

[261]   Ebenda S. 328f.

[262]   Ebenda S. 328.

[263]   Ebenda S. 331.

[264]   Ebenda S. 337.

gegenüber in einen Kriegszustand. Dadurch wird es von jedem weiteren Gehorsam befreit und der gemeinsamen Zuflucht überlassen, die Gott für alle Menschen gegen Gewalt und Macht vorgesehen hat." „Die Macht fällt an das Volk zurück, das dann ein Recht hat, seine ursprüngliche Freiheit wiederaufzunehmen und durch die Errichtung einer neuen Legislative (wie sie ihm selbst für geeignet erscheint) für seine eigenen Wohlfahrt und Sicherheit zu sorgen, denn zu eben diesem Zweck haben sie sich zu einer Gesellschaft verbunden."[265] Die Sorge, dass, wenn man dieses Recht einräumt, alle Regierungen nur kurzen Bestand haben würden, teilt Locke nicht. Er hält das Volk eher für träge und Änderungen gegenüber abgeneigt, so dass es zu diesem äußersten Mittel nur dann greifen wird, wenn die Fehler der alten Gewalt wirklich gravierend sind. Große Fehler von Seiten der Regierung sind immer die Voraussetzung von Revolutionen, während das Volk Fehler und Versehen aus menschlicher Unvollkommenheit ohne Murren und Aufsässigkeit hinnehmen wird.

Und wenn eingewandt wird, mit der Einräumung des Widerstandsrecht würde die Grundlage für Rebellion und Bürgerkriege gelegt, antwortet Locke, die eigentlichen Rebellen seien die Regierenden, die permanent gegen Gesetze verstoßen. Wer so argumentiert, müsste auch argumentieren, dass man sich gegen Räuber und Piraten nicht wehren darf, weil das Blutvergießen verursachen könnte. Außerdem könne es mäßigend auf Regierungen wirken, wenn sie zuweilen mit Widerstand rechnen müssen.[266] Einzelne Unruhestifter werden eher selbst untergehen, aber keine größere Gefahr verursachen. Das Unglück kommt fast immer vom Übermut der Herrscher, nur selten dagegen vom Übermut des Volkes. „Selbstverteidigung ist ein Teil des natürlichen Gesetzes, und sie darf auch der Gemeinschaft nicht verweigert werden, selbst nicht einmal gegen den König." [267]

Die klassische Frage, wer eigentlich entscheiden soll, ab Maßnahmen der Regierung unrechtmäßig sind und daher das Widerstandrecht begründen, antwortet Locke ganz schlicht: „Das Volk soll Richter sein. Wer sonst (...)?", und zwar in seiner Gesamtheit. Im Naturzustand und nach dem Naturrecht ist es nun einmal so, dass der Geschädigte selbst urteilen muss. Dieser ist das Volk, also nicht der Einzelne. Solange die Gesellschaft besteht, wird die vereinigte Macht auch dann, wenn die Regierung zerfällt und abgesetzt werden muss, nur an die Gesellschaft, nicht an das Individuum zurückfallen. Es bleibt in der Gemeinschaft.

7.5 Naturrechtslehre

Locke ist eindeutig Naturrechtstheoretiker, was bei ihm bedeutet, dass staatliche Gesetze nur dann gelten, wenn sie mit den Gesetzen der Natur übereinstimmen.[268] „Die traditionelle naturrechtliche Sozialphilosophie, nach der die Menschen, eingebettet in die gesetzmäßige Ordnung des Universums, unter den in dieser Ordnung enthaltenen natürlichen Normen in

---

[265] Ebenda S. 338.

[266] Ebenda S. 343.

[267] Ebenda S. 346.

[268] Euchner, Walter: Naturrecht und Politik bei John Locke, Frankfurt 1979, S. 8.

ihren Verbänden von der Familie bis zum Staat (civitas) zusammenleben, war für Locke wie für die meisten seiner Zeitgenossen ein Leitbild, an dessen Gültigkeit er nicht zweifelte."[269]

Allerdings entfernt Locke sich doch deutlich von diesem System, und zwar, weil er das subjektive Recht auf Selbsterhaltung sehr viel stärker hervorhebt, als das in der traditionellen Lehre der Fall ist. Wenn man so will, ist Locke ein Revisionist des Naturrechts. Traditionell muss man sich die Natur als vorgegebene Ordnung vorstellen, also als eine Gesamtordnung, in die die Individuen eingeordnet waren und sich auch einzuordnen hatten. Bei Locke findet beinahe unmerklich eine Umkehrung statt, die ihm selbst möglicherweise nicht vollständig bewusst war. Locke vertritt einen Individualismus, in dem jeder nach Lust und Selbsterhaltung strebt und sich dazu alle nötigen Mittel beschaffen darf: daraus folgt das Naturrecht auf Eigentum. Man kann hier sehr genau erkennen, dass sich der Übergang von der feudalen, aristotelisch-scholastischen Tradition zum aufgeklärt-rationalistischen bürgerlichen Denken nicht als plötzlicher Bruch, sondern als Interpretationswandel vollzieht. Wer ihm nachgeht, kann den Entstehungsprozess des bürgerlichen politischen und sozialen Weltbildes nachzeichnen.[270]

Die traditionelle Naturrechtslehre weist folgende Merkmale auf:

- Die Natur ist kein Chaos, sondern eine Ordnung.
- Sie wird verstanden als das vom ewigen göttlichen Gesetz organisierte Universum der Schöpfung, oder kürzer: Natur ist Schöpfung.
- Sie ist normativ strukturiert.
- Es ist möglich, daraus gültige Normen für die Menschen abzulesen.
- Dies ist das natürliche Gesetz, das für die Menschen auch verbindlich ist.
- Die Menschen werden verstanden als eingebettet in dieses Universum.
- Es steht in einem bestimmten Verhältnis zu dem von Menschen geschaffenen positiven Recht und zur politischen Ordnung.[271]

Das Neue an der neuzeitlichen, nichtscholastischen und antiaristotelischen Naturrechtslehre besteht darin, dass die Idee einer vorgefassten Harmonie mit einem individualistischen Menschenbild verbunden wird. Der Einzelne untersteht damit nicht mehr einem ewigen Gesetz, sondern ist auf seine Vernunft, seine Triebe und seine natürlichen Fähigkeiten verwiesen. Er wird nicht mehr als Teil des Universums, sondern als mehr oder weniger isoliertes Individuum verstanden. Sowohl Grotius als auch Pufendorf halten Gott für nicht mehr unbedingt notwendig zum Verständnis und zur Erklärung des Naturrechts. Die Natur wird dadurch zur Natur des Menschen, also in gewisser Weise zu einem Amalgam zweier Elemente: seiner triebhaften Materialität und seinen Möglichkeiten der Vernunftverwendung. Die außermenschliche Natur wird im Grunde zur Sache, zum Objekt, zur zu bearbeitenden und ausbeutbaren Materie. Sie umfängt den Menschen nicht mehr als ewiger Kosmos, sondern wird eher so etwas wie ein Steinbruch, den er ausbeuten kann.

Die eigentliche Quelle des Naturrechts wird die menschliche Natur und vor allem die menschliche Vernunft, so dass man dieses Naturrecht mit gutem Recht als Vernunftrecht

---

[269] Euchner, Naturrecht S. 9. Vgl. Habermas, Jürgen: Naturrecht und Revolution, in ders.: Theorie und Praxis, Sozialphilosophische Studien, Frankfurt am Main 1971, S. 89-127.

[270] Euchner, Naturrecht a.a.O. S. 13.

[271] Diese Punkte nach Euchner, Naturrecht S. 16.

bezeichnen kann. Die entscheidende natürliche Eigenschaft der Menschen ist ihr Selbsterhaltungstrieb, dem folglich das größte Gewicht in allen diesen Theorien zugewiesen wird. Eine natürliche Geselligkeit des Menschen wird bei den radikalsten Autoren wie Hobbes und Spinoza anders als in der Antike und im Mittelalter nicht mehr angenommen. Bei Locke dagegen spielt sie, basierend auf seiner Konzeption der bürgerlichen Gesellschaft, bei seiner Unterscheidung zwischen Gesellschaft und Regierung noch eine Rolle.

Die traditionelle Naturrechtslehre konnte davon ausgehen, dass die naturrechtlichen Vorstellungen in der menschlichen Natur angelegt sind. Bei Locke, der von der *tabula rasa* des menschlichen Bewusstseins im Augenblick der Geburt ausging, entsteht das Problem, wie den Menschen die Sollenssätze so bewiesen und anerzogen werden können, dass sie diese als verbindlich erachten. Philosophie und Pädagogik kommen hier zusammen.

Textausgaben:

Locke, John: Über die Regierung, Hg. Walter Euchner, Frankfurt 1979.
Locke, John: Ein Brief über Toleranz. Übersetzt, eingeleitet und in Anmerkungen erläutert von Julius Ebbinghaus, Englisch-Deutsch. Hamburg 1957.

Sekundärliteratur:

Euchner, Walter: Naturrecht und Politik bei John Locke, Frankfurt 1979 (immer noch die gründlichste und beste Gesamtdarstellung der politischen Theorie Lockes).
Held, Susann: Eigentum und Herrschaft bei John Locke und Immanuel Kant. Ein ideengeschichtlicher Vergleich, Münster 2006 (Dissertation mit dem neuesten Forschungsstand).
Macpherson, C. B.: Die politische Theorie des Besitzindividualismus. Von Hobbes bis Locke, Frankfurt/M. 2. Aufl. 1980 (dt. zuerst 1967, engl. 1962) (Marxistisch inspirierte Kritik an den bürgerlichen Eigentumstheorien).

8   Montesquieu: Gewaltenteilung und politische Kultur

Montesquieu, Charles de Secondat, Baron de la Brède et de Montesquieu (1689-1755) ist vor allem für seine Gewaltenteilungslehre bekannt geworden. Er war neben Rousseau der meistzitierte politische Theoretiker in der französischen Revolution. Er galt meist als der radikale und linke, Montesquieu dagegen eher als der gemäßigte oder konservative Theoretiker. In der zweiten Hälfte des 18. Jahrhunderts wurde er ganz unmittelbar als Aufklärer wahrgenommen. Er gehörte in den Umkreis von Diderot und dessen Enzyklopädie, und sein Werk über den Geist der Gesetze erschien 1748, wenige Jahre vor den beiden Diskursen Rousseaus, die aus den Jahren 1750 und 1755 stammen. Wegen der außerordentlichen Bedeutung seiner Gewaltenteilungskonzeption behandele ich sein Werk in einem eigenen Kapitel, auch wenn er selbstverständlich zu den führenden Autoren der Aufklärung gehörte.

Sein Hauptwerk über den *Geist der Gesetze* hat er in einem Zeitraum von 20 Jahren geschrieben, wie er selbst sagt, und woran die meisten Autoren der Sekundärliteratur entschiedene Zweifel äußern. Die lange Dauer der Arbeit daran ist aber signifikant, denn es handelt sich wirklich um einen umfassenden Versuch einer politischen Theorie. Das Buch ist elegant durchformuliert und deshalb trotz des enzyklopädischen Anspruchs durchaus lesbar. Montesquieu hat immer die geschliffene Formulierung in einem einzelnen Satz wichtiger genommen als eine bündige und durchstrukturierte Argumentation, so dass ihm zu Recht eine gewisse Sprunghaftigkeit nachgesagt wird. Vieles erinnert an die französischen Moralisten wie La Rochefoucauld, Chamfort oder la Bruyere, zu denen er gelegentlich auch gezählt wird.

Die Kapitelgliederungen seines *Geist der Gesetze* wirken durchaus systematisch, aber die Überschriften sind häufig nur mit aneinandergereihten Aphorismen gefüllt. Ich will mich im Folgenden nur auf zwei Aspekte konzentrieren: *Erstens* auf Montesquieus Lehre der Staatsformen, die eine spezielle Variante der aristotelischen Verfassungstheorie darstellt, und *zweitens* auf die Lehre, für die er seitdem mit Recht berühmt ist, die Lehre von der Gewaltenteilung.

8.1   Die Regierungsformen

Montesquieu unterscheidet drei Gruppen von Regierungsformen:

* Die Republiken,
* die Monarchien
* und die Despotien.

Die Republiken teilt er wieder ein in demokratische Republiken wie das antike Athen und Adelsrepubliken wie Venedig. In Montesquieus Interpretation „besteht die Natur der republikanischen Regierung darin, dass das *Volk* als Ganzes oder bestimmte Familien dort die höchste Gewalt innehaben; die der monarchischen Regierung darin, dass der *Fürst* dort die unumschränkte Gewalt besitzt, *sie aber nach bestehenden Gesetzen ausübt*; die der despotischen Regierung darin, dass ein Einzelner hier nach seinem Willen und seinen Launen regiert. Mehr brauche ich nicht, um ihre drei Prinzipien zu finden; sie ergeben sich daraus von selbst."[272] In diesen Punkten folgt er durchaus der klassischen Lehre von den Regierungsformen, hält sich damit jedoch nicht lange auf, sondern bringt eine wesentliche Neuerung in dieses System, indem er einen zweiten Aspekt einführt, nämlich neben der Natur oder dem Wesen der Regierung, also dem, *was* sie ist, das Prinzip der Regierung, das sie auf eine bestimmte Weise handeln lässt.

Vor allem bei der Demokratie spielt dies sogar eine wesentliche Rolle. „Eine monarchische oder despotische Regierung bedarf zu ihrer Erhaltung oder Stütze keiner sonderlichen Rechtschaffenheit, Bei der einen ist es die Macht der Gesetze, bei der anderen der stets erhobene Arm des Fürsten, der alles in Ordnung und im Zaume hält. In einem Volksstaat aber bedarf es noch einer weiteren Trieb kraft, nämlich der Tugend. Denn es ist klar, dass in einer Monarchie, wo der, welcher die Gesetze vollzieht, sich über sie erhaben dünkt, weniger Tugend erforderlich ist als in einer Volksregierung, wo der, der die Gesetze vollziehen lässt, sich selbst ihnen unterworfen fühlt und ihre Last mittragen muss."[273]

Tugend wird hier offenbar also verstanden als die praktische Bereitschaft, sich den selbstgegebenen Gesetzen freiwillig zu unterwerfen. Denn: „Wenn man aber in einer Volksregierung aufhört, Gesetze zu vollziehen, so ist der Staat schon verloren"[274]. Der Unterschied zur Antike wird von Montesquieu in einer Weise formuliert, wie man sie auch aus den gegenwärtigen französischen Klagen über Neoliberalismus und Mondialisierung heraushören kann: „Die griechischen Staatsmänner, die mehr unter einer Volksregierung lebten, erkannten als deren einzige Stütze die Tugend an. Unsere heutigen dagegen reden uns nur von Handel und Gewerbe, Finanzen, Reichtum und gar von Luxus. Wenn die Tugend verloren geht, so zieht der Ehrgeiz in die dafür empfänglichen Herzen und Habgier in alle Gemüter ein."[275] Dann verdreht sich die Wertordnung, und das, was früher Ordnung hieß, wird jetzt Zwang genannt, Sparsamkeit nennt man Geiz und Achtung bedeutet jetzt Angst. „Früher bildete das Vermögen der Einzelnen das Staatsvermögen, jetzt aber wird der Staatsschatz zum Privatgut des Einzelnen. Die Republik wird zur Beute (...)".[276]

Hier zeigt sich ein wichtiges Merkmal des Werks von Montesquieu: Es geht ihm um einen Tugenddiskurs. Hans Herbert von Arnim hat sich als Montesquieu-Leser erwiesen, als er für seine Kritik daran, dass unsere Abgeordneten bei der Feststellung ihrer Pensionsansprüche hauptsächlich in die eigene Tasche wirtschafteten, indem sie sich von den Rentenzahlungen

---

[272]   Montesquieu: Vom Geist der Gesetze, 2 Bände, Übersetzt und Hg. von Ernst Forsthoff, Tübingen 1992 , Bd. 1, S. 33.
[273]   Ebenda S. 34.
[274]   Ebenda S. 35.
[275]   Ebenda.
[276]   Ebenda S. 36. Vgl. hierzu ein heutiger Moralist: Arnim, Hans Herbert: Der Staat als Beute. Wie Politiker in eigener Sache Gesetze machen, München 1993.

der Bevölkerungsmehrheit abkoppelten, den Buchtitel „Der Staat als Beute" wählte. Die Wirkungen Montesquieus gerade auf die skandalisierende Kritik am Finanzgebaren der politischen Klasse ist immens. Nach Montesquieu wäre in unserer heutigen Welt allerdings ohnehin kein wirklicher Republikanismus möglich: „Die Liebe zur Demokratie ist die Liebe zur Gleichheit. Die Liebe zur Demokratie ist weiter die Liebe zur Einfachheit. Da jedem hier dasselbe Glück und dieselben Vorteile zustehen sollen, müssen alle auch die gleichen Freuden genießen, die gleichen Hoffnungen hegen dürfen; das aber ist nur bei einer allgemeinen Anspruchslosigkeit denkbar."

Bei der monarchischen Regierung gilt ein anderes Prinzip, denn diese benutzt die Ehre, heute würde man vermutlich eher vom Prestige sprechen. Im Französischen Originaltext von Montesquieus Werk steht an dieser Stelle jedoch nicht *honneur* oder gar *prestige*, sondern *préjugé*, also das Vorurteil, als Anreiz für diejenigen, die nach Beförderung und Auszeichnungen streben. In einer Republik ist der Ehrgeiz gefährlich, in der Monarchie dagegen hat er gute Wirkungen: „Die Ehre setzt alle Glieder des Staatskörpers in Bewegung, sie verbindet sie durch ihr Wirken, und schließlich ergibt sich, dass jeder zum Gemeinwohl beiträgt, auch wenn er glaubt, nur seine Sonderinteressen zu verfolgen."[277] Das Wort préjugé hat Montesquieu sehr bewusst gewählt, denn philosophisch gesehen ist für ihn diese Form von Ehre, die alle Glieder des Staates lenkt, eine falsche Ehre, welche sich aber für die Allgemeinheit als nützlich erweist.[278]

Was nun die despotischen Staaten angeht, so ist hier ein grundlegender Unterschied zur Monarchie zu konstatieren: da dort alle Menschen gleich sind, kann man keinen Vorzug vor anderen erringen. Die Ehre kommt also als Prinzip nicht in Frage, sondern allein die Furcht. Dies sind die Prinzipien der drei Regierungsformen. Hier ist nun aus methodologischen Gründen eine Einschränkung erforderlich. Montesquieu betont, dies bedeute nicht, dass man in jeder Republik tugendhaft ist, sondern nur, dass man es sein sollte. Ebenso wenig wird damit bewiesen, dass man in jeder Monarchie Ehre und in jedem einzelnen despotischen Staat Furcht habe, sondern dass man sie haben müsste, weil sonst die Regierung nicht erfolgreich funktionieren würde.[279] Das Modell lässt sich wie folgt aufzeichnen:

Tab. 8.1: Montesquieus Verfassungsprinzipien

Staatsform	Prinzip	Gebietsgröße
Republiken	Tugend	Stadtstaaten
Monarchie	„Ehre"	Mittelgroße Länder
Despotie	Furcht	Große Reiche

Das Argument der relativen Größe von Ländern, aus der sich die für sie angemessene Regierungsform bestimmen lässt, ist charakteristisch für Montesquieu. Man sollte es in seiner Bedeutung nicht überfrachten, denn Größe ist nicht zuletzt abhängig von den Kommunikationswegen zu bestimmen. In der gegenwärtigen Diskussion um die Verfassung der europäi-

---

277   Ebenda S. 41.
278   Ebenda S. 41.
279   Ebenda S. 46.

schen Union hat sich aber herausgestellt, wie schwierig die demokratische Organisation eines solchen Großraums zu gestalten und so überzeugende politische Legitimation zu gewinnen ist. Montesquieus Argument der relativen Größe behält damit seine Aktualität für die Verfassungsgebung.

8.2   Die Gewaltenteilung

Montesquieus meistzitiertes Lehrstück ist zweifellos die Gewaltenteilung. Rhetorisch führt er sie ein als Garantie der Freiheit. Dementsprechend steht seine Freiheitsdefinition am Anfang und ist der Kern der gesamten Analyse. „Aber die politische Freiheit besteht nicht darin, zu tun was man will. In einem Staat, das heißt in einer Gesellschaft, in der es Gesetze gibt, kann die Freiheit nur darin bestehen, das tun zu können, was man wollen darf, und nicht gezwungen zu sein, was man nicht wollen darf. (...) Freiheit ist das Recht, alles zu tun, was die Gesetze erlauben."[280] Im folgenden Text gibt Montesquieu dann die jeweiligen Begrenzungen an, und jeder Passus endet mit der Formel: dort, wo dies nicht beachtet wird, gibt es keine Freiheit.

„Politische Freiheit findet sich nur in gemäßigten Regierungsformen. (...) Sie findet sich dort nur dann, wenn man die Macht nicht missbraucht; aber es ist eine ewige Erfahrung, dass jeder, der Macht hat, ihrem Missbrauch geneigt ist: er geht so weit, bis er auf Schranken stößt. So unwahrscheinlich es klingt: selbst die Tugend bedarf der Begrenzung."[281] Deshalb setzt er auch keineswegs auf die tugendhafte Selbstbeschränkung der Republikaner, sondern vielmehr auf jene institutionellen Lösungen, die seitdem mit seinem Namen verbunden sind.

Er entwickelt seine Thesen nicht in Form von rationalen Schlussfolgerungen aus Prämissen, wie Hobbes dies getan hatte, sondern an einem praktischen Beispiel: der englischen Verfassung seiner Zeit, deren unmittelbarer Zweck seiner Interpretation nach die politische Freiheit war. Das entsprechende Kapitel heißt *„De la constitution d'Angleterre"* – „Von der Verfassung Englands". Die heutige Forschung ist sich darin einig, dass es sich keineswegs um eine Analyse des britischen Regierungssystems handelt, sondern vielmehr um eine neuartige Staatstheorie, die in die äußere Form eines Beispiels gekleidet ist. Montesquieu selbst bemerkt zum empirischen Gehalt seiner Lehre: „Es ist nicht an uns zu untersuchen, ob die Engländer gegenwärtig diese Freiheit wirklich genießen oder nicht. Es genügt nur, zu sagen, dass sie durch ihre Gesetze eingeführt ist. Um weiteres kümmere ich mich nicht."[282] Ihn interessiert das Modell, nicht die Wirklichkeit. Insofern ist sein Herangehen keineswegs als empirisch zu bezeichnen. Es handelt sich um eine Art verfassungstheoretisches *benchmarking*.

Der politische Hintergrund ist die kritische Haltung Montesquieus als Angehöriger des französischen Provinzadels gegen alle Formen des Pariser Zentralismus. Man kann sich sein Gewaltenteilungsmodell schematisch ungefähr so vorstellen:

---

[280]   Ebenda S. 212f.
[281]   Ebenda S. 213.
[282]   Ebenda S. 229.

JOHN LOCKES DREI GEWALTEN		MONTESQUIEUS GEWALTENTEILUNG	
Legislative	Gesetzgebung	gesetzgebende Gewalt	puissance législative
Exekutive	Innenpolitik	vollziehende Gewalt in Angelegenheiten des bürgerlichen Rechts	puissance de juger
Föderative	Außenpolitik	vollziehende Gewalt in Völkerrechtsangelegenheiten	puissance exécutrice

Man sieht an diesem Modell, dass es sich noch nicht um die heutige reine Trias von Legislative, Exekutive und Judikative handelt. Der Blick auf die ursprünglichen Formen dieser Theorie ist aber in doppelter Hinsicht nützlich. Erstens verhindert er die lehrhafte Dogmatisierung einer einzigen Denkgestalt, und zweitens vermittelt er zugleich einen Einblick in die Entstehungsgeschichte und Entstehungssituation. Die Innenpolitik und das Budget waren die klassische Domäne der parlamentarischen Kontrolle in England, während die Außenpolitik als Prärogative des Monarchen angesehen wurde. Den Begriff der Exekutivgewalt reserviert Montesquieu deshalb für die Außenpolitik. Im Innern kommt es allein darauf an, „die öffentlichen Beschlüsse zu vollstrecken oder die Streitsachen der Einzelnen zu schlichten."[283] Für den Bereich dessen, was wir heute Innenpolitik nennen, ist also erstaunlicherweise die Judikative zuständig, denn die Vollstreckung der öffentlichen Beschlüsse, also des Rechts, sah er offenbar noch nicht als Angelegenheit der Staatsverwaltung an, sondern vielmehr der Gerichte.

Allein die Legislativgewalt entspricht dem heutigen Sprachgebrauch. In Montesquieus Formulierung: „Vermöge der ersten gibt der Fürst oder Magistrat Gesetze auf Zeit oder für immer, verbessert er die bestehenden oder hebt sie auf. Vermöge der zweiten schließt er Frieden oder führt er Krieg, schickt oder empfängt Gesandtschaften, befestigt die Sicherheit, kommt Invasionen zuvor. Vermöge er dritten straft er Verbrechen oder spricht das Urteil in Streitigkeiten der Privatpersonen. Ich werde diese letzte die richterliche Gewalt und die andere schlechthin die vollziehende Gewalt des Staates nennen."[284] Entscheidend und bis heute wirksam ist, dass diese Gewalten konsequent voneinander getrennt werden: „Alles wäre verloren, wenn derselbe Mensch oder die gleiche Körperschaft der Großen, des Adels oder des Volkes diese drei Gewalten ausüben würde: die Macht, Gesetze zu geben, die öffentlichen Beschlüsse zu vollstrecken und die Verbrechen oder die Streitsachen der Einzelnen zu richten."[285]

Die richterliche Gewalt wird als eigenständige Kraft dargestellt. In Montesquieus „Angleterre" sieht sie noch deutlich anders aus, als wir sie heute kennen. Sie darf nämlich „nicht an einen dauernden Senat gegeben, sondern muss von Personen ausgeübt werden, die zu bestimmten Zeiten des Jahres in gesetzlich vorgeschriebener Weise aus der Mitte des

---

[283] Ebenda S. 215.
[284] Ebenda S. 215.
[285] Ebenda S. 215.

Volkes[286] entnommen werden, um einen Gerichtshof zu bilden, der nur solange besteht, wie die Notwendigkeit es erfordert. Auf diese Weise wird die unter den Menschen so schreckliche richterliche Gewalt, losgelöst von der Bindung an einen bestimmten Stand oder einen bestimmten Beruf, sozusagen unsichtbar und zu einem Nichts."[287] Allein das amerikanische Jury-System verwirklicht diesen Gedanken weiterhin, überall sonst ist die Justiz in die Hände eines besonderen Standes mit eigenem Selbstverständnis und eigener professioneller Sprache geraten. Im übrigen sollen die Richter immer dem gleichen Stand wie der Angeklagte angehören – ein Prinzip, das in Feudalzeiten die Funktion hatte, niemals einen Adligen unter die Justiz der unteren Schichten fallen zu lassen. Nur für den Fall, dass Gefahr im Verzuge ist, darf die vollziehende Gewalt verdächtige Bürger für eine kurze und fest bemessene Zeit festnehmen.

Die gesetzgebende Gewalt müsste eigentlich in der Hand des Volkes als Ganzes liegen – in großen Staaten ist dies aber unmöglich, so dass eine Repräsentativinstanz gebildet werden muss. „Der große Vorteil der Repräsentanten besteht darin, dass sie fähig sind, die Angelegenheiten zu verhandeln. Das Volk ist dazu keinesfalls geschickt. Das macht einen der großen Nachteile der Demokratie aus."[288] Dieses Argument gilt bis heute gegenüber allen Formen plebiszitärer Demokratie: Es sind nur Entscheidungen möglich, aber keine Aushandlungsprozesse mit Kompromissbildungen und Gegengeschäften, wie sie charakteristisch für Parlamente sind.

Das Volk soll die Regierenden wählen, weil dies seinen Fähigkeiten entspricht, da es für die Personalauswahl sehr wohl kompetent ist, während es für die Gesetze eines repräsentativen Körpers bedarf. Jeder kann die menschlichen, moralischen und politischen Qualitäten von Kandidaten einigermaßen beurteilen. In eine komplexe Gesetzgebungsmaterie jedoch muss man sich erst einarbeiten. Diese verträgt Abstimmungen erst am Schluss eines Beratungsprozesses, in dem das Für und Wider erwogen wurde. Der Gesetzgeber soll aber keine unmittelbar wirksamen Beschlüsse fassen, sondern allgemeine Gesetze und dabei darauf achten, dass diese auch ausgeführt werden.

„Von den drei Gewalten, die wir erörtert haben, ist die richterliche in gewisser Weise gar nicht vorhanden" – „En quelque façon nulle"[289] – so dass im Grunde nur zwei Gewalten, die Legislative und Exekutive einander gegenüberstehen, die durch das Dazwischentreten des britischen Oberhauses, der Adelskörperschaft, in ihrem Aufeinandertreffen gemäßigt werden können.

Die vollziehende Gewalt liegt in diesem System in den Händen eines Monarchen, weil dort eine augenblickliche Handlungsfähigkeit erforderlich ist, die am besten durch einen statt durch mehrere verwaltet wird. Unser gegenwärtiges System der parlamentarischen Demokratie hätte nach diesem Modell als undemokratisch gegolten: „Gäbe es keinen Monarchen und wäre die vollziehende Gewalt einer bestimmten Zahl von Personen anvertraut, die der gesetzgebenden Körperschaft entnommen wären, so gäbe es keine Freiheit mehr. Denn die beiden Gewalten wären vereinigt, die gleichen Personen hätten manchmal nach ihrem Willen

---

286 Wie in Athen, merkt Montesquieu an.
287 Ebenda S. 217.
288 Ebenda S. 219.
289 Ebenda S. 220.

sogar dauernd Anteil an der einen wie der anderen."[290] Das amerikanische Regierungssystem mit dem direkt gewählten Präsidenten und der klaren Trennung zwischen präsidialer Exekutive und der Legislative des Kongresses zeigt den Einfluss der Theorie Montesquieus. Auch die außenpolitischen Prärogative des Präsidenten, die bis zum *War Powers Act* von 1973 durchaus imperiale Züge hatten, sind in dieser Montesquieu-Tradition zu sehen.

Montesquieu hat allerdings aus England auch Einschränkungen der parlamentarischen Macht vorgesehen, die schon den amerikanischen Gründungsvätern inakzeptabel erschienen: Das Parlament als gesetzgebende Körperschaft darf sich nicht selbst versammeln, sondern muss vom Monarchen einberufen werden – andernfalls würde es despotische Macht akkumulieren. Zugleich muss der Monarch ein Gegengewicht gegen das Parlament bieten, um zu verhindern, dass dieses eine Tyrannis ausüben kann. Das Vetorecht des amerikanischen Präsidenten ist ein später Nachklang dieser montesquieuschen Prinzipien. Es geht darum, eine unfreie Republik zu verhindern.[291] Die Exekutive soll also mit einem Vetorecht an der Gesetzgebung beteiligt werden, allerdings nicht an der Beschlussfassung selbst teilnehmen, weil es sonst wiederum keine Freiheit mehr gäbe. Sie soll sich in die Beratungen nicht einmischen und nicht einmal ein Antragsrecht haben – ein Prinzip, das sich in unseren parlamentarischen Demokratien umgekehrt hat, wo die Mehrzahl der Gesetzesinitiativen von der Regierung kommt. In der Europäischen Union hat die Kommission sogar das ausschließliche Initiativrecht.

Die Exekutive hat einen nicht unwesentlichen Machtvorteil: die Verfügung über die Armeen. An dieser Stelle springt Montesquieus Darstellung der Verfassung Englands in allgemeine Erörterungen, die sich im Grunde vollkommen vom englischen Modell lösen. Die Armeen müssen aus dem Volk stammen und vom selben Geist sein wie das Volk. Er hält sowohl die Wehrpflicht als auch, mit bestimmten Vorsichtsmaßregeln, eine Berufsarmee für eine denkbare Lösung. „Entweder haben die, welche man in der Armee verwendet, hinreichendes Vermögen, um den übrigen Bürgern für ihre gute Führung Gewähr geben zu können, und sie werden nur für ein Jahr eingestellt, wie es in Rom gehandhabt wurde; oder man hat ein stehendes Heer, dessen Soldaten einen der übelsten Teile der Nation darstellen; in diesem Falle muss die gesetzgebende Gewalt es nach Belieben auflösen können; die Soldaten müssen bei den Bürgern wohnen, sie dürfen kein abgesondertes Lager haben, keine Kasernen, keine Waffenplätze."[292] Davon abgesehen muss die Armee dann aber der Exekutive und nicht der Legislative unterstellt werden, denn sie ist ein Instrument der Tat und nicht der beratenden Abwägung. Schlimmer noch: Sobald die Armee ausschließlich vom Parlament abhängt, wird die Regierung militärisch werden – Montesquieu denkt hier gewiss an das Modell der britischen Parlamentsarmee unter Oliver Cromwell. Die Selbstverständlichkeit, mit der heute in Deutschland von einer Parlamentsarmee geredet wird, verrät eine ausgeprägte Unkenntnis der begründeten Warnungen Montesquieus.

Auch in der Monarchie gibt es aber eine Form der Gewaltenteilung, weil diese anders als die direkt durchgreifende Despotie über Zwischengewalten verfügt, über *puissances*

---

[290] Ebenda S. 221f.
[291] Ebenda S. 224.
[292] Ebenda S. 227.

intermédiaires,[293] die verhindern, dass es zum Äußersten kommt. Die Bedeutung der Zwischengewalten wird heute als ein nicht unwesentliches Argument für die Zwischenschaltung von Föderalgewalten angesehen. Bei Montesquieu ist, wie schon an der vermittelnden Stellung des britischen Oberhauses zu erkennen, damit durchweg der Adel gemeint. Der Begriff der Intermediarität hat deshalb im 19. Jahrhundert oft den Beiklang einer Verteidigung von Adelsprivilegien gehabt, lässt sich aber in abstrakterer und verallgemeinerter Form durchaus auf die föderalen Strukturen übertragen. Intermediäre Kräfte haben oft einen konservativen und kleinteiligen Anteil, weil die föderale Repräsentanz meist mit alten Gebietsgrenzen verknüpft ist, während die Bevölkerungsentwicklung längst eine andere Richtung genommen hat. Der unverkennbar aristokratische Charakter des amerikanischen Senats hängt gewiss auch damit zusammen, dass hier jeder Bundesstaat, der kleinste wie der größte, mit zwei Abgeordneten vertreten ist.

8.3   Zur Wirkungsgeschichte

Die Montesquieu-Rezeption ist wesentlich für die amerikanische Revolution sowie für die erste Phase der französischen Revolution. Es handelte sich um die Theorie einer Elitenrevolte, nämlich der kolonialen Oberschicht in Amerika gegen die britische Kolonialherrschaft. Sie bot durch ihre Lehre von den intermediären Gewalten und der Gewaltenteilung eine ideale Handhabe für die Entwicklung einer Verfassung, die für alle Zukunft die liberale Freiheit und Selbstbestimmung garantieren wollte. In einer Erklärung des ersten Kontinentalkongresses in Philadelphia von 1774 wird mit vielen Zitaten und Berufungen auf den „unsterblichen Montesquieu", den die amerikanischen Revolutionäre als ihren „Landsmann" ansahen, eine intellektuelle Legitimationskette konstruiert.[294] 1773 hatte die englische Übersetzung des Geist der Gesetze die 10. Auflage erreicht. Im damaligen Amerika war es wohl das meistverbreitete moderne französische Buch.

In Frankreich war der Amtsadel in der zweiten Hälfte des 18. Jahrhunderts in einer Art Gegenattacke gegen den Absolutismus und berief sich ebenfalls auf die Lehre von den Zwischengewalten. „Die Parlamente in Paris und in den Provinzhauptstädten waren es, die in der tiefen Finanzkrise Ende der 1780er Jahre den königlichen Besteuerungsplänen Widerstand entgegensetzten."[295] Die konstitutionell-monarchische Verfassung Frankreichs von 1791 ging in einer für zahlreiche Verfassungen des dann kommenden Jahrhunderts vorbildlichen Form von der Gewaltenteilung und vom Rechtsstaat aus. Allerdings wurden die adligen Vorrechte zu einem großen Teil von der französischen Nationalversammlung schon am 4. August 1789 abgeschafft. Montesquieus Werk spielte in der französischen Revolutionsdiskussion eher in der Argumentation der parlamentarischen Rechten eine Rolle. So forderte diese in der Nationalversammlung 1789 vergeblich, der König müsse mit einem Vetorecht ausgestattet werden. Andererseits war Robespierres ständige Berufung auf die Tugend durchaus etwas, was Montesquieu als Grundprinzip für demokratische Republiken vorgese-

---

[293]   Ebenda S. 84.
[294]   Stubbe-da Luz, Helmut: Montesquieu, Reinbek 1998, S. 129.
[295]   Stubbe-da Luz S. 131.

hen, wenn auch nicht unbedingt gutgeheißen hatte. Für die radikalen Revolutionäre jedoch war Rousseau der maßgebliche Autor mit seiner Idee der *nation une et indivisible,* nicht jedoch der Gewaltenteilungstheoretiker Montesquieu; denn wenn man annimmt, dass Volkssouveränität und Gleichheit zu den entscheidenden Doktrinen der neueren Zeit gehören, dann muss Montesquieu als Doktrinär des Ancien Régime erscheinen. Ein besonderes Misstrauen herrschte gegen seine Idee, eine eigene Adelskammer einzurichten. So setzte sich in der Revolution – wie auch später bei Napoleon Bonaparte – das durch, was noch heute als französischer Zentralismus bekannt ist und erst seit den 70er Jahren des 20. Jahrhunderts mühsam durch einen Prozess der Regionalisierung gemildert wird. Die *forces intermédiaires* sind erst im modernen Frankreich der 5. Republik wiederentdeckt und wiederbelebt worden. Heute wird Montesquieu aber vor allem als Theoretiker des Liberalismus und der Mäßigung, selbst in so guten Dingen wie Tugend, Freiheit und Glück, rezipiert: „Die politische Freiheit des Bürgers ist jene Ruhe des Gemüts, die aus dem Vertrauen erwächst, das ein jeder zu seiner Sicherheit hat. Damit man diese Freiheit hat, muss die Regierung so eingerichtet sein, dass ein Bürger den anderen nicht zu fürchten braucht."[296]

Textausgaben:

Montesquieu: Vom Geist der Gesetze, 2 Bände, Übersetzt und Hg. von Ernst Forsthoff, Tübingen 1992.

Montesquieu: Betrachtungen über die Ursachen von Größe und Niedergang der Römer. Mit den Randbemerkungen Friedrichs des Großen. Hg. Lothar Schuckert, Frankfurt/M: 1989.

Sekundärliteratur:

Berlin, Isaiah: Montesquieu, in ders.: Wider das Geläufige. Aufsätze zur Ideengeschichte, Frankfurt am Main 1981, S. 219-258.

Hereth, Michael: Montesquieu zur Einführung, Hamburg 1995.

Stubbe-da Luz, Helmut: Montesquieu, Reinbek 1998.

---

[296]   Montesquieu: Geist der Gesetze, Bd. 1, S. 215.

9 Adam Smith und die Erfindung der politischen Ökonomie

Adam Smith (1723-1790) kannte Rousseaus berühmte Abhandlung über den Ursprung der Ungleichheit unter den Menschen. Er vertrat die Gegenthese: Die Suche der Reichen nach Luxus trägt dazu bei, dass diese auch dort, wo sie nur nach ihrer eigenen Bequemlichkeit trachten, Arme beschäftigen müssen, die die Paläste instand halten und den nötigen „Kram und Tand" besorgen. Auf diese Weise kommt eine Verteilung des Reichtums zustande, die sich auch ergeben hätte, wenn man die Erde zu gleichen Teilen unter ihre Bewohner aufgeteilt hätte. Der Erwerb von Eigentum führt nicht zur Ungleichheit, sondern zur Verbreitung und Verteilung des Wohlstands und letztlich auch des Luxus. Der Luxus, den Aristoteles, die Utopisten und Rousseau als Ursache der Armut ansahen, wird von Smith – paradox gegen die Theorietradition gerichtet – auf seine umverteilenden Wirkungen hin untersucht.[297] An dieser Stelle von Smiths Theorie der ethischen Gefühle geht es vor allem um Fragen der Verteilung. Die Beschäftigung von Lakaien und Dienern hielt Smith im übrigen für unproduktive Arbeit, die nur zur Verschwendung, nicht zur Steigerung des Reichtums beiträgt. Aller Reichtum nämlich ist nach Smith nicht auf Gold und Silber, sondern allein auf produktive Arbeit zurückzuführen: „Wohlhabend wird also, wer viele Arbeiter beschäftigt, arm hingegen, wer sich viele Dienstboten hält."[298] Der allgemeine Wohlstand würde nach Smith in jedem Lande jährlich wachsen, wenn es die gesamte zur Verfügung stehende Menge an Arbeit auch produktiv einsetzen würde. Aber überall verbrauchen Müßiggänger einen großen Teil des gesellschaftlichen Gesamtprodukts.[299]

In seinem zweiten Hauptwerk, dem *Wohlstand der Nation*en, steht die Herstellung des Reichtums durch Arbeit am Anfang, genauer gesagt die produktivitätssteigernden Effekte der Arbeitsteilung, aus denen alles weitere, nämlich die Notwendigkeit des freien Austauschs und möglichst weltweiten Handelns ohne künstliche merkantilistische und politische Beschränkungen, als Folgerung sich ergibt. „Wenn wir uns alle diese Gegenstände vor Augen halten und bedenken, welch eine Vielfalt von Arbeit auf jeden Einzelnen von ihnen verwandt ist, wird uns bewusst, dass ohne Mithilfe und Zusammenwirken Tausender von Menschen in einem zivilisierten Land nicht einmal der allereinfachste Mann selbst mit jenen Gütern versorgt werden könnte, die wir gewöhnlich, fälschlicherweise, grob und anspruchslos nennen."[300] In einer einfachen Subsistenzökonomie könnten alle diese Dinge nicht produziert werden. Entscheidend ist, dass die Aktivitäten so vieler Menschen und Fähigkeiten koordi-

---

[297] Smith, Adam: Theorie der ethischen Gefühle, Hamburg 1985, S. 315ff.
[298] Smith, Adam: Der Wohlstand der Nationen (1776); München 5. Aufl. 1990, S. 272.
[299] Ebenda S. 48.
[300] Ebenda S.15.

niert werden können, ohne dass es eine zentrale lenkende Instanz gibt. Arbeitsteilung funkti-
oniert durch die Selbstorganisation derjenigen Menschen, die von ihrem individuellen Eigeninteresse getrieben sind. Dieses Motiv, die Profitgier, wirkt als die unsichtbare Hand, die so
viele positive Effekte auf unsere Güterversorgung ausübt. Mit Theologie hat diese unsichtbare Hand nichts zu tun, obwohl Smith in polemischer Absicht gern ein religiöser Kern seiner
Lehre unterstellt wird. Es geht alles auf der Basis von ganz säkularen Motiven zu: „Nicht
vom Wohlwollen des Metzgers, Brauers oder Bäckers erwarten wir das, was wir zum Essen
brauchen, sondern davon, dass sie ihre eigenen Interessen wahrnehmen. Wir wenden uns
nicht an ihre Menschen, sondern an ihre Eigenliebe, und wir erwähnen nicht die eigenen
Bedürfnisse, sondern sprechen von ihrem Vorteil. Niemand möchte weitgehend vom Wohlwollen seiner Mitmenschen abhängen, außer einem Bettler, und selbst der verlässt sich nicht
allein darauf."[301] Dies ist die entscheidende theoretische Innovation Smiths: nicht die Idee
der Gerechtigkeit sorgt für die Versorgung mit und die Verteilung von Gütern, sondern allein
das rationale Eigeninteresse, also etwas, was in der Sicht herkömmlicher Moralphilosophie
als das Böse galt. Das Böse, durch das das Gute bewirkt wird, war schon das große Thema in
Bernard de Mandevilles *Bienenfabel* aus dem Jahre 1714. Diese Ideen lagen im 18. Jahrhundert in der Luft.[302] Dennoch ist Smith keineswegs der Machiavelli der ökonomischen Theorie. Seine Gesamtbetrachtung richtete sich auf den systemischen Zusammenhang, auf die
Funktion des Eigeninteresses, welches das Gute bewirkt, ohne es zu wollen und auch ohne es
zu sollen.

Warum verlässt sich auch der Bettler nicht allein auf das Wohlwollen seiner Mitmenschen:
Weil auch er ja mit dem erbettelten Geld etwas kaufen oder seine Unterkunft bezahlen wird.
Smith vertritt wie Hobbes einen aufklärerischen, marktbedingten Egalitarismus: „Der Unterschied in den Begabungen der einzelnen Menschen ist in Wirklichkeit weit geringer, als uns
bewusst ist, und die verschiedenen Talente, welche erwachsene Menschen unterschiedlicher
Berufe auszuzeichnen scheinen, sind meist mehr Folge als Ursache der Arbeitsteilung. So
scheint zum Beispiel die Verschiedenheit zwischen zwei auffallend unähnlichen Berufen,
einem Philosophen und einem gewöhnlichen Lastenträger, weniger aus Veranlagung als aus
Lebensweise, Gewohnheit und Bildung entstanden. Bei ihrer Geburt und in den ersten sechs
oder acht Lebensjahren waren sie sich vielleicht ziemlich ähnlich, und weder Eltern noch
Spielgefährten dürften einen auffallenden Unterschied bemerkt haben. In diesem Alter etwa
oder bald danach hat man begonnen, sie sehr verschieden auszubilden und zu beschäftigen.
Nunmehr kommen die unterschiedlichen Talente zum Vorschein, prägen sich nach und nach
aus, bis schließlich der Philosoph in seiner Überheblichkeit kaum noch eine Ähnlichkeit mit
dem Lastenträger zugeben wird. (...) Die weithin verbreitete Neigung zum Handeln und
Tauschen erlaubt es ihnen, die Erträge jeglicher Begabung gleichsam zu einem gemeinsamen
Fonds zu vereinen, von dem jeder nach seinem Bedarf das kaufen kann, was wiederum andere auf Grund ihres Talents hergestellt haben."[303]

---

[301]   Ebenda S. 17.

[302]   Vgl. Mandeville, Bernard: Die Bienenfabel oder Private Laster, öffentliche Vorteile. Mit einer Einleitung von
         Walter Euchner, Frankfurt am Main 1980.

[303]   Smith: Wohlstand S. 18f.

Der Vorteil des Marktes besteht also darin, dass diese Art von Arbeitsteilung für den Einzelnen keinen Nachteil bedeuten muss, weil er sich die Leistungen eines Gepäckträgers oder eines Philosophen, wenn er sie benötigt etwa in Form eines Buches kaufen kann. Unter politischen Gesichtspunkten besonders interessant sind Smiths Analysen über die unterschiedliche Zunahme des Wohlstands in einzelnen Ländern und über die Rolle des Staates. Smith vertritt die Theorie, dass ohne staatliche Eingriffe das Wachstum der Städte und der Wohlstand sich in Relation zur Verbesserung der Landwirtschaft entwickeln würde, welche damit gleichzeitig das Niveau der Entwicklung des ganzen Landes bestimmen würde. Der natürliche Lauf der Dinge besteht darin, dass das Kapital zunächst überwiegend in die Landwirtschaft, danach ins Gewerbe, d.h. die an die Landwirtschaft sich anschließenden städtischen Märkte und Verarbeitungsindustrien bzw. Landmaschinenproduzenten, und erst zuallerletzt in den Außenhandel wandern würde. In Europa ist durch staatliche Eingriffe all dies umgekehrt worden, worin Smith eine wesentliche Ursache für die damalige „unnatürliche und rückschrittliche Entwicklung in Europa" sieht. Damals hatte also Europa die Entwicklungslandproblematik, und bis heute ist von vielen Entwicklungspolitikern daraus nichts gelernt worden. Smiths ökonomische Theorie enthält damit als wesentlichen Bestandteil eine auf vergleichenden Analysen aufgebaute Entwicklungstheorie am europäischen Beispiel, die noch heute als lehrreich angesehen werden kann.

Wie steht es nun in einer solchen, auf dem rationalen Egoismus basierenden Wirtschaftstheorie mit dem Gemeinwohl? Tatsächlich fördert der Unternehmer „in der Regel nicht bewusst das Allgemeinwohl, noch weiß er, wie hoch der eigene Beitrag ist. Wenn er es vorzieht, die nationale Wirtschaft anstatt die ausländische zu unterstützen, denkt er eigentlich nur an die eigene Sicherheit, und wenn er dadurch die Erwerbstätigkeit so fördert, dass ihr Ertrag den höchsten Wert erzielen kann, strebt er lediglich nach dem eigenen Gewinn. Und er wird in diesem wie auch in vielen anderen Fällen von einer unsichtbaren Hand geleitet, um einen Zweck zu fördern, den zu erfüllen er in keiner Weise beabsichtigt hat. Auch für das Land selbst ist es keineswegs immer das schlechteste, dass der Einzelne ein solches Ziel nicht bewusst anstrebt, ja, gerade dadurch, dass er das eigene Interesse verfolgt, fördert er häufig das der Gesellschaft nachhaltiger, als wenn er wirklich beabsichtigt, es zu tun. Alle, die jemals vorgaben, ihre Geschäfte dienten dem Wohl der Allgemeinheit, haben meines Wissens niemals etwas Gutes getan. Und tatsächlich ist es lediglich eine Heuchelei, die unter Kaufleuten nicht weit verbreitet ist, und es genügen schon wenige Worte, um sie davon abzubringen."[304]

Auch in dieser Passage ist die *unsichtbare Hand* klar definiert: es ist der Markt, oder das Wirtschaftssystem, das so organisiert ist oder wenigstens so organisiert werden *sollte*, dass die Marktgesetze die Unternehmer dazu führen, das zu produzieren und anzubieten, was die Konsumenten wirklich benötigen und kaufen wollen. Ihr guter Wille würde sie vielleicht dazu bringen, ganz andere Dinge anzubieten, von denen sie glauben, die Kunden wollten sie, die aber keiner kaufen würde. Dieser Kampf ist zuletzt zwischen dem Privatfernsehen und dem öffentlich-rechtlichen Fernsehen als Kulturkampf ausgetragen worden. Was die Leute sehen sollen und was die Leute sehen wollen, fällt eben auseinander. Jede staatliche Regulierung wird von Smith abgelehnt, und das mit drastischen Worten: „Ein Staatsmann, der es

---

[304]   Ebenda S. 371.

versuchen sollte, Privatleuten vorzuschreiben, auf welche Weise sie ihr Kapital investieren sollten, würde sich damit nicht nur, höchst unnötig, eine Last aufbürden, sondern sich auch gleichzeitig eine Autorität anmaßen, die man nicht einmal einem Staatsrat oder Senat, geschweige denn einer einzelnen Person getrost anvertrauen könnte, eine Autorität, die nirgendwo so gefährlich wäre wie in der Hand eines Mannes, der, dumm und dünkelhaft genug, sich auch noch für fähig hielte, sie auszuüben zu können."[305]

Vor allem „lenkt jede staatliche Regulierung die Erwerbstätigkeit eines Landes von ertragreichen Wirtschaftszweigen in weniger ertragreiche, was dann letztlich nicht zu dem vom Gesetzgeber beabsichtigten Anstieg, sondern zu einem Rückgang im Tauschwert des jährlichen Ertrages führt."[306] „Freilich mag mit Hilfe einer solchen Steuerung der eine oder andere Erwerbszweig rascher eingerichtet und aufgebaut sein, als wenn es sonst der Fall gewesen wäre, so dass dann die einheimischen Waren nach einer gewissen Zeit genauso billig, ja, noch billiger als im Ausland hergestellt werden könnten. Und dennoch wird hierdurch das Sozialprodukt oder das Volkseinkommen niemals gesteigert werden können (...)."

„Selbst wenn sich ohne eine solche Lenkung das geplante Gewerbe überhaupt nicht entwickelt hätte, wäre das Land dadurch zu keinem Zeitpunkt irgendwie ärmer gewesen. Denn in jeder Periode seiner Entwicklung dürfte alles Kapital und alle Erwerbstätigkeit, obwohl in verschiedenen Projekten und Branchen, auf die Weise eingesetzt gewesen sein, die zu dieser Zeit die vorteilhafteste war. Und in jeder Periode dürfte sein Einkommen in bezug auf seine Kapitalausstattung das höchste gewesen sein und Kapital wie auch Einkommen dürften mit größtmöglicher Geschwindigkeit vergrößert worden sein."[307]

Es gibt zur zwei Ausnahmen von der Regel des Freihandels und der freien Einfuhr: wenn einzelne Erwerbszweige für die Landesverteidigung notwendig sind, dann sollte man die Einfuhr konkurrierender ausländischer Waren mit einer Abgabe belegen, und in dem Fall, wo ein einheimisches Produkt besteuert wird, müsste das entsprechende ausländische Produkt die gleiche Steuer zahlen. Ansonsten sind Steuern, ähnlich wie unfruchtbare Böden und ein raues Klima, ein Fluch. „Holland ist das Land in Europa, das am meisten besteuert wird und dessen Wirtschaft dank besonders günstiger Umstände bis heute eine Blüte erlebt, aber nicht, wie man törichterweise immer glaubt, wegen, sondern trotz dieser Steuern."[308]

Adam Smith hatte sich noch mit der Vorstellung auseinanderzusetzen, dass allein die Landwirtschaft produktiv sei, nicht aber das Handwerk oder die Kaufleute. Smith argumentiert, dass alle aber verkäufliche Ware herstellten und deshalb produktive Arbeit leisteten. Allein die Dienstboten, also das Hausgesinde, seien unproduktiv, da die Ergebnisse ihrer Tätigkeit flüchtig seien. Das stimmt vermutlich auch für die damalige Produktionsweise, während heute die Dienstleistungen einer der produktivsten und dynamischsten Bereiche geworden sind, weil inzwischen auch sie marktförmig organisiert worden sind.

Das fünfte Buch von Smiths *Wohlstand der Nationen*, in dem die Staatsfinanzen behandelt werden, ist aus politikwissenschaftlicher Sicht das interessanteste. Die *erste* Staatsaufgabe ist die Landesverteidigung. Smith setzt hier eindeutig auf eine Berufsarmee mit einer kleinen

---

[305] Ebenda S. 371.

[306] Ebenda S. 372.

[307] Ebenda S. 373.

[308] Ebenda S. 381.

Zahl von Soldaten. Besonders in entwickelten Ländern mit hohem Wohlstand kann nur ein kleiner Prozentsatz, zu seiner Zeit höchstens ein hundertstel Soldat sein, weil die Soldaten allesamt von der Arbeit der Bevölkerung leben müssen, ohne diese zu ruinieren. Eine Hirtengesellschaft hatte vielfältige Freiheitsspielräume, die zu militärischen Übungen genutzt werden konnten, ein Bauer in einer primitiven Agrarwirtschaft schon weniger, während ein Handwerker oder Kaufmann überhaupt keine freie Zeit hat.[309] Sie werden deshalb weniger zu Wehrübungen bereit sein und fordern ärmere Nachbarn zur Invasion geradezu heraus. Deshalb ist eine Berufsarmee nötig. Milizen oder Wehrpflichtarmeen sind zudem schlechter trainiert und werden deshalb einer gut geführten Berufsarmee im Zweifel unterlegen sein. „Der Untergang der griechischen Republiken und des Reichs der Perser ist eine Folge der unwiderstehlichen Überlegenheit eines Berufsheers über jede Art von Miliz.“[310] „Milizen haben nie Berufsarmeen besiegt, sondern immer nur Milizen, die ihnen an Führung und Disziplin unterlegen waren. Solcherart waren die Siege der Griechen über die Perser und später der Schweiz über Österreich und Burgund.“[311] Smith wendet sich gegen die ängstliche Besorgnis der Republikaner, dass eine Berufsarmee die Macht übernehmen könnte.

Der Schutz vor den Angriffen armer und unterentwickelter Nachbarvölker ist deshalb am besten bei einer Berufsarmee aufgehoben, und die Zivilisation eines Landes lässt sich nur auf diese Weise schützen und bewahren. Moderne Waffentechnik kann dabei hilfreich sein: „In einem modernen Krieg bedeuten die hohen Kosten für die Feuerwaffen unbestreitbar einen Vorteil für jene Nation, die diese Ausgaben am ehesten aufbringen kann. Deshalb ist eine reiche und zivilisierte Nation einem armen und wenig entwickelten Lande stets überlegen. Im Altertum konnten sich die reichen Länder kaum gegen die armen Barbarenstämme verteidigen. Heute hingegen ist es für ein unterentwickeltes Volk schwerer, sich gegen ein zivilisiertes Land zur Wehr zu setzen. Die Erfindung der Feuerwaffen erscheint damit auf den ersten Blick verderblich. Sie begünstigt jedoch mit Sicherheit den Fortbestand und die weitere Ausbreitung der Zivilisation.“[312]

Die *zweite* Staatsaufgabe ist die Einrichtung eines Rechtswesens, um das Eigentum zu schützen und Eigentumsstreitigkeiten zu entscheiden. Es könnte durch Gebühren finanziert werden, durchaus unter Vermeidung von Korruption.

Die *dritte* und letzte Staatsaufgabe besteht darin, solche öffentlichen Anlagen und Einrichtungen aufzubauen, die ihrer Natur nach zwar für alle nützlich sind, aber nicht so organisiert werden können, dass sie einen lohnenden Privatertrag abwerfen. Das sind hauptsächlich solche Dinge wie Brücken und Straßenbau, die den Handel erleichtern, und solche, die die Ausbildung der Bevölkerung fördern.

Was Brücken, Kanäle und Straßen angeht, so schlägt Smith eine Maut vor, die bei der Benutzung zu entrichten ist. Letzten Endes tragen den Preis dann die Verbraucher der Waren, die auf diese Weise transportiert werden. Da solche Anlagen, wenn sie an der richtigen Stelle gebaut werden, die Frachtkosten erheblich senken, kommen die Verbraucher trotz der Maut immer noch billiger davon als ohne die Verkehrseinrichtung. Jeder, der diese Steuer trägt,

---

309 Ebenda S. 592.
310 Ebenda S. 595.
311 Ebenda S. 597.
312 Ebenda S. 600.

gewinnt durch ihre Verwendung also mehr als er durch ihre Zahlung verliert. Smith meint: „Man kann sich im Grunde kaum ein gerechteres Verfahren zur Erhebung einer Steuer vorstellen."[313] Vor allem werden Verkehrseinrichtungen nur dort gebaut, wo sie nötig sind, und erst dann, wenn sie nötig sind. Wird man solche Aufgaben Staatsbeamten übertragen, würden diese Bauwerke, die den Zoll einbringen sollen, weniger sorgfältig unterhalten und gewartet werden. Bei Landstraßen sieht das anders aus, weil selbst eine schlecht erhaltene Landstraße nicht völlig unpassierbar wird, so dass die Eigentümer den Wegzoll trotz schlechtem Zustand erheben würden. Dieser Sektor sollte deshalb von Staatsbeamten oder Treuhändern verwaltet werden.

Im Bereich der universitären Bildung tritt Smith für Studiengebühren ein, die den einzelnen Dozenten zugute kommen, also für Hörergelder. Wenn es den Dozenten untersagt ist, Hörergelder oder Honorare zu nehmen, dann wird deren Interesse in einen krassen Gegensatz zu den Pflichten geraten. „Denn der Mensch ist bestrebt, sich das Leben so angenehm und bequem zu machen, wie er nur kann, und sind seine Bezüge wirklich dieselben, ganz gleich, ob er sich besonders anstrengt oder nicht, so liegt es sicherlich in seinem Interesse, zumindest was man gemeinhin unter Interesse versteht, seine Pflichten ganz und gar zu vernachlässigen oder, falls er einem Vorgesetzten untersteht, der das nicht duldet, sie so nachlässig und schlampig zu erfüllen, wie dieser es hinnehmen wird. Ist er von Natur aus ein aktiver Mensch, der Freude an der Arbeit hat, so wird er sich auf jeden Fall im eigenen Interesse irgendwie betätigen, aber natürlich nur dort, wo es für ihn von Nutzen ist, und nicht dort, wo es seine Pflicht wäre, er aber keinerlei Vorteile dabei hat."[314] Er fügt hinzu: „An der Universität Oxford haben es die meisten Professoren schon seit Jahren aufgegeben, auch nur den Schein zu wahren, dass sie ihren Lehrverpflichtungen nachkommen."[315]

Ansonsten lehnt er jeden Zwang zu Veranstaltungen ab dem zwölften oder dreizehnten Lebensjahr ab. Zu seiner Zeit war es offenbar so, dass ein akademischer Grad in Philosophie, Jura, Medizin oder Theologie allein dadurch erworben werden konnte, dass man eine bestimmte Zahl von Jahren an gewissen Universitäten zubrachte. Hierzu hat er seltsamerweise keine Vorschläge gemacht, denn irgendwelche Examina könnten ja möglicherweise doch von Nutzen sein. Immerhin kommt er zu dem Schluss. „Man kann wohl sagen, dass an den Universitäten das übliche Wissen nicht sehr vorteilhaft vermittelt wird, doch ohne diese Bildungseinrichtungen würden diese Fächer überhaupt nicht gelehrt, sehr zum Schaden des Einzelnen wie auch der Öffentlichkeit."[316] Soviel zu den Universitäten.

Über die Arbeitsteilung hatte Adam Smith durchaus differenzierte Ansichten. Er sah die Probleme der Verengung auf zu wenige Tätigkeiten, denn wer nur wenige Handgriffe immer wiederholt, hat wenig Gelegenheit, seinen Verstand zu üben, so dass er verlernen wird, diesen zu gebrauchen. Hier merkt man, wie sehr Smith Aufklärer war. „Solch geistige Trägheit beraubt ihn nicht nur der Fähigkeit, Gefallen an einer vernünftigen Unterhaltung zu finden oder sich daran zu beteiligen, sie stumpft ihn auch gegenüber differenzierteren Empfindungen, wie Selbstlosigkeit, Großmut oder Güte, ab, so dass er auch vielen Dingen gegenüber,

---

[313]   Ebenda S. 614.
[314]   Ebenda S. 646.
[315]   Ebenda S. 647.
[316]   Ebenda S. 650.

selbst jenen des täglichen Lebens, seine gesunde Urteilsfähigkeit verliert. (...) Ein solch monotones Dasein erstickt allen Unternehmungsgeist (...)".[317] Und nicht nur das, der Erzliberale setzt noch eins drauf: „Dies aber ist die Lage, in welche die Schicht der Arbeiter, also die Masse des Volkes, in jeder entwickelten und zivilisierten Gesellschaft unweigerlich gerät, wenn der Staat nichts unternimmt, sie zu verhindern."[318] Folgerung: „In einer entwickelten und kommerzialisierten Gesellschaft sollte sich die Öffentlichkeit vielleicht mehr um die Erziehung des einfachen Volkes kümmern als um die der oberen Schicht."[319] Dies kann man lesen als Plädoyer für Volksbildung und gegen Eliteschulen. „Mit nur geringem Aufwand kann der Staat fast der gesamten Bevölkerung diese Schulausbildung erleichtern, sie dazu ermutigen, ja sogar dazu zwingen." „Wären in diesen einfachen Schulen die Lesebücher für die Kinder nur etwas instruktiver, als sie es gewöhnlich sind, und würde man die Kinder in den Anfangsgründen der Geometrie und Mathematik unterrichten, anstatt ihnen ein paar Brocken Latein beibringen zu wollen, das sie doch niemals verwenden können, so wäre vermutlich die Schulbildung für diese Volksschichten so vollkommen, wie sie nur sein kann."[320] Schulpflicht für alle, die staatlich organisiert und aus Steuermitteln finanziert werden soll, ist sein Gegenrezept gegen die Verdummung durch Arbeitsteilung.

Steuern sind nicht nur der Schulen wegen ein wichtiges Thema an der Schnittstelle von Wirtschaft und Staat. Smith gibt vier Grundregeln: der Beitrag der Bürger soll sich nach dem Einkommen richten, das sie jeweils unter dem Schutz des Staates erzielen. Zweitens sollten die Steuern genau und nicht willkürlich festgelegt sein. Selbst wenn dadurch Ungleichheit entsteht, ist dies besser als Unsicherheit über die Zahlungen. Drittens sollte die Steuer dann erhoben werden, wenn die Zahlung am leichtesten fällt, eine Grundsteuer z.B. dann, wenn die Pacht normalerweise eingeht, oder aber, was überhaupt am angenehmsten ist, beim Kauf einer Ware oder eines Luxusgutes, da sich der Genuss dann mit der Steuerzahlung verbindet. Eine Verbrauchssteuer wie die moderne Mehrwertsteuer würde diesem Kriterium sehr gut entsprechen. Viertens sollte eine Steuer den Leuten niemals mehr wegnehmen als sie dem Staat einbringt. Das wäre möglich, wenn die Steuererhebung sehr viel Bürokratie erfordert, wenn sie den Erwerbsfleiß der Bevölkerung beeinträchtigt, wenn sie Unglückliche ruiniert, oder wenn sie zu häufigen Besuchen oder Überprüfungen durch verhasste Steuereinnehmer führt.

Zur Staatsverschuldung weist Smith mit vielem Zahlenmaterial nach, dass es noch nie gelungen ist, wenn die Staatsschuld eine bestimmte Höhe überschritten hat, diese auf gerechte Weise und vollständig zurückzuzahlen. Meist werden Formen der Entwertung oder des Bankrotts gewählt, und seit die Staatsverschuldung als Mittel eingesetzt worden ist, also seit die italienischen Republiken damit begonnen haben, hat sie immer nach und nach jeden Staat geschwächt, der sich ihrer bedient hat.[321]

---

[317]   Ebenda S. 662.
[318]   Ebenda S. 663.
[319]   Ebenda S. 664.
[320]   Ebenda S. 665.
[321]   Ebenda S. 802.

Friedrich Engels hat Adam Smith als den ökonomischen Luther bezeichnet.[322] Smith hat den Wirtschaftsliberalismus begründet und damit die einflussreichste sowohl ökonomische als auch politische Theorie der Neuzeit. Politik wird hier radikal von der Ökonomie her gedacht und am Wohlstand der Nation gemessen. Worin genau bestand der riesige Schritt, den die Theorie mit Smith nach vorne gemacht hat? Ich denke, entscheidend ist die einheitliche Erklärung von Wirtschaft und Gesellschaft aus dem nutzenbezogenen Interessenprinzip. Schon in seiner Theorie der moralischen Gefühle, seinem ersten großen Werk, das wegen der moralphilosophischen Thematik häufig gegen das ökonomische Hauptwerk von Smith ausgespielt wird, ist es nicht die Liebe zu unserem Nächsten, sondern die Sorge um das eigene Selbst, die das Handeln motiviert. Die antagonistische Kooperation aus dem Eigeninteresse heraus führt in einer wohlgeordneten Gesellschaft, und das ist eine, die nach dem marktwirtschaftlichen Konkurrenzprinzip geordnet ist, zu ständigen Verbesserungen und damit zum Wohlstand für alle. Zwar verfolgt jeder nur sein Eigeninteresse, aber als unbeabsichtigte Nebenfolge ergibt sich eine Produktionssteigerung durch Austausch und zunehmende Arbeitsteilung und damit ein Vorteil für alle. Mit wachsendem Reichtum steigert sich auch das allgemeine Kulturniveau, und damit tritt eine Milderung der Sitten ein. Vor allem geht es um die Anwendung des einfachen und natürlichen Prinzips der persönlichen Freiheit in der Wirtschaft und in der Politik, das diese Früchte hervorbringt.

Unter den Klassikern der politischen Ideengeschichte wird Smith meist nicht behandelt. Er hat jedoch eine neue Wissenschaft entwickelt, die politische Ökonomie, die Lehre vom Verhältnis der ökonomischen zu den politischen Strukturen und damit ein neues Paradigma eröffnet. Er analysierte die Politik so radikal aus ökonomischer Sicht, dass auf der Basis seiner Lehren heute so etwas wie ein ökonomischer Imperialismus entstanden ist, eine Theoriekonzeption, die alle Bereiche der traditionellen Sozialwissenschaften auf Faktoren und Strukturen des rationalen Eigeninteresses zurückführen will, bis hin zur Erklärung der Partnerwahl und des Heiratsverhaltens.[323] Auch die politische Theorie und die Demokratietheorie im engeren Sinne sind mittlerweile durch dieses Paradigma einer Analyse unterzogen und auf diese Weise um neue Perspektiven bereichert worden.[324]

Textausgaben:

Smith, Adam: Der Wohlstand der Nationen. Eine Untersuchung seiner Natur und seiner Ursachen, Übers., Horst Claus Recktenwald. München 5. Aufl. 1990 (zuerst engl. 1776).

Smith, Adam: Theorie der ethischen Gefühle, Hamburg 1985.

Smith, Adam: Vorlesungen über Rechts- und Staatswissenschaften. Übersetzt, eingeleitet und kommentiert von Daniel Brühlmeier, Sankt Augustin 1996.

Mandeville, Bernard: Die Bienenfabel oder Private Laster, öffentliche Vorteile. Mit einer Einleitung von Walter Euchner, Frankfurt am Main 1980.

---

[322]   Friedrich Engels: Umrisse zu einer Kritik der Nationalökonomie, MEW Bd. 1, S. 503.

[323]   Vgl. bes. Becker, Gary S.: Der ökonomische Ansatz zur Erklärung menschlichen Verhaltens, Tübingen 2. Aufl. 1993; ders. und Guity Nashat Becker: Die Ökonomik des Alltags, Tübingen 1998.

[324]   Downs, Anthony: Ökonomische Theorie der Demokratie, Hg. Rudolf Wildenmann, Tübingen 1968.

Literaturhinweise:

Ballestrem, Karl Graf: Adam Smith, München 2001.

Becker, Gary S.: Der ökonomische Ansatz zur Erklärung menschlichen Verhaltens, Tübingen 2. Aufl. 1993.

Raphael, D.D.: Adam Smith, Frankfurt und New York 1991 (solide Einführung).

Streminger, Gerhard: Adam Smith, Reinbek 2. Aufl. 1999.

Streminger, Gerhard: Der natürliche Lauf der Dinge. Essays zu Adam Smith und David Hume, Marburg 1995.

10   Rousseau und das politische Denken der Aufklärung

> „Die Strahlen der Sonne vertreiben die Nacht,
> zernichten der Heuchler erschlichene Macht."
> Mozart/da Ponte, Zauberflöte

Als „Aufklärung" wird üblicherweise die Phase der politischen und philosophischen Entwicklung zwischen John Locke und der französischen Revolution, also zwischen 1688 und 1789 bezeichnet. Wer die außerordentliche Bedeutung der naturwissenschaftlichen Entdeckungen für diese Zeit hervorheben will, kann die Epochengrenze auch mit Isaac Newtons Principia Mathematica von 1687 ansetzen. An einfachsten und keineswegs falsch ist es, das Zeitalter der Aufklärung (siècle des lumières, age of enlightenment) mit dem 18. Jahrhundert zu identifizieren. Im Vordergrund stehen die Öffentlichkeitswirkung und Verbreitung des Wissens, das die modernen Naturwissenschaften und die Philosophie seit Galilei und Newton, seit Bacon, Hume, Leibniz und Spinoza bereitgestellt hatten, durch Zeitschriften, durch die Enzyklopädien, durch spektakuläre Debatten, aber auch durch die politikberatende und persönliche Einwirkung auf die politischen Eliten bis hin zu den monarchischen Spitzen des sogenannten „aufgeklärten Absolutismus". Voltaire stand im Briefwechsel mit Friedrich dem Großen, der russischen Zarin Katharina, aber auch mit nordeuropäischen Monarchen.[325] Diderots Zeitschrift wurde in Goethes Weimar und an vielen Fürstenhöfen aufmerksam gelesen, und auch er hat die aufgeklärt absolutistische Zarin besucht.

Der öffentlichkeitswirksame Zug hat viele Philosophiehistoriker dazu verleitet, diese Epoche als populär, zu brillant und zu wenig originell abzuwerten. Der vorherrschende Topos lautet: es sei alles vorher schon gesagt worden, wenn auch weniger gekonnt. Gegenüber dem Tiefsinn der Systemgründer des 16. und 17. Jahrhunderts handele es sich eher um ein flaches Denken.[326] Richtig daran ist, dass das Denken diskursiv wurde und sich nicht mehr in der einsamen Monomanie der Großsystemdenker vollzog. Jedoch ist in dieser Phase ein faszinierendes Bilderbuch des Denkens aufgeschlagen worden. Politische Theorie, Religionskritik und utopisches Denken werden miteinander verbunden. Als Gegenpol entwickelt sich eine radikale Naturauffassung, verbunden mit massiver Zivilisationskritik: nicht nur bei Rousseau, sondern ebenso bei Diderot in seiner Verherrlichung des einfachen Lebens, der edlen

---

[325] Vgl. Voltaire und Friedrich der Große: Briefwechsel, Hg. Hans Pleschinski, München 1995; Voltaire und Katharina die Große: Monsieur – Madame. Der Briefwechsel zwischen der Zarin und dem Philosophen, Zürich 2002.

[326] So für viele Hirschberger, Joachim: Geschichte der Philosophie Bd. 2, 14. Aufl. Freiburg 1991, S. 245f.

Wilden und der sexuellen Freiheit auf Tahiti in seinem *Nachtrag zu Bougainvilles Reise*.[327]
Als Extrempositionen wurden der Materialismus d'Holbachs und La Mettries sowie der
moralische Nihilismus des Marquis de Sade, vor allem in seiner *Justine* entwickelt.

Die Nähe zu den europäischen Reformfürsten ließ viele Interventionen der Aufklärer als bloß
elegante Konversation erscheinen. Bis heute ist es Minderheitsmeinung geblieben, die Aufklärung als die „Philosophie der französischen Revolution" zu interpretieren.[328] Vielen Aufklärern wäre die enge Verbindung mit der Revolution gewiss auch als problematisch erschienen, setzten doch Voltaire, Diderot und viele andere vor allem auf Reformen von oben.
Dennoch liegt hier der Schlüssel zu einem adäquaten Verständnis dieser Phase der politischen Ideengeschichte, denn sie verbindet zwei Revolutionen: die englische *Glorious Revolution* von 1688, als deren Theoretiker John Locke verstanden werden kann, mit der französischen von 1789. Herrschende Auffassungen wurden kritisch erschüttert – nicht nur im
Bewusstsein der wenigen, sondern für das sich herausbildende Bürgertum, das hier die Ideen
und Parolen seiner Selbstbewusstwerdung und schließlich seiner politischen Revolution
fand. Dass der Aufklärer Condorcet im Revolutionsgefängnis zu Tode kam, kann zugleich
als Hinweis auf die Ambivalenz dieser Verbindung dienen. Einschränkend allerdings sollte
festgehalten werden, dass dies eine rückblickende Deutung ist. „Von Schottland bis nach
Neapel reichte die eindrucksvolle Kette radikaler Intellektueller, die zu leidenschaftlichen
und aufrichtigen Anhängern der neuen Philosophie John Lockes und der neuen Wissenschaft
Isaac Newtons geworden waren. Sie waren gegen das organisierte Christentum und gaben
dies ganz offen zu; sie wandten sich öffentlich gegen grausame gerichtliche Verfahren und
willkürliche Regierungsformen; sie glaubten an die Freiheit des Wortes und der Presse und
an die persönliche Freiheit. Sie waren Gelehrte, doch verschmähten sie es nicht, ihre Ansichten einer breiten Öffentlichkeit zugänglich zu machen."[329]

10.1   Vernunft, Gefühl und Natur im Prozess
der Aufklärung

Gern wird die Aufklärung als das Zeitalter der Vernunft etikettiert. Das entspricht ihrer
Selbsteinschätzung, nur war ihr Vernunftbegriff wesentlich weiter gefasst, als heute gern
unterstellt wird. Die neuere Forschung hat gezeigt, dass die Aufklärung im Gegensatz zum
eng verstandenen Intellektualismus eines Descartes, Leibniz oder Spinoza gerade eine „Rehabilitation der Sinnlichkeit" betrieben hat. Auf den intellektualistischen Rationalismus war
bei Locke, Berkeley, und vor allem den schottischen Aufklärern Hume, Adam Smith, Ferguson, Millar und anderen ein kritischer Empirismus gefolgt. Der Begriff der Natur und die
Orientierung an dem, was für natürlich gehalten wurde, durchzog das gesamte Denken der

---

[327]   Diderot, Denis: Nachtrag zu ‚Bougainvilles Reise'. Nachwort von Herbert Dieckmann, Frankfurt am Main
        1965.
[328]   So bei Groethuysen, Bernhard: Philosophie der Französischen Revolution, Frankfurt und New York 1989
        (zuerst Paris 1956).
[329]   Gay, Peter: Zeitalter der Aufklärung, Amsterdam 1967, S. 11.

Aufklärung. Bei Hume finden sich die berühmten „Dialoge über die natürliche Religion",[330] das Naturrecht wurde neu aufgewertet, die als rein spekulativ eingestufte Mathematik dagegen herabgesetzt zugunsten naturwissenschaftlicher Wirklichkeitsbeobachtung. Das Erkenntnisvermögen sollte nicht nur aus dem intellektualistischen Raisonnieren, sondern ebenso aus dem apercevoir, der sinnlichen Apperzeption bestehen. Shaftesbury prägte damals den vielzitierten Satz: „The most ingenious way of becoming foolish, is by a system."[331]

Die aufklärerische Rehabilitation der Sinnlichkeit hat ihren klarsten Ausdruck in John Lockes These gefunden, das Denken sei nicht das Wesen der Seele, sondern nur eine ihrer Operationen. Er fragt, was denn die Seele eigentlich im Schlaf tut, und kommt von dort zu einer Entwicklung der inneren Sinnlichkeit und des Unbewussten. Neben dem Intellekt stehen die Leidenschaften, die Begierde und die innere Unruhe (*desire* und *uneasiness*), welche den Verstand und den Willen überhaupt erst in Bewegung setzen.[332] Die Erkenntnis der Wahrheit ist damit nicht bloß eine Frage des Intellekts, sondern vor allem auch des Wollens. Selbst die Vernunft ist in diesem Verständnis nicht mehr nur eine Frage des Geistes, sondern ebenso sehr des „Herzens", wie die Aufklärer es verstanden.[333]

Die Verfeinerung der Gefühle bewirkte eine Welle sentimentaler Roman- und Zeitschriftenliteratur, zunächst in England, dann in Frankreich und Deutschland, wo diese Phase den Titel „Empfindsamkeit" erhielt. Ganz Europa las Rousseau, vor allen seine Liebesroman „Julie oder die neue Heloise", in England las man Richardsons „Pamela" und „Clarissa", aber auch Henry Fieldings „Tom Jones" und Laurence Sternes „Tristram Shandy", in Deutschland Goethes „Werther". Die Fähigkeit, auf die feinsten Regungen des Herzens zu hören, wurde zum Erziehungsziel der nach Bildung strebenden Klassen.

Seine theoretische Formulierung fand dieser Zivilisierungsprozess des Gefühls bei David Hume. Er hatte nicht nur erkannt, dass Gefühle und Emotionen im menschlichen Verhalten weitaus wichtiger sind aus Vernunfteinsichten, sondern er hielt dies auch für wünschenswert: „Die Vernunft ist nur der Sklave der Affekte und soll es sein; sie darf niemals eine andere Funktion beanspruchen, als die, denselben zu dienen und zu gehorchen."[334] Entsprechend hielt er Wahrnehmungen und Überzeugungen nicht für Ergebnisse rationaler Forschungsprozesse, sondern der Gewohnheit. Wenn wir glauben, unsere Affekte und unsere Vernunft würden einen Kampf gegeneinander austragen, bei dem das moralische Ziel der Sieg der Vernunft sei, befinden wir uns in einem Irrtum. In Wirklichkeit kämpfen längere und ruhigere Gefühle gegen die Affekte des Augenblicks. Die verstandesmäßige Einsicht bringt uns im Augenblick dazu, scheinbar vernünftig zu handeln und auf eine unmittelbare Befriedigung zu verzichten. Das ausschlaggebenden Motiv bleibt aber weiterhin das Gefühl von Lust und Unlust, denn es geht im Grunde nur um späteren Lustgewinn und Unlustvermeidung, also um einen Lustaufschub. Diese Gedanken konnten ihre Attraktivität im Laufe des Jahrhun-

---

[330] Hume, David: Dialoge über natürliche Religion (1779), Hg. und übersetzt von Norbert Hoerster, Stuttgart 1981.

[331] Shaftesbury, A.: Characteristicks of Men, Manners, Opinions, Times. Bd. II, London 3. Aufl. 1723, S. 173.

[332] Locke, John: Versuch über den menschlichen Verstand, 2 Bände, Hamburg 4. Aufl. 1981.

[333] Vgl. hierzu und zum Gesamtkontext der Rehabilitation der Sinnlichkeit Kondylis, Panajotis: Die Aufklärung im Rahmen des neuzeitlichen Rationalismus, München 1986, S. 330f. und passim.

[334] Vgl. dazu Hume, David: Ein Traktat über die menschliche Natur, Buch II und III, Hamburg 1978, S. 151-156 (Von den Motiven des Willens), hier S. 153.

derts gerade angesichts einer zunehmenden Zivilisierung und Verfeinerung der Gefühlswelt entfalten. Es geht nicht um die oftmals barbarischen Aufwallungen und Affekte des Augenblicks, sondern um die abgeklärten, ruhigen, aber starken und dauerhaften Gefühle.

Mindestens müsste man also von einer Epoche der Natur und der Vernunft sprechen, denn die Vernunft galt als das natürliche Licht *(lumen naturale)*. Die Natur, die immer häufiger als Materie und nicht mehr als beseelte Schöpfung verstanden wurde, hat die Priorität vor dem Geist, was in der Spätaufklärung konsequenterweise zum ausgeprägten Materialismus Holbachs und la Mettries führte. Der Empirismus verstand sich selbst durchaus als vernünftig, keineswegs als vernunftfeindlich. Rousseaus *„Zurück zur Natur"*, seine Betonung des Wachsenlassens kindlicher und jugendlicher Anlagen, also eines „natürlichen" Erziehungsprozesses im *Emile* ist genuin aufklärerisch und keineswegs, wie dies später aus dem Geist der Romantik heraus fehlinterpretiert wurde, eine antiaufklärerische Rehabilitation des Gefühls. Ebenso wurde Herder, „der deutsche Rousseau"[335], wie Rousseau selbst als Aufklärer und genuiner Mitstreiter der Aufklärung empfunden, und keineswegs als deren gefühlsseliger Antipode.

Rousseaus erster Diskurs, mit dem er 1750 den Preis der Akademie von Dijon gewonnen hat und mit dem er schlagartig weltberühmt wurde, behandelt die Frage, ob der Wiederaufstieg der Wissenschaften und Künste (gemeint ist: seit der Renaissance) zur Besserung der Sitten beigetragen habe. Seine Antwort ist ein klares Nein. Die menschliche Natur ist nicht besser geworden, sondern wird unter einem künstlichen Schleier der Zivilisiertheit und Höflichkeit geradezu erstickt. „Unaufhörlich zwingt die Höflichkeit, gebietet die Wohlerzogenheit, unaufhörlich folgt man dem Brauch, nie seiner eigenen Eingebung."[336] Man will den Nationalhass vermeiden und unterdrückt damit gleichzeitig auch die Liebe zum eigenen Land. Er spricht direkt von einer Depravation, einem Verfall – ein Begriff, den Marx in seinen Frühschriften immer wieder aufgenommen hat. Dagegen sind die Völker, die „vor dem Giftstoff eitler Kenntnisse bewahrt bleiben",[337] wie in der Antike die Perser, die Spartaner oder die Germanen, sehr viel tugendhafter als die überzivilisierten Athener und Römer. Rousseau formuliert geradezu plakativ seine Parole: „Lasst euch endlich gesagt sein, ihr Völker, dass euch die Natur vor der Wissenschaft bewahren wollte, wie eine Mutter eine gefährliche Waffe aus den Händen ihres Kindes reißt."[338] Die einzelnen Wissenschaften fertigt er sehr schnell ab: die Geometrie sei aus dem Geiz entstanden, die Physik aus eitler Neugier, die Rechtsgelehrsamkeit aus den Ungerechtigkeiten, und die Geschichtsschreibung hätte nichts zu erzählen ohne Tyrannen, Kriege und Verschwörer. Am schlimmsten sind Luxus und Müßiggang. Die Druckkunst hat in besonderen Maße zum sittlichen Abstieg beigetragen: Nur durch sie „werden die gefährlichen Träumereien des Hobbes und Spinoza für immer erhalten bleiben."[339] Es wäre weise gewesen, auf sie zu verzichten.

---

[335] Diese These wird stark gemacht in Korff, Hermann August: Geist der Goethezeit, Bd. I, Sturm und Drang, Leipzig 4. Aufl. 1957, S. 79ff.

[336] Rousseau: Schriften zur Kulturkritik (Die zwei Diskurse von 1750 und 1755), Französisch-Deutsch, 4. erw. Aufl. Hamburg 1983, S. 11.

[337] Ebenda S. 19.

[338] Ebenda S. 29.

[339] Ebenda S. 53.

Das entscheidende Dokument eines deutschen Rousseauismus ist Johann Gottfried Herders *Tagebuch* seiner Seereise von Riga nach Nantes. Bis dahin hatte er ein reines, frühreifes Leben in Büchern geführt. Nun stilisierte er sich zum „Opfer jenes Intellektualismus und jener ganzen Tintenkultur, wovon sich auch die wildwüchsige Natur Rousseaus erdrückt gefühlt hatte."[340] Er empfand das nicht allein – es war eine ganze Generation, die Modell gestanden hat für Goethes Faust, der aus dem dumpfen Mauerloch seiner Rigaer Studierstube hinausdrängt in die große weite Welt: „Flieh! Auf! Hinaus ins weite Land!" Herders Seefahrt ist ein Symbol für Fausts Weltfahrt. Das Tagebuch ist voll von Selbstanklagen des 24jährigen über die verlorene Jugendlichkeit und einer gleichzeitig nach vorwärts wie rückwärts gerichteten rousseauistischen Selbstbesinnung. Er behauptet, bislang überhaupt nicht gelebt zu haben, was nicht zuletzt erotisch gemeint war. Über eine Rigaer Seelenfreundschaft notiert er nun, in nachträglicher Frustration: „Gespielin meiner Liebe! (...) Du bist tugendhaft gewesen: zeige mir Deine Tugend auf, sie ist null, sie ist nichts! Sie ist ein Gewebe von Entsagungen, ein Fazit von Zeros." Jetzt will er wirklich leben, und das heißt, nicht reflektieren, sondern handeln. „Ich will mich so stark wie möglich vom Geiste der Schriftstellerei abwenden und zum Geiste zu handeln gewöhnen!"[341] Er entwickelt wolkige politische Reformprojekte für Livland, seine Heimat, aus denen sich nichts ergibt. Diese buchabgewandte Lebensphase hat er bald wieder überwunden, dennoch ist sie charakteristisch für die Zeitstimmung des Sturm und Drang. Die intellektuelle Hochkultur der Aufklärung war auch immer mit frustrierten Handlungsoptionen verbunden, in Frankreich bis zur Revolution wie in Deutschland die ganze Zeit.

Herder entwickelt in dieser Zeit seinen großen Entwurf einer Kulturwissenschaft, die Sprache, Dichtung, bildende Kunst, Religion, Philosophie, Psychologie und Geschichte integrieren soll und die er als geschichtsphilosophisch fundierte Humanitätskonzeption skizziert. Der Anschluss an Rousseau ist nicht zu übersehen. In einem Gedicht aus dieser Zeit heißt es: „Mich selbst will ich suchen, dass ich mich endlich finde und dann mich nie verliere .... komm, sei mein Führer, Rousseau!"[342] Dieser deutsche Rousseauismus ist ideengeschichtlich außerordentlich folgenreich geworden. Nicht als Philosophie der Revolution wie in Frankreich, sondern als Kulturphilosophie der Kunstperiode und ans Anregung für den jungen Goethe. Vermittelt durch Herder, hat Goethe im Straßburg des Jahres 1770 den deutschen Rousseauismus in Dichtung umgesetzt. Dabei stand Herder schon als 25jähriger, als er sein berühmtes Reisejournal schrieb, Rousseau keineswegs unkritisch gegenüber: „So sehr Rousseau gegen die Philosophen ficht, so sieht man doch, dass es auch ihm nicht an Richtigkeit, Güte, Vernunft, Nutzbarkeit seiner Gedanken gelegen ist; sondern an Größe, Außerordentlichem, Neuen, Frappanten."[343] Herder bleibt unentschieden, ob Rousseau mit seiner überstarken Rhetorik nicht vielleicht doch mehr Schaden als Nutzen gestiftet hat.

---

[340]   Korff, a.a.O. S. 79.

[341]   Herder, Johann Gottfried: Journal meiner Reise im Jahr 1769. Historisch-kritische Ausgabe, Hg. Katharina Mommsen, Stuttgart 1983.

[342]   Das Gedicht heißt „Entschluß" und findet sich in dem Band: Herder, Johann Gottfried: Werke, Erster Theil, Gedichte, hg. von Heinrich Düntzer, Berlin 1879, S. 435f.

[343]   Herder: Journal meiner Reise im Jahre 1769, Stuttgart 1975, S. 107.

10.2   Rousseaus Diskurs über die Ungleichheit

Rousseaus Diskurs über die Ungleichheit von 1755 ist die paradigmatische Anti-Fortschrittstheorie der Aufklärung. Am Anfang steht ein harmonischer Naturzustand, in dem der Mensch in seine Umwelt eingebettet ist und ohne Reflexion und ohne soziale Beziehungen in sich selber ruht. Der gegenwärtige Endzustand dagegen ist ein Zustand der Gewalt und Tyrannis, die hervorgerufen worden sind durch die im Laufe der Gesellschaftsentwicklung entstandene Ungleichheit unter den Menschen. Gegen Hobbes' Leviathan und dessen kriegerischen Naturzustand wird ein harmonisches Naturmodell gestellt. Der Mensch ist dementsprechend in diesem Zustand nicht notwendig aggressiv, sondern neigt zur Harmonie. Erst die Zivilisation, die Gesellschaftsentwicklung macht die Menschen ungleich und aus Ungleichheit schlecht. Er geht von einer Anthropologie des ursprünglich guten Menschen aus. Zweifellos handelt es sich dabei um einen Mythos, welcher aber so weit zurückreichende Quellen hat wie das Paradiesmotiv des alten Testaments und die Idee der Vertreibung aus dem Paradies. Hierdurch gewinnt Rousseaus Theorie überhaupt erst ihr Pathos und ihre rhetorische Qualität. Es handelt sich nicht um eine generelle positive Anthropologie, sondern um eine Theorie des guten Wilden, des unverbildeten und vormoralischen Naturmenschen. Die heutigen überzivilisierten Menschen sind für Rousseau genauso schlecht wie bei Hobbes. Allerdings besteht eine geringfügige Hoffnung, die in seinen pädagogischen Schriften zum Ausdruck kommt, dass wir die Kinder, die ja gewissermaßen kleine Wilde sind, mittels einer sensiblen Pädagogik ununterdrückt zu guten Menschen aufwachsen lassen können.

Die ursprüngliche Güte des Anfangs ist bei Rousseau eine dumpfe, ihrer selbst nicht bewusste, denn Reflexion findet hier nicht statt. Da in allen Menschen aber ein Drang nach Vervollkommnung vorhanden ist, nach *perfectibilité*, werden sie, sobald sie in größerer Zahl zusammenkommen, versuchen, über diesen Naturzustand hinaus zu gelangen. Damit bilden sich das Eigentum und der Wettbewerb. Rousseau tritt Lockes Eigentumstheorie diametral entgegen, obwohl wir später sehen werden, dass er durchaus am Privateigentum festhalten will und keine sozialistischen Ideen vertritt. Am Beginn des zweiten Teils dieser Abhandlung heißt es: „Der erste, der ein Stück Land eingezäunt hat und dreist sagte: ‚Das ist mein' und so einfältige Leute fand, die das glaubten, wurde zum wahren Gründer der bürgerlichen Gesellschaft. Wie viel Verbrechen, Kriege, Morde, Leiden und Schrecken würde einer dem Menschengeschlecht erspart haben, hätte er die Pfähle herausgerissen oder den Graben zugeschüttet und seinesgleichen zugerufen: ‚Hört ja nicht auf diesen Betrüger! Ihr seid verloren, wenn ihr vergesst, dass die Früchte allen gehören und die Erde keinem!' Aber mit großer Wahrscheinlichkeit waren die Dinge zu dem Punkt gelangt, wo es nicht mehr so weitergehen konnte wie bisher."[344]

Rousseau schildert die Evolution der Gesellschaft und der Produktivkräfte als Verfall des Menschlichen, der natürlichen Menschlichkeit. Je mehr die Menschheit sich ausbreitet, desto mehr wachsen die Mühen der Nahrungssuche. Die Menschen erfinden neue Techniken wie die Angel und den Angelhaken, Pfeil und Bogen sowie schließlich das Feuer. Sie beginnen, sich in Horden zu organisieren und verlieren ihre persönliche Freiheit. Sie werden immer produktiver und können, angesichts ihrer geringen Bedürfnisse, recht bequem leben. Da-

---

[344]   Rousseau: Schriften zur Kulturkritik, S. 193.

durch gewöhnen sie sich an die Annehmlichkeiten der gesellschaftlichen Organisation und werden von ihnen abhängig. Darüber hinaus muss nun die Moral in die menschlichen Angelegenheiten eingeführt werden, während es, bevor es Eigentum gab, kein Unrecht geben konnte. Gesetze waren nötig, weil jeder Rächer und Richter in eigener Sache war und die im Naturzustand vorhandene Güte der Menschen nicht mehr dem Entwicklungsstadium entsprach. „Die Strafen mussten in dem Maß strenger werden, als die Gelegenheiten zum Unrechttun häufiger wurden."[345]

Auch bei frühen Formen des Eigentums hätte man noch idyllisch leben können, jedoch waren die Talente ungleich verteilt, der Stärkste leistete mehr Arbeit, der Geschickteste zog mehr Vorteil daraus, der Erfinderischste erfand Mittel zur Abkürzung der Arbeit. „Auf diese Weise entfaltet sich die natürliche Ungleichheit unmerklich mit der Differenzierung."[346] So wachsen die Unterschiede zwischen den Menschen. Natürlich bemerkten die Menschen dies und regten sich darüber auf. Da die Reichen in der Minderheit waren, gerieten sie unter Rechtfertigungsdruck. „Der Reiche in seiner Bedrängnis entwarf schließlich den ausgedachtesten Plan, den jemals der menschliche Geist ausbrütete, nämlich zu seinen Gunsten sogar die Kräfte derer zu benutzen, die ihn angriffen, aus seinen Gegnern seine Verteidiger zu machen, ihnen andere Grundsätze einzuflößen und ihnen andere Einrichtungen zu geben, die ihm so vorteilhaft wurden, wie ihnen das Naturrecht zuwider war." – „So vollzog sich die Entstehung der Gesellschaft – oder muss sie gewesen sein – sowie der Gesetze, die dem Schwachen neue Fesseln und dem Reichen neue Macht gaben. Sie zerstörten unwiderruflich die angeborene Freiheit, setzten für immer das Gesetz des Eigentums und der Ungleichheit fest, machten aus einer listigen Usurpation ein unaufhebbares Recht und zwangen von nun an das gesamte Menschengeschlecht für den Gewinn einiger Ehrgeiziger zur Arbeit, zur Knechtschaft und zum Elend."[347] Sobald auch nur eine derartige Gesellschaft gegründet worden ist, müssen die anderen aus naheliegenden Gründen nachziehen. Das Naturrecht gilt dann nur noch nach außen, zwischen den verschiedenen Gesellschaften, wobei es unter dem Namen des Völkerrechts durch einige stillschweigende Übereinkünfte gemäßigt wurde, um den internationalen Verkehr möglich zu machen.

Von den so entstandenen Staaten hält Rousseau nicht viel: „Die ehrsamsten Leute lernten, das Erwürgen von ihresgleichen in ihre Pflichten mit einzubeziehen: man sah schließlich, wie sich die Menschen zu Tausenden umbrachten, ohne zu wissen, warum. Sie begingen mehr Morde an einem Kampftag und mehr Grausamkeiten bei der Einnahme einer einzigen Stadt, als sie im Naturzustand während ganzer Jahrhunderte auf der gesamten Oberfläche der Erde begangen hatten."[348] Solche Sätze haben Rousseau berühmt gemacht, und die Sozialisten aller Länder haben sie immer wieder zitiert. Eigentum, Staat und Krieg, Unfreiheit, Armut und Elend sind hier unmittelbar verbunden mit einer Herrschaft der Reichen, der Minderheit und der Oberklasse.

Gelegentlich wird Rousseau auch als konservativer Theoretiker gedeutet, der als Stichwortgeber der französischen Revolution fehlinterpretiert worden sei. Gegen diese Deutung seien

---

[345]   Ebenda S. 207.
[346]   Ebenda S. 219.
[347]   Ebenda S. 229.
[348]   Ebenda S. 231.

Rousseaus Zusammenfassung seiner Abhandlung und sein daraus sich ergebender Lösungs-
vorschlag zitiert: „Verfolgen wir den Fortschritt der Ungleichheit durch diese verändernden
Revolutionen, so finden wir, dass die erste Etappe die Einführung der Gesetze und des Ei-
gentumsrechts, die zweite die Einsetzung der Ämter und die dritte und letzte die Verwandlung der legitimen Gewalt in willkürliche war. Auf diese Art wurde der Stand der Reichen
und der Armen durch die erste Epoche ermöglicht, der der Mächtigen und Schwachen durch
die zweite und der der Herren und Knechte durch die dritte. Das ist der höchste Grad der
Ungleichheit und das Ziel, zu dem alle anderen hinführen – bis neue Revolutionen die Regierung vollkommen auflösen oder der legitimen Einrichtung annähern.“[349]

Wer aus diesen Worten des Jahres 1755 nicht das Grollen der Revolution heraushört, der
kann nicht hören. Die höchste Stufe der Ungleichheit ist für Rousseau der moderne Absolutismus, unter dem alle Standesunterschiede verschwinden, weil alle Einzelnen gegenüber
dem König nichts gelten und insofern gleich sind. Sie werden alle Untertanen und befinden
sich in einem neuen Naturzustand, der sich allerdings vollkommen von dem ursprünglichen
in seiner Reinheit unterscheidet. Der neue Naturzustand ist einer der Korruption. Der Sultan
oder Despot kann nur so lange regieren, wie er der Stärkste ist, und hat kein Recht, sich über
Gewalt zu beklagen, wenn er vertrieben, ermordet oder erdrosselt wird.[350] Selbst der Kö-
nigsmord wird hier legitimiert. Allerdings: Im kurz nach dieser Abhandlung veröffentlichen
„Gesellschaftsvertrag“ trägt Rousseau eine etwas veränderte Konzeption demokratischer
Legitimität vor.

Rousseau schließt an seine politische und soziale Kritik der Ungleichheit eine Kulturkritik
und Kritik des Alltagslebens an, die über Goethe und die Romantiker bis zu unseren frühen
Grünen (heute haben sie das vergessen) ein durchgängiges Motiv geworden ist. „Der wilde
Mensch (...) erstrebt nichts als Ruhe und Freiheit, er will nichts als leben und müßig sein (...).
Der immer rege Bürger dagegen schwitzt, hastet und quält sich auf der Suche nach immer
mühsameren Beschäftigungen unaufhörlich. Bis zum Tode arbeitet er, ja er rennt ihm sogar
entgegen, nur um sein Leben bestreiten zu können, oder verzichtet auf das Leben, um die
Unsterblichkeit zu erlangen. Er macht den Großen, die er hasst, und den Reichen, die er
verachtet, den Hof." Daraus folgt dann die These der Entfremdung, die später eine so zentrale Rolle bei Marx spielen wird: „Der Wilde lebt in sich selbst, der zivilisierte Mensch ist
immer sich selbst fern und kann nur im Spiegel der Meinung der anderen leben.“[351]

Für Rousseau ist der Ausweg also ein doppelter: die Gründung einer Gesellschaft durch den
Gesellschaftsvertrag für die politische Ebene, und für die individuelle Ebene die Sensibilisie-
rung und Erziehung des Individuums in der größtmöglichen Naturnähe, wie er sie in seinem
Emile darstellt sowie in seinen *Träumereien eines einsamen Spaziergängers am Genfer See*
(1782). Beides gehört für Rousseau eng zusammen; denn Menschen, die in der Gesellschaft
nichts gelten, keine Karriere machen wollen, die ihre Freiheit, notfalls in der Einsamkeit
eines abgelegenen Seeufers, der Unterwerfung unter das Getriebe des politischen Systems
vorziehen, lassen sich nicht vollständig unter die Kontrolle der Zentrale bringen: „Übrigens
lassen sich die Bürger nur in dem Maße unterdrücken, in dem sie durch einen blinden Ehr-

---

[349]   Ebenda S. 251.
[350]   Ebenda S. 263.
[351]   Ebenda S. 265.

geiz mitgerissen werden. (...) Es ist schwer, den zum Gehorsam zu bringen, der nicht selbst befehlen will. Dem geschicktesten Politiker würde nicht die Unterjochung von Menschen gelingen, die nichts als frei sein wollen."[352]

Die Reaktion der Großaufklärer auf diese Zivilisationskritik war außerordentlich kritisch. Voltaire hat sie in seinem ironiefunkelnden Stil unmittelbar nach der Lektüre in seinem berühmten Brief an Rousseau vom 30. August 1755 zusammengefasst: „Ich habe, Monsieur, ihr neues Buch gegen das Menschengeschlecht erhalten und danke Ihnen dafür." „Nie hat man soviel Geist darauf verwendet, uns wieder zu Eseln zu machen. Man bekommt Lust, auf vier Füßen zu gehen, wenn man Ihr Werk liest."[353] Und am Schluss, als freundliche Wendung, er habe gehört, Rousseau gehe es gesundheitlich nicht gut: „Sie müssten hierher kommen und sie in der heimatlichen Luft wiederherstellen. Sie müssten die Freiheit genießen, mit mir die Milch unserer Kühe zu trinken und auf unserer Weide grasen."[354]

Man hat über Rousseau gesagt, dass er die grüne Farbe in die Literatur und die rote Farbe in die Philosophie gebracht hat.[355] Die Mischung aus Sozialkritik und Naturorientierung ist, wie sich hier zeigt, keine Erfindung der Grünen unserer Tage. Der frühe Marx hat in seiner Gleichsetzung von *Humanismus = Naturalismus = Kommunismus* ansatzweise beide Elemente aufgenommen, allerdings in seinem späteren Werken allein die „rote" Seite betont. Die negative Geschichtsphilosophie Rousseaus, nämlich die Verfallsgeschichte statt der Fortschrittsgeschichte, hat er allerdings radikal umgekehrt. Das Heil liegt bei Marx in der Zukunft.

Nun lag das Heil für Rousseau allerdings keineswegs in der Vergangenheit, d.h. in der Rückkehr zur Lebensweise der guten Wilden, denn dies hielt er wegen der inzwischen eingetretenen Bevölkerungsvermehrung und wegen der zivilisatorischen Verweichlichung für unmöglich. Hier steckt eine unaufgelöste und explosive Spannung in seinem Denken: Die gesellschaftliche Weiterentwicklung ist unvermeidlich, aber gerade dadurch ging das eigentlich Menschliche verloren. Man kann nicht mehr zurück, aber dennoch liegt der Maßstab, an dem die Gegenwart gemessen wird, in der Vergangenheit. Damit ist in die normativen Vorgaben der Argumentation von vornherein schon ein regressives Element eingearbeitet. Wenn wir uns dies vor Augen führen, sollten wir daraufhin noch einmal die Geschichte des Sozialismus und Marxismus befragen und uns überlegen, ob nicht unter der Oberfläche eines kämpferischen Fortschrittsoptimismus gegen die alte Welt doch eher eine regressive Sehnsucht nach Unmittelbarkeit, nach nichtentfremdeten Verhältnissen und einem quasiparadiesischen Urzustand, einer Welt der einfachen und vernünftig geplanten sozialen Strukturen und wirtschaftlichen Austauschverhältnisse im Unterschied zur unübersichtlichen Komplexität der modernen Welt vorliegt? Dafür spricht die Beobachtung, dass sozialistische Theorien fast ausschließlich in solchen Ländern Erfolg hatten, die von der Gesellschaftsentwicklung her auf Drittweltniveau standen, allerdings die ersten Schritte in Richtung auf eine Modernisierung unternommen hatten und dadurch in eine schwerwiegende Gesellschaftskrise geraten waren.

---

[352] Ebenda S. 253.

[353] Ebenda S. 302f.

[354] Ebenda S. 309.

[355] Kurt Weigand in der Einleitung zu Rousseau: Schriften zur Kulturkritik, S. LIV.

Und mehr noch, wenn der Sozialismus in schon weiter entwickelten Gebieten eingeführt wurde, wie in der Tschechoslowakei und in Ostdeutschland, hat er zu einer ökonomischen Rückentwicklung geführt. Das spricht für Unterkomplexität, für den Glauben der Menschen, mit beschränkten wissenschaftlichen Kenntnissen und Mitteln einen dafür zu komplexen Prozess, dessen Dynamik sie irritierte und überforderte, in den Griff bekommen zu wollen. Rousseaus zweite Abhandlung endet in einer theoretischen Ratlosigkeit, die das Problem in einer bis dahin unerreichten Schärfe gekennzeichnet hat.[356]

10.3   Rousseau: Der Gesellschaftsvertrag

Rousseaus politisches Hauptwerk ist der Gesellschaftsvertrag (Du contrat social) aus dem Jahre 1762. Anders als in der Abhandlung über die Ungleichheit vertritt Rousseau nun die Notwendigkeit und Rechtmäßigkeit von Regierung und Verfassung. Er argumentiert, dass diese nicht von Natur aus, sondern durch Konvention zustande kommen.[357] Sein Text beginnt mit einer der typischen Rousseau-Formulierungen: „Der Mensch wird frei geboren und überall liegt er in Ketten."[358] Die Ketten sind die Verträge. Rousseau kommt es darauf an, herauszufinden und zu begründen, welche Arten von Verträgen als legitim gelten können, weil sie die Menschen nicht unterdrücken, und welche Verträge lediglich dazu dienen, Unterdrückung zu rechtfertigen.

Nach dem Diskurs über die Ungleichheit wissen wir, dass die Verträge faktisch in die Welt gekommen sind, um das Eigentum der Reichen vor den Armen zu schützen. Von solchen Verträgen ist wenig zu halten. Er wendet sich gegen die rechtspositivistische Argumentation von Hugo Grotius, die das Recht auf dessen tatsächliches Gelten begründet. Worauf nun kann sich das Recht stützen? Das Recht des Stärkeren reicht nicht, denn: „Der Stärkste ist nie stark genug, um immerdar Herr zu bleiben, wenn er seine Stärke nicht in Recht und den Gehorsam nicht in Pflicht verwandelt."[359]

Wie kommt nun ein Vertrag zustande? Bevor überhaupt mit einer Mehrheit abgestimmt werden kann, muss eine erste Selbstkonstitution des Volkes durch Einstimmigkeit stattgefunden haben. Das ist der ursprüngliche Vertrag, denn das Mehrheitsprinzip ist eine Sache des Übereinkommens, zu dem es irgendwann einmal gekommen sein muss. Diese freiwillig eingegangene gegenseitige Verpflichtung bindet jeden Einzelnen absolut, denn es ist keine Selbstbindung, von der man sich selbst jederzeit freisprechen könnte, sondern eine Verpflichtung auf ein Ganzes, von dem man selbst einen Teil bildet.

Da die Menschen im ursprünglichen Zustand frei sind, werden sie nur bereit sein, einen Vertrag zu schließen, wenn sie für den Verlust ihrer ursprünglichen Freiheit eine gleichwertige Kompensation bekommen, oder, anders ausgedrückt, wenn sie nach Abschluss des Vertrags

---

[356]   Vgl. dazu Maier, Hans: Rousseau, in: ders. mit Heinz Rausch und Horst Denzer (Hg.): Klassiker des politischen Denkens Bd. II, München 5. Aufl. 1987, S. 80-100, hier S. 93.

[357]   Rousseau, Jean-Jacques: Vom Gesellschaftsvertrag oder die Grundlagen des politischen Rechts, übers. Erich Wolfgang Skwara, Frankfurt/M. 2000, so schon im ersten Kapitel des ersten Buches: *convention*.

[358]   Ebenda Kap. I, 1, S. 12.

[359]   Ebenda Kap. I,3.

so frei sein werden wie vorher. Rousseau fragt: „'Wie findet man eine Gesellschaftsform, die mit der ganzen gemeinsamen Kraft die Person und das Vermögen jedes Gesellschaftsgliedes verteidigt und schützt und kraft dessen jeder Einzelne, obgleich er sich mit allen vereint, gleichwohl nur sich selbst gehorcht und so frei bleibt wie vorher?' Dies ist die Hauptfrage, deren Lösung der Gesellschaftsvertrag gibt."[360] Anders als Hobbes argumentiert er nicht von der faktischen körperlichen Gleichheit aller Menschen her, sondern von deren ursprünglicher, natürlicher Freiheit. Rousseau ist der Theoretiker des Autonomiepostulats in der politischen Theorie. Diesen Kerngedanken hat später Immanuel Kant in sein Vertragsdenken übernommen. Rousseaus Problem: Die Autonomie des Einzelnen wird durch vertragliche Übereinkunft eingeschränkt. Dieser muss ein allererster Vertrag zugrunde liegen, in dem man sich einstimmig darauf geeinigt hat, in Zukunft nach dem Mehrheitsprinzip abzustimmen, denn jeder Einzelne muss dieser Einschränkung zustimmen. Dies ist der allgemeine Wille, die vielzitierte *volonté générale*, die aus der Perspektive jedes Einzelnen bedeutet, dass dieser, wenn er ihr den Gehorsam verweigern wollte, im eigenen Interesse von der Gesamtheit gezwungen werden kann. Mit der Freude des Aufklärers an provokativen Paradoxien formuliert Rousseau: „Was nichts anderes heißt, als dass man ihn zwingen wird, frei zu sein."[361] Ein solcher Zwang muss nicht notwendigerweise als besonders belastend empfunden werden, da er für alle gilt, so dass niemand ein Interesse daran haben kann, die Gesetze für alle zu einer zu großen Last zu machen. Der allgemeine Wille ist der Gegenbegriff zum *Sonderinteresse*, zur *volonté particulière*, welches keine Rücksicht auf das Gesamtwohl nimmt. In einer weiteren zugespitzten Unterscheidung arbeitet Rousseau die Besonderheit des Gesamtinteresses heraus. Es ist nicht einfach die Addition aller Einzelwillen, also nicht einfach die *volonté de tous*, denn in der Abstimmung der Einzelwillen würden sich die Sonderinteressen gegenseitig aufheben und lähmen. Der Allgemeinwille ist nicht einfach das, was in einem faktischen Abstimmungsprozess herauskommt und was so kaum jemand wirklich gewollt hat, sondern das, was in jedem einzelnen Willen verallgemeinerbar ist. Dazu muss das Volk aufgeklärt und informiert sein.

Das Volk nimmt in Rousseaus Werk eine Doppelrolle ein. Es ist zugleich Untertan wie Souverän. Zwischen diese beiden Rollen tritt die Regierung als die vermittelnde Kraft:

Die Rolle der Regierung in Rousseaus Gesellschaftsvertrag
Das Staatsoberhaupt = der Souverän = das gesetzgebende Volk
Die Regierung = die vermittelnde Kraft
Die Untertanen = das regierte, seinen eigenen Gesetzen gehorchende Volk

Rousseaus Lehre vom Allgemeinwillen ist später als Theorie einer totalitären Demokratie kritisiert worden.[362] Es geht ihm aber offenbar darum, dasjenige, was im politischen Willen jedes Einzelnen vernünftigerweise verallgemeinerbar ist, herauszuarbeiten. Hegel hat ihm

---

360 Ebenda S. 26.
361 Ebenda Kap. I, 7, S. 31.
362 Vgl. Talmon, J.L.: Die Ursprünge der totalitären Demokratie, Köln und Opladen 1961.

vorgeworfen, dieses nicht als das Vernünftige, sondern als das bloß Gemeinschaftliche ge-kennzeichnet zu haben.[363] Dieses Problem wurde dann später von Kant dahingehend gelöst, dass der wie bei Rousseau auf der autonomen Zustimmung des Einzelnen beruhende Gesell-schaftsvertrag als Kriterium der vernünftigen Zustimmungsfähigkeit genommen wird, d.h. als Maßstab für die Gerechtigkeit von Gesetzen, nicht aber als direkt und nötigenfalls ge-waltsam umzusetzende Sache selbst.

Das Problem des Eigentums löst er auf folgende Weise: Es gibt ein Recht auf Erstbesitz von Land, das sich allerdings nur auf unbewohntes Land beziehen kann. Man darf nur soviel in Besitz nehmen, wie man für den eigenen Unterhalt benötigt. Dieser Anspruch muss sich in Arbeit und Anbau nachweisen lassen, die bloße Behauptung genügt nicht. Andernfalls, so spottet Rousseau über die Inbesitznahme Lateinamerikas, könnte der katholische König ja gleich von seinem Schreibtisch aus die ganze Schöpfung in Besitz nehmen. Das Eigentums-recht auf den eigenen Boden bleibt aber jederzeit dem der Gemeinschaft auf alles unterge-ordnet, denn diese garantiert ja überhaupt erst das Recht. Jeder hat als Teil des demokrati-schen Rechts das staatliche Hoheitsrecht über das gesamte Land, als einzelner Untertan das Recht auf sein eigenes Stückchen unterhalb und im Rahmen dieser Hoheit. An diesem Bei-spiel zeigt er, wie seiner Vorstellung nach das gesamte gesellschaftliche System funktionie-ren muss: „Anstatt die natürliche Gleichheit zu zerstören, setzt dieser grundlegende Vertrag im Gegenteil eine sittliche und gesetzmäßige Gleichheit an die Stelle dessen, was die Natur an dinglicher Ungleichheit zwischen die Menschen gelegt hat, und wo diese an Kräften oder Begabung ungleich sein können, werden sie durch Übereinkunft und Recht alle gleich."[364]

Die Souveränität ist unveräußerlich und unteilbar. Der Einzelwille kann zwar gelegentlich mit dem Allgemeinwillen übereinstimmen. Dies wird normalerweise aber nicht der Fall sein, weil jeder Einzelne immer nach Vorzug und Ausnahmeregelungen drängt, während der Ge-meinwille auf die Gleichheit zielt. Der Gesellschaftsvertrag war ja überhaupt nur erforderlich geworden durch den Widerstreit der Einzelinteressen. Zugleich, das ist das paradoxale Ele-ment, ist er nur möglich, insofern wenigstens in einem Punkt eine Übereinstimmung aller In-teressen vorhanden ist, und dies muss der Fall sein bei der Gründung eines Staates. Die Übertragung der Freiheit des Naturzustandes auf das Gemeinwesen ist keine Einbuße, son-dern vielmehr ein Gewinn, weil die Bürger dadurch „statt etwas vorzugeben, ein unsicheres und gefährliches Leben in ein besseres und abgesicherteres verwandelt haben", oder, philo-sophisch gesprochen, die natürliche Unabhängigkeit gegen Freiheit eingetauscht haben, oder, machttheoretisch, ihre Stärke, die jederzeit in der Gefahr stand, von anderen übertroffen zu werden, in ein wirkliches Recht, das auch der Schwächere durchzusetzen vermag.

Rousseau stellt als eine Art politische Gesetzmäßigkeit auf (ihm ist sehr wohl bewusst, dass in sozialen Zusammenhängen mathematisch formulierte Gesetze meist unangemessen sind), dass die Regierung umso kleiner werden muss, je größer der Staat wird, d.h. er hält demokra-tische Regierungen für kleine Staaten für angemessen, aristokratische für mittlere und Mo-narchien für große Staaten. Eine demokratische Regierung hat für ihn vier Voraussetzungen: einen sehr kleinen Staat, sehr einfache Sitten, viel Gleichheit in Rang und Besitz sowie we-nig oder gar keinen Luxus. Darüber hinaus: „Wenn es ein Volk von Göttern gäbe, würde es

---

[363]   Hegel: Rechtsphilosophie, Werke Bd. 7, S. 400.
[364]   Rousseau: Vom Gesellschaftsvertrag, I, 9, S. 37.

sich demokratisch regieren. Eine so vollkommene Regierung entspricht den Menschen nicht."[365] Darüber hinaus eignet sich nicht jede Regierungsform für jedes Volk. Was die Kosten angeht: „In einer Demokratie wird das Volk am wenigsten zur Kasse gebeten, in einer Aristokratie mehr, und in der Monarchie trägt es das schwerste Los."[366] Eine gute Regierung wird man daran erkennen, dass sich die Zahl der Bürger von selbst, ohne Einwanderung oder Kolonien, vermehrt, unter einer schlechten Regierung wird das Volk schrumpfen oder zugrunde gehen: „Aber jetzt, Statistiker, kommt ihr an die Reihe; dies ist eure Aufgabe: errechnet, messt, vergleicht!"[367]

10.4   Die Religionskritik der Aufklärung

Marx wird ein Jahrhundert später festhalten, dass die Kritik der Religion die Voraussetzung aller Kritik sei. Religionskritische Positionen hatte es schon in der Antike gegeben: man denke an Epikur und Lukrez. Im Mittelalter wurde selbst Kaisern wie Friedrich II. von Hohenstaufen Atheismus unterstellt. Eine systematische Bibelkritik beginnt mit Spinoza, doch erst in der Aufklärung des 18. Jahrhunderts wird die Religionskritik immer schärfer und deutlicher, bis sie schließlich in den offenen, selbstbewussten und von taktischen Zugeständnissen an die allgegenwärtige Zensur weitgehend freien Atheismus von Helvétius und d'Holbach mündet.

Voltaire schloss viele seiner Briefe an d'Alembert und an Friedrich den Großen mit der Formel *„Ecrasez l'infâme"* („Vernichtet den infamen Aberglauben", denn zu ergänzen ist *superstition*), womit die katholische Kirche gemeint war. Gelegentlich hieß es bei ihm auch „Lasst uns einen Jesuiten verspeisen", etwa im *Candide*. Die Schärfe der Religionskritik war das Charakteristikum dieser Zeit, auch wenn die Position der Mehrzahl der Aufklärer keineswegs atheistisch, sondern deistisch war, d.h. man ging von der Existenz eines Gottes als eines ersten Bewegers aus, der die Naturgesetze geschaffen habe, aber seitdem darauf verzichtet, etwa durch Wunder in den Weltlauf einzugreifen, so dass es sich im Prinzip erübrigt, zu ihm zu beten oder von ihm spezielle Zuwendung zu erwarten. Ehrfurcht vor der Welt und vor den Moralgesetzen ist zu empfehlen, aber dazu bedarf es keiner Kirchen, keiner Heiligen, keiner Gebete und erst recht keiner Priester, sondern allein einer Klarheit des Denkens. Es handelt sich um eine Art Vernunftreligion – David Hume sprach von einer „natürlichen Religion" und meinte damit das, was jeder vernünftige Mensch einsehen und glauben wird, übrigens auch in anderen Kulturkreisen. Lessings Ringparabel aus *„Nathan der Weise"*, der zufolge Judentum, Christentum und Islam im Grunde den gleichen Gott verehren und ihre Richtigkeit oder Falschheit sich nicht an der angeblichen Glaubenswahrheit, sondern allein am praktischen Humanismus der religiösen Menschen messen lassen müsse, ist Ausdruck dieser aufklärerischen Grundhaltung. Scharfe Religionskritik verbindet sich vielfach noch mit dem Festhalten an einer Art Restgottheit, die nicht mehr in der ganzen Pracht der Dreifaltigkeit vor uns tritt, aber doch mit einem Residualfältchen der Rationalität ausgestattet bleibt.

---

[365] Ebenda III, 4, S. 95.

[366] Ebenda III, 8, S. 110.

[367] Ebenda III, 9, S. 117.

Voltaire hat vor allen Dingen die moderne Rolle des Intellektuellen als Vorkämpfer gegen kirchliche und staatliche Repression vorgelebt und geprägt. In der Affäre Jean Calas hat er sich für die Rehabilitation eines zu Unrecht hingerichteten Protestanten mit seinen anwaltlichen Kompetenzen, vor allem aber mit seinen publizistischen Fähigkeiten eingesetzt. Das Verfahren ist in Voltaires Schrift *Über die Toleranz* dokumentiert.[368]

Im Jahre 1741 hat Voltaire sein Stück *„Mahomet le prophète. Tragédie en cinq actes“* veröffentlicht. Es handelt sich um eine blutige Tragödie mit allerschärfster Religionskritik: Mahomet liebt eine junge Frau und lässt, um sie ganz für sich zu haben, ihren Bruder und ihren Vater vergiften. Als diese Selbstmord begeht, lässt Mahomet alle Spuren verwischen. Das Stück entlarvt religiösen Fanatismus und Priestertrug. Da Voltaire vor allem als Kritiker der christlichen Kirche bekannt war, über den Islam sich in seiner Weltgeschichte der Sitten dagegen vielfach auch durchaus positiv geäußert hatte,[369] bezogen viele christliche Priester diese Religionskritik auf sich, so dass das Stück nach triumphalen Erstaufführungen in Lille und Paris für 10 Jahre verboten wurde. Voltaire allerdings schaffte es, eine Empfehlung des Papstes Benedikt XIV. für das Stück zu bekommen. Im Jahre 1802 hat Goethe das Stück ins Deutsche übersetzt, bearbeitet und in Bad Lauchstädt auch inszeniert.[370] Der heutige Benedikt dürfte aus politischer Klugheit wohl kaum gut beraten sein, würde er sich hinter dieses Stück stellen, denn das Stück hat seine Sprengkraft gerade angesichts eines radikalisierten Islamismus wiedergewonnen. Eine 1993 in Genf zum 300. Geburtstag Voltaires geplante Aufführung wurde durch islamistische Proteste verhindert. Gegenüber dem Sprengstoff, den allein die Inszenierung dieses einen Stückes aus der Aufklärungstradition enthalten würde, wirken die Provokationen unseres nur scheinbar radikalen Regietheaters recht oberflächlich und im Grunde gleichgültig. Für ein Theater als moralische Anstalt wäre die Aufführung dieses Stückes derzeit zu riskant, denn man will ja nicht das Leben der Zuschauer aufs Spiel setzen. Dieses Problem ist ein deutlicher Beleg für die weitere Aktualität aufklärerischer Religionskritik.

Diderot war zunächst Deist, hat sich dann aber unter dem Einfluss des Naturwissenschaftlers Buffon zum Atheisten gewandelt: „Hätte ein Menschenfeind sich vorgenommen, das Menschengeschlecht ins Unglück zu stürzen, hätte er dann etwas Besseres erfinden können als den Glauben an ein unbegreifliches Wesen, über das die Menschen sich nie hätten einigen können und das ihnen wichtiger gewesen wäre als ihr Leben?" „Ein Volk, das glaubt, der Glaube an einen Gott und nicht gute Gesetze sorge für ehrbare Menschen, scheint mir wenig fortgeschritten zu sein. (...) Der Glaube an einen Gott erzeugt fast ebenso viele Fanatiker wie Gläubige."[371]

Einen Atheismus von gelassener Radikalität vertrat dann Dietrich (auf französisch nannte er sich Paul Henry Thiry) d'Holbach. Er verwarf Voltaires pragmatische Konzeption einer Religion für das Volk als inkonsequent. Er stand keineswegs am Rande der Aufklärungsbe-

---

[368]   Voltaire: Über die Toleranz. Veranlaßt durch die Hinrichtung des Johann Calas im Jahre 1762, in ders.: Recht und Politik. Hg. Günther Nenning, Frankfurt am Main 1978, S. 84-256.

[369]   Vgl. Voltaire: Essai sur les mœurs et l'esprit des nations, 2 Bände Paris 1990, bes. Bd. I, Kap. 27, S. 394-400.

[370]   Goethe, Johann Wolfgang: Mahomet. Trauerspiel in fünf Aufzügen nach Voltaire (1799, gedruckt 1802), in ders.: Goethes Poetische Werke, Vollständige Ausgabe, 4. Bd., Frühe Dramen, Bruchstücke, Übersetzungen und Bearbeitungen, Hg. Liselotte Lohrer, Stuttgart 1953ff.

[371]   Diderot, zit. nach Minois S. 445.

wegung, sondern hat vierhundertvierzig Artikel für die Enzyklopädie geschrieben sowie Dutzende von weiteren Werken, von denen aber keines unter seinem Namen erschien. Er führte in Paris einen besonders „freidenkerischen" Salon. *Freidenker* war damals eine die Diskretion wahrende Bezeichnung für einen atheistischen Religionskritiker. Seine Kritik beruht auf zwei Säulen: einem naturwissenschaftlich argumentierenden Determinismus, der auf einem konsequenten Atheismus und Materialismus basierte: alle unsere Erkenntnisse basieren auf Sinneseindrücken, die wir von Gottheiten jedoch nicht haben können. Es gibt nur eine einzige Materie und keinen von dieser Materie verschiedenen Gott. Die zweite Säule besteht in einer antiklerikalen Religionskritik, die auf moralischen Argumenten basierte und von den meisten Aufklärern geteilt wurde.

Rousseau hat in die aufklärerische Debatte einen neuen und originellen Akzent hineingebracht: Wenn eine Religion zum Zusammenhalt des politischen Gemeinwesen erforderlich sei, dann müsse es sich um eine konsequent bürgerliche, also Zivilreligion handeln, keineswegs jedoch um eine klerikale. Er entwickelte sein bis heute vieldiskutiertes Lehrstück der staatsbürgerlichen Religion, der *religion civile*.[372] Er unterscheidet zwischen der individuellen Religion des Menschen und der des Staatsbürgers. Vom politischen Standpunkt aus lehnt Rousseau alle Religionsformen ab, die den Staat oder die Gesellschaft zerreißen und gefährden, besonders die Priesterreligionen, die die Menschen im unklaren lassen, ob sie sich an der weltlichen oder der jenseitigen Macht orientieren sollen, wie z.B. den Katholizismus. Das wahre Christentum auf der anderen Seite ist ebenfalls nicht als politische Zivilreligion geeignet, denn es „predigt nur Knechtschaft und Unterwürfigkeit. Sein Geist ist der Tyrannei zu günstig, als dass sie nicht immer suchen sollte, daraus Gewinn zu ziehen. Die aufrichtigen Christen sind dazu geschaffen, Sklaven zu sein, sie wissen es auch und beunruhigen sich darüber kaum, da dieses kurze Erdenleben einen zu geringen Wert in ihren Augen hat."[373]

Die Zivilreligion ist demgegenüber „ein rein bürgerliches Glaubensbekenntnis, und die Festsetzung seiner Artikel ist lediglich Sache des Staatsoberhauptes. Es handelt sich hierbei also nicht eigentlich um Religionslehren, sondern um allgemeine Ansichten, ohne deren Befolgung man weder ein guter Bürger noch ein treuer Untertan sein kann. Ohne jemand zwingen zu können, sie zu glauben, darf der Staat jeden, der sie nicht glaubt, verbannen, zwar nicht als einen Gottlosen, wohl aber als einen, der den Gesellschaftsvertrag verletzt, der unfähig ist, Gesetze und Gerechtigkeit aufrichtig zu lieben und im Notfalle sein Leben seiner Pflicht zu opfern. Sobald sich jemand nach öffentlicher Anerkennung dieser bürgerlichen Glaubensartikel doch als Ungläubiger zu erkennen gibt, so verdient er die Todesstrafe; er hat das größte aller Verbrechen begangen, er hat einen wissentlichen Meineid im Angesichte der Gesetze geleistet."[374] Die Funktion der Zivilreligion besteht also offensichtlich in der Stabilisierung des Gemeinwesens und in der religiös überhöhten Sicherung der Durchsetzung des Allgemeinwillens der *citoyens* vor den Einzelwillen der *bourgeois*.

Das Glaubensbekenntnis dieser Religion ist sehr übersichtlich: „Die Lehrsätze der bürgerlichen Religion müssen einfach, gering an Zahl und bestimmt ausgedrückt sein und keiner

---

[372]   vgl. hierzu Rehm, Michaela: Bürgerliches Glaubensbekenntnis. Moral und Religion in Rousseaus politischer Philosophie, München 2006.

[373]   Vgl. Rousseau, Vom Gesellschaftsvertrag, S. 178.

[374]   Ebenda S. 180.

Auslegungen und Erklärungen bedürfen. Das Dasein einer allmächtigen, weisen, wohltätigen Gottheit, einer alles umfassenden Vorsehung; ein zukünftiges Leben, die Belohnung der Gerechten und Bestrafung der Gottlosen, die Heiligkeit des Gesellschaftsvertrages und der Gesetze, das sind positive und untrügliche Glaubenssätze. Was die negativen anlangt, so beschränke ich sie auf einen einzigen, die Unduldsamkeit. Sie ist eine Eigentümlichkeit der von uns verworfenen Religionsformen."[375] So kurz und klar dieses Glaubensbekenntnis auch erscheint: Heute werden die hier vorgesehenen Dinge längst nicht einmal mehr von vielen religiösen Menschen geglaubt. Auch die Todesstrafe würde man bei einem Verstoß gegen das bürgerliche Glaubensbekenntnis heute nicht mehr verhängen, wohl aber durchaus so etwas wie die Ausstoßung aus der Gesellschaft und aus dem Berufsleben. Von einigen Zuspitzungen und Übertreibungen ihres Erfinders befreit hat dieses rousseausche Lehrstück in der gegenwärtigen politikwissenschaftlichen Diskussion wirklich Schule gemacht, weil hier die Frage formuliert wird, ob nicht jeder Staat eine derartige Zivilreligion, und sei es in Gestalt eines Verfassungspatriotismus benötigt, und ob Politiktheoretiker wie Jürgen Habermas nicht die Rolle von Theologen dieser Zivilreligion annehmen.[376] Dieser Punkt ist insbesondere insofern beachtenswert, weil heute die Religionskritik deutlich zurückhaltender geworden ist.

Doch zurück zu den Grundpositionen aufklärerischer Religionskritik. La Mettrie hat in seinem berühmten Buch *„Der Mensch als Maschine"* den Punkt des Determinismus weiter entwickelt. Der Atheismus des 19. Jahrhunderts, wie er von Feuerbach, Schopenhauer, Nietzsche und Marx vertreten wurde, hat sich diesem Denken überlegen gefühlt, weil man über die Religionskritik hinausging und die anthropologischen Wurzeln der Religion, das religiöse Bedürfnis, in den sozialen Verhältnissen entdeckte. Vor allem Marx vertrat die These, dass der Glaube nicht durch die Religionskritik zu überwinden sei, sondern allein durch die Veränderung der Verhältnisse, wodurch Religion schließlich überflüssig werde. Durch diese Überbietung sind viele aufklärerische Kritiken in Vergessenheit geraten.

Vielfach wird behauptet, besonders die deutsche Aufklärung sei keineswegs so religionskritisch und antiklerikal gewesen wie die französische. Als Lessing wegen seiner Polemik gegen den Hamburger Hauptpastor Goeze ein Veröffentlichungsverbot für wissenschaftliche Texte bekam, hat er seinen Nathan den Weisen geschrieben, und jeder, der mit Zensur zu tun hatte, konnte verstehen, was er meinte, als am Schluss seines *„Nathan"* der echte Ring verlorengegangen war: „O, so seid ihr alle drei betrogene Betrüger! Eure Ringe sind alle drei nicht echt. Der echte Ring vermutlich ging verloren." Echte Religiosität bestand für ihn nicht im Gottesglauben und auch nicht im Glauben an eine bestimmte Religion, sondern allein in einer praktischen Güte des Herzens, also in einem ziemlich säkularen Humanismus.[377] Ein vielgelesener deutscher Autor jener Zeit, Johann Carl Wezel, war ohne jeden Zweifel radikaler Atheist. Es ist eher ein Problem der Literaturgeschichtsschreibung als der realen Literaturgeschichte, dass Wezel in der Germanistik kaum beachtet wurde.

---

[375]   Ebenda.

[376]   Vgl. hierzu den Band Kleger, Heinz; Alois Müller (Hg.): Religion des Bürgers. Zivilreligion in Amerika und Europa, München 1986.

[377]   Gotthold Ephraim Lessing: Anti-Goeze. D.i. Notgedrungener Beiträge zu den ‚freiwilligen Beiträgen' des Herrn Pastor Goeze, in Lessing, Gesammelte Werke, Hg. Wolfgang Stammler, 1. Bd., Stuttgart S. 1064-1125. Die Ringparabel findet sich in Nathan der Weise, 3. Akt, 7. Aufzug.

Eine massive Radikalisierung der moralischen Seite des Aufklärungsatheismus findet sich beim Marquis de Sade. Dieser lehrt mit den Theologen und gegen die meisten Aufklärer, dass die Natur nicht gut, sondern böse sei, und dass sie dieses auch die Menschen lehre. Gute Menschen wie Juliette seien zum Untergang verurteilt, während die moralfreie und eiskalte Justine, ihre Gegenspielerin, recht behält. Der Marquis de Sade entwickelt solche Überlegungen in Salongesprächen und belehrenden Romanen wie *Justine*, die lange Zeit unter den Ladentischen gehandelt wurden, heute aber selbst in die Diskussionen emanzipierter Frauen Eingang gefunden haben: „Gute Mädchen kommen in den Himmel, böse überall hin."[378]

10.5   Zwei Ideen des Fortschritts (Turgot und Condorcet)

Zur gleichen Zeit, als Rousseau so spektakulär die moralischen Qualitäten des Fortschritts bestritt, hat Turgot (1727-1781), der spätere Finanzminister des Königs, in seiner zwischen 1748 und 1752 erarbeiteten Studie „Über die Fortschritte des menschlichen Geistes" eine technokratische Fortschrittskonzeption entworfen. Als unabhängiger Maßstab des Fortschritts gilt für ihn eindeutig und klar die technische Entwicklung. Dementsprechend kommt er zu einer durchgängigen Fortschrittstheorie: selbst im Mittelalter habe es eine wenn auch sehr langsame Entwicklung der Technik gegeben, ohne welche der Kathedralenbau und das Schießpulver nicht denkbar gewesen wären: „Man muss nicht glauben, dass die mechanischen Künste dieselbe Verdunkelung erlitten hätten wie die Literatur und die spekulativen Wissenschaften. Eine Kunst, die einmal erfunden und eingeführt ist, wird zum Gegenstand des Handels, der sich von selbst erhält."[379] Schon an dieser Differenzierung zwischen Technik und Geisteswissenschaften wird deutlich, dass der Fortschrittsbegriff nie so linear und „platt" war, wie man es der Aufklärung gern unterstellt. Der Fortschritt der Wahrheit wird seiner Thesen nach nicht durch Irrtum, nicht durch Kriege und Umwälzungen behindert, auch nicht durch das Christentum, sondern durch Trägheit, Starrsinn und Schlendrian sowie durch alles, was zur Untätigkeit beiträgt. Ist man aber tätig, dann führen schon Zufälle zu Entdeckungen, die sich mit der Zeit immer mehr akkumulieren müssen.

Condorcet (1743-1794) dagegen hat fast 50 Jahre später ein ganz anderes Fortschrittskonzept entwickelt. In seinem „Entwurf einer historischen Darstellung der Fortschritte des menschlichen Geistes" (*Esquisse d'un tableau historique des progrès de l'esprit humain*) sind technische und naturwissenschaftliche Entdeckungen und Erfindungen in erster Linie Produkt freier Forschung, freier Entfaltung des menschlichen Geistes. Nicht die Technik, sondern die Freiheit des Geistes ist treibende Kraft. Theodor W. Adorno hielt Condorcets *Entwurf* für einen der wichtigsten gesellschaftstheoretischen Texte der Vergangenheit und hat dafür gesorgt, dass dieser am Frankfurter Institut für Sozialforschung 1963 von Wilhelm Alff übersetzt und herausgegeben wurde.

Die Aufzeichnungsmöglichkeiten durch die Erfindung der alphabetischen Schrift, schließlich die Verbreitungstechniken des Buchdrucks haben erhebliche Beschleunigungen der Wis-

---

[378]   Ehrhardt, Ute: Gute Mädchen kommen in den Himmel, böse überall hin. Und jeden Tag ein bißchen böser, 5. Aufl. Frankfurt am Main 2003.

[379]   Turgot: Über die Fortschritte des menschlichen Geistes, Hg. Johannes Rohbeck und Lieselotte Steinbrügge, Frankfurt 1990, S. 92.

sensvermehrung mit sich gebracht. Auf der anderen Seite aber hat im dunklen Mittelalter ein jahrhundertelanger Niedergang der Wissenschaften stattgefunden. Militärdespotismus und Priestertyrannei haben sogar das in Schriften gespeicherte vorhandene Wissen unzugänglich gemacht oder beseitigt, Grausamkeit und Barbarei mit sich gebracht und neue Forschungen verhindert. Die Religion erkennt Condorcet, wie die meisten anderen Aufklärer auch, als Haupthemmnis der Wissenschaftsentwicklung.[380] Er sieht zugleich aber auch, dass die Anarchie der vielen kleinen Fürstentümer in Westeuropa die Chance zum Wiederaufstieg bot, während der Zentralismus und die Despotie von Byzanz zwar den Niedergang um einige Jahrhunderte aufhalten konnten, diesen aber schließlich um so unausweichlicher machten. Entscheidend ist die Freiheit der Forschung. Wo diese nicht direkt möglich ist, wachsen doch die Freiheitsspielräume, wenn Wissenschaftler Ausweichmöglichkeiten in andere Länder haben und die Konkurrenz von Nachbarstaaten ihnen Spielräume verschafft.

Daneben sind viele Werke des Aristoteles in der arabischen Welt und in den Klöstern erhalten geblieben, und für wenige historische Augenblicke waren in der arabischen Welt die Wissenschaften frei, so dass, wie Condorcet sich ausdrückt, die Araber „einige Funken des griechischen Genius wieder anzufachen vermochten; aber sie waren eben doch einem religiös geheiligten Despotismus unterworfen.“[381] Man forschte zunächst noch einige Zeit weniger in der Natur als in den alten Büchern und setzte nicht auf die Vernunft, sondern auf antike Autoritäten. Condorcet glaubt sogar, dass die poetische und militärische Galanterie, die sogenannte Ritterlichkeit des Mittelalters, „die man zum großen Teil den Arabern verdankte“, eine Art Samen der Menschlichkeit ausgestreut habe, der allerdings erst in späteren, glücklicheren Zeiten zur Vorstellung von Menschenrechten für alle führte.[382]

Im Westen konnten mit Beginn der Renaissance die Wissenschaften allmählich wiederhergestellt werden. Ausschlaggebend waren Handel und Buchdruck, denn auch unter despotischen Umständen kann es doch nicht vollkommen verhindert werden, dass Menschen sich in Stille und Einsamkeit durch Bücher informieren. Die Eroberung Konstantinopels durch die Türken führte zur Flucht der griechischen Philologen nach Italien – man las die antiken Dichter, Historiker und Philosophen und begann vor allem, ihre unterschiedlichen Ansichten kritisch gegeneinander abzuwägen. Schon wer sich seinen Lehrer aussuchte und Platon gegen Aristoteles ausspielen konnte, war auf dem Weg zur Freiheit des Denkens. Nach und nach entwickelte sich das Wissen aber über diesen rezeptiven Zustand hinaus.

Condorcet ist ein scharfer Kritiker des Kolonialismus. „Die Gebeine von fünf Millionen Menschen bedeckten die unglücklichen Länder, in welche Portugiesen und Spanier ihre Habgier, ihr Aberglauben, ihre mörderische Wut geführt hatten. Diese Gebeine werden bis zum Ende der Tage gegen jene Lehre vom politischen Nutzen der Religion aussagen, die auch unter uns noch Verteidiger findet.“[383] Das richtet sich gegen Voltaires elitistische These, das Christentum sei, auch wenn kein Gebildeter mehr daran glauben könne, für die

---

[380]   Peter Gay, ein religionsfreundlicher Beobachter, sprach deshalb geradezu vom antichristlichen „Tick" der meisten Aufklärer, welcher dazu geführt habe, „daß sie die Geschichte in ein polemisches Argument verwandelten, statt sich um Verständnis zu bemühen." Gay, Peter: Zeitalter der Aufklärung, Amsterdam 1967, S. 86.

[381]   Condorcet: Entwurf einer historischen Darstellung der Fortschritte des menschlichen Geistes. Hg. Wilhelm Alff, Frankfurt 1976, S. 111.

[382]   Condorcet S. 122.

[383]   Ebenda S. 128.

Volksmassen sinnvoll. Die Vorteile der großen Entdeckungen sieht Condorcet durchaus: die Kenntnis von der Erde und von unterschiedlichen Zivilisationsformen, die Wirkungen unterschiedlicher Temperaturen und Klimazonen, vor allem aber die Entwicklung von Handel, Gewerbe und Seefahrt – immer mit der Einschränkung, dass der Monopolhandel ein schäbiges Unterdrückersystem sei und dass die Verbrechen des Kolonialismus erst dann abgegolten sein werden, „wenn Europa, besser aufgeklärt über seine wahren Interessen, alle Völker auffordern wird, an seiner Unabhängigkeit, seiner Freiheit und seiner Aufklärung teilzuhaben."[384]

Die Reformation hätte wohl die Zustimmung der Aufklärer finden können – „doch wurden sie abgeschreckt durch die überall gleichbleibende Unduldsamkeit". „Der Geist, der die Reformatoren beseelte, führte nicht zu wirklicher Denkfreiheit."[385] Immerhin hatten sich dort, wo es einer Religion nicht gelungen war, die übrigen zu unterdrücken, Toleranzformen gebildet, die auch einen Fortschritt des politischen Denkens ermöglichten, denn wer religiöse Autoritäten in Frage stellt, wird auch bald nach der Legitimation der Fürsten und Könige fragen. Die Regierungssysteme und die Gesetzgebung werden in der Zeit vor den großen Revolutionen zwar nicht freier, aber doch immerhin geordneter, besser durchdacht und weniger willkürlich. Aber auch hier ist Condorcets Geschichtsbild weitaus differenzierter, als es das gegenwärtige Bild der Aufklärung nahe legt. Ein Völkerrecht habe sich entwickelt, aber nicht auf Vernunft und Natur basierend, sondern auf dem herrschenden Brauch und den Ansichten der Alten. Die Ohrenbeichte und das Ablasswesen, das Mönchtum und das Priesterzölibat seien in den reformierten Ländern abgeschafft worden, was zur Reinigung der moralischen Grundsätze geführt habe. Aber: „Wie keine andere wurde diese Epoche durch große Grausamkeiten verdunkelt. Es war die Epoche der religiösen Massenmorde, der heiligen Kriege, der Entvölkerung der neuen Welt."[386]

Der Fortschritt der Wissenschaften wird von Condorcet gemessen an der „Summe der Wahrheiten, die sie umfasst";[387] er unterscheidet diesen vom Fortschritt in den einzelnen Ländern, der an der Zahl der Menschen gemessen wird, die die gebräuchlichsten und einfachsten wissenschaftlichen Einsichten kennen. In dieser Zeit wird immerhin der Punkt der Zivilisation erreicht, an dem die Aufklärung dem Volk Gewinn bringt und das Alltagsleben verbessert: nicht nur durch Schutz vor Irrtum, sondern auch durch neue Genüsse und durch besseren Schutz vor den Übeln des Lebens.

In der folgenden Epoche, der Zeit zwischen Descartes und der französischen Revolution, werden die Ketten dann vollends zerbrochen. „Nach langen Irrtümern und Abwegen in unvollständige oder wenig durchdachte Theorien gelangten die Staatsgelehrten endlich zur Erkenntnis der wahren Menschenrechte, die sie allein aus der Wahrheit ableiten: dass der Mensch ein mit Empfindung begabtes Wesen ist, das die Fähigkeit hat, mit Vernunft zu urteilen und moralische Begriffe zu erwerben. Sie haben gesehen, dass die Wahrung dieser Rechte der einzige Zweck der Vereinigung der Menschen zu politischen Gesellschaften war und dass die soziale Kunst darin besteht, den Menschen den Schutz dieser Rechte bei voll-

---

384 Ebenda.
385 Ebenda S. 133.
386 Ebenda S. 137.
387 Ebenda S. 143.

kommenster Gleichheit sowie in größtem Ausmaß zu garantieren."[388] Im Licht dieser einfachen Theorie verschwinden die herkömmlichen Vertragstheorien und auch die historistische Idee einer Pfadabhängigkeit, derzufolge ein Volk an die Formen der einmal bestehenden Verfassung gebunden sei.[389] Entscheidend ist, dass alle ein gleiches Recht auf Bedürfnisbefriedigung haben, auch wenn die Entwicklungsgesetze des Gleichgewichts zwischen Bedürfnissen und Ressourcen noch nicht hinreichend bekannt sind, durch die der Wohlstand wächst „bis der Reichtum die Grenzen seines Wachstums erreicht hat".[390] Condorcet ist ein Anhänger der liberalen Wirtschaftskonzeption, dass das allgemeine Interesse der Gesellschaft darin besteht, die Einzelinteressen zur freien Entfaltung kommen zu lassen und diese in keiner Weise einzuschränken und anzutasten. Der Staat hat die Aufgabe, die äußere Sicherheit, die innere Ruhe und die Rechte der Individuen zu garantieren.

Die Aufklärung ordnet er in sein Geschichtstableau als die Epoche ein, in der sich eine Klasse von Menschen entwickelt habe, welche die neuen Wahrheiten nicht so sehr selber entdeckt als vielmehr verbreitet haben: mit Spottschriften, die für den Tag bestimmt waren, auch mit taktischen Argumenten, die es vermieden, allzu viele Vorurteile auf einmal anzugreifen, sondern sich vielmehr jeweils auf ein einziges konzentrierten und auch dieses gelegentlich nur teilweise in Frage stellten. So forderten sie in der Religion oft nur die halbe Toleranz und in der Politik nur die halbe Freiheit: „mit dem Despotismus gingen sie dann behutsam um, wenn sie religiösen Unsinn bekämpften, mit dem Kultus dann, wenn sie sich gegen die Tyrannei auflehnten."[391] Die Devise dieser neuen Philosophie aber war: Vernunft, Toleranz und Menschlichkeit. Sie hatte außerordentlichen Erfolg und Einfluss, möglicherweise gerade aufgrund der taktischen Geschicklichkeit ihrer Hauptvertreter, die es fast alle schafften, Verfolgungen zu entgehen.

Das letzte Kapitel von Condorcets Fortschrittsbuch ist den künftigen Fortschritten des menschlichen Geistes gewidmet. Die Hoffnungen für die Zukunft sind noch recht einfach auf drei wichtige Punkte zu konzentrieren:

- Beseitigung der Ungleichheit zwischen den Nationen.
- Fortschritte in der Gleichheit innerhalb der einzelnen Völker.
- Wirkliche Vervollkommnung des Menschen.

Condorcet meint, dass allein ein neuer „Tartarensturm" diesen Fortschritt noch aufhalten könnte, dass aber die Abwehrmittel dagegen so stark seien, dass diese Möglichkeit ausscheide. Der Verfall der großen Religionen des Orients wird den Menschen neue freie Betätigungsfelder eröffnen: „Sie wird also kommen, die Zeit, da die Sonne hienieden nur noch auf freie Menschen scheint, Menschen, die nichts über sich anerkennen als ihre Vernunft; da es Tyrannen und Sklaven, Priester und ihre stumpfsinnigen oder heuchlerischen Werkzeuge nur noch in den Geschichtsbüchern und auf dem Theater geben wird".[392] Die Ungleichheiten des Reichtums, der Lage und des Unterrichts werden nach und nach abnehmen, ohne ganz zu verschwinden, „denn sie haben natürliche und notwendige Ursachen, die beseitigen zu wol-

---

[388]   Ebenda S. 149.

[389]   Ebenda S. 150.

[390]   Ebenda S. 151.

[391]   Ebenda S. 158.

[392]   Ebenda S. 198f.

len unsinnig und gefährlich wäre; man könnte nicht einmal versuchen, ihre Wirkungen ganz zum Verschwinden zu bringen, ohne dabei noch ergiebigere Quellen der Ungleichheit zu eröffnen und eines noch unmittelbareren und verhängnisvolleren Eingriffs in die Menschenrechte sich schuldig zu machen."[393]

Anders als David Hume setzt Condorcet auf die Vernunft, lehnt aber jede Gleichmacherei mit Menschenrechtsargumenten ab. Vor allem setzt er auf moderne Unterrichtsmethoden, die die ganze Masse des Volkes über all das belehren sollen, „was jedermann zur Verwaltung seiner Angelegenheiten, seiner häuslichen Wirtschaft und zur freien Entfaltung seines Fleißes und seiner Anlagen wissen muss; was er wissen muss, um seine Rechte zu kennen, zu verteidigen und auszuüben; um über seine Pflichten im klaren zu sein und sie in rechter Weise erfüllen zu können; um seine Handlungen und die Handlungen anderer nach eigener Einsicht zu beurteilen; (...) wissen muss, um nicht blind von denjenigen abhängig zu sein, denen er die Sorge für seine Angelegenheiten oder die Ausübung seiner Rechte anvertrauen muss; um fähig zu sein, sie auszuwählen und zu überwachen, (...) und endlich, um dem Blendwerk von Scharlatanen zu entgehen, die es auf sein Vermögen abgesehen haben, die seiner Gesundheit, der Freiheit seiner Meinungen und seines Gewissens Fallen stellen unter dem Vorwand, ihn reicher zu machen, zu heilen, zu retten."[394] Dieses aufklärerische Erziehungsprogramm verdient einen Vergleich mit den heutigen schulischen Lehrplänen, bei denen nicht derart lebenspraktisches Orientierungswissen, sondern eher abstrakte Unterrichtsinhalte im Vordergrund stehen. Auch die Auswahl der heutigen Lehrer, durchweg Menschen ohne lebenspraktische Erfahrung und wirtschaftliches wie medizinisches Orientierungswissen, kann die Ansprüche der Aufklärung nicht erfüllen.

Am Ende steht die Vision einer Vervollkommnung des Menschengeschlechts, einer Präzisierung der Sprache, die in vielem noch verschwommen und dunkel ist, bis hin zur Entwicklung einer Universalsprache. Der Maßstab der Entwicklung der politischen Wissenschaften wird sein, an wie vielen Wahrheiten infolge eines Elementarunterrichts alle Geister teilhaben können. Durch verbesserten Unterricht wird immer schneller immer mehr gelernt werden können, zumal schon damals ein junger Schüler in der Mathematik mehr lernen konnte, als Newton durch gründliches Studium oder durch sein Genie entdeckt hatte. Condorcet setzt auf die technische Methode, sehr schnell und auf einen Blick grafisch auf geringem Raum das darzustellen, was man sonst nur umständlich in einem ausführlichen Buch verständlich machen könnte. „Zu den Fortschritten des menschlichen Geistes, die für das allgemeine Glück am wichtigsten sind, müssen wir die völlige Beseitigung der Vorurteile zählen, die zwischen den beiden Geschlechtern eine Ungleichheit der Rechte gestiftet haben, welche selbst für jenes Geschlecht verhängnisvoll ist, das sie begünstigt."[395]

Letztlich werden die Menschen wohl nicht unsterblich werden, die mittlere Dauer des menschlichen Lebens wird jedoch stetig zunehmen, wenn physische Umwälzungen nicht entgegenwirken: „Wir wissen nicht, welches die Grenze ist, die sie niemals überschreiten kann; wir wissen nicht einmal, ob die allgemeinen Naturgesetze ihr eine Grenze gesetzt ha-

---

[393] Ebenda S. 199.
[394] Ebenda S. 202.
[395] Ebenda S. 213.

ben, über die hinaus sie nicht zunehmen kann."[396] Aus dieser durchaus vorsichtigen Formulierung wird in den gängigen Philosophiegeschichten meist die griffige Formel destilliert, Condorcet habe an die unendliche Perfektibilität der Menschheit geglaubt. Gegenüber solchen Verkürzungen lohnt sich immer das Studium des Originaltextes. Immerhin allerdings hält Condorcet es für möglich, die übertragbaren und ansteckenden Krankheiten auf die Dauer zum Verschwinden zu bringen, außerdem jene Erkrankungen, die ihren Ursprung im Klima, in der Nahrung oder der Art der Arbeit haben. Trotz aller medizinischen Fortschritte hat David Humes Skepsis an diesem Punkt treffender geurteilt – es bleibt dennoch ungerecht, Condorcet eine plattes und undifferenziertes Fortschrittsdenken zu unterstellen. Er hat das hier skizzierte Werk wegen seines Gefängnistodes nicht mehr ausführen können. Die Skizze ist dennoch das verbindlichste und reifste Dokument des aufklärerischen Fortschrittsdenkens.

10.6   Dialektik der Aufklärung

Die konsequente Fortführung des Aufklärungsdenkens führt, das ist die These Max Horkheimers und Theodor W. Adornos, in ihre Selbstzerstörung. Die Entlarvung der Moral führt zu einer Entfesselung auch der destruktiven Kräfte des Menschen. Für die beiden Aufklärungskritiker sind das Werk des Marquis de Sade sowie das Denken Nietzsches Belege dafür, dass eine rückhaltlose Kritik der praktischen Vernunft ins Vernichtende führt. Die Schwachen sollen zugrunde gehen, der in kollektiven Orgien praktizierte Genuss bedeutet eine Rückkehr der Gesellschaft zu ihren primitivsten Ursprüngen. Selbst der Mord wird so gerechtfertigt. Diese „dunklen Schriftsteller des Bürgertums" haben die Wahrheit über die Aufklärung offengelegt, welche die zurückhaltenderen Aufklärer selbst nicht zu denken wagten.[397]

Die Menschen, denen die Furcht genommen wurde, bekennen sich zum Prinzip der zersetzenden Rationalität und zersetzen auch die Idee der Menschenrechte: „Aufklärung ist totalitär"[398] formulieren die modernen Aufklärungskritiker in einer letzten Überdrehung der dialektischen Spirale. Sie unterstellen, die Aufklärung habe auch über die liberalistische Periode hin „stets mit dem sozialen Zwang sympathisiert",[399] was jedenfalls für Condorcet gerade nicht zutrifft. Die totale Aufklärung schlägt vor allem in Gestalt der Medien in den totalen Betrug der Massen um. Offenbar in einem angstvollen Zurückschrecken vor der Radikalität der eigenen Rhetorik räumen Horkheimer und Adorno schon in ihrem Vorwort aus dem Jahre 1944 ein, dass eine Besinnung der Aufklärung „auf sich selbst" als Gegenmittel angezeigt sei. Im Vorwort zur Neuausgabe 1969 schließlich geben sie zu, dass die in dem Buch erkannte Entwicklung zur totalen Integration unterbrochen, wenn auch keineswegs abgebrochen sei, und dass Parteinahme für die Residuen von Freiheit und für Tendenzen zur realen Humanität nötig sei, also „kritisches Denken, das auch vor dem Fortschritt nicht innehält".[400]

---

[396]   Ebenda S. 220.

[397]   Horkheimer/Adorno: Dialektik der Aufklärung, Frankfurt 1988, S. 126.

[398]   Ebenda S. 12.

[399]   Ebenda S. 19.

[400]   Ebenda S. IX.

Im Grunde sind sie damit wieder bei ganz ähnlichen Ambivalenzen angelangt, wie sie Rousseau mit seiner berühmten Fortschrittskritik schon im Jahre 1750 thematisiert hatte. Es war ein hochproblematischer und bis heute folgenreicher Gedankenschritt, „nun ausgerechnet die Vernunft für alle Übel der Welt verantwortlich" zu machen. „Rationalität, das Organon der Aufklärung, galt plötzlich selbst als die Krankheit, als deren Therapie sie sich einmal verstanden hatte."[401]

Die reale Bedeutung der populären „Dialektik der Aufklärung" besteht nicht in einer rückwirkenden Quellenkritik aufklärerischen Denkens, sondern in einer scharfen Kritik einiger der originären barbarischen Entwicklungen des 20. Jahrhunderts selbst. Das zeigt sich, sobald man sich auf die aufklärerischen Quellentext selbst bezieht, die Horkheimer und Adorno nicht zu Rate gezogen haben. Das grandiose Verdikt einer romantisch-kulturkonservativen Ideengeschichte, Aufklärung sei platter Rationalismus, vermischt sich mit ihrer dialektischen Kulturkritik, so dass aufklärerisches Denken heute nicht nur, wie immer schon, von der religiösen Rechten, sondern auch von links aufs schärfste verurteilt wird, ohne dass ihr realer Menschenrechtshumanismus und ihr vernunftkritischer Skeptizismus, ihre Wirklichkeitsorientierung und ihre Vorbehalte gegen Großutopien und intellektualistische Großkonstruktionen überhaupt noch zur Kenntnis genommen werden.

Die radikale Vernunftkritik hat heute angesichts fundamentalistischen Terrors ihre Überzeugungskraft verloren, denn dieser hat seine Wurzeln gewiss nicht darin, dass zuviel Vernunft in der Welt sei. Der aufklärerischen Religionskritik hingegen kommt heute eine neue Aktualität in der Auseinandersetzung mit dem religiösen Fundamentalismus zu.

Textausgaben:

Condorcet: Entwurf einer historischen Darstellung der Fortschritte des menschlichen Geistes. Hg. Wilhelm Alff, Frankfurt 1976.

Helvétius, Claude-Adrien: Vom Geist, Berlin und Weimar 1973.

Herder, Johann Gottfried: Journal meiner Reise im Jahr 1769, Historisch-kritische Ausgabe, Stuttgart 1976.

Herder, Johann Gottfried: Ideen zur Philosophie der Geschichte der Menschheit, Wiesbaden 1995.

Holbach, Paul Thiry d': Religionskritische Schriften: Das entschleierte Christentum. Taschentheologie. Briefe an Eugénie, Schwerte o. J. (Lizenzausgabe des Aufbau-Verlags, Berlin).

Holbach, Paul-Henri Dietrich d': Essay über die Vorurteile, Leipzig 1972 (unter dem Kürzel D.M. zuerst 1770).

Hume, David: Ein Traktat über die menschliche Natur, Buch II und III, Hamburg 1978.

Kant, Immanuel: Beantwortung der Frage: Was ist Aufklärung?, (Dez. 1783), in: Bahr, Ehrhard (Hg.): Was ist Aufklärung? Thesen und Definitionen, Stuttgart 1974, S.9-17.

La Mettrie, Julien Offray de: Der Mensch als Maschine, Nürnberg 2. Aufl. 1988.

La Mettrie, Julien Offray de: Philosophie und Politik, Nürnberg 1987.

---

[401] Schnädelbach, Herbert: Die Zukunft der Aufklärung, in ders.: Analytische und postanalytische Philosophie, Frankfurt 2004. S. 66f.

Montesquieu: Vom Geist der Gesetze. Übersetzt und herausgegeben von Ernst Forsthoff, 2 Bände, Tübingen 2. Aufl. 1992.

Rousseau, Jean-Jacques: Kulturkritische und politische Schriften in 2 Bänden, Hg. Martin Fontius, Berlin 1989 (wichtige Auswahl auch der Texte zur politischen Ökonomie und zu den Verfassungen Polens und Korsikas sowie der Friedensschrift).

Rousseau, Jean-Jacques: Schriften zur Kulturkritik (Die zwei Diskurse von 1750 und 1755, Französisch-Deutsch, 4. erw. Aufl. Hamburg 1983.

Rousseau, Jean-Jacques: Vom Gesellschaftsvertrag oder Die Grundlagen des politischen Rechts, Übers. Erich W. Skwara, Frankfurt/M. 2000 (Du contrat social, Ed. Bruno Bernardi, Paris 2001).

Rousseau, Jean-Jacques: Friedensschriften Frz.-Dt., Hg. Michael Köhler, Hamburg 2009.

Turgot: Über die Fortschritte des menschlichen Geistes, Hg. Johannes Rohbeck und Lieselotte Steinbrügge, Frankfurt 1990.

Voltaire: Briefe aus England, Zürich 1994.

Voltaire und Friedrich der Große: Briefwechsel, Hg. Hans Pleschinski, München 1995.

Voltaire und Katharina die Große: Monsieur – Madame. Der Briefwechsel zwischen der Zarin und dem Philosophen, Zürich 2002.

Voltaire: Über die Toleranz. Veranlasst durch die Hinrichtung des Johann Calas im Jahre 1762, in ders.: Recht und Politik. Hg. Günther Nenning, Frankfurt am Main 1978, S. 84-256.

Sekundärliteratur:

Bolz, Norbert: Diskurs über die Ungleichheit. Ein Anti-Rousseau, München 2009 (sehr polemisch, dadurch herausfordernd und diskussionsfördernd).

Cassirer, Ernst: Das Problem Jean-Jacques Rousseau, Darmstadt 1970.

Cassirer, Ernst: Die Philosophie der Aufklärung, Hamburg 1998.

Fetscher, Iring: Rousseaus politische Philosophie. Zur Geschichte des demokratischen Freiheitsbegriffs, Frankfurt/M. 6. Aufl. 1990.

Gay, Peter: Zeitalter der Aufklärung, Amsterdam 1967.

Groethuysen, Bernard: Philosophie der Französischen Revolution, Frankfurt und New York 1989 (zuerst Paris 1956).

Horkheimer, Max; Theodor W. Adorno: Dialektik der Aufklärung. Philosophische Fragmente. Frankfurt/M. Neuausgabe 1969 (geschrieben 1944, Erstveröffentlichung 1947).

Kleger, Heinz (Hg.), Religion des Bürgers. Zivilreligion in Amerika und Europa, München 1986.

Kondylis, Panajotis: Die Aufklärung im Rahmen des neuzeitlichen Rationalismus, München 1986.

Koselleck, Reinhart: Der Traum der Vernunft. Vom Elend der Aufklärung, Darmstadt 1985.

Koselleck, Reinhart: Kritik und Krise. Eine Studie zur Pathogenese der bürgerlichen Welt, Frankfurt am Main 1973 (Absolutismus und Aufklärung werden in einen Krisenzusammenhang gerückt).

Minois, Georges: Geschichte des Atheismus. Von den Anfängen bis zur Gegenwart, Weimar 2000.

Rehm, Michaela: Bürgerliches Glaubensbekenntnis. Moral und Religion in Rousseaus politischer Philosophie, München 2006.

Schnädelbach, Herbert: Die Zukunft der Aufklärung, in ders.: Analytische und postanalytische Philosophie, Frankfurt 2004 (ein Rückblick auf die Aufklärungskritik der Frankfurter Schule aus heutiger Sicht).

Stollberg-Rilinger, Barbara: Europa im Jahrhundert der Aufklärung, Stuttgart 2000.

Talmon, J.L.: Die Ursprünge der totalitären Demokratie, Köln und Opladen 1961.

11   Immanuel Kant: Friedenstheorie und Vertragskonzeption

Immanuel Kant (1724-1804) war ein Anhänger der republikanischen Ideen der französischen Revolution Er hat keine eigenständige „Kritik der politischen Vernunft" geschrieben. Dennoch kann man aber durchaus mit Jean-François Lyotard davon sprechen, dass die verschiedenen kleineren politischen Schriften Kants zusammengenommen die Vierte Kritik neben der Kritik der reinen Vernunft, der Kritik der praktischen Vernunft und der Kritik der Urteilskraft ausmachen.[402] Da Politik unaufhebbar pluralistisch ist, ist es ohnehin angemessener, sie in einer Mehrzahl von Studien zu behandeln.

Die Grundaxiome seiner Theorie sind in den klassischen Definitionskanon des liberalen Denkens eingegangen, insbesondere seine Definition des äußeren Rechts als „Einschränkung der Freiheit eines jeden"[403] zum Zweck der „Zusammenstimmung der Freiheit eines jeden mit der Freiheit von jedermann nach einem allgemeinen Gesetze",[404] die nur auf der Basis der Rechtsgleichheit möglich sei. Jede Freiheitseinschränkung ist eine Form von Zwang. Dieser Zwang beruht allerdings auf einem vertraglichen Verhältnis freier Menschen und kommt nur zustande, „weil die Vernunft selbst es so will."[405] Dazu müssen drei Voraussetzungen erfüllt sein:

- Die Freiheit aller Bürger als Menschen.
- Ihre Gleichheit untereinander und
- ihre Selbstständigkeit als Bürger.

Die Freiheit schließt jede väterliche Fürsorge an Stelle des eigenen Handelns als paternalistischen Despotismus aus. Einen fürsorglich-gütigen Despotismus hält Kant gar für den größten denkbaren Despotismus überhaupt. Die Gleichheit aller als dem Gesetz Unterworfene (Kant verwendet hier den missverständlichen Begriff „Untertanen") ist seiner Ansicht nach vereinbar mit „der größten Ungleichheit der Menge und den Graden ihres Besitztums",[406] aber auch an körperlicher oder Geistesüberlegenheit. Zur Gleichheit gehört jedoch vor allem die Chance, dass jedermann durch Talent, Fleiß oder Glück zu einer höheren Position gelangen kann. Erbliche Vorrechte dürfen dem nicht im Wege stehen. Die Selbständigkeit des Bürgers

---

[402] Lyotard, Jean-François: Der Widerstreit, München 1987, S. 12, S. 217.

[403] Kant, Immanuel: Über den Gemeinspruch: Das mag in der Theorie richtig sein, taugt aber nicht für die Praxis (1793) in ders.: Kleinere Schriften zur Geschichtsphilosophie, Ethik und Politik. Hg. Karl Vorländer, Unveränderter Neudruck 1973 der Ausgabe von 1913, S. 87.

[404] Kant, Immanuel: Über ein vermeintes Recht, aus Menschenliebe zu lügen (1797), in ders.: Kleinere Schriften zur Geschichtsphilosophie, Ethik und Politik. Hg. Karl Vorländer, Unveränderter Neudruck 1973 der Ausgabe von 1913, S. 205.

[405] Kant: Gemeinspruch, a.a.O. S. 87.

[406] Ebenda S. 89.

schließlich ist ans Eigentum gebunden, d.h. ein Stimmrecht als Staatsbürger soll nur derjenige haben, der sein eigener Herr ist und Eigentum hat, das ihn ernährt, wozu Kant auch Berufe in den Künsten, im Handwerk und den Wissenschaften zählt. Dies steht in Übereinstimmung mit den liberalen Vorstellungen vom an Besitz oder Einkommen gebundenen Zensuswahlrecht, das einen großen Teil des 19. Jahrhunderts beherrscht hat. Die moderne politische Theorie hat dieses Denken als „Besitzindividualismus" gekennzeichnet.[407] Allerdings wendet er sich gegen das Prinzip, dass etwa große Grundeigentümer auch gleich die Stimmen ihrer Bauern mit abgeben dürfen. Er beharrt auf dem Prinzip: eine Person, eine Stimme.

Wenn jedes Rechtssystem eine Freiheitseinschränkung bedeutet, kann dies nur zustande kommen als ursprünglich freiwillige Selbstbeschränkung. D. h. jeder Einzelne muss in einem ursprünglichen Vertrag diesem Rechtssystem zugestimmt haben. Kant gesteht zu, dass aus praktischen Gründen wohl doch nicht wirklich jeder gefragt werden könne und kein tatsächlicher Akt vorstellbar wäre, in dem jeder Einzelne seine Zustimmung gegeben haben könnte. Es handelt sich um eine „bloße Idee der Vernunft", die aber insofern eine starke faktische Wirkung hat, als sie den Gesetzgeber nötigt, seine Gesetze so zu geben, dass sie aus dem vereinigten Willen eines ganzen Volkes hätten entspringen können. „Denn das ist der Probierstein der Rechtmäßigkeit eines jeden öffentlichen Gesetzes."[408] D.h. ein Gesetz ist dann ungerecht, wenn das Volk unmöglich hätte zustimmen können. Ein Beispiel: kein ganzes Volk würde zustimmen, einer Aristokratie erblich die Herrschaft einzuräumen. Wenn es aber möglich wäre, dass alle zustimmen, dann muss man pflichtgemäß ein Gesetz auch für gerecht halten, selbst wenn es formell nicht auf diese Weise zustande gekommen ist oder man annehmen könnte, dass das Volk aufgrund einer momentanen Stimmung vielleicht doch dagegen stimmen würde. Dies ist ein bei Kant häufiger Gedanke. Seine Philosophie ist die Philosophie des „als ob": seine allgemeinen Regeln dienen als Überprüfungskriterien der Angemessenheit, Rechtmäßigkeit oder, in der Moralphilosophie, der moralischen Richtigkeit. Kant begibt sich an dieser Stelle auf ein politisches wie juristisches Glatteis, bewegt sich aber durchaus im Sinne der früheren naturrechtlichen Tradition, die er nunmehr als Vernunftrecht moderner interpretiert. Als gerecht kann das gelten, dem das ganze Volk in vernünftiger Abwägung zustimmen würde, auch wenn es dazu keine Gelegenheit hat oder faktisch aufgrund vorübergehender Stimmungen anders abstimmen würde. Kant trifft damit durchaus eine Intuition vieler Beobachter des politischen Prozesses. In den Kommentaren zur Ablehnung des EU-Verfassungsentwurfs in den Volksabstimmungen Frankreichs und der Niederlande wurde vielfach so argumentiert, dass es sich eher um Stimmungen als um Einsichten gehandelt habe, und dass der Verfassungsentwurf bei allen Unzulänglichkeiten den Intentionen der Kritiker in vielerlei Hinsichten stärker entsprochen habe als der gegenwärtige Zustand eines Regierungsvertrags. Es wäre deshalb unfair, Kant vorzuhalten, er vertrete lediglich die arrogant abgehobene Vernunftidee eines Philosophen. Er trifft eine durchaus alltägliche Intuition der politischen Diskussion, weil die Erfordernisse einer stringenten und

---

[407]   Vgl. Macpherson, C. B.: Die politische Theorie des Besitzindividualismus. Von Hobbes bis Locke, Frankfurt/M. 2. Aufl. 1980 (dt. zuerst 1967, engl. 1962) sowie Saage, Richard: Eigentum, Staat und Gesellschaft bei Immanuel Kant. Mit einem Vorwort ‚Kant und der Besitzindividualismus' von Franco Zotta, Baden-Baden, 2. Aufl. 1994.

[408]   Kant: Gemeinspruch, a.a.O. S. 95.

vernunftorientierten Überlegung jederzeit in ein Spannungsverhältnis zu faktischen Polarisierungs- und Entscheidungsprozesse geraten können. Der Appell an die „Vernunft" darf allerdings, das würde ich kritisch zu Kant anmerken, nicht für höheres Recht gegenüber den faktischen Entscheidungen angesehen werden, sondern tatsächlich nur als Appell, zu gegebener Zeit in einen nach Möglichkeit nüchterner und sachlicher zu gestaltenden neuen Überlegungsprozess einzutreten. Die höhere Vernunft des Philosophen darf auf keinen Fall dazu dienen, den praktischen demokratischen Entscheidungsprozess elitär zu überspielen. Sie gibt den Akteuren aber das Recht und die Legitimation, politische Ziele wie z.B. eine europäische Verfassung auch dann weiterzuverfolgen, wenn sich deutliche Mehrheiten dagegen gefunden haben.

Bei Kant findet sich in diesem Zusammenhang ein altertümliches Wort, das einer Erläuterung bedarf. Er schreibt. „Vielmehr ist meine äußere (rechtliche) Freiheit so zu erklären: sie ist die Befugnis, keinen äußeren Gesetzen zu gehorchen, als zu denen ich meine Beistimmung habe geben können."[409] Hier steht ausdrücklich nicht *Zustimmung*, sondern *Beistimmung*. Es reicht also aus, bei einer Mehrheitsentscheidung mit abgestimmt zu haben, aber in der Minderheit geblieben zu sein. Im Zusammenhang mit dem ursprünglichen Vertrag verwendet Kant sogar noch einen weiteren ungewöhnlichen Begriff: ein Gesetz ist dann ungerecht, wenn das Volk unmöglich seine *Einstimmung* hätte geben können.[410] Für die Klarheit unserer politischen Sprache wäre es nicht schlecht, diese alten Begriffe zu reaktivieren.

Kant ist auch insofern entschiedener Liberaler, als er nicht die *Eudaimonia*, die Glückseligkeit der Bürger, als oberstes Ziel des Staates setzt, sondern dessen Aufgabe vielmehr darauf konzentriert, für die innere und äußere Sicherheit zu sorgen, innerhalb derer die Bürger dann im Rahmen der Gesetze ihre ganz eigenen Vorstellungen von Glückseligkeit realisieren können, ohne dass ihnen hierzu Vorgaben von Seiten der Obrigkeit gemacht werden. Es ist illiberal, das Volk „gleichsam wider seinen Willen glücklich zu machen". Alle öffentlichen Maßnahmen sollen nur auf die Erhaltung des Gemeinwesens gerichtet sein dürfen. Da die Staatsgewalt die Befugnis hat, jeden zu zwingen, ist diese Einschränkung außerordentlich wichtig, denn in Kants Augen wäre es eine paternalistische Despotie, jemanden zu seinem Glück zwingen zu wollen.

Kant ist ein entschiedener Gegner jeglichen Widerstandsrechts und folgt in diesem Punkt konsequent den Vorgaben von Thomas Hobbes. Er konstatiert, „dass alle Widersetzlichkeit gegen die oberste gesetzgebende Macht, alle Aufwiegelung, um Unzufriedenheit der Untertanen tätlich werden zu lassen, aller Aufstand, der in Rebellion ausbricht, das höchste und strafbarste Verbrechen im gemeinen Wesen ist: weil es dessen Grundfeste zerstört. Und dieses Verbot ist unbedingt (...)".[411] Damit meint Kant, dass es auch dann gilt, wenn die Staatsmacht den ursprünglichen Vertrag verletzt oder tyrannisch gegen die Bürger auftritt. Der Grund dafür liegt in der klassisch hobbesianischen Frage: wer soll entscheiden, ob der Bürger oder die Staatsgewalt im Recht ist? Es gibt aber kein Oberhaupt über dem Oberhaupt, das zwischen dem Volk und der Macht entscheidet. Die erfolgreichen Revolutionen in der Schweiz, den Niederlanden und Großbritannien wertet Kant so, dass sie, wären sie misslun-

---

[409]   Kant: Zum ewigen Frieden, S. 126 Fußnote.

[410]   Gemeinspruch a.a.O. S. 95.

[411]   Gemeinspruch S. 97.

gen, als unrechtmäßig angesehen worden wären. Das Volk habe auf unrechtmäßigem Weg sein Recht gesucht und dadurch alle rechtliche Verfassung unsicher gemacht – eine aus heutiger Sicht etwas seltsame Position, denn die Rechtsunsicherheit kann ebenso gut, wie wir wissen, von einer die Rechtsordnung außer Kraft setzenden oder sie dauerhaft verletzenden politischen Spitze ausgehen.

Ein Widerstandsrecht wie im Art. 20 Abs. 4 des bundesdeutschen Grundgesetzes hätte Kant widersinnig erscheinen müssen: „Denn dass die Konstitution auf diesen Fall ein Gesetz enthalte, welches die subsistierende Verfassung, von der alle besondern Gesetze ausgehen (gesetzt auch der Kontrakt sei verletzt) umzustürzen berechtigte, ist ein klarer Widerspruch."[412] Mit dem Grundgesetz und gegen Kant muss man festhalten: Der Widerspruch wäre nicht so groß, wenn es nur darum ginge, die durch einen Tyrannen oder Usurpator verletzte verfassungsmäßige Ordnung wiederherzustellen. Immerhin gesteht Kant soviel zu, dass das Volk seine unverlierbaren Rechte gegenüber dem Staatsoberhaupt hat. Diese darf es jedoch unter keinen Umständen mit Zwangsgewalt durchzusetzen versuchen. So bleibt für Kant die Pressefreiheit der einzige Zufluchtsort der Freiheit. Er berücksichtigt nicht, dass alle diktatorischen Regime mit Zensurmaßnahmen arbeiten. Kant bleibt hier in den Denkstrukturen des Obrigkeitsstaats befangen, so sehr seine Verehrer ihn zum wirklichen Liberalen zu stilisieren versuchen.

Eine tatsächliche Liberalität allerdings vertritt er in Religionsangelegenheiten. Auch wenn die Regierung einst im Rahmen des Fortschritts dahin käme, alte Religionsirrtümer abändern zu wollen, so dürfte sie dieses doch nicht. Dies entspricht der Regel des *First Amendment* der der amerikanischen Verfassung: „Congress shall make no law respecting an establishment of religion, or prohibiting the free exercise thereof."

Kants 1795 vorgelegter Entwurf *„Zum ewigen Frieden"* gehört zu den Schlüsseltexten der aufklärerischen Ideengeschichte. Schon im Jahre 1713, im Jahre des Friedens von Utrecht, hatte der Abbé de Saint-Pierre einen vielbelächelten *„Traktat vom ewigen Frieden"* vorgelegt, der die wesentlichen Ideen einer europäischen Konföderation enthielt, welche durch einen Gesandtenkongress und einen Gerichtshof Konflikte friedlich regeln, aber auch Sanktionen verhängen konnte.[413] Dieser in sechs Bänden gedruckte Text galt in den Salons der Aufklärung als umständlich und unlesbar, so dass Jean-Jacques Rousseau den Auftrag erhielt, die Hauptideen des Abbé Saint-Pierre in klar verständlicher Weise zusammenzufassen. Er legte seine Fassung im Jahre 1761 vor.[414] Kant reagierte auf den Frieden von Basel, in dem Preußen erstmals die französische Revolutionsregierung anerkannte. Für Kant als Anhänger der demokratischen Freiheiten war dies gewiss ein zentrales Ereignis, das über seinen Tod hinaus, wenn auch nur bis 1806 Bestand hatte.

Der Text ist populär und im Stile und der äußeren Aufmachung eines der Friedensverträge damaliger Zeit verfasst. Er enthält im ersten Abschnitt fünf Präliminararartikel, im zweiten die

---

[412] Gemeinspruch S. 101.

[413] Eine gründliche Auswahl liegt vor in den Band: Abbé Castel de Saint-Pierre: Der Traktat vom ewigen Frieden 1713. Hg. und mit einer Einleitung versehen von Wolfgang Michael. Deutsche Bearbeitung von Friedrich von Oppeln-Bronikowski, Berlin 1922 (Klassiker der Politik Bd. 4).

[414] Rousseau, Jean-Jacques: Schriften über den Abbé Saint-Pierre (darin: Auszug aus dem Plan eines ewigen Friedens des Herrn Abbé Saint-Pierre), in ders.: Kulturkritische und politische Schriften in zwei Bänden, 2. Bd., Hg. Martin Fontius, Berlin 1989 (zuerst München und Wien 1978), S. 7–130.

drei Definitivartikel, worauf zwei Zusätze folgen. Ganz im ironischen Stil dieses Traktats verlangt der zweite, „geheime" Zusatzartikel, dass die Maximen der Philosophen über den öffentlichen Frieden von den beteiligten Staaten zu Rate gezogen werden sollen. Die Präliminararartikel enthalten einige sehr einfache Regeln: Kein Friede soll mit dem geheimen Vorbehalt des Stoffs zu einem künftigen Krieg geschlossen werden, kein bestehender Staat darf von einem anderen durch Erbung, Tausch, Kauf oder Schenkung erworben werden, stehende Heere sollen mit der Zeit ganz aufhören, Staatsschulden für äußere Staatshändel sollen nicht gemacht werden, und „Kein Staat soll sich in die Verfassung und Regierung eines anderen Staats gewalttätig einmischen"[415] – eine Reaktion auf den Koalitionskrieg Preußens und Österreichs gegen das revolutionäre Frankreich von 1792, den Goethe in seiner „Kampagne in Frankreich" beschrieben hat. Der sechste Präliminararartikel verlangt, dass alle Staaten sich Methoden der Kriegsführung enthalten sollen, die das für einen künftigen Frieden nötige gegenseitige Vertrauen gefährden könnten, insbesondere soll keine Anstiftung von Meuchelmördern, Giftmischern, Vertragsbrechern oder Verrätern erfolgen. Darüber hinaus erklärt er, „dass ein Ausrottungskrieg, wo die Vertilgung beide Teile zugleich und mit dieser auch alles Rechts [sic] treffen kann, den ewigen Frieden nur auf dem großen Kirchhofe der Menschengattung stattfinden lassen würde."[416] Ein solcher Krieg wäre deshalb schlechterdings unerlaubt. Dieser Satz wurde besonders angesichts der gegenseitigen atomaren Bedrohung im Kalten Krieg häufig zitiert.

Die Definitivartikel sind komplexer formuliert. Der entscheidende Artikel, der in der Politikwissenschaft Ende des 20. Jahrhunderts eine weitreichende und immer noch anschwellende theoretische wie empirische Forschungsarbeit ausgelöst hat, lautet: „Die bürgerliche Verfassung in jedem Staate soll republikanisch sein."[417] In der Sprache Kants bezeichnet republikanisch einen gewaltenteiligen Rechtsstaat mit Repräsentativverfassung, während Demokratie für ihn eine durch Rechtsstaatlichkeit und Gewaltenteilung ungebremste despotische Mehrheitsherrschaft bezeichnet. Das, was wir heute liberale Demokratie nennen, dürfte also weitgehend dem von Kant geforderten Modell entsprechen. Das theoretische Argument Kants lautet: in einem solchen politischen System müssten die Leute selbst alle Übel und Kosten des Kriegs, die sie dann ja auch zu tragen hätten, beschließen, während in einem System, in dem das Oberhaupt zugleich Staatseigentümer ist, Kriege eher wie Lustpartien oder Jagdausflüge geführt würden, weil die Staatschefs selbst dadurch keine Einbußen erleiden.

Lange Zeit schien es so, als sei dieses Argument nicht tragfähig, da seither viele Kriege mit der Zustimmung, teilweise sogar Begeisterung breiter Volksmassen geführt worden sind. Auch seine liberale Vorstellung, zur Garantie des Friedens würde der Handelsgeist beitragen, schien durch den Kolonialismus und Imperialismus widerlegt.[418] Heute hat man jedoch angefangen, die Fragestellung etwas zu verschieben, und festgestellt, dass seit 1815 tatsächlich noch niemals eine Demokratie einen Krieg gegen eine andere Demokratie geführt hat. Zwar sind Demokratien an vielen, sogar den meisten Kriegen beteiligt gewesen, aber im Zweifel immer auf der gleichen Seite und immer als Gegner von nichtdemokratischen Staaten. Kant

---

[415] Kant: Zum ewigen Frieden, S. 121.

[416] Ebenda S. 122.

[417] Ebenda S. 126.

[418] Ebenda S. 148.

verfügte 1795, als es weltweit überhaupt nur drei Demokratien gab, noch nicht über eine hinreichende empirische Beobachtungsbasis. Heute dagegen hat sich so etwas wie ein Sonderfriede unter den demokratischen Ländern entwickelt.[419]

Kants zweiter Definitivartikel fordert, das Völkerrecht solle auf den Föderalismus freier Staaten gegründet sein. Er schlägt einen Völkerbund vor, der aber nur föderalen, nicht weltstaatlichen Charakter haben sollte. Dieser Gedanke wurde 1920 verwirklicht. Ohne Sanktionsrechte und ohne die Beteiligung der USA, deren Regierung das Modell zwar vorgeschlagen hatte, der es aber nicht gelang, die Ratifizierung im Kongress durchzusetzen, blieb diese Institution allerdings machtlos. Erst die UNO hat sich als eine etwas dauerhaftere Lösung erwiesen. Insofern als sie in bestimmten Fällen durchaus in die Souveränität von Staaten eingreifen kann, geht sie über das Kantsche Modell, das die unbedingte Respektierung der Souveränität und der jeweiligen Staatsform verlangte, hinaus.

Der dritte Definitivartikel verlangt, das Weltbürgerrecht auf Bedingungen der allgemeinen Hospitalität, also der Gastfreundschaft einzuschränken. Dieser Artikel richtet sich vor allem gegen die Kolonialmächte seiner Zeit: das Gastrecht ist nur ein Besuchsrecht. Mit dem Betreten des Bodens eines Landes erwirbt man sich keineswegs das Recht der Herrschaft oder Eroberung.

Die Friedensgarantie sah Kant, durchaus von einer realistischen Einschätzung der Bösartigkeit menschlicher Natur ausgehend, darin, dass die ungesellige Geselligkeit und die Erfahrung mit schrecklichen Kriegen, vor allem aber die Ausdehnung menschlicher Tätigkeit bis in den hintersten Winkel der Welt letztlich den Druck und den Zwang ausüben würden, zu republikanischen Verfassungen zu kommen. Im Sinne des damaligen liberalen Nationalismus plädierte er für die Gründung vielfältiger republikanischer Staaten und gegen den Versuch, im Stile des Mittelalters eine übergreifende Universalmonarchie zu errichten. Die stärkste Garantie des Friedens folgt aus Kants aufklärerischem Naturbegriff: die natürliche Entwicklung selbst drängt zum Frieden. Er hält diesen Naturbegriff für bescheidener als den Begriff einer Vorsehung.[420] Dieser Naturbegriff ist in seiner „Idee zu einer allgemeinen Geschichte in weltbürgerlicher Absicht" (1784) schon zehn Jahre vor der Friedensschrift ausführlich behandelt worden. Ein moderner Philosoph, Karl-Heinz Ilting, hat Kant in diesem Punkt einen „naturalistischen Fehlschluss" nachgewiesen. Er habe vom Sein aufs Sollen geschlossen. Für Kants geschichtsphilosophischen Text trifft dies wohl zu.[421] Man kann die Friedensschrift aber auch so lesen, dass die Argumente aus der Natur nur unterstützender Art sind: Sie machen plausibel, dass der Frieden durch Republikanismus, Völkerrecht und einen Bund freier Staaten tatsächlich erreichbar ist. Kant benötigte dieses Argument gegen die herablassende Kritik der Politiker, die nicht die Idee, sondern allein deren Praktikabilität in Frage stellten.

Kant hat im Hauptteil seiner Friedensschrift argumentiert, dass es letztlich eine rein technische Aufgabe sei, einen vernünftigen Staat einzurichten: „Das Problem der Staatserrichtung

[419]   Vgl. dazu Reese-Schäfer, Walter: Democratic Peace Theory. Kant, Doyle und Lake, in ders.: Politische Theorie der Gegenwart in fünfzehn Modellen, München und Wien 2006, S. 144-156.
[420]   Ebenda S. 141.
[421]   Ilting, Karl-Heinz: Der naturalistische Fehlschluß bei Kant, in ders.: Grundfragen der praktischen Philosophie, Frankfurt/M. 1994.

ist, so hart wie es auch klingt, selbst für ein Volk von Teufeln (wenn sie nur Verstand haben) auflösbar und lautet so: ‚Eine Menge von vernünftigen Wesen, die insgesamt allgemeine Gesetze für ihre Erhaltung verlangen, jedes aber ingeheim sich davon auszunehmen geneigt ist, so zu ordnen und ihre Verfassung einzurichten, dass, obgleich sie in ihren Privatgesinnungen einander entgegenstreben, diese einander doch so aufhalten, dass in ihrem öffentlichen Verhalten der Erfolg ebenderselbe ist, als ob sie keine solche bösen Gesinnungen hätten.' Ein solches Problem muss auflöslich sein."[422]

In der Tat ist dies nach dem von Hobbes entwickelten Modell auflösbar durch die Institutionalisierung der staatlichen Zwangsgewalt, die dazu beiträgt, dass auch die anderen genötigt werden, die Gesetze einzuhalten, die Steuern zu zahlen und sich zivil zu verhalten, so dass das eigene Vertrauen auf das rechtliche Verhalten der anderen keine naive Vorleistung, sondern institutionell gesichert ist. Diese Staatsrechtfertigung ist in die moderne rationale Entscheidungstheorie als die Lösung des „Trittbrettfahrerproblems" eingegangen.

Die Lehre von den vernünftigen Teufeln ist ein Kernstück der politischen Ethik. Aus ihrer institutionalistischen Perspektive ist die Errichtung eines vernünftigen Staates eine bloß technische Aufgabe. Selbst wenn man von der Bösartigkeit von Menschen ausgehen muss, werden sie doch durch die Vernunft in ihrem eigenen Interesse genötigt, einen Staat als Sicherheitsgaranten zu errichten. Im Bereich der Individualethik jedoch gilt weiterhin uneingeschränkt der kategorische Imperativ: „Handle so, dass du wollen kannst, deine Maxime solle ein allgemeines Gesetz werden (der Zweck mag sein, welcher er wolle)"[423]. So auch für jeden Politiker. Der objektive Zwangscharakter der Verhältnisse gibt dem Politiker als Person kein Recht zu einem unmoralischen Verhalten. Um dies deutlich zu machen, hat Kant seiner Friedenschrift einen Anhang beigefügt mit grundsätzlichen Reflexionen über das Verhältnis von Politik und Moral. Es kommt letztlich zur Rechtfertigung des Handelns nicht auf die Zwecke an – mögen sie noch so gut sein – sondern allein auf die Vereinbarkeit der Handlungen des einzelnen Politikers mit dem kategorischen Imperativ.

Nicht die Klugheit, sondern die Pflicht diesem Imperativ gegenüber ist die Haltung der moralischen Politik, welche Kant fordert, und mit der er gegen die politischen Moralisten streitet, die immer wieder gute Ziele als Rechtfertigungen für schlechte Handlungen ins Feld führen. Er legt das bekannte Sprichwort *„fiat iustitia, pereat mundus"* (Das Recht soll geschehen, auch wenn darüber die Welt zugrunde geht) auf seine eigene Weise aus: die Welt, die darüber zugrunde gehen soll, ist die Welt der machiavellistisch klugen Amoralisten. Eine äußere Garantie und Bestätigung politischer Moralität sieht Kant in der Publizität, der Pressefreiheit: alle politischen Handlungen müssen veröffentlicht werden und können dann daraufhin überprüft werden, ob ihre Maxime verallgemeinerbar ist: „Alle auf das Recht anderer Menschen bezogene Handlungen, deren Maxime sich nicht mit der Publizität verträgt, sind unrecht."[424] Alle Geheimdienstaktivitäten und Arkanpolitiken werden auf diese Weise von Kant verboten, aber auch alle Verschwörungen und Vorbereitungen zu Aufständen. Es sind diese moralischen Grundsätze, die Max Weber in *Politik als Beruf* als Gesinnungsethik be-

---

[422] Kant: Zum ewigen Frieden 146; vgl. dazu Höffe, Otfried: Den Staat braucht selbst ein Volk von Teufeln. Philosophische Versuche zur Rechts- und Staatsethik, Stuttgart 1988.

[423] Ebenda S. 158.

[424] Ebenda S. 163.

zeichnete und gegen die er sein Gegenmodell der Verantwortungsethik mit ihrem Prinzip der Folgenorientierung, also des ethischen Konsequentialismus, aufgebaut hat.[425]

Kants vertragstheoretische Konzeption löst einige der Probleme, die die Theorien von Hobbes, Locke und Rousseau offengelassen hatten. Das Kernproblem lautet: Wie ist es vorstellbar, dass wir uns freiwillig der staatlichen Zwangsgewalt unterwerfen? Bei Hobbes lag der Grund in der angsterzeugenden Kraft eines fürchterlichen Naturzustandes. Der Einwand lag nahe: um den Füchsen zu entgehen, habe man sich dem viel schrecklicheren Leviathan in den Rachen geworfen. Kant dagegen sieht den Gesellschaftsvertrag als einen eigentümlichen Vertrag an, der sich von allen anderen aus bloßen Nützlichkeitserwägungen geschlossenen Verträgen unterscheidet. Er hat für die politische Ethik die gleiche Bedeutung wie der kategorische Imperativ für die Individualethik. In der Individualethik geht es um die Universalisierung der Moral, in der politischen Ethik um die Universalisierung des Rechts. Kant verzichtet auf die Konstruktion eines bestimmten Naturzustandes.

Der ursprüngliche Vertrag hat die Funktion, das allgemeine, angeborene Menschenrecht auf Autonomie in eine politische Form umzuwandeln: in das Recht der Mitwirkung eines jeden bei der Bildung des allgemeinen Willens. Durch diesen Grundvertrag ist nicht einfach ein bestehender Staat gerechtfertigt, denn der Staat als Faktizität ist historisch beinahe immer durch Gewaltakte und Zufälle entstanden, trägt also die Gewaltförmigkeit des Naturzustandes noch weiter. Kants Vertragskonzeption dient als Kriterium, oder, in der Sprache von Habermas ausgedrückt: die klassische naturrechtliche Vertragstheorie wird bei Kant in eine rechtlich-proceduralistische Form umgewandelt. Gesetze können dann als gerechtfertigt gelten, wenn vernünftige Menschen ihnen zustimmen können.[426] Die vernünftige Zustimmungsmöglichkeit ersetzt die klassische Grenzbedingung der Einstimmigkeit bei der Zustimmung zum ursprünglichen Vertrag. Die berechtigte Kritik von David Hume, niemand könne sich vorstellen, dass diese Einmütigkeit jemals zustande gekommen sei, ist damit gegenstandslos geworden. Auch die Kritik Rousseaus, die Reichen hätten die Armen im Sozialvertrag zur Akzeptanz des Eigentums genötigt, wird durch die Überlegung überwunden, dass hier das angeborene Menschenrecht auf Autonomie seine Verwirklichung in einer Rechtsordnung findet. Nicht die Selbsterhaltung, sondern die menschenrechtliche Autonomie ist der Vertragsgrund.

Die praktische Ausformulierung ist für Kant dann keine weitere Frage der Ethik, sondern des Rechtssystems. Im ursprünglichen Vertrag sind Autonomiemoral und Rechtskonstruktion als Einheit gedacht. Im Rechtssystem dagegen treten sie auseinander. In gewisser Weise waren Kants Lehren deshalb mit dem Rechtspositivismus des 19. Jahrhunderts kompatibel. Moralität wurde, wie im Friedenstraktat zu erkennen, zur Forderung an die Person des einzelnen Politikers, aber nur noch mittelbar auch an die einzelnen Gesetze und politischen Entscheidungen. Die Entwicklung der Vertragstheorien trat in den Hintergrund und hat erst wieder 1971, mit dem Erscheinen der „Theorie der Gerechtigkeit" von John Rawls, der ausdrücklich gegen Positivismus und nutzenkalkulierenden Utilitarismus auf kantische Denkelemente

---

[425]   Vgl. Weber, Max: Politik als Beruf (Oktober 1919), in ders.: Gesammelte Politische Schriften, Tübingen 5. Aufl. 1988, S. 505-560.

[426]   Zu diesen Überlegungen vgl. vor allem Wolfgang Kersting: Kant und die politische Philosophie der Gegenwart, in ders.: Wohlgeordnete Freiheit, Immanuel Kants Rechts- und Staatsphilosophie, Frankfurt 1993, S. 11-87.

zurückgegriffen hat, einen neuen Aufschwung erlebt. Bei Rawls und seinen Nachfolgern kann durchaus in einem gewissen Sinne von einer Remoralisierung des Rechts die Rede sein, weil bei ihm nunmehr auch die einzelnen Rechtsprinzipien der Überprüfung auf die rationale Zustimmungsfähigkeit in einer ursprünglichen Situation unterliegen. Mit Rawls sind vernunftrechtliche Ansprüche in eine prozedurale Form umgesetzt worden und erhalten wieder systematischen Vorrang vor dem positiven Recht – bis hin zur Legitimation eines zivilen Widerstandsrechts, das für Kant undenkbar gewesen wäre.

Um abschließend einen skizzenhaften Überblick und Vergleich der unterschiedlichen Vertragskonzeptionen von Hobbes, Locke, Rousseau und Kant zu ermöglichen, fasse ich die Hauptpunkte ihrer Theorien in einer Tabelle zusammen, was selbstverständlich nicht ohne eine gewisse Pointierung und Verkürzung möglich ist, aber vielleicht doch einen Aufschluss gibt:

Tab. 11.1:   Schautafel Vertragstheorie

	Anarchie des Naturzustands	Gesellschaftsvertrag	Staat
Hobbes	Kampf aller gegen alle; „natürliches Recht" als Recht auf alles, welches in Wirklichkeit kein Recht ist, jeder im Prinzip gleich stark	Vertrag eines jeden mit einem jeden: gegenseitiger Rechtsverzicht von Gleichen	Leviathan: Souveränität und Einheitlichkeit des Willens, absolute Herrschaft
Locke	Natürliche Rechte auf Leben, Freiheit, Eigentum und körperliche Unversehrtheit; diese werden im Großen und Ganzen respektiert, bleiben aber durch Selbstjustiz gefährdet	Vertrag eines jeden mit einem jeden; politische Gesellschaft, an die die Staatsgewalt zurückfällt, falls der Herrscher nicht für die Einhaltung der Naturrechte sorgt	gewaltenteilige Regierung, Mehrheitsprinzip, Herrschaft des Gesetzes, klassischer Liberalismus
Rousseau	Freiheit in der Anarchie, Selbsterhaltungsrisiken	bei Vertragsschluss entledigen sich alle ihrer bisherigen Besitztümer und Ansprüche, dadurch Gleichheit ohne Sonderinteressen; vollständige Entäußerung aller Rechte an die Gemeinschaft	gemeinsamer demokratischer Wille, Vorherrschaft des Allgemeininteresses; Radikaldemokratie
Kant	Naturzustand als Gedankenexperiment; Verlassen des Naturzustands als Pflicht, weil nur so jeder Rechte haben kann	praktische Vernunft statt pragmatischem Nutzen- und Schutzargument; Ende der klassischen Vertragstheorie	Neutralität des Staates gegenüber dem „Guten"; Republik

Textausgaben:

Kant, Immanuel: Werke in zwölf Bänden, Hg. Wilhelm Weischedel, Frankfurt/M. 1977ff.

Kant, Immanuel: Kleinere Schriften zur Geschichtsphilosophie, Ethik und Politik. Hg. Karl Vorländer, Unveränderter Neudruck 1973 der Ausgabe von 1913 (darin Zum ewigen Frieden und andere der wichtigen politiktheoretischen Aufsätze Kants. Diese Ausgabe wird wegen ihrer seminartauglichen Handlichkeit bevorzugt verwendet, denn wer eng am Text argumentieren will, kann nicht ständig die Akademie-Ausgabe bei sich tragen).

Rousseau, Jean-Jacques: Schriften über den Abbé Saint-Pierre, in ders.: Kulturkritische und politische Schriften Bd. 2, Berlin 1989 (zuerst München 1979).

Saint-Pierre, Abbé Castel de: Der Traktat vom ewigen Frieden 1713, Hg. Wolfgang Michael, Berlin 1922 (Klassiker der Politik).

Sekundärliteratur:

Asbach, Olaf: Politik und Frieden beim Abbé de Saint-Pierre. Erinnerungen an einen (fast) vergessenen Klassiker der politischen Philosophie, in: Politisches Denken, Jahrbuch 1995/96, Stuttgart und Weimar 1996, S. 133-164.

Batscha, Zwi (Hg), Materialien zu Kants Rechtsphilosophie, Frankfurt am Main 1976.

Brandt, Reinhard: Historisch-kritische Beobachtungen zu Kants Friedensschrift, in: Politisches Denken. Jahrbuch 1994, Stuttgart und Weimar 1995, S. 75-102.

Doyle, Michael W.: Kant, Liberal Legacies, and Foreign Affairs. Philosophy and Public Affairs, Vol. 12, 1983, 2 Teile, S. 205-235, 321-353, Wiederabdruck in: Brown, Michael E., Lynn-Jones, Sean M. und Miller, Steven: Debating the Democratic Peace, Cambridge/Mass. und London 3. Aufl. 1999, S. 3-57.

Fetscher, Iring: Hannah Arendt über ,produktive und unproduktive Arbeit' bei Adam Smith und Karl Marx. Eine Richtigstellung, in: Politisches Denken, Jahrbuch 1995/96, Stuttgart und Weimar 1996, S. 117-124.

Gerhardt, Volker: Immanuel Kants Entwurf „Zum ewigen Frieden". Eine Theorie der Politik, Darmstadt 1995.

Gowa, Joanne: Ballots and Bullets. The Elusive Democratic Peace, Princeton 1999.

Höffe, Otfried (Hg.): Immanuel Kant: Zum ewigen Frieden, Reihe Klassiker auslegen, Berlin 1995.

Höffe, Otfried: Den Staat braucht selbst ein Volk von Teufeln. Philosophische Versuche zur Rechts- und Staatsethik, Stuttgart 1988.

Höffe, Otfried: Immanuel Kant, München 1983.

Kersting, Wolfgang: Wohlgeordnete Freiheit, Immanuel Kants Rechts- und Staatsphilosophie, Frankfurt 1993 (mit dem bedeutenden Einleitungsaufsatz „Kant und die politische Philosophie der Gegenwart, S. 11-87).

Lutz-Bachmann, Matthias und Bohman, James (Hg), Frieden durch Recht. Kants Friedensidee und das Problem einer neuen Weltordnung, Frankfurt 1996.

Lyotard, Jean-François: Der Enthusiasmus. Kants Kritik der Geschichte, Wien 1988.

Lyotard, Jean-François: Der Widerstreit, München 1987 (bes. S. 111-116, S. 200-240, 267-281).

Macpherson, C. B.: Die politische Theorie des Besitzindividualismus. Von Hobbes bis Locke,. Frankfurt/M. 2. Aufl. 1980 (dt. zuerst 1967, engl. 1962).

Maus, Ingeborg: Zur Aufklärung der Demokratietheorie. Rechts- und demokratietheoretische Überlegungen im Anschluss an Kant, Frankfurt am Main 1994.

Pannier, Jörg: Das Geheimnis des zweiten Zusatzes. Ein historisch-kritischer Beitrag zu Kants Friedensschrift, in Politisches Denken. Jahrbuch 2005, Berlin 2006, S. 189-226.

Popper, Karl: Immanuel Kant. Der Philosoph der Aufklärung. Eine Gedächtnisrede zu seinem hundertfünfzigsten Todestag, in ders.: Die offene Gesellschaft und ihre Feinde I: Der Zauber Platons, München 6. Aufl. 1980, S. 9-19.

Reese-Schäfer, Walter: Democratic Peace Theory: Kant, Doyle und Lake, in ders.: Politische Theorie der Gegenwart in fünfzehn Modellen, München und Wien 2006, S. 157-165.

Saage, Richard: Eigentum, Staat und Gesellschaft bei Immanuel Kant. Mit einem Vorwort ‚Kant und der Besitzindividualismus' von Franco Zotta, Baden-Baden, 2. Aufl. 1994.

Tietgen, Jörn: Die Idee des Ewigen Friedens in den politischen Utopien der Neuzeit. Analysen von Schrift und Film, Marburg 2005.

Vorländer, Karl: Kant und Marx (1911), in: Sandkühler, Hans Jörg und Vega, Rafael de la: Marxismus und Ethik, Frankfurt am Main 1974, S. 262-350.

Weart, Spencer R.: Never at War. Why Democracies will not fight another, New Haven und London 1998.

Weber, Max: Politik als Beruf (Oktober 1919), in ders.: Gesammelte Politische Schriften, Tübingen 5. Aufl. 1988, S. 505-560.

Weiß, Johannes: Marx oder Weber? in: Politisches Denken, Jahrbuch 1995/96, Stuttgart und Weimar 1996 , S. 73-84.

12   Alexis de Tocqueville und das Zeitalter der Gleichheit

12.1   Über die Demokratie in Amerika

Der Ruhm Alexis de Tocquevilles (1805-1859) gründet sich auf eine neuneinhalb Monate dauernde USA-Reise, die er mit einem Stipendium des französischen Justizministeriums als Rechtsreferendar im Alter von 26 Jahren 1831/32 unternahm. Mit der Methode von Experteninterviews sammelte er umfassendes Material über die amerikanische Demokratie, er sammelte Dokumente, Statistiken und praktizierte das Verfahren der teilnehmenden Beobachtung. Empfehlungsschreiben und seine gewinnende, kommunikative Art ermöglichten ihm überall den Zugang zu den politisch entscheidenden Kreisen. Sein sorgfältig ausgearbeitetes zweibändiges Werk „Über die Demokratie in Amerika" wird bis heute nicht nur in den USA selbst als treffende Charakteristik des Landes, seines politischen Systems und vor allem seiner Gesellschaft gelesen. Moderne sozialwissenschaftliche Selbstdeutungen wie Robert Bellahs „Gewohnheiten des Herzens" greifen auf Tocquevilles ebenso einprägsame wie ungewöhnliche Formel zurück und haben dazu beigetragen, dass sein Werk einen unangefochtenen Status als Klassiker erlangt hat.[427] Und das heißt: es wird heute noch so gelesen, als ob es aktuell hilfreiche Einsichten über die Gesellschaft und Politik der USA vermitteln könnte.

Der außerordentliche Erfolg dieses Werkes ist nicht nur auf seinen glänzenden Stil und die Präzision der Beobachtungen zurückzuführen, sondern auch darauf, dass Tocqueville, weil die befragten Prominenten unter Diskretionszusicherung offener und auch selbstkritischer reden konnten, aber auch um der Prägnanz und Brillanz der Darstellung willen seine prominenteren Quellen eher versteckt und seine Gesprächspartner weder nennt noch zitiert, so dass Gedanken, die ein Gouverneur, Bürgermeister oder Senator geäußert haben mag, als Überlegungen Tocquevilles selber daherkommen.[428] Seine drei wichtigsten Quellen hat Tocqueville immerhin später, in einem unveröffentlichten Gutachten für die französische Regierung, benannt: die Federalist Papers als Werk, das von den drei Hauptautoren der amerikanischen

---

[427] Bellah, Robert N.; Richard Madsen; William M. Sullivan; Anne Swidler; Steven M. Tipton: Habits of the Heart. Individualism and Commitment in American Life, New York: Harper and Row 1986 (zuerst Berkeley 1985). Deutsch als Gewohnheiten des Herzens. Individualismus und Gemeinsinn in der amerikanischen Gesellschaft, Köln 1987.

[428] Tocqueville selbst beschreibt sein Verfahren in Über die Demokratie in Amerika, Erster Teil von 1835, Zürich 1987, S. 27.

Verfassung stammte, sowie die „Commentaries" von Kent und die des Richters Story.[429] Story hat sich später in einem Brief über diese Anleihen beklagt. Allerdings wird man festhalten müssen, dass Tocqueville mit seinem sozialwissenschaftlichen Blick weit über Storys juristische Erörterungen hinausging und die Zusammenhänge zwischen Gesellschaftsstruktur und politisch-juristischem System in einer Weise charakterisierte, wie es dem biederen Richter nicht möglich gewesen war. Eine über die bisherigen Editionen hinausgehende historisch-kritische Tocqueville-Ausgabe wäre sicherlich verdienstvoll, könnte sie doch mehr von diesen Quellenstrukturen aufdecken. Mindestens unter fachlichen Aspekten würde Tocquevilles Werk dadurch eher noch interessanter werden.

Der Plan seines Werkes sah drei Schritte vor. Beginnend mit der *société politique*, der politischen Gesellschaft, wollte er den Bundesstaat, dessen Beziehungen zu den Einzelstaaten und zwischen den Bürgern und der Union beschreiben. In einem zweiten Schritt sollte die *société civile*, die bürgerliche Gesellschaft oder Zivilgesellschaft, also die Beziehungen der Bürger untereinander behandelt werden, zuletzt dann die *société religieuse*, womit er die Einstellung der Bürger zu religiösen Angelegenheiten und vor allem die Beziehungen der religiösen Sekten untereinander meinte.

Sein Interesse an den USA bestand darin, dort die mögliche Zukunft Europas kennenzulernen. Er hatte die Absicht, Einsichten zu gewinnen, die für das Verständnis der eigenen, der alteuropäischen Gesellschaft von Nutzen sein können. Ganz im Gegensatz zu Marx und ähnlichen Virtuosen der Eindeutigkeit sind seine Formulierungen von einem Pathos der beinahe resignativen Einsicht in die Unausweichlichkeit des Zeitalters der Gleichheit getragen. Das Arrangement seiner Beobachtungen und seine stilistischen Möglichkeiten kommunizieren eine schillernde Ambivalenz, die vieles vorwegnimmt, was über 100 Jahre später in der Dialektik der Aufklärung oder in David Riesmans *„Die einsame Masse"* formuliert worden ist.[430]

Tocqueville hat die USA in den Jahren besucht, als mit Andrew Jackson erstmals ein Präsident nicht aus der Ostküstenaristokratie, sondern aus dem mittleren Westen gewählt worden war. Jackson war von 1828 bis 1837 Präsident der USA. In seiner Amtszeit wurde das Wahlrecht ausgedehnt und es wurden erstmals Züge einer egalitären Massendemokratie sichtbar. Gleich der erste Satz von Tocquevilles Einleitung spiegelt diese historische Situation wieder: „Unter den neuen Erscheinungen, die während meines Aufenthalts in den Vereinigten Staaten meine Aufmerksamkeit erregten, hat keine meinen Blick stärker gefesselt als die Gleichheit der gesellschaftlichen Bedingungen."[431] Sie ist für ihn die wirkende Ursache, aus der alle Tatsachen erklärbar sind, und der Mittelpunkt, in den alle seine Beobachtungen einmünden. Sein Grundgedanke: „Mitten unter uns geht eine große demokratische Revolution vor sich;

---

[429]   Hamilton, Alexander; James Madison; John Jay: Die Federalist Papers. Übersetzt, eingeleitet und mit Anmerkungen versehen von Barbara Zehnpfennig. Darmstadt 1993; J. Story: Commentaries on the Constitution of the United States (Ungekürzte Ausgabe), Cambridge/Mass. 1833; J. Kent: Commentaries on American Law, 4 Bde., New York 1826-1830; vgl. Jardin, André: Alexis de Tocqueville. Leben und Werk, Frankfurt und New York 1991, S. 175.

[430]   Vgl. Riesman, David: Die einsame Masse. Eine Untersuchung der Wandlungen des amerikanischen Charakters, Mit einer Einführung in die deutsche Ausgabe von Helmut Schelsky. Reinbek 1958 (zuerst als The Lonely Crowd 1950).

[431]   Tocqueville: Demokratie in Amerika, Bd. I, S. 9.

alle sehen sie, aber nicht alle beurteilen sie in gleicher Weise. Die einen halten sie für etwas Neues und hoffen, sie als etwas Zufälliges noch aufhalten zu können; den anderen hingegen gilt sie als unwiderstehlich, weil sie ihnen als der stetigste, älteste und andauerndste Vorgang erscheint, den die Geschichte kennt."[432] Tocqueville wählt entschlossen diese geschichtsphilosophisch fundierte zweite Perspektive, weil er sie für tiefgehender und dauerhafter hält, beschreibt die Folgen der Gleichheit allerdings in einer Ambivalenz und Vielschichtigkeit, die auch jene Leser ansprechen mochte, welche die Demokratie verabscheuten. Er spricht geradezu von einem „Eindruck einer Art religiösen Erschauerns"[433], den er vor der Gleichheit empfunden habe: „Die Demokratie aufhalten wollen, hieße dann gegen Gott selbst kämpfen, und es bliebe den Nationen nichts übrig, als sich mit dem gesellschaftlichen Zustand abzufinden, den die Vorsehung ihnen auferlegt hat." So setzt er seine Hoffnung allein darauf, diese Urkraft der Demokratie durch kritische Aufklärung über ihre Gefahren und Probleme in vernünftige, weniger schreckenerregende Bahnen lenken zu können und die Unerfahrenheit ihrer Bewegungen durch die Vermittlung praktisch-politischen Wissens zu steuern. Dazu bedarf es „einer neuen politischen Wissenschaft"[434] und er unternimmt es, diese zu entwerfen. Auch hier bestätigt sich der klassische Rang seines Werkes: selten sind Perspektive, Absicht und Erkenntnisinteresse klarer charakterisiert worden als mit diesen Worten.

Seine Kritik der französischen Revolution bestand darin, dass eine politische Revolution versucht worden sei, ohne dass jedoch an der Basis, in der Gesellschaft selbst schon diese Wandlung gründlich vorbereitet gewesen sei. Dadurch habe die Demokratie wild und unkontrolliert agiert und zur Schreckensherrschaft geführt. Die USA dienen ihm als Gegenbeispiel einer gesellschaftlich verankerten und aus der Gesellschaftsstruktur selbst heraus entwickelten demokratischen Revolution. „Ich zweifle nicht daran, dass wir, wie die Amerikaner, früher oder später zu fast völliger Gleichheit gelangen werden." – „Ich gestehe, in Amerika habe ich mehr als Amerika gesehen; ich habe dort ein Bild der Demokratie selbst, ihres Strebens, ihres Wesens, ihrer Vorurteile, ihrer Leidenschaften gesucht; ich wollte sie kennenlernen, und sei es auch bloß, um zu erfahren, was wir von ihr zu erhoffen oder zu befürchten haben."[435]

Die USA sind für Tocqueville vor allem deshalb ein besonders interessanter Fall, weil man hier den Prozess der Entstehung einer Nation sozusagen bei vollem Bewusstsein beobachten kann, während solche Phasen sonst oft in der Unkenntnis oder der Barbarei früherer Zeiten versunken sind. Er ist überzeugt, dass man bei Völkern wie bei Menschen schon in frühen Jahren die Hauptzüge ihres späteren Schicksals erkennen kann.[436] Aus diesem Grunde zögert er keinen Augenblick, weitreichende, auf Gründe gestützte Voraussagen zu machen, die seine späteren Leser immer wieder frappiert haben, weil vieles von dem, was er prognostizierte, so oder ähnlich eingetroffen ist. Seine berühmteste Voraussage, die seit 1945 und die gesamte Zeit der Blockkonfrontation des Kalten Krieges hindurch immer wieder zitiert wor-

---

432 Bd. I, ebenda S. 10.
433 Bd. I, S. 14.
434 Bd. I, S. 15.
435 Bd. I, S. 25f.
436 Bd. I, S. 605.

den ist, besteht in der These, dass eines Tages die USA und Russland die Geschicke jeweils der halben Welt in Händen halten würden, die USA zu Wasser, die Russen zu Lande, die USA mit der Macht des Wirkens in Freiheit, Russland mit der Despotie.[437]

Es ist geradezu ein durchgängiger Topos der Tocqueville-Forschung, dass er durch seine eigene soziale Lage als Aristokrat im Zeitalter des Bedeutungsverlustes dieser Klasse einen besonders geschärften soziologischen Blick zu entwickeln vermochte und dass seine abwägenden Urteile aus seiner Zwischenlage zwischen französischer Monarchie und amerikanischem Republikanismus zu erklären seien. Folgt man aber seiner Schreibweise und seinem Stil, so erkennt man bei ihm eher den diskursiv-aufgeklärten, die neue Zeit teils begeistert begrüßenden, teils gleichzeitig die Verluste an Kultur und Bildung mit leichter Melancholie beklagenden Tonfall jener Pariser Salonkonversation, den man ähnlich auch bei Heinrich Heine und anderen Zeitgenossen Tocquevilles findet. Auch die Zeitungsberichte Heinrich Heines aus diesen Jahren machen bei der heutigen Lektüre noch einen frischen und unverbrauchten Eindruck, und viele der Stilformen sind bei beiden vorhanden, so z.B. das Geständnis, nicht ganz der politisch korrekten Ansicht zu sein oder die Pressefreiheit keineswegs aus prinzipiellen oder heroischen Gründen zu unterstützen, sondern allein aus praktischen Erwägungen: „Ich gestehe, für die Pressefreiheit keineswegs die uneingeschränkte und unwillkürliche Liebe zu empfinden, die man für Dinge hegt, die ihrem Wesen nach unbestreitbar gut sind. Ich schätze sie weit mehr in Erwägung der Übel, die sie verhindert, als wegen des Guten, das sie leistet."[438] Er erkennt allerdings klar, dass eine freie Presse eigenen Gesetzmäßigkeiten folgt und keineswegs notwendigerweise jene liberalen politischen Zielvorstellungen verfolgt, welche ihr den Bewegungsraum erst eingeräumt haben: „Die Tagespresse hat, wie mir scheint, ihre eigenen Instinkte und Leidenschaften, die von der Umwelt, in der sie wirkt, unabhängig sind. Was sich in Amerika abspielt, beweist mir dies vollends."[439] Er beklagt, dass der amerikanische Journalismus, um die Menschen zu packen, diese bis in ihr privates Leben hinein verfolgt und ihre Schwächen und Laster enthüllt. Dies ist ein Missbrauch des Geistes, der Sitten und Geschmack verdirbt, der aber mittelbar zur öffentliche Ruhe beiträgt, weil die Politiker die Zeitungen nicht für ihre Zwecke funktionalisieren könnten und die Öffentlichkeit die Journalisten nicht wirklich ernst nimmt und sich mehr für die Tatsachen als für die Leitartikel interessiert. Dementsprechend ist ein bevorzugtes journalistisches Mittel die Entstellung oder Erfindung von Tatsachen, was jedoch durch die Vervielfachung und die Konkurrenz der Zeitungen erschwert wird. Ein weiteres kommt hinzu: Meinungen, die nicht unter der Zensur, sondern unter Bedingungen der

---

[437] Bd. I, S. 614.

[438] Bd. I, S. 265. Zum Vergleich mit Heine lese man dessen „Geständnisse" in Bd. VI seiner Sämtlichen Schriften, Hg. Klaus Briegleb, Darmstadt 1975 oder, ebenfalls zeitgenössisch zu Tocqueville Heines „Französische Zustände" aus dem Jahre 1832. Heine hat Tocqueville gekannt und 1843 über einen Auftritt des Abgeordneten Tocqueville in der Deputiertenkammer geschrieben: „Dem Rapporteur, Herrn von Tocqueville, gebührt das Lob, daß er mit Festigkeit seine Gedanken durchfocht; er ist ein Mann von Kopf, der wenig Herz hat und bis zum Gefrierpunkt die Argumente seiner Logik verfolgt; auch haben seine Reden einen gewissen frostigen Glanz, wie geschnittenes Eis. Was Herrn Tocqueville jedoch an Gemüt fehlt, das hat sein Freund, M. De Beaumont, in liebreichster Fülle, und diese beiden Unzertrennlichen, die wir immer gepaart sehen, auf ihren Reisen, in ihren Publikationen, in der Deputiertenkammer, ergänzen sich aufs beste. Der eine, der scharfe Denker, und der andere, der milde Gemütsmensch, gehören beisammen, wie das Essigfläschchen und das Ölfläschchen." Heine, Lutetia, Werke Bd. V, Hg. Klaus Briegleb, Darmstadt 1974, S. 513.

[439] Tocqueville: Demokratie in Amerika, a.a.O. Bd. I, S. 269.

Pressefreiheit entstehen, sind zäher, so dass sich in den Ländern mit der größten Denkfreiheit auch die unüberwindlichsten Vorurteile finden. Trotz dieser kritischen Darstellung kommt Tocqueville zu der Überzeugung, „dass in der Neuzeit die Unabhängigkeit der Presse die entscheidende, sozusagen die freiheitsbegründende Kraft darstellt."[440] Ein Volk, das frei bleiben will, muss daher die Pressefreiheit achten.

Tocqueville selbst hat die soziale Lage der Personengruppen, die er analysiert, immer sehr genau im Auge gehabt, er vermeidet jedoch systematisch den Begriff der Ideologie, der, seit Bonaparte bekannt, die Verwendung von Ideen als bloße Instrumente des Machtkampfes bezeichnet. Tocqueville sucht Ursachen für Erfolg und Misserfolg, wo er sie nicht in materiellen äußeren Faktoren erkennen kann, immer wieder in unterschiedlichen „geistigen und sittlichen Eigenschaften",[441] und hat damit wichtige Einsichten aus Max Webers Theorie vom Geist des Kapitalismus durch analytisch geschulte Beobachtung vorweggenommen. So sucht er nach einer Erklärung dafür, dass die amerikanische Handelsschifffahrt trotz höherer Löhne der europäischen immer größere Marktanteile wegnimmt: Der Grund ist eine größere Risikobereitschaft, der direkte, Zwischenstationen vermeidende Seeweg und die damit verbundene Inkaufnahme von Strapazen und Krankheiten. Oder, sehr viel anschaulicher in den Worten Tocquevilles: „Der amerikanische Schiffer verlässt Boston, um in China Tee zu kaufen. Er kommt in Kanton an, bleibt einige Tage dort und kehrt zurück. In weniger als zwei Jahren hat er den ganzen Erdumfang zurückgelegt und nur ein einziges Mal Land betreten. Während einer Überfahrt von acht oder neun Monaten hat er Brackwasser getrunken und von Pökelfleisch gelebt; er führt ohne Unterlass den Kampf mit dem Meer, mit der Krankheit, mit der Langeweile; bei seiner Rückkehr aber kann er das Pfund Tee um ein paar Pfennig billiger verkaufen als der englische Händler: der Zweck ist erreicht. Ich könnte meinen Gedanken nicht besser ausdrücken, als wenn ich sage, dass die Amerikaner ihren Handel mit einer Art Heldenmut betreiben."[442]

Fast alles, was Tocqueville aussagt, stellt seine Beobachtungen in einen größeren, sei es sozialen, sei es weltgeschichtlichen Zusammenhang, d.h. seine Aussagen, an so konkreten Fällen sie auch gewonnen sein mögen, zielen auf Verallgemeinerung. Anders als bei späteren Geschichtsdeutern, die ebenfalls den Mut zu Prognosen hatten, wie etwa Oswald Spengler, kommen seine Behauptungen aber nicht apodiktisch daher, sondern werden durchweg nach einem analytisch-beschreibenden Passus zusammenfassend und zugleich als subjektive Aussage erkennbar, also in einer diskursiven Ich-Form vorgetragen, ohne dabei je in penetranter Weise prophetisch verkündend zu wirken. Diese verfeinerte Stilkunst macht meiner Auffassung nach in ganz entscheidender Weise den Rang Tocquevilles als Klassiker und als Vorbild für vergleichbare Analysen aus. Tocqueville ist ein Klassiker des politischen Denkens. Trotz seines soziologischen Blicks ist in jenem Fach sein Rang nie wirklich anerkannt worden, man hat ihn nur selten in das Grundstudium integriert. Sein Stil war wohl zu klar und eindeutig, zu wenig durch bedeutungsschwangere, aber beobachtungsferne und deshalb letztlich nicht haltbare Begriffsnebel aufgebläht, wie dies vielfach bei im Vergleich zu Tocqueville zweitrangigen Autoren der Fall war.

---

[440] Bd. I, S. 283.
[441] Bd. I, S. 597.
[442] Bd. I, S. 599.

Eines der großen Probleme der amerikanischen Demokratie und zugleich ein generelles Problem demokratischer politischer Systeme hat Tocqueville in der „Tyrannei der Mehrheit" erkannt. Die Geschworenengerichte sind eine mit dem Recht zum Urteilsspruch bekleidete Mehrheit und garantieren keine wirkliche Rechtsstaatlichkeit. Vor allem aber: die Mehrheit hat das Recht, alles zu entscheiden und zu tun, ohne durch Gegengewalten, ohne durch intermediäre Kräfte darin eingeschränkt zu sein. Im politischen System der USA fehlen nach Tocquevilles Ansicht Kontrollinstrumente nicht nur gegen Entscheidungen der Mehrheit, sondern auch schon gegen deren Meinungen, die das Denken trotz aller Freiheit im Einzelnen „mit einem erschreckenden Ring" umgeben: „Ich kenne kein Land, in dem im allgemeinen weniger geistige Unabhängigkeit und weniger wahre Freiheit herrscht als in Amerika."[443] Die Tyrannei übergeht in dieser demokratischen Republik sozusagen den Körper und zielt direkt auf die Meinungen und die Seelen: „Die Mehrheit lebt also in einer ständigen Selbstbewunderung; nur den Ausländern oder der Erfahrung gelingt es, gewissen Wahrheiten bei den Amerikanern Gehör zu verschaffen."[444]

Dieser Mehrheitsdespotismus verbreitet ein quasi höfisches Denken in der breiten Bevölkerung und in allen Schichten gleichzeitig. Das, was wir heute als politische Korrektheit diskutieren, war in allen Einzelheiten schon um 1830 im öffentlichen Bewusstsein in den USA angelegt. Allerdings gibt es eine Reihe von Faktoren, die diese Tyrannei mildern: Es gibt erstens keine Verwaltungszentralisation, zweitens herrscht eine Art Rechtsgeist, der sich als im Kern konservativ, auf den privaten Vorteil orientiert und damit gegen die Demokratie gerichtet erweist. Damit stellt er aber ein Gegengewicht gegen viele Formen öffentlicher Willkür dar. Institutionell betrachtet hat dieses gesellschaftlich stark verankerte Rechtsempfinden bis hin zur Herausbildung einer Art Aristokratie der Rechtskundigen geführt, was gewiss auch auf die komplexe Rechtsprechung aus Präzedenzfällen zurückzuführen ist. Durch das System der Präzedenzfälle wird die Rechtskunde zu einer Art Geheimwissenschaft, während in Frankreich die Gesetze zwar schwer verständlich sein mögen, im Prinzip aber doch jeder sie lesen kann: „Der amerikanische Adel sitzt auf den Bänken der Anwälte und auf den Richterstühlen."[445] Tocqueville bezweifelt, dass die Geschworenengerichte tatsächlich den Rechtssuchenden nützen. Stattdessen nützen sie aber der gesamten Gesellschaft, weil in ihren Verfahren für die Geschworenen und damit im Prinzip die Bevölkerung selbst eine kostenlose Schule des öffentlichen Urteils stattfindet, eine Art Erziehungsprozess.

Die Gründe, warum die amerikanische Demokratie anders als die französische der Revolution von 1789 erhalten geblieben ist, findet Tocqueville in drei Faktoren: a) der besonderen und zufälligen Lage ohne große Hauptstadt und gefährliche Nachbarn, b) den Gesetzen, insbesondere der föderalistischen Form, die die Macht einer großen mit der Sicherheit einer kleinen Republik verbinden, und c) den Lebensgewohnheiten und Sitten. Die starke Betonung vor allem des dritten Punktes macht die Eigentümlichkeit und auch die theoretische Charakteristik der Lehre von Tocqueville aus. Hier steht er in der Tradition Montesquieus. Die demokratischen Einrichtungen haben sich mit den Gewohnheiten nach und nach ver-

---

[443]   Bd. I, S. 382.
[444]   Bd. I, S. 384.
[445]   Bd. I, S. 403.

mischt und sind mit den Meinungen des Volkes eins geworden – ein Rezept, dass nach und nach durchaus auch auf andere Länder übertragen werden könnte.

Im zweiten Band der *Demokratie in Amerika*, der 5 Jahre später erschienen ist, analysiert Tocqueville den Einfluss der Demokratie auf die „bürgerliche Gesellschaft". Gemeint sind das geistige Leben, das Gefühlsleben und die „Sitten" (die *mœurs*), um abschließend die Rückwirkung aller dieser Faktoren auf die politische Gesellschaft selbst zu bündeln. Der zweite Band ist aus größerem Abstand geschrieben, der Stil ist noch stärker als im ersten zu Sentenzen verdichtet, und die Analyse wird ständig durch einen Vergleich mit europäischen Gesellschaften, vor allem mit denen Englands und Frankreichs getragen. Tocqueville geht außerordentlich gründlich und systematisch vor. Wie im ersten Band wägt er Argument und Gegenargument ab und kommt am Schluss jedes Abschnitts zu seiner eigenen Position, die er immer in Ich-Form formuliert und dem Leser zur Erwägung vorlegt. Im Vorwort gibt Tocqueville seinen Standpunkt an: Unparteilichkeit, die deutliche Kritik an vielen Elementen der Demokratie einschließt, aber keine Gegnerschaft. Sein ganzes Buch kann gelesen werden als Modell abwägend wertender, offen die eigenen Maßstäbe kommunizierender Sozialwissenschaft und stellt so das souveräne Gegenbild zu einem übernervösen Wertfreiheitspostulat dar, das diesen Wissenschaftszweig bis heute um eine entscheidende Dimension verkürzt.

Die Kapitel dieses Bandes sind häufig sehr kurz. Sie umfassen oft nur zwei bis drei Seiten, haben aber immer einen ähnlichen Aufbau: Tocqueville beginnt mit einer starken These, z.B., dass es in der gesamten Kulturwelt kein Land gibt, in dem man sich weniger mit Philosophie befasst als den USA. Das wird erläutert, dann folgt die Gegenthese: zwar liest man Descartes nicht, aber man befolgt seine Lehren im praktischen Leben und benützt den eigenen Verstand als Quelle aller Einsichten. Demokratien vermeiden es möglichst, Krieg zu führen, selbst zu Verteidigungskriegen sind sie nur in allerhöchster Not bereit. Aber wenn sie in Bewegung geraten, werden die Schlachtfelder größer, die Opferzahlen höher und die Folgen ausgeprägter. Darüber hinaus sind die Armeen in solchen Ländern oft besonders kriegsgeneigt, weil die sozialen Aufstiegschancen für Offiziere mit dem Freiwerden von Stellen verbunden sind, während die adligen Offiziere europäischer Armeen in langwährenden Friedenszeiten wieder auf ihre Güter zurückkehren können, ohne an Status zu verlieren. Derartige zugespitzte Thesen und Gegenthesen diskutiert Tocqueville mit vielfältigen Argumenten durch, sich stärker noch als im ersten Band auf die Deliberation, weniger dagegen auf die bloße Beobachtung und Berichterstattung verlassend.

Seine Analyse der öffentlichen Meinung ist besonders charakteristisch. Da man sich nicht täglich alle Wahrheiten selber beweisen kann, aber im Zeitalter der Gleichheit Autoritäten nicht mehr vertraut, wird die Einzelvernunft sich um so stärker der Führung durch die öffentliche Meinung überlassen, die durchaus so etwas wie eine Art Religion werden kann, „deren Prophet die Mehrheit ist."[446] Dies ist nicht ungefährlich, weil dann nicht mehr die für Demokratien an sich charakteristische Geistesfreiheit, sondern eine unbedingte Macht der Mehrheit entstehen kann und sich unter demokratischer Fassade eine neue Knechtschaft zeigen kann. Sein persönliches Urteil: „Was mich betrifft, so ist es mir, wenn ich die Hand der Gewalt auf meiner Stirn lasten fühle, ziemlich gleichgültig zu wissen, wer mich unterdrückt, und meine

---

[446]   Bd. II, S. 22.

Bereitschaft, den Kopf unters Joch zu beugen, wird nicht größer dadurch, dass eine Million Arme es mir hinhalten."[447]

Die Gleichheit, die viel Gutes in die Welt bringe, fördert aber auch die Vereinzelung der Menschen und erzeugt in ihnen eine unmäßige Liebe zu materiellen Genüssen. Dem können religiöse Überzeugungen entgegenwirken – auch wenn es „sehr falsche und höchst sinnlose Religionen" gibt.[448] Freie Gesellschaften werden auf ein gewisses Maß an Religiosität schon aus rein praktischen Gründen angewiesen sein: religiöse Überzeugungen können die Menschen aus ihrer Selbstbezogenheit herausreißen, ihnen Ziele jenseits allzu irdischer Güter vermitteln und sie auch gegenüber der Allgemeinheit stärker verpflichten. Tocqueville traut dem christlichen Evangelium zu, auch in Zeiten der Aufklärung und der Ablehnung jeglichen Dogmas fortzudauern, während die Lehre von Mohammed, weil sie auch ausgeprägte politische, bürgerliche und strafrechtliche Leitsätze enthält, das Feld des Glaubens zu sehr in die Sphäre der Politik hinein ausdehnt und deshalb „in Zeiten der Aufklärung und der Demokratie nicht lange herrschen kann"[449] Diese mangelnde Kompatibilität von Islam und Demokratie war damals so deutlich zu sehen wie heute. Der Glaube dagegen konnte sich gerade auch bei einer Trennung zwischen Staat und Kirche erhalten.

Für die Wirkung Tocquevilles im deutschen Vormärz war entscheidend, dass er ein von der französischen Revolution radikal abweichendes Bild der Demokratie ins Spiel brachte, nämlich das eines geordneten, gewaltenteiligen Systems, das vielfältige Sicherungen gegen den Absturz in den Terror des Wohlfahrtsausschusses und das Umschlagen in eine bonapartistische Diktatur enthielt. Die funktionale Trennung von Religion und Politik in den USA ermöglichte ein Nebeneinander, während sich im revolutionären Frankreich ein harter Kampf zwischen Staat und Kirche abgespielt hatte. Darüber hinaus hatte Tocqueville mit dem Föderalismus ein wesentliches Moment politischer Freiheit und Selbstbestimmung entdeckt, das auf das deutsche Modell wesentlich besser passte als der französische Zentralismus. Gerade auch die vielfältigen kritischen Bemerkungen Tocquevilles wurden als Hinweise gelesen, wie man es vermeiden könnte, die Volksherrschaft zur Schreckensherrschaft werden zu lassen, sondern die individuelle Freiheit auch unter demokratischen Bedingungen aufrechtzuerhalten.

Da Tocquevilles wissenschaftliche Analyse mit einem politischen Bekenntnis zur Freiheit verbunden war, musste sie jeden Leser zur Stellungnahme herausfordern. In der Frankfurter Nationalversammlung von 1848 war Tocquevilles Bericht für alle Liberalen und Demokraten ein wesentlicher Bezugspunkt, während das Interesse an ihm vor allem zur Zeit des amerikanischen Bürgerkriegs nachließ, weil man sein USA-Bild für überholt hielt. In den USA selbst ist er permanent gelesen worden, vor allem aber wieder seit den 50er Jahren des 20. Jahrhunderts. Seine vielfältigen Bemerkungen zur Vereinzelung im Zeitalter der Gleichheit und zum Vereinswesen und zur Selbstorganisation wurden prägend für die intellektuelle Bewegung der Kommunitarier. Robert Bellah knüpfte in seinem Buchtitel „Gewohnheiten des Herzens. Individualismus und Engagement im amerikanischen Alltagsleben" (*Habits of the Heart*) an eine jener berühmten Stilfiguren Tocquevilles an, die ihre Wirkung im Französischen wie im

---

[447] Bd. II, S. 23.
[448] Bd. II, S. 36.
[449] Bd. II, S. 37f.

Englischen entfalten konnten. Die 200 amerikanischen Bürger, wie sie Bellah in den Jahren 1979 bis 1984 interviewte, redeten kaum anders als die Amerikaner der Jahre 1830/31, mit denen Tocqueville gesprochen hatte. In der Sprache des Individualismus äußerten sie die Sehnsucht nach Bindungen, nach idealisierten Kleinstadtmilieus, nach romantischer Liebe und dem kleinen Kreis der Familie und Freunde, aber doch immer verbunden mit dem Wunsch, über das eigene Ich hinauszuwachsen, durch Gruppenbildung teils religiöser, teils anderer Art, durch soziales Engagement etc. Auch im scheinbar säkularisierten zwanzigsten Jahrhundert ist bei den Interviewten der starke religiöse Unterton und die häufige Berufung auf die biblische Tradition auffällig und bestätigt die überraschend konstante Weitergeltung vieler der Tocquevilleschen Analysen. Amerikanische Sozialwissenschaftler der Gegenwart lesen „Über die Demokratie in Amerika" daher keineswegs nur als historische Momentaufnahme, sondern als Fundamentalanalyse der Strukturen ihres politischen Systems und ihrer Gesellschaft.

12.2   Der alte Staat und die Revolution

Tocquevilles zweites und letztes Hauptwerk trägt den Titel „L'Ancien Régime et la Révolution" (Der alte Staat und die Revolution) und stammt aus dem Jahre 1856. Er hat nur den ersten Teil mit der Darstellung der vorrevolutionären Verhältnisse fertiggestellt. Vom zweiten Band gibt es nur Fragmente. Ziel dieses Werkes ist keineswegs eine Geschichte der französischen Revolution, sondern eine soziologische Prüfung und ein unvoreingenommener Vergleich der Verhältnisse vor und nach der Revolution. Dazu zieht er die Verhältnisse in England und Deutschland, die er ebenfalls jahrelang aus Quellen und Archiven studiert hat, als Maßstab heran, um zu erklären, weshalb es in Frankreich zu diesem besonders dynamischen und gewalttätigen Ausbruch gekommen ist. Denn: „Wer nur Frankreich studiert und gesehen hat, wird, wie ich zu behaupten wage, niemals etwas von der Französischen Revolution begreifen."[450]

Ausgangspunkt ist seine Beobachtung, dass die politischen Einrichtungen des Mittelalters in Frankreich, England und Deutschland weitgehend ähnlich waren. Lokale Besonderheiten gab es, aber in der Grundstruktur haben sich diese doch sehr verschiedenen und wenig untereinander gemischten Gesellschaften die gleichen Gesetze gegeben. Mehr noch: „Die Gesellschaft ist in der gleichen Weise abgeteilt, und die gleiche Gliederung zeigt sich unter den verschiedenen Klassen; auch die Edelleute nehmen die gleiche Stellung ein; sie haben gleiche Vorrechte, gleiche Physiognomie, gleiches Naturell. Es sind nicht verschiedene Menschen, es sind eigentlich überall dieselben. Die Stadtverfassungen sind einander ähnlich; auf dem Lande wird in derselben Weise regiert. (...) Von den äußersten Grenzen Polens bis zum irländischen Meer gleicht alles einander. (...) Ich glaube, man darf behaupten, dass im 14. Jahrhundert die gesellschaftlichen, politischen, administrativen, richterlichen, ökonomischen und wissenschaftlichen Zustände Europas vielleicht mehr Ähnlichkeit untereinander hatten als selbst in unseren Tagen, wo die Zivilisation Sorge getragen zu haben scheint, alle Wege

---

[450]   Alexis de Tocqueville: Der alte Staat und die Revolution, München 1978, S. 34.

zu ebnen und alle Schranken zu beseitigen."[451] Diese Ordnung verfällt seit dem Mittelalter und liegt im 18. Jahrhundert überall in Trümmern. Die mittelalterlichen Städte in Deutschland waren ebenso gebildete wie reiche kleine Republiken – formal existieren sie im 18. Jahrhundert immer noch, aber nur noch als leere Scheinbilder. Seine Studien in Deutschland ergaben, dass noch sehr lange Zeit mittelalterliche Dorfgemeinschaften existiert hatten. Aus der Dorfgemeinde des Mittelalters hätten sich die Townships Neuenglands gebildet, die er bei seiner Amerikareise noch für eine spezifisch amerikanische Erscheinung gehalten hatte. Nun, nach Kenntnis der europäischen Archive, weiß Tocqueville, dass all dies klassisch europäische Institutionen waren, die nur mit dem Verlust der Freiheit ausgehöhlt und verlorengegangen waren, während sie auf demokratischem Boden in den USA eine neue Existenz erlebten.

Tocqueville stellt fest, dass die alten Institutionen abgestorben sind, ohne ihre Form und ihren Namen unbedingt verloren zu haben. Selbst die politischen Freiheiten des Mittelalters, die einstmals die Quelle des wirtschaftlichen Aufschwungs waren, sind eher unfruchtbare, hinderliche Privilegien geworden. Besonders in Frankreich hat die Monarchie zentralisierend gewirkt, die lokalen Selbstverwaltungen überall entmachtet und eine Staatsverwaltung an deren Stelle gesetzt. Das Beamtentum verdrängt mehr und mehr die Regierung des Adels, während in England seit dem 17. Jahrhundert das Feudalsystem im wesentlichen abgeschafft ist. Dort gibt es eine stärkere Gleichheit vor dem Gesetz, Gleichheit der Steuerbelastung, sogar eine freie Presse und Öffentlichkeit der Verhandlungen: alles Neuerungen gegenüber dem Mittelalter, die England schon im 17. Jahrhundert zu einer modernen Nation gemacht haben.

Tocquevilles Freiheitsbegriff, einer der tragenden Begriffe seines Denkens, ist ganz eigentümlich. Mit Montesquieu vertritt er die politisch-soziologische These: „Der Ertrag des Bodens beruht weniger auf dessen Fruchtbarkeit, als auf der Freiheit der Einwohner."[452] Diese Freiheit muss nicht notwendigerweise die gleiche Freiheit aller sein – andernfalls könnte er nicht so entschieden von den Freiheitsspielräumen der mittelalterlichen Gesellschaft sprechen. Auch die Freiheit weniger, des Adels oder der bürgerlichen Stadtverwaltung, erzeugt schon durch kluge Verwaltung der eigenen Angelegenheiten den Wohlstand und das Selbstbewusstsein. Das Beispiel weniger kann durchaus auch den Mut der anderen Klassen steigern. Es geht darum, nicht nur bloße Privattugenden zu entwickeln, die es unter allen sozialen und politischen Verhältnissen geben mag, sondern öffentliche Tugenden: das bildet starke Seelen und freie Geister. Auch im französischen *ancien régime* hat es dafür einige eingeschränkte Voraussetzungen gegeben. Die Beschränkung der Freiheit auf wenige und auf außerpolitische Bereiche allerdings hatte eine Nebenwirkung, die als Teilerklärung einiger der fürchterlichsten Erscheinungen der französischen Revolution herangezogen werden kann. Das *ancien régime* bestand keineswegs allein aus Servilität und Unselbständigkeit. Der König fühlte sich genötigt, seine Edikte durch ausführliche, volkstümliche Begründungen einzuleiten – er fühlte sich also offenbar einer Öffentlichkeit verpflichtet. Es gab für Bürger wie Aristokratie, wenn auch nicht für die Landbevölkerung, Schranken gegen die Willkür und in diesen Kreisen auch den Mut des Widerspruchs und des Protests. Aber diese Freiheit,

---

451   Ebenda S. 32.
452   Ebenda S. 127.

darauf weist Tocqueville in einer seiner charakteristischen ambivalenten Wertungen hin, „war eine Art unregelmäßiger und vielfach unterbrochener Freiheit, immer auf das abgegrenzte Gebiet der Klasse beschränkt, immer an die Ideen von Ausnahme und Privileg geknüpft, eine Freiheit, die ebenso sehr dem Gesetz wie der Willkür zu trotzen gestattete und die sich fast niemals so weit erstreckte, dass sie allen Staatsbürgern die natürlichsten und notwendigsten Garantien geboten hätte. So beschränkt und entstellt, war die Freiheit doch fruchtbar." Sie erzeugte jene unabhängigen Geister und starken Seelen, die bald in der Revolution auftraten „und die die Französische Revolution ebenso zum Gegenstand der Bewunderung als des Schreckens der folgenden Geschlechter machte. (...) Während aber diese Art ungeregelter und ungesunder Freiheit die Franzosen vorbereitete, den Despotismus zu stürzen, machte sie sie vielleicht weniger als irgendein anderes Volk geeignet, an dessen Stelle das friedliche und freie Reich des Gesetzes zu gründen."[453]

Da Tocqueville ökonomisch argumentiert, hat auch eine Freiheit für wenige positive Auswirkungen; da er soziologisch argumentiert, kann er zeigen, welche problematischen Nebenfolgen eine auf bestimmte Gesellschaftsklassen begrenzte Freiheit haben kann. Im Grunde aber hat er ein im klassischen Begriffssinn aristokratisches Freiheitsverständnis: die politische Freiheit der Selbstorganisation produziert die Notwendigkeit, dass die Staatsbürger untereinander Beziehungen aufbauen und miteinander kommunizieren. Dadurch wird die Gesellschaft integriert, die Bürger jedoch werden keineswegs unbedingt gleich, sondern einige werden hervorstechen. Der tiefste Grund für den Freiheitswillen liegt in der Lust, frei zu sein: diese kann man nicht analysieren, sondern muss sie empfinden und kann sie vor allem mittelmäßigen Seelen nicht begreiflich machen.[454]

Aristokratie gründet für ihn auf individuelle Verdienste und die unbedingte Liebe zu Unabhängigkeit und Freiheit – der französische Adel dagegen war schon seit dem Mittelalter eine Kaste geworden, deren Kennzeichen die Geburt war. In England hatte man das Kastensystem erfolgreich beseitigt, weil Adel und Bürgertum bereits gleichermaßen ihr Geld durch die gleichen Geschäfte verdienten, die gleichen Berufsarten wählten und, vor allem, untereinander heirateten. Der Gentleman wurde in England und später noch in den USA ein allgemeiner Begriff, in Frankreich dagegen, wo der *gentilhomme* die Wurzel dieses Wortes ist, starb die Sache und mit ihm auch das Wort weitgehend aus, weil der Adel hier seine Privilegien bewahrte und mit der Revolution, wie Tocqueville das etwas übertreibend ausdrückt, „gefällt und mit der Wurzel ausgerottet" wurde.[455] Gleichheit dagegen schafft eher die gleiche Unterdrückung durch eine zentrale Macht, welche die Bürger zugleich von einander isoliert und sie vereinsamen lässt, was vor allem auf die damalige Landbevölkerung zutraf: „Unter all den Wundern der Künste kannten sie kein Gewerbe und blieben unzivilisiert in einer von Aufklärung strahlenden Welt."[456]

In der Vorgeschichte der Revolution spielte die Philosophie der Aufklärung eine besondere Rolle, nicht zuletzt ihre Religionskritik. Tocqueville kommt allerdings in der nachträglichen Analyse und unter Heranziehung seiner Beobachtungen aus den USA zu dem Schluss, dass

---

[453] Ebenda S. 124.
[454] Ebenda S. 169.
[455] Ebenda S. 116.
[456] Ebenda S. 136.

eine demokratische Gesellschaft der Religion keineswegs feindlich gesonnen sein müsse. Auffällig sei allerdings der religiöse Charakter der revolutionären Bewegung selbst. Sie habe im Grunde keine Ähnlichkeit mit anderen politischen Revolutionen, sondern eher mit religiösen Umwälzungen: ihre Leidenschaft, ihr Bekehrungsdrang, ihre Erfindung der Propaganda, ihr Predigen gegenüber den Fremden, das sind Erscheinungen, die nur mit der Reformation oder der Entstehung des Islam vergleichbar seien. Dadurch „ist sie selbst eine Art neuer Religion geworden, allerdings eine unvollkommene Religion, ohne Gott, ohne Kultus und ohne künftiges Leben, die aber trotzdem, gleich dem Islam, die ganze Erde mit ihren Soldaten, ihren Aposteln und ihren Märtyrern überschwemmt hat."[457] Den gleichen Geist habe es schon im 15. Jahrhundert gegeben, damals aber sei er leicht ausgelöscht worden. 1789 dagegen seien die sozialen Voraussetzungen in den Zuständen, den Gebräuchen und Sitten gegeben gewesen, die den menschlichen Geist darauf vorbereitet hätten: Nicht die Ideen und Mittel der Revolution seien das Besondere dieses Weltereignisses, sondern die Tatsache, dass eine ganze Reihe von Völkern an den Punkt gelangt waren, „wo solche Mittel erfolgreich angewendet werden und solche Grundsätze leicht Annahme finden konnten."[458] Die verfallene europäische Einheit des Mittelalters zusammen mit dem französischen Zentralismus, durch den eine Pariser Erhebung das ganze Land prägen und dominieren konnte, und der wilde, anarchische Charakter, zu erklären durch die spezifisch französische Mixtur von Freiheitsentwöhnung, Restfreiheiten und zaghaften Reformbemühungen der politischen Führung werden von Tocqueville als Erklärungsgründe für den besonderen Charakter dieser Revolution herangezogen.

Einschränkend allerdings hält er fest: „Wie radikal auch die Revolution gewesen sein mag, so hat sie doch weit weniger Neuerungen gebracht, als man gewöhnlich annimmt. (...) Wäre sie nicht eingetreten, so würde das alte Gebäude trotzdem, hier früher, dort später, überall zusammengestürzt sein; es würde nur nach und nach stückweise gefallen sein, statt plötzlich einzustürzen. Die Revolution hat auf einmal, durch eine krampfhafte und schmerzliche Anstrengung, ohne Übergang, ohne Warnung und schonungslos vollbracht, was sich nach und nach von selbst vollbracht haben würde. Das war ihr Werk."[459]

Die soziologische Perspektive lässt die spektakulären historischen Erscheinungen als Oberfläche einer Tiefenentwicklung erscheinen. Der Sensationscharakter der Ereignisse wird vom Sozialhistoriker relativiert und mit einer Theorie des sozialen Wandels verbunden, die sich bei den Wellen demokratischer Revolutionen in der 2. Hälfte des 20. Jahrhunderts glänzend bestätigt hat: Der Übergang kann sich in einer Vielzahl von Ländern weitgehend friedlich und vor allem ohne die Eroberung halb Europas durch die Massenarmeen der Revolution vollziehen.

Im dritten Teil seines Werkes über den alten Staat und die Revolution entwickelt Tocqueville seine berühmte Kritik an den Intellektuellen der Aufklärung: Anders als in England waren in der zentralisierten Gesellschaft des französischen Absolutismus die Schriftsteller und Literaten nicht mit den öffentlichen Angelegenheiten beschäftigt, sie hatten keinerlei Ämter und „versahen auch keine öffentliche Funktion in einer mit Beamten bereits überfüllten Gesell-

---

[457]   Ebenda S. 29.
[458]   Ebenda S. 30.
[459]   Ebenda S. 36.

schaft."[460] Anders als in Deutschland, wo die Schriftsteller sich im wesentlichen auf die reine Philosophie und die schönen Wissenschaften beschränkten,[461] blieben sie jedoch auch der Politik nicht vollkommen fremd, sondern machten die Auseinandersetzung über politische Fragen sogar zu ihrer Hauptbeschäftigung und betrieben eine „Art abstrakter, literarischer Politik" mit einer gemeinsamen Kernthese: „Sie sind alle der Ansicht, man solle an die Stelle der komplizierten traditionellen Gebräuche und Vorschriften, welche die damalige Gesellschaft regierten, schlichte und einfache, aus der Vernunft und dem Naturrecht abgeleitete Gesetze treten lassen."[462] Die politische Philosophie des 18. Jahrhunderts scheint für ihn nur aus diesem einen Gedanken zu bestehen, der im Grunde dreitausend Jahre zurückreicht. Die Eigentümlichkeit der Entwicklung in Frankreich war nun, dass diese Idee nicht im Kopf einiger Philosophen verblieben war, sondern die Massen ergriffen hatte. Denn nicht nur die Schriftsteller waren der praktischen Politik entwöhnt und standen ihr fern: das galt ebenso für das Bürgertum und den Rest der Bevölkerung. Es fehlte der gesamten Gesellschaft an der Erfahrung praktischen Handelns, ja sogar an der oberflächlichen Kenntnis, die eine praxisorientierte öffentliche Diskussion über politische Angelegenheiten auch für diejenigen mit sich bringt, die sie lediglich beobachten. „Hätten die Franzosen noch wie ehemals in den Ständeversammlungen an der Regierung teilgenommen, ja wären sie wenigstens noch fortwährend mit der Verwaltung des Landes in ihren Provinzialversammlungen beschäftigt gewesen, sie hätten sich gewiss nie, wie es damals geschah, durch die Ideen der Schriftsteller entflammen lassen; sie hätten einige Praxis in den öffentlichen Angelegenheiten behalten, die sie vor der reinen Theorie gewarnt hätte."[463]

Zugleich kam ein Umstand hinzu: zwar waren fast alle Freiheiten öffentlichen Handelns untergegangen, aber eine bestand weiter: die der öffentlichen Diskussion über den Ursprung der Gesellschaft, das Wesen der Regierungsformen und die ursprünglichen Rechte der Menschen. Wer über die ungleiche Steuererhebung empört war, ereiferte sich für die Gleichheit aller Menschen. „Jede Volksleidenschaft verkleidete sich so in Philosophie; das politische Leben war gewaltsam in die Literatur zurückgedrängt, und die Schriftsteller, die die Leitung der öffentlichen Meinungen in die Hand nahmen, sahen sich eines Tages im Besitz der Stelle, die in freien Ländern gewöhnlich die Parteiführer einnehmen."[464] In einer seltsamen Verblendung übernahm auch die Aristokratie diese Thesen und damit die Gedanken, die schließlich ihren eigenen Untergang herbeiführten.

Tocqueville hat systematisch die berühmten Beschwerdehefte (die *Cahiers de doléances*) studiert, die vor dem Zusammentreffen der Stände im Jahre 1789 formuliert worden waren: „Ich sehe, dass man hier die Abschaffung eines Gesetzes, dort eines Brauches verlangt und nehme es ad notam. So fahre ich fort bis zum Ende dieser gewaltigen Arbeit, und wenn ich

---

[460] Ebenda 141.

[461] Möglicherweise könnte man Goethe, der jahrelang ein Ministeramt in Weimar ausübte, als Ausnahme ansehen. Über große Politik hat er jedoch, anders als Voltaire, Diderot und Rousseau, bemerkenswert wenig geschrieben, und genaugenommen, war er vor allem Verwaltungsbeamter. Dennoch trifft Tocquevilles These insofern auf ihn zu, als seine politischen Meinungen und Haltungen anders als die von Schiller oder Forster doch auffallend gemäßigt waren.

[462] Ebenda S. 142.

[463] Ebenda S.144.

[464] Ebenda S. 145.

dann alle diese einzelnen Wünsche zusammenfasse, nehme ich mit einem gewissen Schauder wahr, dass man nichts Geringeres fordert als die gleichzeitige systematische Abschaffung aller im Lande bestehenden Gesetze und Gebräuche; ich sehe auf der Stelle, dass es sich um eine der ungeheuersten und gefährlichsten Revolutionen handeln wird, die die Welt jemals gesehen hat.“[465] All das ist nur durch Unerfahrenheit zu erklären, denn nur in freien Institutionen können Politiker verantwortliches Handeln erlernen. Statt dessen wurden die Gewohnheiten der Literatur in die Politik hineingenommen: Vorliebe für die Theorie, für das Originelle und Neue, für das scheinbar sinnvoll Durchkonstruierte statt des Gewordenen und Gewachsenen, die Lust, die ganze Verfassung nach den Regeln der Logik und nach einem einheitlichen Plan zu entwickeln, statt sie in Teilen zu verbessern. „Schreckensvolles Schauspiel! Denn was beim Schriftsteller ein Vorzug ist, wird beim Staatsmann manchmal zum schweren Fehler, und dieselben Dinge, die oft schöne Bücher entstehen lassen, können zu großen Revolutionen führen.“[466] Selbst die Edikte Ludwigs des XVI. sprachen schon lange vor der Revolution oft von Naturrecht und von den Menschenrechten. Tocqueville fügt hinzu, dass zu seiner Zeit zwar die Liebe zur Literatur verlorengegangen sei, aber diese Grundhaltungen weiterexistierten, auch bei Menschen, die nicht lesen und Schriftsteller sogar verachten.

Auch zur Erklärung des irreligiösen und antireligiösen Elements der französischen Revolution zieht Tocqueville diese Argumente heran. Das Zusammentreffen mehrerer großer Schriftsteller, die gegen die Religion eingestellt waren, reicht ihm als Erklärung nicht aus. Entscheidend ist, dass der Geist politischer Opposition ganz in die Literatur hatte flüchten müssen, und dass die Kirche, obwohl nicht unbedingt die verhassteste Macht des *ancien régime*, gerade über die individuelle Vernunft und die Seelen eine Autorität auszuüben versuchte. Zudem erschien die Kirche als die schwächste und am wenigsten verteidigte Seite des bisherigen Systems. Die Zensur war eher zurückhaltend, die Verfolgung der Schriftsteller nur so intensiv, dass sie „Klagen, aber nicht Zittern verursacht; sie erduldeten die Art Bedrückung, die zum Kampf reizt, und nicht das schwere Joch, das zu Boden drückt.“[467] Der religiöse Glaube war in allgemeinen Misskredit geraten, während um 1850, wie Tocqueville behauptet, niemand mehr wie Diderot und Helvétius schreiben, und vor allem, niemand mehr solche Dinge lesen möchte.[468] Er schließt die These an: da mit den bürgerlichen Gesetzen zugleich auch die religiösen umgestürzt wurden, habe der menschliche Geist in der Revolution sein Gleichgewicht vollständig verloren. So treffend Tocqueville die Weiterexistenz der Religion in den USA unter demokratischen Bedingungen auch erklärt haben mag, hier scheint sich sein religionsfreundliches Wunschdenken doch in den Vordergrund zu schieben. Eine religiös interessierte Tocqueville-Rezeption hat dies seit langem bemerkt und immer mehr in den Vordergrund gestellt.

Tocquevilles Revolutionstheorie kulminiert in der damals überraschenden, heute allgemein geteilten These, dass nicht unbedingt eine besonders schlimme Lage Revolutionen hervorbringt, sondern „dass der gefährlichste Augenblick für eine schlechte Regierung der ist, wo

---

[465] Ebenda S. 146.

[466] Ebenda S. 149.

[467] Ebenda S. 154.

[468] In Deutschland dagegen hatte die Religionskritik mit David Friedrich Strauß, Ludwig Feuerbach und Karl Marx ihren Höhepunkt in der Zeit Tocquevilles erreicht.

sie sich zu reformieren beginnt."[469] Das Volk scheint die drückendsten Lasten ohne Klage zu ertragen, aber es rebelliert gegen eine Regierung, die schon besser ist als die unmittelbar vorangegangene. Hinzu kam die Grundhaltung des französischen Staates seit Ludwig XIV., dass alle Ländereien im Grunde kein Eigentum, sondern vom Staat verliehen seien, eine Doktrin, die zwar der feudalen Gesetzgebung entsprungen war, aber in Frankreich systematisch erst vertreten wurde, als der Feudalismus abstarb: diese Doktrin „ist die Mutter des modernen Sozialismus."[470] Das Eigentumsrecht wurde missachtet, Stiftungen beliebig in Staatsverwaltung genommen. Weiterhin kamen die Verwaltungsreformen der Jahre seit 1787 hinzu, welche die Gewohnheiten des Umgangs mit politischen Institutionen erschütterten. Tocquevilles berühmte These von der Notwendigkeit der Üblichkeiten und Gewohnheiten, schon im USA-Buch, mündet hier in die Überlegung, „dass die Menschen sich leichter mit unklaren und komplizierten Gesetzen, mit deren Praxis sie aber seit langer Zeit vertraut sind, zurechtfinden als mit einem einfacheren Gesetz, das ihnen neu ist."[471]

All diese Faktoren zusammengenommen mit einigen weiteren, die hier nicht ausführlich kommentiert werden konnten, machen nach Tocqueville den besonderen Charakter der französischen Revolution aus: die abgesonderte soziale Lage des Adels im Unterschied zu England, der königliche Zentralismus, das Erlöschen allen politischen Lebens und die Entwöhnung der Bürger von der Beschäftigung mit politischen Angelegenheiten, das Fehlen von politischen Klassen, Parteien oder lebendigen Korporationen, die sich mit Politik befassten, so dass die Leitung der öffentlichen Meinung allein den Schriftstellern und Philosophen zufiel, die ein neues, theoretisch konstruiertes Regierungssystem an die Stelle des alten setzten. Hinzu kommt der „Kontrast zwischen der Menschenfreundlichkeit der Theorien und der Wildheit der Taten, der einer der seltsamsten Charakterzüge der Französischen Revolution gewesen ist"[472]. Tocqueville führt dies darauf zurück, dass die Revolution von den zivilisiertesten Klassen der Nation vorbereitet und von den ungebildetsten und rohesten ausgeführt wurde, denn die oberen Klassen waren nicht gewohnt, organisiert zu handeln und hatten keine Verbindung zum Volk, so dass dieses sehr rasch zum unmittelbaren Handlungsträger wurde. „Die Bücher hatten die Theorie geliefert, das Volk übernahm die Praxis und passte die Ideen der Schriftsteller seiner eigenen Wut an."[473] Diese wurde getrieben vom alten, heftigen und unauslöschlichen Hass gegen die Ungleichheit, sowie von einer zweiten, weniger eingewurzelten Leidenschaft, nicht nur als Gleiche, sondern auch als Freie leben zu wollen. So wurde Frankreich damals „die glänzendste und die gefährlichste der Nationen Europas"[474].

Zur Gesamteinschätzung Tocquevilles hat Wilhelm Dilthey geurteilt, er sei der bedeutendste der politischen Analytiker seit Aristoteles und Machiavelli.[475] John Stuart Mill sah ihn als den Montesquieu des 19. Jahrhunderts an. Was Tocqueville auszeichnet und in diese Reihe zu stellen erlaubt, ist der sozialwissenschaftliche Blick: die politischen Ideen erklärt er im

---

[469] Ebenda S. 176.

[470] Ebenda S. 187.

[471] Ebenda S. 191.

[472] Ebenda S. 202.

[473] Ebenda S. 203.

[474] Ebenda S. 206.

[475] Dilthey, Wilhelm: Der Aufbau der geschichtlichen Welt in den Geisteswissenschaften, Frankfurt 1981, S. 122ff.

Zusammenhang mit der alltäglichen Lebenswelt. Immer wieder betont er, dass es nicht die Vererbung oder gar die Rassenzugehörigkeit sei, sondern vielmehr die äußeren Umstände, welche die in die USA ausgewanderten Engländer dort ganz anders denken und handeln lassen als auf dem Boden der britischen Inseln. Bestimmte Ideen, wie die der vollkommen rationalen Planung und der radikalen Gleichheit, sind Jahrtausende alt, sie treffen allerdings in ganz bestimmten, besonders in unpolitischen und despotischen Situationen, auf besonders fruchtbaren Boden und können in ihnen Massenwirksamkeit erzielen. Er analysiert das Verhältnis von Ideen zu ihrer politischen und sozialen Basis, betont aber sehr deutlich den Unterschied zum materialistischen Reduktionismus.

Dies lässt sich vielleicht am deutlichsten in den Schlusssätzen seiner Überlegungen zur Literaturtheorie zeigen: „Ich übertriebe meinen Gedanken, wenn ich sagte, dass die Literatur eines Volkes immer dessen Gesellschaftsform und dessen politischer Verfassung untergeordnet ist. Unabhängig von diesen Ursachen gibt es, wie ich weiß, etliche andere, die den literarischen Werken gewisse Merkmale aufprägen; jene aber scheinen mir die wesentlichsten zu sein. Die Beziehungen zwischen dem gesellschaftlichen und politischen Zustand eines Volkes und dem Geist seiner Schriftsteller sind immer sehr mannigfache; wer den einen kennt, dem ist der andere nie völlig fremd."[476] Diesem differenzierten Ergebnis hatte Marx, der Tocquevilles Amerikabuch gelesen hat, nichts mehr hinzuzufügen; im Gegenteil, er argumentiert unschärfer und unklarer, wie die vielfältigen Versuche der Orthodoxie zeigen, aus seinen Briefen und Manuskripten aus den gleichen Jahren doch noch so etwas wie eine marxistische Literaturtheorie zu destillieren. Das liegt daran, dass er selbst zu den radikalen, der Idee rationaler Planung und der Verachtung des anarchischen Wachstums der Bräuche und Gewohnheiten verpflichteten Schriftstellern gehörte. Dieser blinde Fleck seiner eigenen Positionalität verführte ihn zu einem deutlich oberflächlicheren, abstrakteren, nämlich geschichtsphilosophischen Verständnis der französischen Revolution als bürgerliche Erhebung, welcher die proletarische dereinst folgen würde, während Tocqueville ein sozialwissenschaftliches Modell vorlegt, das seine prognostische Kraft auf den Vergleich homologer Situationen stützt und sich dadurch in den letzten 150 Jahren als realitätsnäher erwiesen hat.

Textausgaben:

Tocqueville, Alexis de: Über die Demokratie in Amerika. 2 Bände. Neu übertragen von Hans Zbinden, Zürich 1987 (Frz. Original: De la Démocratie en Amérique, 1835/40) (beste deutsche Ausgabe. Von den gekürzten Ausgaben ist im Falle Tocquevilles eher abzuraten).

Tocqueville, Alexis de: Der alte Staat und die Revolution, München 1978 (Frz. Original: L'ancien régime et la revolution, 1856).

Tocqueville, Alexis de: Erinnerungen, Stuttgart 1954 (Frz. Original: Souvenirs).

Tocqueville, Alexis de: Das Zeitalter der Gleichheit. Eine Auswahl aus dem Gesamtwerk, Hg. Siegfried Landshut, Stuttgart 1954 (hierin auch Auszüge aus Aufsätzen, Reden und Briefen, die sonst nur in der französischen Gesamtausgabe zugänglich sind)

Tocqueville, Alexis de: Kleine politische Schriften, Hg. Harald Bluhm, Berlin 2006.

---

[476]   Tocqueville: Demokratie in Amerika, a.a.O. Bd. II, S. 90.

Sekundärliteratur:

Bellah, Robert N.; Richard Madsen; William M. Sullivan; Anne Swidler; Steven M. Tipton: Habits of the Heart. Individualism and Commitment in American Life, New York: Harper and Row 1986 (zuerst Berkeley 1985). Deutsch als Gewohnheiten des Herzens. Individualismus und Gemeinsinn in der amerikanischen Gesellschaft, Köln 1987.

Bluhm, Harald und Krause, Skadi: Viele Tocquevilles? – Neuere Interpretationen eines Klassikers, in: Berliner Journal für Soziologie, 15. Jg. 2005, H. 4, S. 551-562.

Bluhm, Harald: Leidenschaft für die Freiheit. Das Gravitationszentrum von Tocquevilles politischem Denken, In: Berliner Debatte Initial 16. Jg. 2005, H. 6, S. 69-82.

Dittgen, Herbert: Politik zwischen Freiheit und Despotismus. Alexis de Tocqueville und Karl Marx, Freiburg und München 1986.

Ganett, R. T. Jr.: Tocqueville Unveiled. The Historian and His Sources for The Old Regime and the Revolution, Chicago und London 2003.

Gauchet, Marcel: Tocqueville, Amerika und wir. Über die Entstehung der demokratischen Gesellschaften. In: Ulrich Rödel (Hg.): Autonome Gesellschaft und libertäre Demokratie. Frankfurt 1990. 123-206.

Herb, Karlfriedrich und Hidalgo, Oliver: Alexis de Tocqueville, Frankfurt und New York 2005 (die aktuellste Einführung).

Hereth, Michael: Tocqueville zur Einführung, Hamburg 1991.

Hidalgo, Oliver: Unbehagliche Moderne. Tocqueville und die Frage der Religion in der Politik, Frankfurt und New York 2006.

Jardin, André: Alexis de Tocqueville. Leben und Werk, Frankfurt am Main und New York 2005 (umfassende Biographie).

Mayer, J.P.: Alexis de Tocqueville. Analytiker des Massenzeitalters, München 1972 (darin auch der Aufsatz Alexis de Tocqueville und Karl Marx: Affinitäten und Gegensätze, S. 133-152) Dieses schon aus dem 50er Jahren stammende Buch des Herausgebers der Gesammelten Werke Tocquevilles ist direkt aus den Quellen gearbeitet und immer noch empfehlenswert.

Offe, Claus: Selbstbetrachtungen aus der Ferne. Tocqueville, Weber und Adorno in den Vereinigten Staaten, Frankfurt 2004.

Pierson, G.W.: Tocqueville in America, Baltimore und London 1996 (zuerst 1938) (unverzichtbar für den Hintergrund der Amerikareise).

Richter, M.: Comparative Political Analysis in Montesquieu and Tocqueville, in: Comparative Politics 1, 1969, Nr. 1, S. 129-160.

Volkmann-Schluck, Karl-Heinz: Politische Philosophie. Thukydides. Kant. Tocqueville, Frankfurt/M. 1974.

13   Marx und Engels: Aufhebung der Politik durch Ökonomie

> „An die Stelle der Regierung über Personen tritt die Verwaltung von Sachen (...).“ [477]

Hannah Arendt hat die These vertreten, das abendländische politische Denken habe mit Platon und Aristoteles begonnen. Mit Marx und Engels habe es geendet.[478] Sie führt dafür drei Gründe an: Die beiden Autoren des 19. Jahrhunderts sehen den Menschen durch Arbeit konstituiert, die Hauptforderung der Antike dagegen bestehe darin, nicht arbeiten zu müssen und Zeit für die politische und philosophische Tätigkeit zu haben. Zweitens wird der Gewalt eine entscheidende geschichtliche Rolle zugebilligt, während es bei den antiken Philosophen um das Reden und Miteinandersprechen geht. Drittens sei das Hauptziel von Marx die Beendigung der Philosophie durch ihre Umsetzung in Praxis, während von Platon bis Hegel die Philosophie gerade der Welt entgegengesetzt gedacht worden war. Diese These enthält gewiss eine übertriebene Zuspitzung, weil sie die Verwandtschaft zwischen Marx und dem platonischen Modelldenken, aber auch die ideengeschichtliche Kontinuität zwischen Hegels säkularisierter Version christlicher Theologie und der häretisch-atheistischen Variante christlichen Messianismus bei Marx übersieht.[479] Wenn man aber die ungeheure praktische Wirksamkeit und die enormen Folgen der Theorien von Marx und Engels begreifen will, wird man auf beide Erklärungsansätze zurückgreifen müssen.

Karl Marx (1818-1883) ist Erbe der Tradition und sieht sich selbst als derjenige, der sie endlich in die Praxis umzusetzen versucht. Die Praxisforderung bedeutet, auf die spekulative Philosophie zu verzichten und an ihrer Stelle Wissenschaft zu betreiben. Dieser Gedanke lag in der ersten Hälfte des 19. Jahrhunderts in der Luft. Auguste Comte als Begründer der positivistischen Sozialwissenschaften hat sie viele Jahre vor Marx ausformuliert,[480] und die frühsozialistische Schule von Claude-Henri de Saint Simon und seiner Anhänger hat eine technizistisch-sozialreformerische Ideenwelt geschaffen, an deren Ideen Marx und Friedrich

---

[477] Engels, Friedrich: Die Entwicklung des Sozialismus von der Utopie zur Wissenschaf, MEW Bd. 19, S. 224.

[478] Arendt, Hannah: Zwischen Vergangenheit und Zukunft. Übungen im politischen Denken I, München 1994, S. 23.

[479] Dies ist die These von Alasdair MacIntyre: Three perspectives on Marxism: 1953, 1968, 1995, in ders.: Ethics and Politics, Selected Essays, Vol. 2, Cambridge und New York 2006, S. 145-158.

[480] Vgl. dazu Emge, Martinus: Saint-Simon. Einführung in ein Leben und Werk, eine Schule, Sekte und Wirkungsgeschichte, München und Wien 1987; Salomon-Delatour, Gottfried: Die Lehre Saint-Simons, Neuwied 1962; Klopfleisch, Reinhard: Freiheit und Herrschaft bei Claude-Henri de Saint-Simon. Eine wissenschaftsgeschichtliche Studie über die Entwicklung des sozialen Freiheitsbegriffs von Rousseau über Saint-Simon zu Marx, Frankfurt 1982.

Engels (1820-1895) anknüpfen konnten. Ihre eigene Zutat war eine außerordentlich zuge-spitzte Rhetorik und eine spezielle Kapitalismustheorie, die auf der klassischen politischen Ökonomie, besonders der Arbeitswertlehre von Adam Smith und vor allem von David Ricardo basierte. Doch der Ausgangspunkt ihres Denkens ist die Abrechnung mit der Philosophie, die zugleich eine Abrechnung mit der deutschen Gesellschaft der 1840er Jahre ist.

13.1   Die Deutsche Ideologie

Einer der zentralen Marx-Texte ist die „Deutsche Ideologie", eine kritische Auseinandersetzung mit den damaligen Junghegelianern wie vor allem Ludwig Feuerbach, aber auch mit Bruno Bauer, Moses Heß, Max Stirner und anderen. Die Bedeutung dieses Textes rührt daher, dass hier zum ersten Mal die Geschichtstheorie, also die sogenannte materialistische Geschichtsauffassung dargelegt wird. Der Text ist 1845/46 entstanden, aber nicht vollendet worden. Wesentliche Gedankengänge sind in das kommunistische Manifest eingegangen, während Marx und Engels das Manuskript der deutschen Ideologie nicht weiter bearbeitet haben. Engels schrieb später, sie hätten es auf dem Dachboden der nagenden Kritik der Mäuse überlassen. Eine Edition wurde erst 1933 in Moskau vorgelegt.

Die 1840er Jahren, heute wegen der Revolution von 1848 gern als „Vormärz" gekennzeichnet, waren eine Phase heißer intellektueller Diskussion in Deutschland. Marx selbst formulierte das so: „Die Prinzipien verdrängten, die Gedankenhelden überstürzten einander mit unerhörter Hast, und in den drei Jahren 1842-45 wurde in Deutschland mehr aufgeräumt als sonst in drei Jahrhunderten."[481] „Aufgeräumt" heißt vor allem: scharfe Kritik an rein gedanklichen Entwicklungstheorien, wie sie Hegel nahegelegt hatte, und deren Ersetzung durch einen radikalen, damals in erster Linie anthropologisch fundierten Materialismus. Wegen der anthropologischen Fundierung wurde dieser auch als Humanismus bezeichnet, gestützt auf ein Marx-Zitat aus den Pariser Manuskripten, die ebenfalls erst in den dreißiger Jahren des zwanzigsten Jahrhunderts gedruckt worden sind: „Dieser Kommunismus ist als vollendeter Naturalismus = Humanismus, als vollendeter Humanismus = Naturalismus, er ist die Wahrhafte Auflösung des Widerstreites zwischen dem Menschen mit der Natur und mit dem Menschen, die wahre Auflösung des Streits zwischen Existenz und Wesen, zwischen Vergegenständlichung und Selbstbestätigung, zwischen Freiheit und Notwendigkeit, zwischen Individuum und Gattung. Er ist das aufgelöste Rätsel der Geschichte und weiß sich als diese Lösung."[482]

Das waren Formeln, welche vor allem die parteiunabhängige und parteikritische Linke in den dreißiger Jahren fasziniert haben, und die später noch eine wichtige Rolle gespielt haben beim Übergang der sozialistischen deutschen Linken zu den Grünen, denn der traditionelle Marxismus der zweiten und dritten Internationale war eher abstrakt wirtschaftstheoretisch fundiert und glaubte, anthropologische Überlegungen durch rein ökonomische Bestimmungen der Beziehungen zwischen Menschen, wie sie aus einer bestimmten Lektüre des „Kapi-

---

[481]   Marx/Engels: Die deutsche Ideologie, MEW Bd. 3, S. 17.
[482]   Marx: Ökonomisch-philosophische Manuskripte aus dem Jahre 1844, MEW Bd. 40, S. 536.

tal" hervorgingen, ersetzen zu können.[483] Darüber hinaus benötigte man auf politischer Ebene eigentlich nur noch Lenins Überlegungen und Pamphlete zur Parteitaktik. Das war ein sehr reduzierter, mechanischer und auf viele Intellektuelle deshalb auch papiertrocken und langweilig wirkender Marxismus. Nunmehr jedoch, auf der Basis der Kenntnis der Marxschen Frühschriften, konnte man ein ganz neues Marxismusbild entwickeln, und übrigens auch im „Kapital" die eine oder andere Stelle finden, die auf ein durchaus den Konzeptionen der Grünen entsprechendes Naturbild bei Marx schließen ließ. Z.B. „Selbst eine ganze Gesellschaft, eine Nation, ja alle gleichzeitigen Gesellschaften zusammengenommen, sind nicht Eigentümer der Erde. Sie sind nur ihre Besitzer, ihre Nutznießer, und haben sie als boni patres familias den nachfolgenden Generationen verbessert zu hinterlassen."[484]

Vor allem: Man erlebte hier die Entstehung der Geschichtstheorie, des sogenannten Historischen Materialismus, im Originaltext, in der Auseinandersetzung mit Hegel und Feuerbach, auch als tastendes Herangehen an neue Gedanken, und eben nicht in einer fertigen lehrbuchhaften Gestalt, wie sie der späte Engels dargelegt hatte, und von wo aus dieses Konzept dann als Histomat in die Lehrbücher vor allem des Sowjetkommunismus eingegangen ist, dem dann ein nicht minder steriler Diamat, nämlich dialektischer Materialismus, ebenfalls auf Engels und einer physiktheoretischen Schrift Lenins basierend, an die Seite gestellt wurde.

Der Anspruch von Marx und Engels besteht darin, nicht von Dogmen auszugehen, sondern von den wirklichen Individuen und deren materiellen Lebensbedingungen, also auf empirischer Basis zu argumentieren. Für sie ergibt sich der wesentliche Unterschied der Menschen von den Tieren dadurch, dass sie anfangen, ihre Lebensmittel zu produzieren.[485]

Marx und Engels entwickeln auf diesen Voraussetzungen aufbauend eine historische Theorie der Eigentumsformen: Die erste Form ist das Stammeigentum, das einer noch unentwickelten Stufe der Produktion entspricht; Jagd, Fischfang, Viehzucht, allenfalls Ackerbau. Es folgt, schon anspruchsvoller, das antike Gemeinde- und Staatseigentum, das auf der Sklaverei basiert. Die Arbeitsteilung wird komplizierter, denn es ist Marxens an Adam Smith angelehnte Theorie, dass die Bevölkerungszunahme eine zunehmende Arbeitsteilung bedinge, und dass jede neue Produktivkraft, also technische oder organisatorische Entwicklung, auch eine neue Stufe der Arbeitsteilung hervorruft. „Jede neue Produktivkraft, sofern sie nicht eine bloß quantitative Ausdehnung der bisher schon bekannten Produktivkräfte ist (z.B. Urbarmachung von Ländereien), hat eine neue Ausbildung der Teilung der Arbeit zur Folge."[486] Die dritte Form ist das feudale oder ständische Eigentum auf dem Lande, dem in den Städten das korporativ organisierte Handwerk entspricht.

Es handelt sich also um eine Geschichtstheorie, die in der Entwicklung der Produktivkräfte die entscheidenden Antriebsmomente zu finden sucht. Die Produktionsverhältnisse werden im Rhythmus der technischen Innovationen verändert und weiterentwickelt, nicht umgekehrt, wie es in moderneren ökonomischen Entwicklungstheorien meist der Fall ist. Hier zeigt sich, wie auch noch an einem weiter unten zu behandelnden Punkt der Marxschen Theorie, ein auffälliger Produktivismus, wenn nicht gar Technizismus, der die Triebkräfte der Entwick-

---

[483]   Dazu und zur Kritik des dritten Bandes des „Kapital" weiter unten.

[484]   Marx: Das Kapital, MEW Bd. 25, S. 784.

[485]   Marx/Engels: Die deutsche Ideologie, MEW Bd. 3, S. 21.

[486]   MEW Bd. 3, S. 22.

lung nicht im Erfindungsgeist oder im gesellschaftlichen Innovationsdruck des Wettbewerbs sucht, sondern ähnlich wie Turgot die technische Entwicklung selbst als unabhängige Variable zur Erklärung des Übrigen verwendet.

Marx weist darauf hin, dass immer die empirische Beobachtung entscheidend sei, und zwar dessen, was die materielle Produktion ausmache, nicht aber die Beobachtung dessen, was die Menschen sich dabei dächten. Es handelt sich also nicht nur um einen methodologischen Empirismus, sondern darüber hinaus auch um empirizistischen Materialismus, der bestimmt ist von einer theoretischen Annahme des Vorrangs des materiellen Verhaltens von Menschen vor deren Gedanken. Die Gedanken sind nichts als ein sekundäres Produkt des Verhaltens, wie sich aus dem gleich anzuführenden Originalzitat ergibt, weil hier tatsächlich „materielles Verhalten" und nicht etwa, wie man vielleicht vermuten könnte, reales Handeln steht. Warum von Handeln und Handlungstheorie bei Marx keine Rede sein kann, lässt sich aus der folgenden Textpassage verstehen:

„Das Vorstellen, Denken, der geistige Verkehr der Menschen erscheinen hier noch als direkter Ausfluss ihres materiellen Verhaltens. Von der geistigen Produktion, wie sie in der Sprache der Politik, der Gesetze, der Moral, der Religion, Metaphysik usw. eines Volkes sich darstellt, gilt dasselbe. Die Menschen sind die Produzenten ihrer Vorstellungen, Ideen pp., aber die wirklichen, wirkenden Menschen, wie sie bedingt sind durch eine bestimmte Entwicklung ihrer Produktivkräfte und des denselben entsprechenden Verkehrs bis zu seinen weitesten Formationen hinauf. Das Bewusstsein kann nie etwas Andres sein als das bewusste Sein, und das Sein der Menschen ist ihr wirklicher Lebensprozess. Wenn in der ganzen Ideologie die Menschen und ihre Verhältnisse wie in einer Camera obscura auf den Kopf gestellt erscheinen, so geht dies Phänomen ebenso sehr aus ihrem historischen Lebensprozess hervor, wie die Umdrehung der Gegenstände auf der Netzhaut aus ihrem unmittelbar physischen."[487]

„Ganz im Gegensatz zur deutschen Philosophie, welche vom Himmel auf die Erde herabsteigt, wird hier von der Erde zum Himmel gestiegen. D.h., es wird nicht ausgegangen von dem, was die Menschen sagen, sich einbilden, sich vorstellen, auch nicht von den gesagten, gedachten, eingebildeten, vorgestellten Menschen, um davon aus bei den leibhaftigen Menschen anzukommen; es wird von den wirklich tätigen Menschen ausgegangen und aus ihrem wirklichen Lebensprozess auch die Entwicklung der ideologischen Reflexe und Echos dieses Lebensprozesses dargestellt. Auch die Nebelbildungen im Gehirn der Menschen sind notwendige Sublimate ihres materiellen, empirisch konstatierbaren und an materielle Voraussetzungen geknüpften Lebensprozesses. Die Moral, Religion, Metaphysik und sonstige Ideologie und die ihnen entsprechenden Bewusstseinsformen behalten hiermit nicht länger den Schein der Selbständigkeit. Sie haben keine Geschichte, sie haben keine Entwicklung, sondern die ihre materielle Produktion und ihren materiellen Verkehr entwickelnden Menschen ändern mit dieser ihrer Wirklichkeit auch ihr Denken und die Produkte ihres Denkens. Nicht das Bewusstsein bestimmt das Leben, sondern das Leben bestimmt das Bewusstsein."[488]

Warum gibt es also keine Handlungstheorie bei Marx? Weil zum Handeln, im Unterschied zum bloßen Verhalten, eben schon ein Konzept, eine Absicht, ein Ziel, ein Plan, also eine Idee vorausgesetzt werden muss, während im bloßen Leben, Sich-Ernähren und Fortpflanzen

---

[487] Ebenda S. 26.
[488] Marx/Engels: Die deutsche Ideologie, MEW Bd. 3, S. 27.

das Verhalten auf den ersten Blick vollkommen ausreichend zu sein scheint. Damit entzieht Marx der Philosophie und auch der politischen Ideengeschichte die Grundlage. Dieser Zweig der Politikwissenschaft war deshalb, wie die Politikwissenschaft überhaupt, in staatssozialistischen Ländern verboten. Bei Marx gibt es ein Pathos des Empirischen und der Positiven Wissenschaft, das alle Philosophie abschaffen will. Er hat sie ja auch für sich selbst zugunsten seiner ökonomischen Theorien aufgegeben und jegliche spekulative Theoriekonzeption verworfen. Marx war, wie ein Habermas-Schüler das konstatiert hat, ein gar nicht so heimlicher Positivist[489]:

„Da, wo die Spekulation aufhört, beim wirklichen Leben, beginnt also die wirkliche, positive Wissenschaft, die Darstellung der praktischen Betätigung, des praktischen Entwicklungsprozesses der Menschen. Die Phrasen vom Bewusstsein hören auf, wirkliches Wissen muss an ihre Stelle treten. Die selbständige Philosophie verliert mit der Darstellung der Wirklichkeit ihr Existenzmedium. An ihre Stelle kann höchstens eine Zusammenfassung der allgemeinsten Resultate treten, die sich aus der Betrachtung der historischen Entwicklung der Menschen abstrahieren lassen. Diese Abstraktionen haben für sich, getrennt von der wirklichen Geschichte, durchaus keinen Wert. Sie können nur dazu dienen, die Ordnung des geschichtlichen Materials zu erleichtern, die Reihenfolge seiner einzelnen Schichten anzudeuten. Sie geben aber keineswegs, wie die Philosophie, ein Rezept oder Schema, wonach die geschichtlichen Epochen zurechtgestutzt werden können. Die Schwierigkeit beginnt im Gegenteil erst da, wo man sich an die Betrachtung und Ordnung des Materials, sei es einer vergangnen Epoche oder der Gegenwart, an die wirkliche Darstellung gibt. Die Beseitigung dieser Schwierigkeiten ist durch Voraussetzungen bedingt, die keineswegs hier gegeben werden können, sondern die erst aus dem Studium des wirklichen Lebensprozesses und der Aktion der Individuen jeder Epoche sich ergeben. Wir nehmen hier einige dieser Abstraktionen heraus, die wir gegenüber der Ideologie gebrauchen, und werden sie an historischen Beispielen erläutern."[490]

Die Geschichtstheorie von Marx basiert auf einer Geschichte der Arbeitsteilung. Im Grunde ist er in diesem Punkte der konsequente Erbe von Adam Smith, der die Entwicklung des Wohlstands und des Tausches auf die Arbeitsteilung gründet. Marx allerdings fragt nicht nach den Wohlstandschancen, sondern nach der Herrschaft bzw. gesellschaftlichen Unterdrückung, die sich aus der Arbeitsteilung ergibt. „Mit der Teilung der Arbeit, in welcher alle diese Widersprüche gegeben sind und welche ihrerseits wieder auf der naturwüchsigen Teilung der Arbeit in der Familie und der Trennung der Gesellschaft in einzelne, einander entgegengesetzte Familien beruht, ist zu gleicher Zeit auch die Verteilung, und zwar die ungleiche, sowohl quantitative wie qualitative Verteilung der Arbeit und ihrer Produkte gegeben, also das Eigentum, das in der Familie, wo die Frau und die Kinder die Sklaven des Mannes sind, schon seinen Keim, seine erste Form hat. Die freilich noch sehr rohe, latente Sklaverei in der Familie ist das erste Eigentum, das übrigens hier schon vollkommen der Definition der modernen Ökonomen entspricht, nach der es die Verfügung über fremde Arbeitskraft ist.

---

[489]   Wellmer, Albrecht: Der heimliche Positivismus der Marxschen Geschichtsphilosophie, in ders.: Kritische Gesellschaftstheorie und Positivismus, Frankfurt 2. Aufl. 1969, S. 69-127. Zur Positivismuskritik vor allem das Standardwerk Adorno, Theodor W. u. a. (Hg.): Der Positivismusstreit in der deutschen Soziologie, Neuwied und Berlin 2. Aufl. 1970.

[490]   Marx/Engels: Die deutsche Ideologie, MEW Bd. 3, S. 27.

Übrigens sind Teilung der Arbeit und Privateigentum identische Ausdrücke – in dem Einen wird in Beziehung auf die Tätigkeit dasselbe ausgesagt, was in dem Andern in bezug auf das Produkt der Tätigkeit ausgesagt wird."[491]

Aller Schrecken geht also von der Arbeitsteilung aus. Daraus folgt, dass die entwickelte kommunistische Gesellschaft, wie Marx sie sich vorstellt, keineswegs nur das Privateigentum, sondern die Arbeitsteilung selbst aufheben muss. Entscheidend ist für Marx, dass die Arbeit in diesen althergebrachten Formen „nicht freiwillig, sondern naturwüchsig geteilt ist"[492] und den Menschen daher als eine ihnen fremde, gegenüberstehende Macht erscheint. Wohl ist sie Menschenwerk, aber eben kein von diesen selbst kontrolliertes Handeln. Das ist eine der klarsten und präzisesten Umschreibungen dessen, was Marx mit dem Begriff *Entfremdung* meint: die eigene Arbeit tritt einem als fremde Macht gegenüber. Das scheint mir sehr anschaulich zu sein, obwohl der spekulative Begriff der Entfremdung ihn dann verführt hat, nicht etwa darauf hinzuargumentieren, wie viele der frühen individualistischen Anarchisten, wie Proudhon, Benjamin Tucker sowie die heutigen Anarcholibertären und Anarchokapitalisten, zu fordern, dass dann die Entscheidung zur Arbeit und der Ertrag der eigenen Arbeit jedem Einzelnen möglichst direkt zustehen sollte, sondern dass die Entfremdung dadurch „aufgehoben" werden sollte, dass das Privateigentum in ein kollektives bzw. staatliches überführt wird, als ob dann die Arbeit nicht genauso als fremde Macht erscheinen müsste. Dem Anarchisten Bakunin ist dieser Widerspruch bei Marx sofort aufgefallen, und er hat ihn zum Anlass genommen, mit Marx zu brechen und dessen Konzept als autoritären Staatssozialismus zu kritisieren.

Marx stand, was die Gesellschaftsutopie betraf, wie die befreite Wirklichkeit aussehen sollte, noch ganz im Banne der Frühsozialisten, und hat diese Haltung im Grunde auch nie aufgegeben. Er hat die befreite, die glückliche Zukunft ganz ähnlich gesehen wie die frühen Sozialisten von Claude-Henri de Saint-Simon bis zu Fourier und Proudhon.[493] Dies zeigt das wohl berühmteste Zitat aus den Werken von Marx: „Sowie nämlich die Arbeit verteilt zu werden anfängt, hat jeder einen bestimmten ausschließlichen Kreis der Tätigkeit, der ihm aufgedrängt wird, aus dem er nicht heraus kann; er ist Jäger, Fischer oder Hirt oder kritischer Kritiker und muss es bleiben, wenn er nicht die Mittel zum Leben verlieren will – während in der kommunistischen Gesellschaft, wo jeder nicht einen ausschließlichen Kreis der Tätigkeit hat, sondern sich in jedem beliebigen Zweige ausbilden kann, die Gesellschaft die allgemeine Produktion regelt und mir eben dadurch möglich macht, heute dies, morgen jenes zu tun, morgens zu jagen, nachmittags zu fischen, abends Viehzucht zu treiben, nach dem Essen zu kritisieren, wie ich gerade Lust habe, ohne je Jäger, Fischer, Hirt oder Kritiker zu werden."[494]

Diese Aufhebung der Entfremdung (den Begriff gebrauchte Marx schon damals in einer gewissen Selbstdistanzierung und vermerkte, er verwende ihn bloß noch, um den Philosophen verständlich zu bleiben) setzte natürlich eine hochgradige Steigerung der Produktivkraft voraus, des Reichtums und der Bildung. Marx hat die Aufgabe dieser Produktivkraft-

---

[491] Ebenda S. 32.

[492] Ebenda S. 33.

[493] Vgl. hierzu Ramm, Thilo (Hg.): Der Frühsozialismus. Quellentexte, Stuttgart 2. Aufl. 1968; Ramm, Thilo (Hg.): P.-J. Proudhon. Ausgewählte Texte, Stuttgart 1963.

[494] Marx/Engels: Die deutsche Ideologie, MEW Bd. 3, S. 33 (Hervorhebung WRS).

steigerung, die den Sozialismus bzw. Kommunismus ermöglichen sollte, noch dem Kapitalismus zugewiesen, sieht also durchaus eine positive Rolle für den Kapitalismus in der Geschichte. Wie die Produktivität nach der Abschaffung des Privateigentums, also des Kapitalismus, aufrechterhalten werden sollte, darüber hat er offenbar keine klaren Vorstellungen gehabt, aber er hat sie für unverzichtbar gehalten, wie aus einer der sprachlich derbsten Stellen seines Werkes hervorgeht: „und andrerseits ist diese Entwicklung der Produktivkräfte (...) auch deswegen eine absolut notwendige praktische Voraussetzung, weil ohne sie nur der Mangel verallgemeinert, also mit der Notdurft auch der Streit um das Notwendige wieder beginnen und die ganze alte Scheiße sich herstellen müsste."[495]

Er verlangte darüber hinaus, dass die vollständige Globalisierung (Marx nannte sie seinem produktivistischen Paradigma entsprechend universelle Entwicklung der Produktivkräfte) des Kapitalismus erfolgreich abgeschlossen sein müsse, bevor man zum Sozialismus übergehen könne: „Der Kommunismus ist empirisch nur als die Tat der herrschenden Völker ‚auf einmal' und gleichzeitig möglich, was die universelle Entwicklung der Produktivkraft und den mit ihm [sic] zusammenhängenden Weltverkehr voraussetzt."[496]

Diese beiden Zitate sind später oft von linken Kritikern gegen den Stalinschen Sozialismus in einem Lande ins Feld geführt worden. Trotz dieser Einsicht, die erst 1933 erstmals veröffentlicht wurde, als Stalin schon längst die Landwirtschaft sowjetisiert hatte, hat Marx die systemische Verflechtung zwischen Arbeitsteilung und dynamischem Kapitalismus, zwischen Wohlstand und Produktivitätsanreizen, völlig ausgeblendet. Marx neigte aus diesem Grund zu vier Einschränkungen, die man nachträglich nur als fatal bezeichnen kann:

- Er blendete die Zukunft grundsätzlich aus, ohne darüber zu reflektieren, wie die produktiven Antriebskräfte weiterfunktionieren sollten, wenn alles Eigentum in Kollektivbesitz überführt sei.
- Er konzentrierte sich auf die Ökonomie, obwohl der Übergang der Produktionsmittel in gesellschaftliches Eigentum eine politische Theorie erfordert hätte.
- Dieser Ökonomismus führte ihn dazu, die ganze Geschichte als Geschichte von Klassenkämpfen zu betrachten, und die verschiedenen politischen Herrschaftsformen, die Gegenstand der Geschichte der politischen Ideen sind, bloß als scheinhafte Spiegelung dieser Klassenkämpfe anzusehen.
- Marx hatte keine Vorstellung von Demokratie, sah das Wahlrecht offenbar als gleichgültig an und hielt allein Machtkämpfe von Klassen für entscheidend.

Er behauptet, „dass alle Kämpfe innerhalb des Staats, der Kampf zwischen Demokratie, Aristokratie und Monarchie, der Kampf um das Wahlrecht etc. etc., nichts als die illusorischen Formen sind, in denen die wirklichen Kämpfe der verschiednen Klassen untereinander geführt werden (wovon die deutschen Theoretiker nicht eine Silbe ahnen) (...)".[497]

Marxens *Deutsche Ideologie* hat bis heute weitreichende Nachwirkungen gehabt und nicht nur das politische Denken, sondern auch die Weltwahrnehmung ganzer Studenten-, Lehrer- und Schülergenerationen vor allem seit 1968 geprägt. Hier finden sich die entscheidenden

---

[495]   Marx/Engels: Die deutsche Ideologie, MEW Bd. 3, S. 34-35.

[496]   Ebenda S. 35.

[497]   Marx/Engels: Die deutsche Ideologie, MEW Bd. 3, S. 33.

Überlegungen der Marxschen Ideologiekritik, die einerseits durch ihren aufklärerischen Anspruch faszinierend wirkt, andererseits jedermann, auch wenn er oder sie sich nur kurz damit befasst hat, mit der Attitüde ausstattet, alles blitzschnell durchschauen zu können, weshalb Marx noch bis heute ein so beliebter Autor bei politischen Anfängern geblieben ist. Man lernt bei ihm, dass hinter den Schikanen des sogenannten Weltgeistes, wie er sich ausdrückt, nichts weiter als der Weltmarkt steckt.[498]

Methodisch legt Marx das wie folgt dar: „Diese Geschichtsauffassung beruht also darauf, den wirklichen Produktionsprozess, und zwar von der materiellen Produktion des unmittelbaren Lebens ausgehend, zu entwickeln und die mit dieser Produktionsweise zusammenhängende und von ihr erzeugte Verkehrsform, also die bürgerliche Gesellschaft in ihren verschiedenen Stufen, als Grundlage der ganzen Geschichte aufzufassen und sie sowohl in ihrer Aktion als Staat darzustellen, wie die sämtlichen verschiedenen theoretischen Erzeugnisse und Formen des Bewusstseins, Religion, Philosophie, Moral etc. etc., aus ihr zu erklären und ihren Entstehungsprozess aus ihnen zu verfolgen, wo dann natürlich auch die Sache in ihrer Totalität (und darum auch die Wechselwirkung dieser verschiednen Seiten aufeinander) dargestellt werden kann. Sie hat in jeder Periode nicht, wie die idealistische Geschichtsanschauung, nach einer Kategorie zu suchen, sondern bleibt fortwährend auf dem wirklichen Geschichtsboden stehen, erklärt nicht die Praxis aus der Idee, erklärt die Ideenformationen aus der materiellen Praxis und kommt demgemäss auch zu dem Resultat, dass alle Formen und Produkte des Bewusstseins nicht durch geistige Kritik, durch Auflösung ins ‚Selbstbewusstsein' oder Verwandlung in ‚Spuk', ‚Gespenster', ‚Sparren' etc., sondern nur durch den praktischen Umsturz der realen gesellschaftlichen Verhältnisse, aus denen diese idealistischen Flausen hervorgegangen sind, aufgelöst werden können – dass nicht die Kritik, sondern die Revolution die treibende Kraft der Geschichte auch der Religion, Philosophie und sonstigen Theorie ist."[499]

Die politischen Haupt- und Staatsaktionen sind dann nichts weiter („nichts weiter" ist eine der beliebtesten Formeln dieser Art von Kritik) als die Illusionen einer Epoche über sich selbst, während die wirklichen Prozesse durch die materiellen Interessen, durch die Klassenkämpfe bestimmt werden. Jedes philosophische Problem glaubt Marx auf ein empirisches Faktum reduzieren zu können.[500] Auch die Naturwissenschaften sind nichts weiter als ein abgeleitetes Produkt von Industrie und Handel. Ein britischer Marxist des 20. Jahrhunderts, Maurice Cornforth, hat aus solchen Überlegungen heraus dann eine vierbändige materialistische Geschichte der Naturwissenschaften entwickelt. Materialistisch heißt hier: Rückführung auf die Erfüllung der menschlichen Lebensbedürfnisse durch die Ökonomie. Man kann sich fragen, ob ihm dann nicht hätte auffallen müssen, dass hier auch das Argument gegen den Sozialismus bzw. Kommunismus liegt, der ja offenbar aus strukturellen Gründen, also wegen seiner eigenen inneren Konstruktion gerade nicht in der Lage war, die Lebensbedürfnisse der Menschen zu erfüllen. Marxisten müssten das Scheitern des Sozialismus konsequent aus diesem Punkt erklären, während Nichtmaterialisten eventuell auch die Freiheitswünsche und

---

[498]   MEW Bd. 3, S. 37.

[499]   Marx/Engels: Die deutsche Ideologie, MEW Bd. 3, S. 37-38.

[500]   Ebenda S. 43.

Freiheitsideen der Menschen als eigenständigen Erklärungsgrund für das Scheitern dieses Gesellschaftsmodells würden hinzunehmen können.

In berühmt gewordenen Formulierungen führt Marx seine Ideologiekritik weiter aus: „Die Gedanken der herrschenden Klasse sind in jeder Epoche die herrschenden Gedanken, d.h. die Klasse, welche die herrschende materielle Macht der Gesellschaft ist, ist zugleich ihre herrschende geistige Macht. Die Klasse, die die Mittel zur materiellen Produktion zu ihrer Verfügung hat, disponiert damit zugleich über die Mittel zur geistigen Produktion, so dass ihr damit zugleich im Durchschnitt die Gedanken derer, denen die Mittel zur geistigen Produktion abgehen, unterworfen sind. Die herrschenden Gedanken sind weiter Nichts als der ideelle Ausdruck der herrschenden materiellen Verhältnisse, die als Gedanken gefassten herrschenden materiellen Verhältnisse; also der Verhältnisse, die eben die eine Klasse zur herrschenden machen, also die Gedanken ihrer Herrschaft."[501]

Wieder, wie so oft bei Marx, finden wir an dieser Stelle die Rhetorik des *„weiter nichts als"*. So unterkomplex muss diese Theorie allerdings nicht bleiben. Einige Mitglieder der herrschenden Klasse treten als deren Denker auf, andere verhalten sich zu den Gedanken rezeptiv, oder lehnen es, als aktive Wirtschafter und Politiker, überhaupt ab, sich zu sehr mit den Illusionen abzugeben. Es kann sich sogar eine Entgegensetzung oder Feindschaft innerhalb dieser Klasse entwickeln. Damit es aber zu revolutionären Gedanken kommen kann, muss es schon eine revolutionäre Klasse geben. Es ist jedenfalls falsch, die Gedanken, wie z.B. für die Herrschaft der Aristokratie Ehre und Treue oder für die Herrschaft der Bourgeoisie Freiheit und Gleichheit von dieser Klasse abzutrennen, obwohl die jeweils herrschende Klasse gemeinhin annimmt, ihre Vorstellungen seien allgemeingültig.

Montesquieu hatte diese Zusammenhänge sehr viel differenzierter gesehen und war sich über die Zuordnung derartiger Konzeptionen zu bestimmten Klassen sehr genau im klaren. Marx ist an diesen Punkten keineswegs original. Er lenkt den Blick durchaus auf etwas Richtiges, nämlich den Zusammenhang von Strukturen und Ideen, auch wenn die materialistische Reduktion von Freiheit und Gleichheit auf die Herrschaft der Bourgeoisie zumindest bei denen, die den Marxismus dann praktisch umgesetzt haben, allerfürchterlichste Folgen hatte, und noch heute bei vielen von dieser Art des Denkens Ergriffenen zunächst zu einem überlegenen Durchschauen aller dieser Illusionen und von dort aus weiter zu einem kruden Machtdenken und vor allem zu einer arroganten Verachtung von Freiheit und bürgerlicher Gleichheit, von Grund- und Menschenrechten geführt hat und weiterhin führt. Wenn diese nämlich nichts weiter als Ausdruck bürgerlicher Geschäftsinteressen sind, dann wird man kaum jemanden motivieren können, für sie in den Kampf zu ziehen, schlimmer noch: man kann die Kämpfer für Menschenrechte diffamieren als Vertreter bourgeoiser Interessen, wie das mit Vaclav Havel und der osteuropäischen Dissidentenbewegung auch geschehen ist.

Die marxistischen Überlegungen zum Zusammenhang von Ideen und gesellschaftlichen Verhältnissen sind in einigen Hinsichten gewiss erhellend, und ein ganzer Zweig der Literaturgeschichtsschreibung hat sich ihrer bedient. Auch die politische Ideengeschichte hat ein paar dieser Impulse aufgenommen, obwohl Marx doch eigentlich mit ihr Schluss machen wollte. Aber wenn man den Ideen ihre Eigenständigkeit bestreitet, reduziert man sie auf die materiellen Verhältnisse. Darin liegt eine Gefahr für jeden, der Ideen von Freiheit und bür-

---

[501] Marx/Engels: Die deutsche Ideologie, MEW Bd. 3, S. 46.

gerlicher Gleichheit vertreten oder leben möchte, für jeden, der die Wirklichkeit nach dem Konzept solcher Ideen umgestalten will. Unter dem Gesichtspunkt der Aufklärung und Befreiung ist der Reduktionismus in sich widersprüchlich, denn er lehrt entweder, materielle Unterdrückungsverhältnisse zu akzeptieren oder passiv auf das Eintreten einer großen Umwälzung zu warten, auf die man selbst aber keinen Einfluss nehmen kann. Diese Widersprüchlichkeit führte im Marxismus Karl Kautskys und der Zweiten Internationalen zu dem, was revolutionärer Attentismus, also bloßes Warten auf die Revolution, genannt wurde. Die Bolschewiki wählten die Gegenstrategie: Eine Avantgarde unternahm den Versuch, mit Gewalt die Macht zu ergreifen und anschließend das Bewusstsein der Menschen durch massenhafte Industrialisierung, Enteignung der Landwirtschaft und revolutionären Terror zu verändern. Auch hier war man sich bewusst: man musste zuallererst bei den materiellen Verhältnissen ansetzen, während Menschen und Ideen als nachrangig betrachtet wurden. An dem logischen Widerspruch, dass dieser Gedanke selbst eine Idee ist, sind ganze Generationen von Parteiintellektuellen verzweifelt.

Der wohl entscheidende Mangel der Marxschen Theorie ist das fast völlige Fehlen einer eigenständigen Theorie des Staates. Das gesamte staatliche Handeln wird seines politischen Charakters entkleidet und auf Ökonomie reduziert; dies alles unter der Maske der Aufklärung über die wahre Natur oder das wahre Wesen des Staates. Nur scheinbar kommt dem Staat nach Marx eine eigenständige Existenzform zu. In Wirklichkeit ist er „aber weiter Nichts als die Form der Organisation, welche sich die Bourgeois sowohl nach Außen als nach innen hin zur gegenseitigen Garantie ihres Eigentums und ihrer Interessen notwendig geben. Die Selbständigkeit des Staats kommt heutzutage nur noch in solchen Ländern vor, wo die Stände sich nicht vollständig zu Klassen entwickelt haben, wo die in den fortgeschritteneren Ländern beseitigten Stände noch eine Rolle spielen und ein Gemisch existiert, in denen daher kein Teil der Bevölkerung es zur Herrschaft über die übrigen bringen kann. Dies ist namentlich in Deutschland der Fall. Das vollendetste Beispiel des modernen Staats ist Nordamerika."[502] Dieser theoretische Mangel trägt wohl auch eine Mitschuld daran, dass die Revolutionstheorie von Marx und Engels den Staat praktisch nicht berücksichtigt, sondern nur zu so allgemeinen Floskeln kommt wie „Mit der Aneignung der totalen Produktivkräfte durch die vereinigten Individuen hört das Privateigentum auf."[503] Die Unschärfe, ob es sich dann um gesellschaftliches oder staatliches Eigentum handeln sollte, wird in der Lehre von Marx nicht durchdacht und fällt unter das Utopieverbot, mit dem Marx es als unwissenschaftlich untersagte, über die zukünftige Gesellschaft genauere Vorstellungen zu entwickeln.

13.2   Thesen über Feuerbach (1845)

Die ideengeschichtliche Herkunft der Gedanken von Marx lässt sich am besten an seinen Thesen über Feuerbach zeigen. Ludwig Feuerbach (1804-1872) war der wichtigste Religionskritiker des deutschen Vormärz und der wohl wichtigste Junghegelianer. Mit seiner Philosophie der Praxis, mit seinem anthropologischen Materialismus und seiner Theorie der

---

[502]   Marx/Engels: Die deutsche Ideologie, MEW Bd. 3, S. 62.
[503]   Marx/Engels: Die deutsche Ideologie, MEW Bd. 3, S. 68.

sinnlichen Emanzipation gehört er in die Zeitströmung des Frühsozialismus, zu der in Frankreich vor allem Claude Henri de Saint-Simon und dessen Schüler Prosper Enfantin, sowie natürlich Heinrich Heine gehörten.[504] Mit Max Stirner steht auch der wichtigste deutsche Theoretiker des Anarchismus in diesem Umfeld und Zusammenhang.[505]

Die Thesen über Feuerbach, von Marx 1845 geschrieben und von Engels redigiert, wurden zuerst 1888 im Anhang von dessen Schrift „Ludwig Feuerbach und der Ausgang der klassischen deutschen Philosophie" abgedruckt. Marx hat diese Thesen kurz nach seiner Pariser Begegnung mit dem zwanzig Jahre älteren Heinrich Heine geschrieben, und Heinrich Heines Neue Gedichte spiegeln den Geist der sinnlichen Emanzipation dieser Jahre. Die Parole der Junghegelianer war: Emanzipation der Sinnlichkeit durch Revolution. Der bisherige Materialismus habe Sinnlichkeit nur als Objekt, nicht aber als praktische sinnliche Tätigkeit und damit als praktisches, d.h. revolutionäres Handeln gefasst. Marx löst das erkenntnistheoretische Problem, wie man sich der Wahrheit der eigenen Theorie versichern könne, durch einen theoretischen Gewaltakt: Die Wahrheit ist die Diesseitigkeit, Wirklichkeit und Macht des Denkens, das sich in der Praxis beweisen müsse. Alles andere, so formuliert er in der zweiten Feuerbachthese, seien scholastische Fragen. Genaugenommen liegt hier eine Fortsetzung und Zuspitzung dessen vor, was er aus Hegels Vorrede zur Rechtsphilosophie gelernt hatte: *Hic Rhodus, hic salta*, oder in der eigenwilligen Übersetzung Hegels: Hier ist die Rose, hier tanze.[506] Hegel allerdings hatte an dieser Stelle die Versöhnung mit der Wirklichkeit gefordert und vorgeschlagen, den Staat als ein in sich Vernünftiges zu begreifen, während Marx auf das Gegenteil setzt.

Die Frage der Erziehung derjenigen, welche die zukünftige Gesellschaft zu gestalten haben, das Problem also, dass die Erzieher selbst erzogen werden müssen, löst er ebenfalls auf praktizistisch-revolutionäre Weise: Das Ändern der Umstände und die Selbstveränderung der Menschen wird als revolutionäre Praxis verstanden. Diese Formel spricht gegen eine Erziehungsdiktatur der Philosophen, stellt aber die eigene revolutionäre Praxis als Lernprozess dar. In der vierten Feuerbachthese fordert Marx, nachdem Feuerbach in der heiligen Familie ein Abbild der irdischen Familie erkannt habe, nun auch die irdische Familie theoretisch zu kritisieren und praktisch umzuwälzen: „Also nachdem z.B. die irdische Familie als das Geheimnis der heiligen Familie entdeckt ist, muß nun erstere selbst theoretisch und praktisch vernichtet werden."[507] Im kommunistischen Manifest heißt es dazu: „Die Bourgeoisie hat

---

[504]   Vgl. Feuerbach, Ludwig: Das Wesen des Christentums, Stuttgart 1969; Ramm, Thilo (Hg.),:Der Frühsozialismus. Quellentexte, Stuttgart 2. Aufl. 1968 (hierin vor allem die Text von Saint-Simon); Ramm, Thilo (Hg.): P.-J. Proudhon. Ausgewählte Texte, Stuttgart 1963. Einer der führenden Ideengeschichtler der deutschen Politikwissenschaft hat den Geist dieser Zeit der sinnlichen Emanzipation in folgendem Werk dargestellt: Sternberger, Dolf: Heinrich Heine und die Abschaffung der Sünde, Werke Bd. 12, Frankfurt am Main 2001. Vgl. auch Schmidt, Alfred: Emanzipatorische Sinnlichkeit. Ludwig Feuerbachs anthropologischer Materialismus, Frankfurt am Main 1973.

[505]   Vgl. Stirner, Max: Der Einzige und sein Eigentum und andere Schriften. Ausgewählt und mit einem Nachwort herausgegeben von Hans G Helms, München 1968.

[506]   Hegel, G.W.F.: Grundlinien der Philosophie des Rechts, Vorrede, in: Werke in zwanzig Bänden, Hg. Eva Moldenhauer und Karl Markus Michel, Band 7, Frankfurt am Main 1970, S. 26. In Goethes „Zahmen Xenien" heißt es: „Hier ist Rhodus! Tanze, du Wicht".

[507]   Marx: Thesen über Feuerbach,. MEW Bd. 3, S. 6.

dem Familienverhältnis seinen rührend-sentimentalen Schleier abgerissen und es auf ein reines Geldverhältnis zurückgeführt."[508]

Die Umwälzung, gar Beseitigung der irdischen Familie ist kein kleines Ziel – und eigentlich erst von der sozialistischen Kibbuzbewegung mit ihrer kollektiven Kindererziehung und in den antiautoritären Kinderläden und Kindererziehungsprojekten der 68er in Angriff genommen worden. In der Sowjetunion hat man entsprechende Experimente aus den Anfangsjahren sehr schnell wieder aufgegeben. Der Grundgedanke ist, dass die Familienstruktur selbst repressiv ist und autoritäre Charaktere hervorbringt. Die spätere, in den dreißiger Jahren des 20. Jahrhunderts sich entwickelnde Kooperation zwischen Marxschen und freudianischen Argumenten hat hier ihren Ursprung, also der Freudomarxismus, wie wir ihn von Wilhelm Reich, Erich Fromm oder auch aus der Frankfurter Schule kennen.[509] Feuerbach hatte alle Religion anthropologisch in das menschliche Wesen aufgelöst. Marx hält dagegen: „Aber das menschliche Wesen ist kein dem einzelnen Individuum innewohnendes Abstraktum. In seiner Wirklichkeit ist es das ensemble der gesellschaftlichen Verhältnisse."[510] Dies ist einer der meistzitierten Sätze, zusammengenommen mit „Das Sein bestimmt das Bewusstsein", allerdings scheint diese Formulierung etwas komplexer. Marx hat nämlich keinen platten Materialismus vertreten, sondern offenbar – zumindest in den vierziger Jahren – ein Praxisdenken junghegelianischen Stils. Die Menschen bündeln in sich die gesellschaftlichen Verhältnisse, können und sollen diese aber auch durch eigenes Handeln beeinflussen. Dieses hegelianische Element ist in der späteren Dogmatisierung und Stalinisierung des Marxismus entfallen. Marx wollte den bisherigen, analysierenden und bloß kontemplativen Materialismus überwinden, denn dieser sei individualistisch und atomistisch, d.h. er komme höchstens zu einer Analyse der einzelnen Individuen und von dort aus zur bürgerlichen Gesellschaft.

Der neue Materialismus, den er vertritt, sucht als Standpunkt einen kollektiven Ansatz, nämlich „die menschliche Gesellschaft oder die gesellschaftliche Menschheit". Marx wollte nicht die Nützlichkeitskonzeption der bürgerlichen Gesellschaft, wie etwa der Utilitarismus Jeremy Benthams sondern einen allgemeinmenschlichen Standpunkt. Genaugenommen ist die Menschheitsemanzipation aber ein kosmopolitischer und idealistischer Traum. Marx legt jedoch großen Wert darauf, diesen praktisch gemeinten Idealismus als neuen Materialismus auszugeben und hat diesen Widerspruch bis zum Schluss in seiner Lehre nicht aufgelöst. Für ihn schienen die „wirklichen" Menschen schon materiell genug. Ihre Zusammenführung als gesellschaftliche Menschheit, d.h. unter dem Stichwort einer Universalität, eines Allgemeinen, hat aber eine so starke moralische Konnotation, dass die marxistische Überzeugungskraft und Ausstrahlungskraft davon gelebt hat, ohne dass dies theoretisch reflektiert worden wäre. Die abschließende elfte Feuerbachthese, die „Thesis 11", wie eine australische Theoriezeitschrift heißt, gehört ebenfalls zum ehernen Kernbestand jeder marxistischen Zitatensammlung und ist ein Kulminationspunkt der frühmarxistischen Praxiskonzeption: „Die

---

[508]   Marx: Manifest der kommunistischen Partei, MEW Bd. 4, S. 463 ff.

[509]   Vgl. hierzu als ein charakteristisches Dokument dieser Denkrichtung Dietrich Haensch: Repressive Familienpolitik, Sexualunterdrückung als Mittel der Politik, Reinbek 1969.

[510]   Marx: Thesen über Feuerbach, MEW Bd. 3, S. 6.

Philosophen haben die Welt nur verschieden interpretiert, es kömmt drauf an, sie zu verändern."[511]

Darin steckt allerdings jedoch leider ein Problem: im Grunde wird so die Philosophie abgeschafft und durch Gesellschaftstheorie bzw. später durch Wirtschaftstheorie ersetzt. Auf das gründliche und radikale Nachdenken über die politische Gesellschaft und den Staat kann damit zugunsten praktischen Handelns, das durch wenige programmatische Texte angeleitet wird, verzichtet werden. Auch die in der Auseinandersetzung mit dem Junghegelianismus entwickelte aktivistische Praxiskonzeption gehört zu den Miturachen, aus denen heraus Marx auf die Entwicklung einer Staatstheorie und einer im eigentlichen Sinne politischen Theorie verzichtet hat. Es ist nun aber außerordentlich problematisch, wenn eine der über ein Jahrhundert politisch weltweit wirksamsten Theorien überhaupt – vielleicht neben der von John Locke – im Grunde unpolitisch oder antipolitisch ist.

Lenins spätere Texte zur politischen Praxis konnten dies nicht ändern, denn sie sind zum größten Teil nur pragmatisch-taktische Rezepte und Pamphlete politischen Alltagshandelns und waren nur ein extrem dünner Ersatz für eine ernstzunehmende politische Theorie. Allein seine Schrift „Staat und Revolution", eine Zusammenfassung der Lehren von Marx und Engels aus der Perspektive der revolutionären Situation im August 1917, erfüllt einige theoretische Ansprüche. Doch gerade in dieser Schrift hat Lenin die These vom Absterben des Staates vorgetragen, kurz bevor er und seine Mitrevolutionäre eines der härtesten und repressivsten Staatssysteme der neueren Geschichte errichteten.[512] Wer die gesamte Wirtschaftsordnung politisch umstrukturieren und politisch lenken will, dazu aber keine politische Theorie anbietet, kann sich des Vorwurfs, verantwortungslos zu handeln, kaum entziehen.

13.3   Kommunistisches Manifest

Das kommunistische Manifest wurde 1848 veröffentlicht – mit direkter Wirkungsabsicht innerhalb der europäischen Revolutionen dieser Jahre. Es war von Anfang an ein internationalistischer Text, wurde in London verabschiedet und sofort gleichzeitig in englischer, französischer, deutscher, italienischer, flämischer und dänischer Sprache gedruckt.

Die erste These unter dem Titel „Bourgeois und Proletarier" ist eine in ihrer Schärfe an Machiavelli erinnernde Formulierung, die aber weit über alles bislang Gedachte hinausging: „Die Geschichte aller bisherigen Gesellschaft ist die Geschichte von Klassenkämpfen. Freier und Sklave, Patrizier und Plebejer, Baron und Leibeigener, Zunftbürger und Gesell, kurz, Unterdrücker und Unterdrückte standen in stetem Gegensatz zueinander, führten einen ununterbrochenen, bald versteckten, bald offenen Kampf, einen Kampf, der jedes Mal mit einer revolutionären Umgestaltung der ganzen Gesellschaft endete oder mit dem gemeinsamen Untergang der kämpfenden Klassen."[513]

---

[511]   Marx: Thesen über Feuerbach, MEW Bd. 3, S. 5 ff.

[512]   Lenin, W.I.: Staat und Revolution. Die Lehre des Marxismus vom Staat und die Aufgaben des Proletariats in der Revolution (1917), Berlin 11. Aufl. 1969.

[513]   Marx: Manifest der kommunistischen Partei, MEW Bd. 4, S. 462.

Soziale Gegensätze als Ursache von Kämpfen und Bürgerkriegen finden wir selbstverständlich schon bei Aristoteles und Tacitus. Dass daraus aber eine Geschichtstheorie für alle menschlichen Gesellschaften gemacht wird, ist neu. Interessant ist, und innerhalb des Werks von Marx einzigartig, dass der Ausgang offen bleibt: Sieg oder gemeinsamer Untergang – ein für die deutsche methodische Geschichtsphilosophie ungewöhnlicher Gedanke, der eventuell zurückzuführen ist auf die Beratungen mit den italienischen und französischen Genossen in der Vorbereitung des Manifests.

Für Marx hat sich zu seiner Zeit die komplexe Ständestruktur der historischen Gesellschaften zu einem Klassengegensatz vereinfacht, der mehr und mehr dazu tendiert, die gesamte Gesellschaft in nur noch zwei einander gegenüberstehende Klassen zu spalten, nämlich Bourgeois und Proletarier. Die Zwischenklassen wie das Handwerk und die Kleinbürger verschwinden, der Bauernstand verliert seine Bedeutung. Das ist das Produkt des Fortschritts. Auch hier lasse ich Marx direkt zu Wort kommen, denn diese Überlegungen aus dem Manifest sind auch heute noch für die Theorien der Globalisierung von Belang und werden in der Tat von den Globalisierungstheoretikern auch gern zitiert:

„Die große Industrie hat den Weltmarkt hergestellt, den die Entdeckung Amerikas vorbereitete. Der Weltmarkt hat dem Handel, der Schifffahrt, den Landkommunikationen eine unermessliche Entwicklung gegeben. Diese hat wieder auf die Ausdehnung der Industrie zurückgewirkt, und in demselben Maße, worin Industrie, Handel, Schifffahrt, Eisenbahnen sich ausdehnten, in demselben Maße entwickelte sich die Bourgeoisie, vermehrte sie ihre Kapitalien, drängte sie alle vom Mittelalter her überlieferten Klassen in den Hintergrund."[514]

„Die Bourgeoisie hat in der Geschichte eine höchst revolutionäre Rolle gespielt. Die Bourgeoisie, wo sie zur Herrschaft gekommen, hat alle feudalen, patriarchalischen, idyllischen Verhältnisse zerstört. Sie hat die buntscheckigen Feudalbande, die den Menschen an seinen natürlichen Vorgesetzten knüpften, unbarmherzig zerrissen und kein anderes Band zwischen Mensch und Mensch übriggelassen als das nackte Interesse, als die gefühllose ,bare Zahlung'. Sie hat die heiligen Schauer der frommen Schwärmerei, der ritterlichen Begeisterung, der spießbürgerlichen Wehmut in dem eiskalten Wasser egoistischer Berechnung ertränkt. Sie hat die persönliche Würde in den Tauschwert aufgelöst und an die Stelle der zahllosen verbrieften und wohlerworbenen Freiheiten die eine gewissenlose Handelsfreiheit gesetzt. Sie hat, mit einem Wort, an die Stelle der mit religiösen und politischen Illusionen verhüllten Ausbeutung die offene, unverschämte, direkte, dürre Ausbeutung gesetzt. Die Bourgeoisie hat alle bisher ehrwürdigen und mit frommer Scheu betrachteten Tätigkeiten ihres Heiligenscheins entkleidet. Sie hat den Arzt, den Juristen, den Pfaffen, den Poeten, den Mann der Wissenschaft in ihre bezahlten Lohnarbeiter verwandelt."[515]

Die Marxsche Geschichtsphilosophie baut hier direkt auf Hegel auf: Weiterentwicklung durch Konflikt, aber Anerkennung der jeweils vorantreibenden Rollen auch der zu überholenden Stufen innerhalb des Gesamtkonzepts. Die Bourgeoisie hat die alten Feudalstrukturen aufsprengen müssen, weil diese den technischen Möglichkeiten, also den Produktivkräften, nicht mehr entsprachen, und damit für mindestens hundert Jahre selber eine revolutionäre Rolle gespielt, die Marx nicht ohne Bewunderung schildert: „Die Bourgeoisie hat in ihrer

---

[514] MEW Bd. 4, S. 463.
[515] MEW Bd. 4, S. 465.

kaum hundertjährigen Klassenherrschaft massenhaftere und kolossalere Produktionskräfte geschaffen als alle vergangenen Generationen zusammen. Unterjochung der Naturkräfte, Maschinerie, Anwendung der Chemie auf Industrie und Ackerbau, Dampfschifffahrt, Eisenbahnen, elektrische Telegraphen, Urbarmachung ganzer Weltteile, Schiffbarmachung der Flüsse, ganze aus dem Boden hervorgestampfte Bevölkerungen – welches frühere Jahrhundert ahnte, dass solche Produktionskräfte im Schoß der gesellschaftlichen Arbeit schlummerten".[516]

Aber die revolutionäre Tätigkeit der Bourgeoise, die über die ganze Erde jagt, sich überall einnistet, überall anbaut, überall Verbindungen herstellt, gerät an ihre Grenzen. Diese zeigen sich in Handelskrisen, die Marx deutet als Empörung der modernen Produktivkräfte gegen die Produktionsverhältnisse. Damit verbunden sind periodische Kapitalvernichtungen, die Überproduktion, Hungersnöte und allgemeine Vernichtungskriege, Rückversetzung der Gesellschaft in Zustände momentaner Barbarei.

Diese Krisen werden nach Marx immer umfassender und allseitiger und lassen vor allem das Proletariat zu der revolutionären Klasse werden, die die Herrschaft des Bürgertums zu stürzen in der Lage ist. Die Arbeit hat allen Reiz des selbständigen Handwerks verloren, die Arbeiter sind zu reinen Anhängseln der Maschinen geworden. Die Klassenkämpfe führen zwar nicht unmittelbar zum Sieg des Proletariats, aber zu seiner sukzessiv immer besseren Organisation zur Klasse und damit zur politischen Partei. Immer mehr andere Klassen, auch Teile der herrschenden Klassen verarmen und werden zu Proletariern. „Alle bisherigen Bewegungen waren Bewegungen von Minoritäten oder im Interesse von Minoritäten. Die proletarische Bewegung ist die selbständige Bewegung der ungeheuren Mehrzahl im Interesse der ungeheuren Mehrzahl. Das Proletariat, die unterste Schicht der jetzigen Gesellschaft, kann sich nicht erheben, nicht aufrichten, ohne dass der ganze Überbau der Schichten, die die offizielle Gesellschaft bilden, in die Luft gesprengt wird."[517]

Die Eigentumsfrage ist für Marx die entscheidende – genau wie bei John Locke, aber mit genau der umgekehrten Tendenz: „Was den Kommunismus auszeichnet, ist nicht die Abschaffung des Eigentums überhaupt, sondern die Abschaffung des bürgerlichen Eigentums."[518] Aufhebung des Privateigentums ist der Kernsatz, in dem Marx seine kommunistischen Lehren zusammenfasst. Das Eigentum der Kleinbürger, Handwerker und Bauern ist jedenfalls im Kommunistischen Manifest nur mittelbar gemeint. Ein wenig taktisch, wie in politischen Pamphleten üblich, heißt es: „Wir brauchen es nicht abzuschaffen, die Entwicklung der Industrie hat es abgeschafft und schafft es täglich ab."[519] Das moderne bürgerliche Privateigentum allerdings soll abgeschafft werden, und zwar, weil es die Arbeiter enteignet und ausbeutet. Marx sagt dies mit aller ihm zur Verfügung stehenden Polemik:

„Ihr entsetzt euch darüber, dass wir das Privateigentum aufheben wollen. Aber in eurer bestehenden Gesellschaft ist das Privateigentum für neun Zehntel ihrer Mitglieder aufgehoben; es existiert gerade dadurch, dass es für neun Zehntel nicht existiert. Ihr werft uns also vor, dass wir ein Eigentum aufheben wollen, welches die Eigentumslosigkeit der ungeheuren

---

[516]   Marx: Manifest der kommunistischen Partei, MEW Bd. 4, S. 467
[517]   Ebenda S. 472 ff.
[518]   Ebenda S. 475.
[519]   Ebenda S. 475.

Mehrzahl der Gesellschaft als notwendige Bedingung voraussetzt. Ihr werft uns mit einem Worte vor, dass wir euer Eigentum aufheben wollen. Allerdings, das wollen wir."[520]

In der Theorie leugnet er die Eigenständigkeit der Ideen und stellt die starke Behauptung auf, dass diese von den materiellen Bedingungen abhängig seien. Hier ist eine Verschiebung der Akzente seines Denkens gegenüber den Feuerbachthesen festzustellen: „Was beweist die Geschichte der Ideen anders, als dass die geistige Produktion sich mit der materiellen umgestaltet? Die herrschenden Ideen einer Zeit waren stets nur die Ideen der herrschenden Klasse. Man spricht von Ideen, welche eine ganze Gesellschaft revolutionieren; man spricht damit nur die Tatsache aus, dass sich innerhalb der alten Gesellschaft die Elemente einer neuen gebildet haben, dass mit der Auflösung der alten Lebensverhältnisse die Auflösung der alten Ideen gleichen Schritt hält."[521] Damit wäre die politische Ideengeschichte widerlegt. Es gibt nur Machtkämpfe, und die Ideen sind nichts weiter als Waffen in diesen Kämpfen. Auch das ist eine der Ideen von Marx, die in den siebziger Jahren des 20. Jahrhunderts die vorherrschende Studentenphilosophie war, während die heutige Studentenphilosophie umgekehrt betont, dass die soziale Wirklichkeit ein Konstrukt unserer Wahrnehmungsweisen sei.

Marx ist in diesem Punkt übrigens nicht vollkommen konsequent gewesen. Es gibt eine Stelle, an der er auch der Theorie selbst eine Wirkungsmöglichkeit zuschreibt, nämlich in seiner Einleitung zur Kritik der hegelschen Rechtsphilosophie, die allerdings noch aus dem Jahre 1843, also aus der Zeit noch vor den Feuerbachthesen stammt, so dass bis zur Abfassung des kommunistischen Manifests im Jahre 1847 eine Verschiebung der Akzente stattgefunden haben könnte. „Die Waffe der Kritik kann allerdings die Kritik der Waffen nicht ersetzen, die materielle Gewalt muß gestürzt werden durch materielle Gewalt, allein auch die Theorie wird zur materiellen Gewalt, sobald sie die Massen ergreift. Die Theorie ist fähig, die Massen zu ergreifen, sobald sie ad hominem demonstriert, und sie demonstriert ad hominem, sobald sie radikal wird. Radikal sein ist die Sache an der Wurzel fassen. Die Wurzel für den Menschen ist aber der Mensch selbst."[522] Das praktische Revolutionskonzept von Marx, wie es im kommunistischen Manifest skizziert wird, sieht so aus, „dass der erste Schritt in der Arbeiterrevolution die Erhebung des Proletariats zur herrschenden Klasse, die Erkämpfung der Demokratie ist. Das Proletariat wird seine politische Herrschaft dazu benutzen, der Bourgeoisie nach und nach alles Kapital zu entreißen, alle Produktionsinstrumente in den Händen des Staats, d.h. des als herrschende Klasse organisierten Proletariats, zu zentralisieren und die Masse der Produktionskräfte möglichst rasch zu vermehren. Es kann dies natürlich zunächst nur geschehn vermittelst despotischer Eingriffe in das Eigentumsrecht und in die bürgerlichen Produktionsverhältnisse, durch Maßregeln also, die ökonomisch unzureichend und unhaltbar erscheinen, die aber im Lauf der Bewegung über sich selbst hinaustreiben und als Mittel zur Umwälzung der ganzen Produktionsweise unvermeidlich sind."[523]

Der letzte Schritt, das Ziel, lautet so: „An die Stelle der alten bürgerlichen Gesellschaft mit ihren Klassen und Klassengegensätzen tritt eine Assoziation, worin die freie Entwicklung

---

[520] Ebenda S. 477.

[521] Ebenda S. 480.

[522] Marx: Zur Kritik der Hegelschen Rechtsphilosophie. Einleitung, MEW Bd. 1, S. 385.

[523] Marx: Manifest der kommunistischen Partei, MEW Bd. 4, S. 481.

eines jeden die Bedingung für die freie Entwicklung aller ist."[524] Auch das ist ein vielzitierter Satz, der immer wieder gegen den Leninismus, den Stalinismus und den Staatssozialismus ins Feld geführt worden ist. Marx stellte sich die absolute Freiheit als Resultat einer planmäßigen Lenkung und Zentralisierung der Produktion vor – einer der Widersprüche, die von Anfang an in seiner Lehre aufgefallen sind.

13.4   Probleme der ökonomischen Theorie von Marx

Der rote Faden des Denkens von Marx besteht in einer aus der Kritik der deutschen Philosophie seiner Zeit entwickelten Geschichtstheorie, welche später ergänzt wurde um eine kritische Auseinandersetzung mit der klassischen Nationalökonomie, also vor allem den Theorien Adam Smiths und David Ricardos, auf deren Grundlage Marx im Kapital eine eigene Arbeitswertlehre entwickelt hat. Dieser ökonomische Teil der Lehre von Marx ist in den siebziger Jahren Gegenstand unzähliger Seminare an deutschen Universitäten gewesen. Damals wurde meist versucht, die Aktualität dieser Teile der Marxschen Theorie zu verteidigen, also insbesondere der Theorie der Ausbeutung, der Verelendung und des tendenziellen Falls der Profitrate durch technische Innovation.

Heute erscheinen derartige apologetische Bemühungen uninteressant, weil sie dem notwendigen kritischen Geist politischer Philosophie nicht entsprechen. Vor allem: selbst wenn Einzelaussagen der ökonomischen Theorie von Marx vielleicht noch zutreffen, so ist doch das Grundkonzept, die Arbeitswertlehre und die Lehre von der produktiven Arbeit, die allein in der industriellen Produktion geleistet werden kann, überholt. Der Wert eines Produktes bestimmt sich eben nicht wesentlich durch die in ihm steckende Arbeit, sondern es gibt gar keinen besonderen Wert, der sich in irgendeiner Weise vom Preis unterscheidet, und dieser bildet sich durch die Schnittstellen der Kurven von Angebot und Nachfrage.

Marx fand das zu oberflächlich und suchte hinter den schwankenden Marktpreisen etwas Objektiveres – ganz wie es auch Locke, Adam Smith und Ricardo getan hatten. Er suchte den Punkt, um den die Preise schwankten. Marx ist daraus kein Vorwurf zu machen, dass er auf dem Stand der ökonomischen Theorie seiner Zeit argumentierte. Aber die ökonomischen Klassiker sind in diesem Punkt überholt und durch die Grenznutzenlehre ersetzt worden, die die Kurven von Angebot und Nachfrage vollständig erklären kann.

Die Frage an die marxistische Theorie lautet: wie lassen sich Werte in Preise umrechnen? Es handelt sich um das sogenannte Transformationsproblem, das schon 1896 anlässlich des von Friedrich Engels aus dem Nachlass herausgegebenen dritten Bandes von Marx' Kapital durch Eugen Böhm-Bawerk aufgeworfen wurde, aber erst seit den 70er Jahren auch von marxistischen Theoretikern selbst so ernst genommen wird, dass viele von ihnen die Wertlehre aus diesem Grunde aufgegeben haben. In den ersten beiden Bänden des Kapital spielte diese Frage noch kaum eine Rolle, denn aus Gründen der Vereinfachung der Darstellung war Marx von der Annahme ausgegangen, dass die Waren zu ihren Werten getauscht werden, und hatte das Problem, dass dies augenscheinlich nicht der Fall ist (denn der Preis kann deutlich über oder unter den Kosten für die durchschnittlich oder im Einzelfall aufgewendete

---

[524]   Ebenda S. 482.

Arbeitszeit liegen), auf später verschoben. Im dritten Band nun stellt er die Theorie eines vom Wert abweichenden Durchschnittspreises auf, den er Produktionspreis nennt.

Es gibt damit zwei Systeme: das System der Preise, in dem die heutigen Ökonomen rechnen, und das System der Werte, das davon abweicht. Wenn die Wertlehre stimmt, muss sich das eine in das andere mathematisch umrechnen lassen. Die Lösungen, die Marx und seine Nachfolger dazu angeboten haben, sind jedoch allesamt gescheitert.[525] Paul Samuelson hat 1971 darauf hingewiesen, dass es eigentlich auch gar nicht nötig sei, die Wertgrößen und die Mehrwertraten zu kennen, wenn man Produktionspreise und Durchschnittsprofitrate bestimmen wolle. Samuelson setzte damit das Ockhamsche Rasiermesser ein: *entia non sunt multiplicanda praeter necessitatem* (Man soll Wesenheiten nicht vervielfältigen, wenn es nicht notwendig ist) und zeigte, dass die Wertlehre überflüssig ist.[526] Viele Marxisten an westlichen Universitäten, die sich mit dem „Kapital" befassten, übernahmen derartige Argumentationen, so auch Cornelius Castoriadis, der in dem Versuch, den Tauschwert auf Arbeit zurückzuführen, eine metaphysische Substantialisierung erkannte.[527]

Wer die Lehre von Marx ernst nehmen will, steht hier tatsächlich vor einem zentralen Problem seiner ökonomischen Theorie, denn auf der Wertlehre beruht seine Theorie der Ausbeutung. Die Ausbeutung sei keine Verschwörung der Unternehmer gegen die Arbeiter, die darin bestünde, diesen systematisch zu geringe Löhne zu zahlen. Verschwörungstheorien lehnte Marx grundsätzlich ab, obwohl ihm bewusst war, dass es Verschwörungen durchaus geben könne und historisch zweifellos auch gegeben hat. Derartige Erscheinungen sind für ihn aber bloß Ornamente an der Oberfläche tiefer liegender Prozesse, auf die es für einen Wissenschaftler allein sich zu konzentrieren lohne. Übelwollende Kapitalisten, wie in den Weberaufständen angeprangert, gar üble Maschinen, wie von den Maschinenstürmern angegriffen, fügten in der Sicht von Marx dem System selbst nichts Wesentliches und nichts Notwendiges hinzu, sondern waren bloße Akzidenzien, bloße Erscheinungsformen. Der Kern des Systems bestand in seiner Sicht darin, dass für alle Waren der Wert bezahlt wurde, der an der zu ihrer Herstellung notwendigen Arbeitszeit gemessen wurde. Im Kapitalismus wurde auch die Arbeitskraft eine Ware („*kommodifiziert*", wie es in der neueren marxistischen Terminologie heißt), was zur Folge hat, dass sie ihrem *Wert* entsprechend, also den Kosten ihrer Produktion und Reproduktion bezahlt werden muss, nicht aber ihrer Leistung oder ihrem *Produkt* entsprechend. Der Profit des Unternehmers besteht dann in der Differenz zwischen dem Wert der Arbeitskraft und dem Verkaufswert des von dieser Arbeitskraft unter fremder, unternehmerischer Organisation und Aufsicht hergestellten Produkts. Marx legte

---

[525] Vgl. zur mathematischen und zur qualitativen Seite des Problems Michael Heinrich: Was ist die Werttheorie noch wert? Zur neueren Debatte um das Transformationsproblem und die Marxsche Werttheorie, in: Prokla Nr. 72, 18. Jg. 1988, Nr. 3, S. 15-38. Die klassische Kontroverse findet sich in zwei Artikel: Böhm-Bawerk, Eugen von: Zum Abschluß des Marxschen Systems, und Hilferding, Rudolf: Böhm-Bawerks Marx-Kritik, in Eberle, Friedrich (Hg.): Aspekte der Marxschen Theorie I. Zur methodischen Bedeutung des 3. Bandes des ‚Kapital', Frankfurt/M. 1973, S. 25-194. Wichtig auch: Meek, Ronald L.: Einige Bemerkungen zum Transformationsproblem, ebenda S. 255-276.

[526] Paul Samuelson: Zum Verständnis des Marxschen Begriffs „Ausbeutung": Ein Überblick über die sogenannte Transformation von Werten in Produktionspreise, in: Nutzinger/Wolfstetter (Hg.): Die Marxsche Theorie und ihre Kritik, 2 Bde. Frankfurt/M. 1974 (zuerst engl. 1971).

[527] Castoriadis, Cornelius: From Marx to Aristotle, from Aristotle to Us, in: Social Research, Vol. 45, Nr. 4., 1978.

großen Wert auf die Feststellung, dass dabei kein Betrug im Spiel sei, dass es also mit rechten Dingen zugehe, so dass, um dieser Ausbeutung zu entgehen, das ganze System abgeschafft werden müsse.

Die Parole des Gründers der Sozialdemokratie, die Arbeiter müssten den „unverkürzten Arbeitsertrag" erhalten, hat Marx in seiner Kritik des Gothaer Programms der deutschen Sozialdemokratie als reformistische Träumerei zurückgewiesen.[528] Das einzige Heilmittel für dieses Problem sah er in der Abschaffung des Privateigentums an den Produktionsmitteln und damit des Kapitalismus als Ganzem. Die Arbeitswertlehre ist also eines der zentralen Argumente von Marx in seiner revolutionären Reformismuskritik. Wenn sie sich als nicht haltbar erweist, schmilzt der systemsprengende Kern der Lehre und seine sozialdemokratischen Antipoden von Lassalle bis zu den späteren Reformern und Reformisten bekommen recht.

Im folgenden Kapitel soll ein besonderes Problem im Zusammenhang behandelt werden, nämlich die Furcht vor der Anarchie des Marktes als Topos der politischen Ideengeschichte. Da Marx und Engels die wichtigsten Vertreter dieses Topos sind, wird die Darstellung und Auseinandersetzung mit ihren Theorien im folgenden Kapitel also noch fortgesetzt und vertieft. Es schien jedoch sinnvoll, einen neuen Abschnitt zu beginnen, weil es sich um ein übergreifendes Problem handelt: Anarchie als Bedrohung oder als erwünschte Selbstorganisation oder Herrschaftsfreiheit hat das politische Denken von Aristoteles über die Utopien durchgeplanter Gesellschaften bis zu den Anarchisten des 19. Jahrhunderts und den Anarchokapitalisten der Gegenwart beschäftigt.

Textausgaben:

Die umfangsreichste, meistzitierte und in fast allen Bibliotheken vorhandene Ausgabe ist die in Ostberlin erschienene Werkausgabe MEW (Marx-Engels-Werke) in 40 Bänden, die auch hier verwendet wird und eine weitgehend verlässliche und noch handhabbare Textgrundlage bietet:

Marx, Karl und Engels, Friedrich: Werke. Herausgegeben vom Institut für Marxismus-Leninismus beim ZK der SED, Bd. 1-43, Berlin: Dietz-Verlag, 1956 ff. (zit. als MEW). Die Haupttexte dieser Ausgabe mit Seitenkonkordanz und Suchfunktion sind mittlerweile auf CD-Rom verfügbar: Digitale Bibliothek Bd. 11, Directmedia Berlin 2000. Die große Gesamtausgabe der Werke von Marx und Engels, die MEGA (Marx-Engels-Gesamtausgabe), die zunächst in Ostberlin, Moskau und Amsterdam vorbereitet wurde, ist immer noch nicht abgeschlossen, wird aber seit 1990 mit westdeutschen Forschungsgeldern weitergeführt.

Folgende Texte verdienen es unter ideengeschichtlichen Gesichtspunkten, besonders beachtet und hervorgehoben zu werden. Zur Einführung sollte man immer das Kommunistische Manifest lesen, zum Verständnis des philosophischen Kontextes den Engels-Text über Ludwig Feuerbach und den Ausgang der klassischen deutschen Philosophie. Ich folge Hannah Arendt in der Einschätzung, dass viele Marxologen den Unterschied zwischen Marx und Engels zu sehr betont haben und dass Engels ein durchaus genuiner Interpret der Marxschen Gedanken war:

---

[528] Marx: Kritik des Gothaer Programms, MEW Bd. 19.

Marx, Karl und Friedrich Engels: Manifest der kommunistischen Partei, 1848, MEW Bd. 4, S. 484-485.

Marx, Karl: Ökonomisch-philosophische Manuskripte aus dem Jahre 1844,. MEW Bd. 40.

Marx, Karl, Thesen über Feuerbach (1845), MEW Bd. 3.

Marx/Engels, Die Deutsche Ideologie, MEW Bd. 3.

Marx, Karl: Zur Judenfrage, MEW Bd. 1.

Marx, Karl, Das Elend der Philosophie, MEW Bd. 4.

Marx, Karl: Das Kapital Bd. I, Berlin 1967. MEW Bd. 23.

Marx, Karl: Das Kapital Bd. III, MEW Bd. 25.

Marx, Karl/Engels, Friedrich: Die heilige Familie oder Kritik der kritischen Kritik, MEW Bd. 2.

Engels, Friedrich Umrisse zu einer Kritik der Nationalökonomie, 1844, MEW Bd. 1.

Engels, Friedrich: Herrn Eugen Dührings Umwälzung der Wissenschaft, MEW Bd. 20.

Engels, Friedrich: Ludwig Feuerbach und der Ausgang der klassischen deutschen Philosophie, MEW Bd. 21.

Hinweise zur Sekundärliteratur über Marx und Engels sind im Anschluss an das folgende Kapitel zu finden.

14   Die Furcht vor der Anarchie des Marktes

Einer der gefährlichsten Träume der Vernunft besteht darin, alles, auch Prozesse scheinbar irrationaler Selbstorganisation, zentral und rational durchregulieren zu wollen. Das Wildwuchernde wird als bedrohlich empfunden, deshalb fühlt sich ein bestimmter Rationalitätstypus unter dem Zwang, alles ordnen und regulieren zu wollen. Etwas, was nicht beherrscht, gelenkt und regiert wird, erscheint als irrationale Anarchie. Das gilt für Naturprozesse, aber auch für Erscheinungsformen des Marktes. Diesem Topos will ich durch einen Blick auf die politische Ideengeschichte der Vorstellung von der Anarchie des Marktes nachgehen.

Soviel ich sehe, ist die chronologisch erste Quelle der Redeweise von der *Anarchie* des Ökonomischen, zunächst als Handelsanarchie, Johann Gottlieb Fichtes Theorie des geschlossenen Handelsstaates aus dem Jahre 1800. Fichtes Ziel war es, „aus der Handelsanarchie zur vernunftmäßigen Einrichtung des Handels zu gelangen"[529] Dieser Gedanke basiert auf einer Parallelisierung von Politik und Wirtschaft. Die Vorstellung Fichtes war, dass auf die vertragstheoretische Staatsbildung aus dem anarchischen Naturzustand nun auch die Überwindung des marktmäßigen Naturzustandes folgen müsse. Diese zunächst recht abstrakte Vorstellung wird unmittelbar auf die politische Nationalstaatsbildung übertragen, der nun auch die Bildung nationaler Wirtschaftsstaaten zu folgen habe. „Die tiefer liegende Pflicht des Staates, jeden in den ihm zukommenden Besitz erst einzusetzen, hat man übersehen. Dieses letztere aber ist nur dadurch möglich, dass die Anarchie des Handels ebenso aufgehoben werde, wie man die politische allmählig aufhebt, und der Staat ebenso als Handelsstaat sich schließe, wie er in seiner Gesetzgebung und seinem Richteramte geschlossen ist."[530]

Die Anarchie ist ein klassischer Begriff der antiken Staatstheorie und meint durchweg Herrschaftslosigkeit im negativen, im zügellosen Sinne. Bei Platon war dies sogar ein Vorwurf an die Demokratie, weil diese ungebunden und zügellos sei. Demokratische Menschen seien vom Charakter her nicht Herren über ihre Begierden, sondern ließen unter der Maske der Freiheit in Wirklichkeit der Unverschämtheit, der Völlerei und dem Übermut freien Lauf.[531] Ganz ähnlich ist bei Aristoteles die Rede davon, dass die Demokratie ständig in der Gefahr stehe, in Unordnung und Gesetzlosigkeit umzuschlagen: in *Anarchia* und *Ataxia*.[532] In den an Aristoteles orientierten Staatstheorien verfestigt sich dies dann nach der mittelalterlichen Aristoteles-Übersetzung zu einem relativ klaren Begriff, der aber immer eine der am heftigsten verdammten Formen von Politik bezeichnet und deshalb durchweg polemische Verwen-

---

[529]   Fichte, Johann Gottlieb: Der geschlossene Handelsstaat (1800), Fichte-Werke Bd. 3, Hg. Immanuel Hermann Fichte, 1845, Reprint 1965, S. 476.

[530]   Fichte, ebenda S. 453.

[531]   Platon: Politeia 560e.

[532]   Aristoteles: Politik 1319b28. Archē ist die Herrschaft, Taxis ist die Ordnung.

dung findet. Dieser negative politische Anarchiebegriff wird seit Fichte metaphorisch auf den Bereich der Wirtschaft übertragen.

Die Vorstellung, der Markt sei auf bedrohliche Weise anarchisch, kann als Standardtopos marxistisch inspirierter Kapitalismuskritik gelten. Marx und Engels sprachen durchweg von der „Anarchie der Produktion", weil sie ihre Theorie produktivistisch angelegt hatten, die Verteilung als sekundär ansahen und kein Verständnis für die Koordinationsfunktion des Marktes in einer arbeitsteiligen Gesellschaft hatten. Es handelt sich aber eindeutig um den Topos von der Anarchie des Marktes.[533]

Das Bild von der Anarchie des Marktes erscheint so einleuchtend und bedrohlich, weil es in einer entscheidenden Hinsicht zutreffend ist. Denn der Markt ist idealtypisch gesehen ein Modell spontaner Selbstorganisation und herrschaftsfreier Koordination unterschiedlicher Einzelwillen. So jedenfalls das schöne Bild. Marx und Engels fanden ganz andere Worte dafür. Im *Kapital* spricht Marx in einem Atemzug über „die Anarchie und Katastrophen der kapitalistischen Produktion im großen und ganzen, die Intensität der Arbeit und die Konkurrenz der Maschinerie mit dem Arbeiter."[534] Der Begriff Anarchie meint hier ganz offenkundig nicht Herrschaftsfreiheit, sondern er findet sich im Umkreis von massiven negativen Epitheta, ganz im Sinne der klassischen Begriffsbedeutung der *Anarchia* als Negation guter Ordnung durch Gesetzlosigkeit, Zügellosigkeit und Planlosigkeit.

In den Schriften von Marx taucht der Topos zum ersten Mal im Jahre 1844 auf, und zwar in einem Exzerpt, das er sich aus dem Werk des demokratischen Wirtschaftswissenschaftlers Wilhelm Schulz (1797-1860) mit dem Titel „Bewegung der Produktion" gemacht hat, und wo die Rede ist von „der Anarchie der sogenannten freien Konkurrenz mit ihren immer wiederkehrenden Schwankungen und Stockungen schlechthin"[535]. Auch bei Schulz schon hatte die Anarchie des Marktes keinen guten Eindruck hinterlassen. In späteren Texten, z.B. bei Engels verbinden sich „Schwindelproduktion und Handelskrise" und „die ganze gegenwärtige Anarchie in der Produktion."[536]

Im „*Elend der Philosophie*", einem Text aus dem Jahre 1847, argumentiert Marx angelehnt an Henri Sismondi (1773-1842), dass es in vorkapitalistischen Gesellschaften eine Art richtiger oder beinahe richtiger Proportion zwischen Angebot und Nachfrage gegeben habe, weil die Nachfrage und damit der Konsum in Form etwa der Bestellung einer Ware beim Handwerker dem Angebot vorausging und die Verhältnisse insgesamt kleinräumig und überschaubar waren. Die moderne Großindustrie dagegen kehre dieses Verhältnis um, denn sie kann „nicht die Nachfrage abwarten. Die Produktion geht der Konsumtion voraus, das Angebot erzwingt die Nachfrage. In der heutigen Gesellschaft, in der auf den individuellen

---

[533]   Dabei bleibe ich mir immer der philologischen Einsicht bewusst, dass zwischen den Texten von Marx und denen von Engels gewisse Differenzen bestehen. Ich habe mich jedoch entschlossen, sie für diese Frage zu vernachlässigen, weil es allein auf die Wirkung des Topos in der marxistischen und postmarxistischen Denktradition ankommt, für die Engels' Formulierungen oft genug prägender und markanter waren als die von Marx und es heute wenig Sinn macht, eine Art Originalmarx gegen seine spätere Rezeption konstruieren zu wollen.

[534]   Marx, Karl: Das Kapital Bd. I, 1967. MEW Bd. 23, S. 526.

[535]   Marx, Karl: Ökonomisch-philosophische Manuskripte aus dem Jahre 1844, MEW Bd. 40, S. 478. Die Quelle des Exzerpts ist Schulz, (1843), S. 65.

[536]   Engels, Friedrich: Herrn Eugen Dührings Umwälzung der Wissenschaft, MEW Bd. 20, S. 152.

Austausch basierten Industrie, ist die Produktionsanarchie, die Quelle so vieles Elends, gleichzeitig die Ursache alles Fortschritts.“[537] Aus dieser Ambivalenz entwickelt er die folgende Alternative, wobei seine Option natürlich eindeutig ist: „Demnach von zwei Dingen eins: Entweder man will die richtigen Proportionen früherer Jahrhunderte mit den Produktionsmitteln unserer Zeit, und dann ist man Reaktionär und Utopist in einem. Oder man will den Fortschritt ohne Anarchie: und dann verzichte man, um die Produktivkräfte beizubehalten, auf den individuellen Austausch. Der individuelle Austausch verträgt sich nur mit der kleinen Industrie früherer Jahrhunderte und der ihr eigentümlichen ‚richtigen Proportion‘ oder aber mit der Großindustrie und ihrem ganzen Gefolge von Elend und Anarchie.“[538] Die Abschaffung des individuellen Austauschs, also des Marktes, ist seine Lösung des Problems, wie ein solcher Fortschritt ohne Anarchie möglich sein könnte. Dass Marx sich damit in einen Selbstwiderspruch verstrickt, weil er die Produktionsanarchie am Anfang seiner Argumentation durchaus nicht unzutreffend als Ursache allen Fortschritts angesehen hatte, am Ende aber doch einen Fortschritt ohne Anarchie, also ohne Ursache für möglich und wünschenswert erklärt, ist diesem philosophisch doch eigentlich geschulten Kopf nicht aufgefallen.

Das unternehmerische Grundproblem, das die Anarchie des Marktes mit sich bringt, hat Friedrich Engels am klarsten auf den Punkt gebracht, und zwar sowohl in seiner Programmschrift „Die Entwicklung des Sozialismus von der Utopie zur Wissenschaft“ als auch fast wortgleich in einem anderen, polemisch gegen Eugen Dühring gerichteten Text, den ich hier zitiere: „Jeder produziert für sich mit seinen zufälligen Produktionsmitteln und für sein individuelles Austauschbedürfnis. Keiner weiß, wie viel von seinem Artikel auf den Markt kommt, wie viel davon überhaupt gebraucht wird, keiner weiß, ob sein Einzelprodukt einen wirklichen Bedarf vorfindet, ob er seine Kosten herausschlagen oder überhaupt wird verkaufen können. Es herrscht Anarchie der gesellschaftlichen Produktion.“[539]

Mit diesen schönen Sätzen hat Engels gewiss eine der Grundsorgen des Unternehmers auf den Punkt gebracht. Allerdings macht er sofort klar, dass diese Anarchie durchaus Gesetzen unterliegt, wenn auch mit der Einschränkung, es handle sich nicht um vernünftige Gesetze, sondern um naturwüchsige Prozesse, um „blindwirkende Naturgesetze“: „Aber die Warenproduktion, wie jede andre Produktionsform, hat ihre eigentümlichen, inhärenten, von ihr untrennbaren Gesetze; und diese Gesetze setzen sich durch, trotz der Anarchie, in ihr, durch sie. Sie kommen zum Vorschein in der einzigen fortbestehenden Form des gesellschaftlichen Zusammenhangs, im Austausch, und machen sich geltend gegenüber den einzelnen Produzenten als Zwangsgesetze der Konkurrenz. Sie sind diesen Produzenten also anfangs selbst unbekannt und müssen erst durch lange Erfahrung nach und nach von ihnen entdeckt werden. Sie setzen sich also durch ohne die Produzenten und gegen die Produzenten, als blindwirkende Naturgesetze ihrer Produktionsform. Das Produkt beherrscht die Produzenten.“[540]

Diese Haltung gegenüber der Natur und ihren Gesetzen ist keine marxistische Eigentümlichkeit, sondern steht in der aufklärerischen Tradition und wird deshalb auch nach dem Abster-

---

[537]   Marx, Karl: Das Elend der Philosophie, MEW Bd. 4, S. 97-98.

[538]   Ebenda S. 98.

[539]   Engels: Friedrich: Herrn Eugen Dührings Umwälzung der Wissenschaft MEW Bd. 20, S. 253.

[540]   MEW Bd. 20, S. 253; vgl. MEW Bd. 19, S. 214 ff.

ben der letzten marxistischen Idee durchaus noch Anhänger finden und eine gewisse Wirksamkeit entfalten können. Die Natur ist auch dort, wo sie sich gesetzmäßig verhält, im Kern vernunft- und sinnlos und damit konsequenterweise moralisch zu verurteilen.[541] „Es ist der Darwinsche Kampf ums Einzeldasein, aus der Natur mit potenzierter Wut übertragen in die Gesellschaft. Der Naturstandpunkt des Tiers erscheint als Gipfelpunkt der menschlichen Entwicklung. Der Widerspruch zwischen gesellschaftlicher Produktion und kapitalistischer Aneignung reproduziert sich als Gegensatz zwischen der Organisation der Produktion in der einzelnen Fabrik und der Anarchie der Produktion in der ganzen Gesellschaft."[542]

In dieser Polemik gegen das Konkurrenzkonzept als Kampf ums Dasein scheint das durch, was in den Frühschriften von Marx als „*Humanismus*"[543] propagiert wird: Als menschlich gilt allein eine vernunft- und planmäßige Organisation der Gesellschaft, Konkurrenz als Daseinskampf verstanden dagegen erscheint als unmenschlich. Noch zur Zeit von Stalins Fünfjahrplänen hat dies bei vielen sich selbst als kritisch verstehenden Intellektuellen Eindruck gemacht. Selbst noch nachdem die Frankfurter Schule begonnen hatte, sich vom dogmatischen Ballast marxistischen Denkens zu lösen, hat Max Horkheimer in seiner Programmschrift über „Traditionelle und kritische Theorie" gerade hieran bewusst festgehalten: Die kritische Theorie „begreift den vom blinden Zusammenwirken der Einzeltätigkeiten bedingten Rahmen, das heißt die gegebene Arbeitsteilung und die Klassenunterschiede, als eine Funktion, die, menschlichem Handeln entspringend, möglicherweise auch planmäßiger Entscheidung, vernünftiger Zielsetzung unterstehen kann."[544] Auch hier ist der Gedankenaufbau so simpel wie in vielen Texten der gegenwärtigen Globalisierungskritik: weil es um menschliches Handeln geht und weil Menschen fähig zur Koordination, Zielorientierung und Planung sind, würde dies einen besseren Zustand herbeiführen können als das blinde Zusammenwirken der Einzelwillen. Als human, als menschlich erscheint dann allein die vernünftige, kollektive Planung, die Einzelwillen aber als unvernünftig, unwissend, agonal und im Grunde tierisch. Die Vorstellung, dass gerade die Realisierung des Einzelwillens, ohne dass dieser das Kollektiv, die Planungsbehörde oder die Vernunft befragen muss, etwas durchaus Wünschenswertes und sehr Menschenfreundliches sein kann, ist diesem Denken im Kern fremd.[545]

Marx war keineswegs nur ein Kritiker der Realisierung der Einzelwillen im Konsum – er hat den politischen Zusammenhang klar gesehen und sich eindeutig und massiv gegen die Menschenrechte ausgesprochen, vor allen Dingen in seiner Schrift „Zur Judenfrage", aber für unseren Zusammenhang noch interessanter in einer Formulierung der „Heiligen Familie", in der die Menschenrechte als die formale Anerkennung der Anarchie des Marktes erscheinen.

---

[541]   Vgl. dazu Schmidt, Alfred: Der Begriff der Natur in der Lehre von Marx. Überarbeitete und mit einem Postskriptum versehene Neuausgabe, Frankfurt 1971.

[542]   Engels: Herrn Eugen Dührings Umwälzung der Wissenschaft , MEW Bd. 20, S. 255.

[543]   Vgl. hierzu die Marxsche Pathosformel Humanismus = Naturalismus = Kommunismus, die ich am Anfang dieses Kapitels zitiert hatte. Marx: Ökonomisch-philosophische Manuskripte aus dem Jahre 1844, MEW Bd. 40, S. 536 ff.

[544]   Horkheimer, Max: Traditionelle und kritische Theorie (1937) in ders.: Kritische Theorie der Gesellschaft Bd. II. Frankfurt/M. 1968: S. 137-191, hier S. 156.

[545]   Vgl. meine Kritik daran in Reese-Schäfer, Walter: Über den neoregulatorischen Fehlschluss in der Globalisierungstheorie, Soziologische Revue, 27. Jg. 2004, H.1, S. 80-90.

Marx schreibt: „Welche kolossale Täuschung, die moderne bürgerliche Gesellschaft, die Gesellschaft der Industrie, der allgemeinen Konkurrenz, der frei ihre Zwecke verfolgenden Privatinteressen, der Anarchie, der sich selbst entfremdeten natürlichen und geistigen Individualität – in den Menschenrechten anerkennen und sanktionieren zu müssen und zugleich die Lebensäußerungen dieser Gesellschaft hinterher an einzelnen Individuen annullieren und zugleich den politischen Kopf dieser Gesellschaft in antiker Weise bilden zu wollen!"[546] Selbst wenn man derartige Äußerungen von Marx zu den Menschenrechten so ausdeuten könnte, dass er nur ihre unzureichende Verwirklichung kritisiere: aus der Gesamtanlage seiner Theorie ergibt sich, dass nur die Macht und die Wirklichkeit zählen, nicht aber Rechte und Rechtsansprüche.[547]

Und, wie immer in der marxistischen Tradition: der Markt als leistungsfähiges Koordinationsinstrument der Einzelwillen wird nicht einkalkuliert. Koordination ist in dieser Vorstellungswelt allein durch ausdrückliche, willensbasierte Planung, nicht durch das spontane Zusammenwirken von Einzelwillen unter Marktgesetzmäßigkeiten vorstellbar. In dieses Denken hat nicht einmal die Vorstellung Einzug gehalten, man könne quasi naturwüchsig wirkende Gesetzmäßigkeiten sinnvoll und flexibel nutzen, wie das ja bei der technischen oder ingenieurmäßigen Einwirkung auf die Natur als Erfolgsbedingung gelten kann. Die aus den Frühschriften gern zitierte „Versöhnung der Menschheit mit der Natur und mit sich selbst"[548] ist immer als gesamtgesellschaftliche vernunftgemäße Steuerung, nicht als individualvernünftige Anpassung an und Nutzung von Gesetzmäßigkeiten zu verstehen.[549] Das mangelnde Verständnis für den Markt kann damit als Kernproblem dieser Denkrichtung festgehalten werden.

14.1   Fabrikmäßige Arbeitsorganisation

Ein verwandtes Problem ist das von Marx im „Kapital" konstatierte Spannungsverhältnis zwischen der Anarchie des Marktes und der massiven Despotie der fabrikmäßigen Arbeitsorganisation. Auch hier lohnt zum tieferen Verständnis ein Blick in den Originaltext, auch um zu zeigen, dass die späten Engels-Stellen durchaus keine Dogmatisierung oder gar Abweichung von der ursprünglichen Marxschen Lehre bedeuten: „Während, auf Basis der kapitalistischen Produktion, der Masse der unmittelbaren Produzenten der gesellschaftliche Charakter ihrer Produktion in der Form streng regelnder Autorität und eines als vollständige Hierarchie gegliederten, gesellschaftlichen Mechanismus des Arbeitsprozesses gegenübertritt – welche Autorität ihren Trägern aber nur als Personifizierung der Arbeitsbedingungen gegenüber der Arbeit, nicht wie in früheren Produktionsformen als politischen oder theokratischen Herrschern zukommt –, herrscht unter den Trägern dieser Autorität, den Kapitalisten

---

[546]   Marx/Engels: Die heilige Familie oder Kritik der kritischen Kritik, 1845, MEW Bd. 2, S. 129ff. Zu der Polemik von Marx gegen die Menschenrechte vgl. vor allem Marx, Karl: Zur Judenfrage, MEW Bd. 1, S. 347 ff.

[547]   Vgl. dazu erhellend: Lohmann, Georg: Karl Marx' fatale Kritik der Menschenrechte, in: Politisches Denken. Jahrbuch 1999, Stuttgart und Weimar 1999, S. 91-104.

[548]   Engels, Friedrich: Umrisse zu einer Kritik der Nationalökonomie, 1844, MEW Bd. 1, S. 505.

[549]   Vgl. mit vielen abweichenden Wertungen, aber ebenso kritisch wie anregend zu diesem Komplex Schmidt 1971.

selbst, die sich nur als Warenbesitzer gegenübertreten, die vollständigste Anarchie, innerhalb deren der gesellschaftliche Zusammenhang der Produktion sich nur als übermächtiges Naturgesetz der individuellen Willkür gegenüber geltend macht."[550]

Daraus ergibt sich dann das Problem, dass die immer effizienter, despotischer organisierte und umfangreicher werdende Massenproduktion auf die Anarchie des Marktes stößt und keine garantierten Abnehmer mehr findet. Dies kann in der marxistischen Theoriesprache als „Widerspruch" angesehen werden, der darin besteht, „dass die gesellschaftliche Organisation der Produktion innerhalb der Fabrik sich zu dem Punkt entwickelt hat, wo sie unverträglich geworden ist mit der neben und über ihr bestehenden Anarchie der Produktion in der Gesellschaft" und sich manifestiert „durch die gewaltsame Konzentration der Kapitale, die sich während der Krisen vollzieht vermittelst des Ruins vieler großen und noch mehr kleiner Kapitalisten. Der gesamte Mechanismus der kapitalistischen Produktionsweise versagt unter dem Druck der von ihr selbst erzeugten Produktivkräfte. Sie kann diese Masse von Produktionsmitteln nicht mehr alle in Kapital verwandeln; sie liegen brach, und ebendeshalb muss auch die industrielle Reservearmee brachliegen."[551] Produktion ohne die Vermittlung von Kapital ist nicht möglich, es ist die Quelle des Überflusses, aber eben auch der Not und des Mangels, denn ohne es können die Produktionsmittel nicht betrieben werden. Es ist „wie ein Gespenst" zwischen die Arbeiter und ihre Produktions- und Lebensmittel getreten, es verhindert das Zusammentreten der sachlichen und der persönlichen Hebel der Produktion und verbietet den Arbeitern zu arbeiten und damit zu leben.[552] Dahinter scheint die Vorstellung zu stehen, dass ohne das Dazwischentreten des Kapitals, also in einer wohlorganisierten sozialistischen oder kommunistischen Gesellschaft, einfach direkt weiterproduziert werden könnte – so, wie das bei Besetzungen stillgelegter Fabriken gelegentlich auch einmal kurzzeitig, solange die Materialvorräte reichen, geschieht – sicherlich auf der Basis einer solchen vordergründig-bildhaften Vorstellung vom Produktionsprozess.

Für Marx erscheint allein die vergangene Organisation der Gewerbe als wohlgeordnet, der Markt dagegen als Mischung von einzelbetrieblicher Despotie mit gesamtgesellschaftlicher Anarchie. Für die Arbeitsorganisation ergibt sich die Schwierigkeit der Kontinuität, die Marx weniger auf die mangelnde Gewöhnung der durchweg direkt aus der Landwirtschaft in die Städte gezogenen Arbeitskräfte an Maschinenarbeit zurückführt, als vielmehr auf die Schwankungen des Produktionsprozesses selber – auch hierfür den Begriff der Anarchie verwendend: „Obgleich diese Regellosigkeit in Verausgabung der Arbeitskraft eine naturwüchsige rohe Reaktion gegen die Langeweile monotoner Arbeitsplackerei ist, entspringt sie jedoch in ungleich höherem Grad aus der Anarchie der Produktion selbst, die ihrerseits wieder ungezügelte Exploitation der Arbeitskraft durch das Kapital voraussetzt. Neben die allgemeinen periodischen Wechselfälle des industriellen Zyklus und die besondren Marktschwankungen in jedem Produktionszweig treten namentlich die sog. Saison, beruhe sie nun auf Periodizität der Schifffahrt günstiger Jahreszeiten oder auf der Mode, und die Plötzlichkeit großer und in kürzester Frist auszuführender Ordres. Die Gewohnheit der letztern dehnt

---

[550] Marx, Karl: Das Kapital Bd. III, MEW Bd. 25, S. 888.

[551] Engels: Herrn Eugen Dührings Umwälzung der Wissenschaft, 1878, MEW Bd. 20, S. 257 ff.

[552] Ebenda.

sich mit Eisenbahnen und Telegraphie aus."[553] Diese irritierende Plötzlichkeit, welche ökonomisch gesehen die möglichst unmittelbare Reaktion auf Konsumentenwünsche bedeutet, ist für Marx Gegenstand der Verachtung: vernünftig erscheint ihm allein eine gleichmäßige und kontinuierliche Produktion unabhängig von den Bedürfnissen der Verbraucher und damit auch unabhängig vom Markt. Markt und Vernunft schließen einander in seiner Sicht geradezu aus.

Noch in einer anderen Hinsicht ist die Gegeneinanderstellung von anarchischem Markt und autoritär organisierter Fabrikproduktion bemerkenswert, weil hier nämlich in einem unaufmerksamen Moment der Polemik die Idee gesamtgesellschaftlicher Organisation nach dem Modell eines Industriebetriebs durchscheint, wie sie dann im Staatssozialismus im Prinzip durchzuführen versucht wurde. Das offizielle Zukunftsmodell des Marxismus sieht etwas anders aus, weil dort die Vorstellung vom *„Absterben des Staates"* eine Rolle spielte.

Der Staat wird verstanden als Unterdrückungsinstrument im Interesse der jeweils herrschenden Klassen. „Sobald es keine Gesellschaftsklasse mehr in der Unterdrückung zu halten gibt, sobald mit der Klassenherrschaft und dem in der bisherigen Anarchie der Produktion begründeten Kampf ums Einzeldasein auch die daraus entspringenden Kollisionen und Exzesse beseitigt sind, gibt es nichts mehr zu reprimieren, das eine besondre Repressionsgewalt, einen Staat, nötig machte. Der erste Akt, worin der Staat wirklich als Repräsentant der ganzen Gesellschaft auftritt – die Besitzergreifung der Produktionsmittel im Namen der Gesellschaft – ist zugleich sein letzter selbständiger Akt als Staat. Das Eingreifen einer Staatsgewalt in gesellschaftliche Verhältnisse wird auf einem Gebiete nach dem andern überflüssig und schläft dann von selbst ein. An die Stelle der Regierung über Personen tritt die Verwaltung von Sachen und die Leitung von Produktionsprozessen. Der Staat wird nicht ‚abgeschafft', er stirbt ab."[554] Die Saint-Simonistische Formel von der Ersetzung der Herrschaft des Menschen über den Menschen durch die *Verwaltung von Sachen* gewährt, so positiv dies gemeint war, auch wieder einen Vorblick auf den späteren bürokratischen Sozialismus.

Aber schon wenige Seiten, nachdem das Absterben des Staates postuliert worden ist, schließt sich der Kreis dieses Denken: die Überwindung der Anarchie und die planmäßige bewusste Organisation werden erneut zusammengebracht. Entscheidend ist auch hier wieder, dass der Markt beseitigt werden soll. Die einschlägige Textstelle soll hier ausführlich zitiert werden, weil sie die Hybris des planifikatorischen Vernunfttypus in bis heute unübertroffener Weise formuliert: „Mit der Besitzergreifung der Produktionsmittel durch die Gesellschaft ist die Warenproduktion beseitigt und damit die Herrschaft des Produkts über die Produzenten. Die Anarchie innerhalb der gesellschaftlichen Produktion wird ersetzt durch planmäßige bewusste Organisation. Der Kampf ums Einzeldasein hört auf. Damit erst scheidet der Mensch, in gewissem Sinn, endgültig aus dem Tierreich, tritt aus tierischen Daseinsbedingungen in wirklich menschliche. Der Umkreis der die Menschen umgebenden Lebensbedingungen, der die Menschen bis jetzt beherrschte, tritt jetzt unter die Herrschaft und Kontrolle der Menschen, die nun zum ersten Male bewusste, wirkliche Herren der Natur, weil und indem sie Herren ihrer eignen Vergesellschaftung werden. Die Gesetze ihres eignen gesellschaftlichen Tuns, die ihnen bisher als fremde, sie beherrschende Naturgesetze gegenüberstanden, werden

---

[553]   Marx, Karl: Das Kapital Bd. I MEW Bd. 23, S. 501-502.

[554]   Engels, Friedrich: Herrn Eugen Dührings Umwälzung der Wissenschaft, 1878, MEW Bd. 20, S. 261 ff.

dann von den Menschen mit voller Sachkenntnis angewandt und damit beherrscht. Die eigne Vergesellschaftung der Menschen, die ihnen bisher als von Natur und Geschichte oktroyiert gegenüberstand, wird jetzt ihre eigne freie Tat. Die objektiven, fremden Mächte, die bisher die Geschichte beherrschten, treten unter die Kontrolle der Menschen selbst. Erst von da an werden die Menschen ihre Geschichte mit vollem Bewußtsein selbst machen, erst von da an werden die von ihnen in Bewegung gesetzten gesellschaftlichen Ursachen vorwiegend und in stets steigendem Maße auch die von ihnen gewollten Wirkungen haben. Es ist der Sprung der Menschheit aus dem Reiche der Notwendigkeit in das Reich der Freiheit. Diese weltbefreiende Tat durchzuführen, ist der geschichtliche Beruf des modernen Proletariats. Ihre geschichtlichen Bedingungen und damit ihre Natur selbst zu ergründen, und so der zur Aktion berufenen, heute unterdrückten Klasse die Bedingungen und die Natur ihrer eignen Aktion zum Bewußtsein zu bringen, ist die Aufgabe des theoretischen Ausdrucks der proletarischen Bewegung, des wissenschaftlichen Sozialismus."[555]

Die Vermessenheit dieses Textes liegt wohl nicht so sehr in der Idee eines *Reichs der Freiheit*, sondern vielmehr im Postulat der vollen Sachkenntnis, die ja in der Tat eine Voraussetzung funktionierender gesamtgesellschaftlicher Organisation sein musste. Es war diese Voraussetzung, gegen die Friedrich August von Hayek seine Idee der Informations- und Entdeckungsfunktion des Marktes entwickelt hat,[556] und gegen die Ludwig von Mises schon in frühen Aufsätzen eine bis heute standhaltende Widerlegung geschrieben hat.[557] Er hat seine Überlegungen dahingehend auf den Punkt gebracht, dass der marxianische Slogan von der Anarchie der Produktion impliziert, dass das ökonomische System nicht von einem Diktator oder „Produktionszaren" gesteuert wird, der jedem seine Aufgabe zuteilt und jedermann zwingt, seinen Befehlen zu gehorchen, sondern dass jeder frei sein und sein eigener Herr, so dass die Koordination allein durch die Mechanismen des Marktes selbst erzwungen werden muss.[558] Die Anarchie der Produktion erscheint nur dann als verschwenderisch, wenn man sie mit der erfolgreichen Planung eines allwissenden Staates kontrastiert.[559] Dagegen entwickelt Mises sein Kernargument von der Unmöglichkeit einer ökonomischen Kalkulation unter sozialistischen Bedingungen, methodisch darauf beharrend, dass dies das einzige und zentrale Problem des Sozialismus sei, das darüber hinaus ausschließlich die Mittel, nicht aber die letzten Ziele betrifft, so dass seine Kritik nicht auf einem Streit um unterschiedliche Werturteile beruht, sondern vielmehr auf dem Nachweis der Unmöglichkeit einer Zielerreichung durch zentral koordinierte Planung, gleichgültig, welche Ziele man auch wählen möge. Die Marxismuskritik von Ludwig von Mises, die dann in Teilen und mit ordnungspolitischen Akzenten von Hayek aufgegriffen wird, ist der ideengeschichtliche Ort des Übergangs dieses Topos aus der marxistischen Kapitalismuskritik in eine moderne Kapitalismustheorie, die nicht nur den Begriff Kapitalismus wieder positiv besetzt, sondern vor allem Anarchie als herrschaftsfreie Koordination zu begreifen versucht. Ironischerweise war es also wohl die

---

[555] Ebenda S. 263 ff. (Hervorhebungen WRS).

[556] Hayek, Friedrich-August von: Der Wettbewerb als Entdeckungsverfahren, in ders.: Freiburger Studien. Gesammelte Aufsätze, Tübingen 1994, S. 249-265.

[557] Mises, Ludwig von: Die Wirtschaftsrechnung im sozialistischen Gemeinwesen, Archiv für Sozialwissenschaft und Sozialpolitik 47 (1920) S. 86-121.

[558] Mises, Ludwig von: Human Action. A Treatise on Economics, 4. Aufl. San Francisco 1996, S. 257.

[559] Mises, ebenda S. 692.

Marxkritik, die auch zu einer Umänderung der Wertakzente beim Begriff der Anarchie führte.[560]

Die Furcht vor der Anarchie des Marktes impliziert den Appell an eine planende Gesamtvernunft, die allein in der Lage wäre, die Gesellschaft in menschlicher Weise zu organisieren, und die doch in Wirklichkeit in eine vorausschauende Regulation der Bedürfnisse mündet, die sich nach dem Anspruch planerischer Kontinuität der Produktion zu richten hätten, statt frei und individuell sich artikulieren zu können. Der Topos, auf den ersten Blick durchaus einleuchtend und zumindest an einen ingenieurmäßig planerischen Verstand appellierend, enthält damit schon alle Abgründe einer Despotie, wie sie in der Praxis auch von sämtlichen marxistisch inspirierten Regierungen errichtet worden ist. Der Überzeugungskern des Topos liegt in einem elementaren und ja auch keineswegs unbegründeten Gefühl der Furcht vor dem Risiko. Die Ausschaltung dieses Risikos wäre auf der Angebotsseite nur um den Preis des Verzichts auf spontane und konkurrierende Innovationsprozesse und auf der Nachfrageseite durch die von oben gelenkte Versorgung möglich, also durch die Unterdrückung freier wirtschaftlicher und gesellschaftlicher Betätigung. Die scheinbar revolutionäre Lehre von Marx und Engels ist bei genauerer Betrachtung dieses Topos im Grunde eine Furcht- und Fluchtreaktion vor den Risiken freier Betätigung und selbstregulatorischer Prozesse, attraktiv höchstens für ängstliche und lineare Verstandesformen. Aus der Beschäftigung mit Marx kann man lernen, dass all dies schon aus den hier herausgearbeiteten und kritisierten wenigen Prämissen folgt, also im Grunde aus der Furcht als dem emotionalen Kern des Marxismus, und nicht erst aus komplexeren Annahmen der Wertlehre, des Geld-Ware-Geld-Verhältnisses, des angeblichen Gesetzes vom tendenziellen Fall der Profitrate oder wie immer jene alten Formeln gelautet haben mögen.

Die Vernunft lässt sich unvernünftigerweise täuschen durch scheinbare Plausibilitäten: Was von Menschen gemacht wurde, sei auch von Menschen steuerbar. Alles, was anarchisch erscheint oder als anarchisch diffamiert werden kann, verlangt nach planifikatorischer Ordnung. In Wirklichkeit sind hier faktische Selbststeuerungsprozesse nicht verstanden worden, die sich, würde man sie verstehen, in bestimmten Hinsichten durchaus durch eine Rahmenverfassung gestalten lassen würden. Unter Steuerung wird fälschlicherweise eine Detailsteuerung, aber nicht die Etablierung einer Rahmenordnung verstanden, innerhalb derer die Marktkräfte sich dann frei und ohne Einzelanweisungen entfalten sollen.

Darüber hinaus besteht die Neigung, die Ziele der ordnenden Eingriffe unvernünftig anzusetzen, wenn man z.B. dynamische Marktprozesse nach der Maßgabe zu gestalten versucht, dass alles so bleiben soll wie es war. Natürlich lässt sich zeigen, dass all dies hochgradig unvernünftig ist. Derartige Argumente sind aber gerade darin erfolgreich, an den Gestaltungswillen der menschlichen Vernunft zu appellieren. Es erscheint wie eine narzisstische Kränkung der Rationalität, dass es selbstorganisatorische und selbstregulatorische Prozesse gibt, die man nach ihren Kriterien gewähren lassen muss, will man nicht menschenfeindlichen Zwang ausüben und Wohlstand wie Effizienz minimieren. Die Grenzen der Steuerungspotentiale sind nicht die Grenzen vernünftigen Denkens und Handelns, sondern viel-

---

[560] Vgl. dazu mein Kapitel „Anarchistischer Marktliberalismus: Murray Rothbard", in Reese-Schäfer, Walter: Politische Theorie der Gegenwart in fünfzehn Modell, München und Wien 2006, S.35-40. Zu Rothbard selbst: Rothbard, Murray N.: Eine neue Freiheit. Das libertäre Manifest, Berlin 1999; Rothbard, Murray N.: Die Ethik der Freiheit, St. Augustin 2. Aufl. 2000.

mehr die *Grenzen einer planifikatorischen Rationalität*, die in ihrem Unverständnis für die Vernunft von Selbstorganisationsprozessen im Kern selber irrational ist. Gerade der Untergang des Sozialismus hat gezeigt, dass die Totalisierung der Planifikation zwar von einem propagandistischen Vernunftanspruch getragen wird, in Wirklichkeit aber eine Verkürzung von Rationalität darstellt. Eine Vernunftkritik, die diese Seite der marxistischen wie der Aufklärungstradition mit Vernunft überhaupt gleichsetzt, liefert sich selber der Irrationalität aus und ist deshalb als Kritik nicht tragfähig.[561] Eine rationale Vernunftkritik bestünde darin, die praktischen Grenzen der Planifikation zu erkennen, zu respektieren und darauf aufbauend ein modernes Ordnungskonzept zu entwickeln, wie es etwa Michel Foucault in seiner Theorie der Gouvernementalität vorschlägt.[562]

Es mag sein, dass andere Theoretiker wie etwa Aristoteles und John Locke, auch Montesquieu mit seiner Gewaltenteilungslehre und Adam Smith mit seiner Theorie der Arbeitsteilung sehr viel nachhaltiger und dauerhafter gewirkt haben als dies bei Marx und Engels der Fall war. Ihr Denken aber hat die radikalsten, weitreichendsten und opferreichsten Experimente mit Menschen angeleitet. Je gründlicher man die Ideengeschichte analysiert, desto stärker wird deutlich, in welch hohem Maße Kernaussagen und innere Spannungen, gar Widersprüche ihrer Theorie dafür auch direkt verantwortlich gemacht werden können.

Ich glaube, dies an einigen Punkten gezeigt zu haben, *erstens* und vor allem an der Furcht vor der Anarchie des Marktes, *zweitens* am Produktivismus und Ökonomismus ihrer Lehre, die zu einer radikalen Bevormundung der Konsumenten bis hin zur fundamentalen Verletzung von deren Menschenrechten führen musste. *Drittens* an dem Verbot, die politische Struktur der Zukunftsgesellschaft, die doch mit radikalen, gewaltsamen Schritten erreicht werden sollte, überhaupt systematisch zu reflektieren, so dass die als Übergangsphänomen gedachte „Diktatur des Proletariats" aus systemimmanenten Gründen auf Dauer gestellt werden musste. Über diesen Punkt wurden die eigenen Anhänger durch das abstruse, als wissenschaftlich ausgegebene, aber in Wirklichkeit nur religiös-messianisch zu verstehende Utopie- und Bilderverbot systematisch getäuscht. Der Unterschied des marxistischen Denkens zu den anderen nachhaltig wirksamen Theorien besteht vor allem in der direkten Wirkungsabsicht und faktischen Ausstrahlung dieser Lehren, die auch nach dem Scheitern des Sozialismus und dem Zusammenbruch der staatssozialistischen Gesellschaften vielen als intellektueller Rettungsanker erscheinen, die sich von Globalisierungsprozessen bedroht und bedrängt fühlen. Gerade auch aus diesem Grunde schien es mir in diesem Kapitel erforderlich, die kritischen Akzente schärfer und direkter zu setzen, als ich dies an anderen Stellen getan habe.

Das Geheimnis der außerordentlichen Wirksamkeit der Lehren von Marx und Engels besteht darin, wie Lenin richtig gesehen hat, dass von ihnen eine sprengkräftige Mischung von materialistischer Religionskritik aus der Richtung der deutschen Junghegelianer, einer geschichts-

---

[561]   Dies habe ich gezeigt in meiner Auseinandersetzung mit Zygmunt Bauman: Reese-Schäfer, Walter: Zum Vergleich des Unbehagens an der Moderne und an der Postmoderne. Zygmunt Bauman und das kommunitarische Denken, in: Matthias Junge/Thomas Kron (Hg.), Zygmunt Bauman: Soziologie zwischen Postmoderne und Ethik, Opladen 2002, S. 325-356.

[562]   Vgl. Foucault, Michel: Geschichte der Gouvernementalität II: Die Geburt der Biopolitik, Frankfurt am Main 2004.

philosophischen Konzeption der historischen Notwendigkeit sowie der britischen Nationalökonomie und des französischen Frühsozialismus hergestellt worden ist.

Nun darf man Marx und Engels nicht für alles verantwortlich machen, was in ihrem Namen
geschehen ist. W.I. Lenin hat in seinem millionenfach zu Schulungszwecken in Broschüren
verbreiteten Text „Drei Quellen und drei Bestandteile des Marxismus" den religiösen Charakter des Marxismus mit der folgenden Formel übersteigert: „Die Lehre von Marx ist all-
mächtig, weil sie wahr ist." Diese Losung wurde noch zu DDR-Zeiten bei den Demonstrati-
onen offiziell vom Zentralkomitee beschlossen, im „Neuen Deutschland" abgedruckt und am
1. Mai auf Plakaten durch Ostberlin getragen.

Theodor W. Adorno bemerkte in seinem berühmten Spiegel-Gespräch aus dem Jahre 1969,
er habe ja nicht ahnen können, dass die Studenten versuchen würden, seine Theorien mit
Molotow-Cocktails in die Wirklichkeit umzusetzen. Nun, ich glaube in den hier vorliegenden
Analysen zu Marx gezeigt zu haben, dass dies jeder nicht nur ahnen, sondern wissen muss,
der sich auf Marx beruft. Theorien haben Folgen und Nebenwirkungen. Auf die Zigarrenkis-
te des Marxismus gehört der Aufdruck: *Diese Theorie kann tödlich sein.*

Sekundärliteratur zum marxistischen Denken (Hinweise zu den Textausgaben von Marx und
Engels finden sich am Schluss des vorigen Kapitels):

Arendt, Hannah: Zwischen Vergangenheit und Zukunft. Übungen im politischen Denken I,
    München 1994.

Aron, Raymond: Opium für Intellektuelle oder Die Sucht nach Weltanschauung, Köln und
    Berlin 1957.

Becker, Werner: Der Bankrott des Marxismus. Über das Ende einer Weltphilosophie, in:
    Politisches Denken. Jahrbuch 1992, Stuttgart und Weimar 1993, S. 79-90.

Böhm-Bawerk, Eugen von: Zum Abschluß des Marxschen Systems, und Hilferding, Rudolf:
    Böhm-Bawerks Marx-Kritik, in Eberle, Friedrich (Hg.): Aspekte der Marxschen Theorie
    I. Zur methodischen Bedeutung des 3. Bandes des ‚Kapital', Frankfurt/M. 1973,
    S. 25-194.

Castoriadis, Cornelius: Krise des Marxismus, Krise der Politik. In: Reinhard Brunner, Franz-
    Josef Deiters (Hg.): Das Politische der Philosophie. Über die gesellschaftliche Verant-
    wortung politischen Denkens. Mössingen-Talheim 1993. 167-174.

Dittgen, Herbert: Politik zwischen Freiheit und Despotismus. Alexis de Tocqueville und Karl
    Marx, Freiburg und München 1986.

Euchner, Walter: Karl Marx, München 2000.

Fleischer, Helmut (Hg.): Der Marxismus in seinem Zeitalter, Leipzig 1994.

Friedenthal, Richard: Karl Marx. Sein Leben und seine Zeit, München und Zürich 1981.

Gerhardt, Volker (Hg.): Eine angeschlagene These, Berlin 1996.

Gerhardt, Volker: Die Asche des Marxismus, in: Politisches Denken, Jahrbuch 1998, Stutt-
    gart und Weimar 1998, S. 17-46.

Gitlin, Todd: Nach dem Scheitern der Heilslehren. Jenseits von Marxismus, Individualismus
    und Multikulturalismus. Blätter für deutsche und internationale Politik, 40. Jg. 1995,
    H. 7, 808-819.

Glucksmann, André: Köchin und Menschenfresser. Über die Beziehung zwischen Staat,
    Marxismus und Konzentrationslager, Berlin 1976.

Hansen, Hendrik: Karl Marx – Humanist oder Vordenker des Gulag?, in: Politisches Denken, Jahrbuch 2002, Stuttgart und Weimar 2002, S. 152-176.

Hayek, F. A. von: Die verhängnisvolle Anmaßung: Die Irrtümer des Sozialismus, Tübingen 1996.

Hayek, Friedrich-August von (1994): Der Wettbewerb als Entdeckungsverfahren, in ders.: Freiburger Studien. Gesammelte Aufsätze, Tübingen 1994, S. 249-265.

Israel, Joachim: Der Begriff Entfremdung. Makrosoziologische Untersuchung von Marx bis zur Soziologie der Gegenwart, Reinbek 1972.

Klopfleisch, Reinhard: Freiheit und Herrschaft bei Claude-Henri de Saint-Simon. Eine wissenschaftsgeschichtliche Studie über die Entwicklung des sozialen Freiheitsbegriffs von Rousseau über Saint-Simon zu Marx, Frankfurt 1982.

Lenin, W. I.: Staat und Revolution, Berlin 1969.

Lenin, W.I.: Drei Quellen und drei Bestandteile des Marxismus (zuerst 1913), 4 Arbeiten über die Lehre von Marx und Engels, 20. Aufl. Berlin 1988.

Lohmann, Georg: Karl Marx' fatale Kritik der Menschenrechte, in: Politisches Denken. Jahrbuch 1999, Stuttgart und Weimar 1999, S. 91-104.

Lukács, Georg: Geschichte und Klassenbewußtsein. Studien über marxistische Dialektik. Berlin 1923, Photomechanischer Reprint Amsterdam 1967.

MacIntyre, Alasdair: Three perspectives on Marxism: 1953, 1968, 1995, in ders.: Ethics and Politics, Selected Essays, Vol. 2, Cambridge und New York 2006, S. 145-158.

Mises, Ludwig von (1920): Die Wirtschaftsrechnung im sozialistischen Gemeinwesen, Archiv für Sozialwissenschaft und Sozialpolitik 47 (1920) S. 86-121.

Popper, Karl: Die offene Gesellschaft und ihre Feinde, Band 2, Falsche Propheten: Hegel, Marx und die Folgen, Bern 1977.

Rorty, Richard: Das kommunistische Manifest 150 Jahre danach: gescheiterte Prophezeiungen, glorreiche Hoffnungen, Frankfurt am Main 1998.

15 Schluss: Hermeneutik als ideengeschichtliche Methode

Wenn Marx wirklich mit seiner Idee Recht gehabt hätte, die Herrschaft des Menschen über den Menschen könne durch die Verwaltung von Sachen abgelöst werden, dann wäre die politische Ideengeschichte mit seinem Werk tatsächlich zu Ende gewesen. Sie ist jedoch über vielfältige Stationen weitergegangen. Es wäre aber eine Illusion zu meinen, es handele sich dabei um einen gleichmäßigen Strom des Denkens, der nicht versickern könne. Im Zuge des Aufstiegs der Soziologie seit Ende des 19. Jahrhunderts glaubte man vorübergehend, sich eine eigene, sozialwissenschaftliche Reihe von, wie Niklas Luhmann spottete, „selbstgemachten Klassikern der Soziologie" zu schaffen, bestehend aus Tönnies, Durkheim, Weber, Pareto, Sorel und deren Nachfolgern. Wertfreiheit und Antinormativität waren die Kernpunkte dieser oftmals außerordentlich erklärungskräftigen Theorien. Der politikphilosophische Normativismus, wie ihn Tocqueville in diskursiver Offenheit, Marx und Engels unter dem verdeckenden Anspruch materialistischer Wissenschaftlichkeit zelebriert hatten, wurde entschlossen verworfen. Man fragte nicht mehr nach Gründen, sondern nach Ursachen (no more reasons, but causes). Nur wenige Theoretiker, die damals am Rande standen und deren Rang man erst heute erkennt, Postmarxisten wie Theodor W. Adorno, Hannah Arendt als bedeutendste Ideengeschichtlerin des 20. Jahrhunderts und Konservative wie Leo Strauss und Eric Voegelin, hielten an einer Kritik des Wertfreiheitspostulats und des szientistisch verengten Wissenschaftsmodells in den Sozialwissenschaften fest.

Um die Mitte des 20. Jahrhunderts war die politische Philosophie weitgehend zum Stillstand gekommen. Die Theoretiker hatten sich in Nischen und Spezialbereichen eingerichtet. Leo Strauss konstatierte kühl: „Wir übertreiben kaum, wenn wir sagen, dass heute die politische Philosophie nicht mehr existiert, außer als zu begrabender Gegenstand, d.h. für historische Forschung, oder aber als Thema für schwache und wenig überzeugende Proteste."[563] Sie war antiquarisch geworden und hatte ihre kritische wie ihre das Selbstverständnis der Gesellschaften prägende Rolle verloren.

Erst ein doppelter Neustart in den 70er Jahren hat hier eine nachhaltige Wandlung geschaffen. Auf der einen Seite hat das Erscheinen von John Rawls' „Eine Theorie der Gerechtigkeit" im Jahre 1973 eine antiutilitaristische, an Kant orientierte Wende ausgelöst, auf der anderen Seite hat vor allem Jürgen Habermas durch seine Theorie des kommunikativen Handelns und die darin implizierten normativen Postulate der herrschaftsfreien Kommunikation und der Diskursethik die emanzipatorischen Elemente der politischen Ideengeschichte wie-

---

[563] Strauss, Leo: What is Political Philosophy? Chicago und London 1959, S. 17.

der zur Geltung gebracht.[564] Es sind nicht bloß die Werke dieser beiden Autoren, sondern die extrem gründliche und breite öffentliche wie wissenschaftliche Reaktion. Seit dem Erscheinen von Rawls' Hauptwerk umfasst die Bibliographie der dazu erschienenen Literatur mittlerweile etwa 3000 Titel. Bei Habermas ist es kaum anders. Rawls wie Habermas habe ich meiner Studie *Politische Theorie der Gegenwart in fünfzehn Modellen* behandelt.[565] Wie bei allen der in diesem ersten, ideengeschichtlichen Band behandelten Autoren sind die von ihnen ausgelösten Diskussionen weit über ihre Herkunftsländer hinaus geführt und weitergeführt worden. Die politische Philosophie hat ihre Nische verlassen und sich wieder in die großen Diskussionen zum Selbstverständnis der Gegenwartsgesellschaften eingeschaltet.

Politische Ideengeschichte der Gegenwart wie der Vergangenheit erschließt man sich durch die sorgfältige Beschäftigung mit den Texten. Anfangs mag die Vielzahl der Texte als undurchdringliche Masse erscheinen. Aufgabe des hier vorliegenden Bandes war es, eine Übersicht zu schaffen. Dazu gehört auch eine Leseliste mit knapp sechzig Titeln, die im Anhang abgedruckt ist. Ein verdienstvolles Handbuch listet 154 Hauptwerke der politischen Theorie auf und merkt dazu an, dass diese Auswahl weit über die eigentlichen Klassiker hinausgehe.[566] Und in der Tat: unter den 154 Titeln sind viele enthalten, die schon ein sehr spezielles Interesse befriedigen. Eine Auswahl von sechzig Titeln dagegen kann durchaus als realistisch und angemessen gelten. In meinem hier vorliegenden Band werden davon etwa fünfundzwanzig ausdrücklich kommentiert, präsentiert oder kritisiert. Die wirklich klassischen Texte, die wirklichen Gipfelpunkte der politischen Ideengeschichte, auf die sich dann alle übrigen beziehen, sind durchaus nicht so zahlreich und unübersichtlich, wie man auf den ersten Blick annehmen könnte. Die wirklichen Höhepunkte des Weltkulturerbes kann man alle wirklich in der Hand gehalten und gelesen haben. Der hier vorliegende Band versteht sich als Reiseführer zu den wirklich klassischen Texten, in dem Sinne, dass ihre Lektüre nicht nur als Bildungswissen Bereicherung und Anregung bietet, sondern vor allem als Grundlage der Auseinandersetzung mit gegenwärtigen Fragen unverzichtbar ist.

Die Methode der Textanalyse ist die Hermeneutik. Der Begriff greift auf das griechische *hermeneuein* zurück und meint *auslegen, erklären*. Die Hermeneutik ist seit Dilthey, Heidegger und Gadamer wesentlich mehr geworden als bloß eine philologische Textauslegungskunst. Sie ist eine Methode des interpretierenden Weltverstehens, die sich die „Welt als Buch" zurechtlegt, wie Hans Blumenberg das einmal auf den Punkt gebracht hat.[567] Es geht um Weltorientierung und vor allem geht es um das Verständnis, die Auslegung, die Interpretation von Situationen. Texte dienen dann oft nur als Grundlage und Ausgangspunkt. Besonders Machiavelli hat in seinen *Discorsi*, die im Grunde aus Kommentaren zur römischen Geschichte des Titus Livius bestehen, eine Verfahrensweise entwickelt, die antiken Texte im wesentlichen als eine Art Fallstudie zu politischen Standardsituationen, als eine Beispielsammlung zu verstehen, und in der abstrahierenden Interpretation auch für die Gegenwart gültige Muster und Reaktionstechniken zu entwickeln. Machiavelli liest Livius also nicht wie

---

[564]   Rawls, John: Eine Theorie der Gerechtigkeit. Frankfurt 1979 (Originalausgabe: A Theory of Justice, 1971); Habermas, Jürgen: Theorie des kommunikativen Handelns, 2 Bände. Frankfurt 3. Aufl. 1985 (zuerst 1981).

[565]   Reese-Schäfer, Walter: Politische Theorie der Gegenwart in fünfzehn Modellen, München und Wien 2006.

[566]   Hauptwerke der politischen Theorie. Hg. von Stammen, Theo; Riescher, Gisela und Hofmann, Wilhelm, Stuttgart 1997.

[567]   Blumenberg, Hans: Die Lesbarkeit der Welt. Frankfurt am Main 1981.

ein Historiker, der die römische Geschichte kennenlernen und rekonstruieren will. Diese ist für ihn bloß das Mittel zum Zweck, um breites, textuell aufgearbeitetes Anschauungsmaterial zu gewinnen und um möglichst viele vergleichbare Beispielfälle politischen Handelns aufbieten zu können. Er zeigt jeweils, warum bestimmte Handlungen und Verhaltensweisen zum Scheitern, andere zum Erfolg geführt haben. Die konkrete Anwendungsabsicht auf seine eigenen Fragen und auf seine eigene Gegenwart ist unübersehbar. Im *Principe* (Der Fürst) geht er ganz ähnlich vor. Dieser Text ist deshalb sogar noch bedeutender, weil die gegenwartsbezogene Absicht hier noch offenkundiger ist. Die Auslegung der Wirklichkeit, verdichtet zu einer Fallstudie mit Beispielcharakter, ist eine der denkbaren Methoden politischer Ideengeschichtsschreibung.

Das genaue Lesen ist immer die entscheidende Grundlage hermeneutischen Herangehens. Diese Kunst, die herkömmlicherweise vor allem im Lateinunterricht der Gymnasien gelehrt wurde, und die, bedingt durch die Feinheiten und Anforderungen des Übersetzens oft auch zu einer besseren Beherrschung der deutschen Sprache führten (wer nie ins Deutsche übersetzt hat, weiß gar nichts von den Möglichkeiten der eigenen Sprache), ist heute etwas in Vergessenheit geraten. In Frankreich ist sie immer noch Standardpraxis des Universitätsunterrichts, wo man das *„explication de texte"* nennt. Man konzentriert sich auf einzelne Sätze, Abschnitte oder auf den Aufbau und die Struktur des Textes und bemüht sich um ein möglichst exaktes Verständnis, meist ohne Heranziehung des Hintergrundes und Kontextes, also allein auf den vorliegenden Text gestützt. In den USA wird dies vor allem im Literaturunterricht als *„close reading"* praktiziert. Im Grunde handelt es sich um eine Fortsetzung des klassischen Lateinunterrichts an Texten der eigenen Sprache. In Deutschland wird dies z.T. im akademischen Philosophiebetrieb praktiziert, ist aber eine eher selten gelehrte Kunst, nicht zuletzt auch, weil sie enorm zeitaufwendig ist. Das kursorische Lesen im Überblick geht sehr viel schneller, auch wenn es oft zu Missverständnissen führt, weil man dabei das herausliest, was man erwartet und in die eigenen Vorerwartungen widerstandslos einbauen kann. Das Unerwartete dagegen wird dabei leicht überlesen und übersehen, wenn es nicht sehr massiv und plakativ auftritt (ist man doch die Provokationstechniken moderner Literatur und moderner Filme gewöhnt, so dass einem subtile Andeutungen oftmals entgehen). Bei schneller Überblickslektüre, die vor allem für Sekundärliteratur oftmals durchaus die angemessene Verfahrensweise ist, nimmt man, zugespitzt ausgedrückt, nur das auf, was man schon vorher weiß. Die Verfahren des *close reading* und der *explication de texte* versuchen eine konzentrierte Aufmerksamkeit herzustellen, die es ermöglicht, sich selbst durch den Text wieder überraschen zu lassen und die Vorerwartungen aufzubrechen. Ein solcher Aufwand lohnt selbstverständlich nur bei Texten von höchstem Rang oder großer Wirkung.

Man kann die hierzu vorgeschlagenen und formalisierten methodischen Hinweise für den Zweck der Interpretation ideengeschichtlicher Texte durchaus nutzbar machen. Im Kern geht es darum, den Text gründlich und methodisch zu verstehen, also ihn nicht bloß oberflächlich zu lesen und zur Kenntnis zu nehmen, weil dann im Grunde nur das Vorwissen um einige kleine Partikel ergänzt wird. Man könnte dazu in folgenden Schritten vorgehen:

Schritte zur Explikation von Texten:

- Situierung des Textauschnitts im Gesamtwerk.
- Thema, Gegenstand.
- Aufbau, Argumentationsstruktur, Gliederung.

- Herausarbeitung des oder der Argumente.
- Kritische Diskussion und Prüfung der Argumente.
- Folgerungen.
- Quellen, Einflüsse, Kontexte.
- Wertung, Kritik.[568]

Die Hermeneutik Gadamers geht grundsätzlich davon aus, dass wir in lebenspraktischen Situationen nur zurechtkommen, wenn wir auf der Basis von Vorurteilen operieren. Die Hermeneutik verurteilt anders als die Sozialpädagogik die Vorurteile keineswegs, sondern hält sie für unvermeidlich. Ihre Technik besteht darin, diese jeweils an der Realität zu überprüfen und zu modifizieren, um dadurch die Realitätsnähe des eigenen Urteilens zu optimieren, was selbstverständlich teilweise auf Kosten der Geschwindigkeit geht und deshalb hauptsächlich nur dort gemacht wird, wo es sich auch wirklich lohnt, d.h. bei wirklich klassischen Texten oder wirklich wichtigen Themen und Lebenssituationen.[569]

Die Einstellungen, die in den Lesetechniken des genauen Hinschauens eingeübt werden, sollten also nur dosiert angewendet werden, aber sie sind die Grundlage aller Beschäftigung mit Texten. Die Empiriker haben daneben Verfahrensweisen entwickelt, wie mit großen Massen uninteressanter Texte umgegangen werden kann, z.B. mit Massen von Zeitungsartikeln oder in der Trivialliteraturforschung: hier bietet sich die sogenannte Inhaltsanalyse an, die maschinell oder von Aushilfskräften erledigt werden kann und die nach bestimmten Begriffen oder Motiven fahndet, aus deren Zusammensetzung dann der Gesamttenor und die Ausrichtung eines Textes gefolgert wird. Solche Methoden sind nicht mehr als grobe Hermeneutik, weil nur nach den vorher eingegebenen Begriffen gesucht wird, man also auch nichts anderes finden wird. Das mag im Falle von Triviallektüre vollkommen ausreichend sein; denn man muss mit den Ressourcen sparsam umgehen. Für Klassikertexte dagegen ist ein derartiges Vorgehen unangemessen, weil man sie auf diesem Weg allenfalls oberflächlich, also im Grunde gar nicht versteht.

Eine andere hilfreiche ideengeschichtliche Methode ist die von Leo Strauss propagierte Technik des Lesens zwischen den Zeilen. Leo Strauss geht davon aus, dass in der Geschichte des politischen Denkens die überwiegende Mehrzahl der Theoretiker unter repressiven Verhältnissen gelebt hat und deshalb Schreibtechniken verwenden musste, die die Wahrheit oder das eigene Denken den Herrschenden verbergen, denen, die lesen können oder den Eingeweihten aber offenbaren. Strauss suchte also nach einer Art verborgenem Schriftsinn in den Texten der Klassiker. Indizien dafür waren ihm offenkundige Fehler, Andeutungen oder Unklarheiten im Text von Autoren, denen man aufgrund der sonstigen Qualität ihrer Werke klügere Argumentationen zugetraut hätte. Diese Auffälligkeiten oder Fehler müssten dann weniger dem Autor selbst als den Umständen angelastet werden und vor allem sorgfältig daraufhin abgeklopft werden, ob dort nicht eine verborgene Botschaft mitgeteilt werden sollte, die möglicherweise dem ausdrücklichen Textsinn direkt widerstreitet. So könnte man sich (dieses Beispiel bringt Strauss nicht) fragen, ob nicht die Verteidigung der Sklaverei im

---

[568] Angelehnt an Thiekötter, Friedel: Explication de texte, in: Arnold, Heinz-Ludwig und Sinemus, Volker (Hg.):, Grundzüge der Literatur- und Sprachwissenschaft, Bd. 1, München 1978, S. 371-374.

[569] Gadamer, Hans-Georg: Wahrheit und Methode. Grundzüge einer philosophischen Hermeneutik. Tübingen 3. erw. Aufl. 1972.

ersten Buch der *Politik* des Aristoteles, die am Schluss argumentativ scheitert, weil nicht mit Sicherheit gesagt werden kann, ob jemand von Natur aus zum Sklavendasein verdammt werden kann, da man ja selbst als Kriegsgefangener in die Sklaverei gelangen könnte, für den, der zu lesen versteht, eine versteckte Kritik an dieser Institution enthält. Denn da Aristoteles die Logik erfunden hat, kann gerade ihm eine so widersprüchliche Argumentation nicht ohne Absicht unterlaufen sein.

In seinem berühmten Aufsatz „*Persecution and the Art of Writing*"[570] entwickelt Leo Strauss die These, dass politische Verfolgung eine ganz bestimmte Schreibtechnik produziert. Diese Art von Literatur zielt nicht auf alle Leser, sondern lediglich auf die vertrauenswürdigen und intelligenten. Sie hat die Vorteile privater Kommunikation – ohne deren größten Nachteil, dass der Autor nur seine persönlichen Bekannten erreichen kann. Gedankenlose Menschen sind sorglose Leser. Wenn man nur die gedankenvollen ansprechen will, dann muss man auf eine Weise schreiben, die nur der sorgfältige Leser entschlüsseln kann. Da man davon ausgehen kann, dass auch in früheren Zeiten relativ zur Gesamtzahl der Gebildeten ungefähr so viele unabhängige Denker gelebt haben müssen wie heute, und da man ebenfalls annehmen kann, dass wenigstens einige von ihnen den politischen Durchblick und eine gewisse Vorsicht miteinander verbinden konnten, dann ist daraus zu schließen, dass es sich lohnt, die entsprechenden Schreibtechniken zu entschlüsseln. Selbstverständlich ist das Lesen zwischen den Zeilen spekulativ. Man sollte es auch nicht übertreiben. Wenn aber ein berühmter und intelligenter Autor offenkundige Fehler in seine Texte einbaut, die jedem Abiturienten auffallen würden, dann sollte man es einmal mit der Hypothese versuchen, dass er dies ironisch meint, oder dass seine wirkliche Meinung nicht in der übergroßen Mehrzahl der Textstellen, sondern möglicherweise in einer unscheinbaren Äußerung am Rande ausgedrückt wird. Zu achten wäre also auf Widersprüche, dunkle Stellen, Auslassungen wichtiger Bestandteile eines Arguments. Von solchen Ansatzpunkten kann dann oft auf einen Unterschied zwischen der exoterischen und der esoterischen Lehre eines Autors geschlossen werden.

Es kann durchaus sein, dass man auf diese Weise in einige Stellen zu viel hineinliest. Die Arten der Verfolgung können auch sehr unterschiedlich sein – vom brutalsten Typ, wie etwa in der spanischen Inquisition oder in der Gedankenpolizei des Totalitarismus bis zu milderen Formen der sozialen Ausgrenzung. Nun könnte man meinen, diese Überlegungen würden nur für tyrannische Zustände gelten. Alexis de Tocqueville hat uns aber gelehrt, dass es auch in Demokratien eine Tyrannei der Mehrheit und, schlimmer noch, eine Tyrannei der öffentlichen Meinung geben kann.

Hermeneutische Methoden sind die klassische Domäne der Textwissenschaften, die meist als *Geisteswissenschaften* verstanden werden. Diesen Begriff hat Wilhelm Dilthey in seiner „Einleitung in die Geisteswissenschaften" aus dem Jahre 1883 zum ersten Mal systematisch entwickelt. Er benutzte diese Bezeichnung als Sammelbegriff für alle Wissenschaften, die die geschichtlich-gesellschaftliche Wirklichkeit zum Gegenstand haben.[571] Der Neukantianer Wilhelm Windelband entwickelte die vielzitierte Überlegung, sie seien anders als die Natur-

---

[570]   In ders.: Persecution and the Art of Writing, Chicago und London 1988, S. 22-37 (zuerst 1941).

[571]   Dilthey, Wilhelm: Einleitung in die Geisteswissenschaften. Versuch einer Grundlegung für das Studium der Gesellschaft und der Geschichte, Gesammelte Schriften Bd. 1, Göttingen 9. Aufl. 1990. Vgl. Rickert, Heinrich: Kulturwissenschaft und Naturwissenschaft, Stuttgart 1986.

wissenschaften nicht *nomothetisch*, also auf allgemeine Gesetzmäßigkeiten ausgerichtet, sondern *idiographisch*, also auf die Beschreibung des Einzelfalls gerichtet, weil jedes historische Ereignis als singulär anzusehen ist. Ich würde Windelband hier nicht folgen, zielt die politische Ideengeschichte doch gerade auf die Verallgemeinerung. Gedanken der Klassiker sollen sich gerade dadurch auszeichnen, dass sie auch außerhalb ihres Entstehungskontextes angewandt werden können, also im Extremfall überall wahr sind. Die Fallstudien, wie wir sie aus Machiavellis *Discorsi* kennen, sollen ausdrücklich übertragbar sein. Als bloße Textwissenschaften sind die Geisteswissenschaften ausdrücklich nicht zu charakterisieren: insgesamt handelt es sich um die Wissenschaften von den symbolischen Formen, wie Ernst Cassirer diesen aus der neukantianischen Tradition sich ergebenden Ansatz m.E. am besten charakterisiert hat. Und die politische Wirklichkeit ist uns nur durch vielfältige symbolische Vermittlungsformen gegeben, mit denen wir uns in unterschiedlichster Gestalt, unter anderem in der Präsentationsform der ideengeschichtlichen Klassiker, auseinanderzusetzen haben.

Die verschiedenen Herangehensweisen an klassische Texte lassen sich immer noch am besten nach einem Modell aus Friedrich Nietzsches „Vom Nutzen und Nachteil der Historie für das Leben" aufgliedern. Er unterscheidet zwischen drei Methoden, Geschichte zu analysieren:

- der archivalischen
- der monumentalischen
- der kritischen.

Für den Bereich der Ideengeschichte würde ich diese Dreigliederung so verwenden: Die *archivalische* Methode wäre anzusehen als Hilfswissenschaft der Textbereitstellung, also das, was Herfried Münkler als Archiv für die Gegenwart charakterisiert hat. Schlecht gemacht allerdings würde daraus „das widrige Schauspiel einer blinden Sammelwuth, eines rastlosen Zusammenscharrens alles einmal Dagewesenen."[572]

Die *monumentalische* Methode wird in den angelsächsischen Ländern etwas weniger sperrig als „whiggistische" Geschichtsschreibung gekennzeichnet. Die *Whigs* waren die liberalen Gegenspieler der Tories, der britischen Konservativen. Mit „whiggistischer" Geschichtsschreibung ist eine Perspektive gemeint, in der die Ereignisse so miteinander verkettet werden, dass der Fortschritt sich in harten Kämpfen nach und nach durchsetzt, bis in die Gegenwart, wo dann normalerweise der bislang höchste Punkt der Freiheitsentwicklung erreicht ist. Es ist eine Haltung, wie sie der Famulus Wagner in Goethes Faust formuliert: „Zu schauen, wie vor uns ein weiser Mann gedacht, und wie wir's dann zuletzt so herrlich weit gebracht." Nietzsches Kritik an dieser Herangehensweise lautet so: „Regiert also die monumentalische Betrachtung des Vergangenen über die anderen Betrachtungsarten, ich meine über die antiquarische und kritische, so leidet die Vergangenheit selbst Schaden (...). Die monumentale Historie täuscht durch Analogien: sie reizt mit verführerischen Ähnlichkeiten den Mutigen zur Verwegenheit, den Begeisterten zum Fanatismus; und denkt man sich gar diese Historie in den Händen und Köpfen der begabten Egoisten und der schwärmerischen Bösewichter, so werden Reiche zerstört, Fürsten ermordet, Kriege und Revolutionen angestiftet (...)!"[573]

---

[572]   Nietzsche, Friedrich: Vom Nutzen und Nachteil der Historie für das Leben, in ders.: Sämtliche Werke. Kritische Studienausgabe, Hg. Giorgio Colli und Mazzino Montinari, Bd. 1, München 1980, S. 268.
[573]   Ebenda S. 262f.

Die *kritische* Geschichtsschreibung schließlich hat die Funktion, von Zeit zu Zeit eine Vergangenheit zu zerbrechen, sie aufzulösen, sie in Frage zu stellen: nicht im Dienste einer historischen Gerechtigkeit, sondern der Gegenwart.[574] Es wäre allerdings eine Fehldeutung und selber eine Art whiggistische Interpretation, nun zu meinen, Nietzsche würde die kritische als die dritte der genannten Methoden auch für die beste Möglichkeit halten. Er urteilt hier differenzierter und nach einer Art Angemessenheitskriterium: „Jede der drei Arten von Historie, die es gibt, ist nur gerade auf einem Boden und unter einem Klima in ihrem Rechte: auf jedem anderen wächst sie zum verwüstenden Unkraut heran. Wenn der Mensch, der Großes schaffen will, überhaupt die Vergangenheit braucht, so bemächtigt er sich ihrer vermittelst der monumentalischen Historie; wer dagegen im Gewohnten und Altverehrten beharren mag, pflegt das Vergangne als antiquarischer Historiker; und nur der, dem eine gegenwärtige Not die Brust beklemmt, und der um jeden Preis die Last von sich abwerfen will, hat ein Bedürfnis zur kritischen, das heißt richtenden und verurteilenden Historie. Von dem gedankenlosen Verpflanzen der Gewächse rührt manches Unheil her: der Kritiker ohne Not, der Antiquar ohne Pietät, der Kenner des Großen ohne das Können des Großen sind solche zum Unkraut aufgeschossene, ihrem natürlichen Mutterboden entfremdete und deshalb entartete Gewächse.“[575]

Nietzsches Text kann als einer der möglichen Schlüssel zur politischen Ideengeschichte gelten, weil hier die Hermeneutik nicht als geduldig zurückgezogene Spezialtätigkeit einiger Gelehrter begriffen wird, sondern in ihrer jeweiligen Gegenwartsbezogenheit und Gegenwartsrelevanz. Heute ist ein Ideenhistoriker wie Michel Foucault sein Nachfolger. Wenn dieser am Leitfaden von Texten die Gouvernementalität der Gegenwart analysiert, dann geht es zu jedem Zeitpunkt um aktuelle Ideenkämpfe, um Ideenauseinandersetzungen. Ideen sind nicht bloß, wie die Ideologiekritik meinte, Ausdruck der Verhältnisse ihrer Entstehungszeit, sondern sie haben Konsequenzen und sie stehen in einem Diskurs und einer Korrespondenz miteinander, die bis in die Anfänge politischen Denkens zurückreicht.

Hermeneutische Verfahrensweisen sind erlernbar; am besten im Prozess intensiver Textauseinandersetzung selbst. Es ist wenig hilfreich, Methodenregeln oder gar -formeln aus dem Prozess des Verstehens zu abstrahieren. Verstehen lernt man im Grunde nur durch das Verstehen selbst. Alles andere würde auf einen verkünstlichten Methodologismus hinauslaufen. Die Kunst der gemeinsamen, nachvollziehenden und kritisch reflektierenden Lektüre, die man in der hermeneutischen Praxis erlernen kann, ist zugleich ein Kernelement der Lebenskunst von demokratischen Menschen, denn nicht das autoritäre, ingenieurmäßige Umsetzen von vorgefertigten Planungen, sondern das Aufeinanderhörenkönnen, das Diskutierenkönnen und das Überzeugenkönnen sind wesentliche hilfreiche Verhaltensweisen (Montesquieu hätte von Tugenden gesprochen), die eine demokratische Gemeinschaft ausmachen. Diese lernt man nicht im Maschinenbau und auch nicht in der empirischen Sozialforschung, so nützlich beide auch sind, sondern in der politischen Ideengeschichte.

---

[574] Ebenda S. 269.
[575] Ebenda S. 264f.

Vertiefende Überblicksdarstellungen zu Einzelfragen der politischen Ideengeschichte:

Brandt, Reinhard: Eigentumstheorien von Grotius bis Kant, Stuttgart 1974.

Cassirer, Ernst: Der Mythus des Staates. Philosophische Grundlagen politischen Verhaltens, Frankfurt am Main 1985 (u.a. zu Platon, Machiavelli, zur Aufklärung und Hegel).

Chevenal, Francis: Philosophie in weltbürgerlicher Bedeutung. Über die Entstehung und die philosophischen Grundlagen des supranationalen und kosmopolitischen Denkens der Moderne, Basel 2002.

Coulmas, Peter: Weltbürger. Geschichte einer Menschheitssehnsucht, Reinbek 1990.

Doyle, Michael W.: Empires, Ithaca und London 1986.

Eckl, Andreas und Ludwig, Bernd (Hg.): Was ist Eigentum? Philosophische Positionen von Platon bis Habermas, München 2005.

Grewe, Wilhelm: Epochen der Völkerrechtsgeschichte, Baden-Baden 1984.

Kersting, Wolfgang: Die politische Philosophie des Gesellschaftsvertrags, Darmstadt 1996.

Neumann, Franz: Die Herrschaft des Gesetzes. Eine Untersuchung zum Verhältnis von politischer Theorie und Rechtssystem in der Konkurrenzgesellschaft, Frankfurt am Main 1980.

Pipes, Richard: Property and Freedom, New York 2000.

Prodi, Paolo: Eine Geschichte der Gerechtigkeit. Vom Recht Gottes zum modernen Rechtsstaat, München 2003.

Saage, Richard: Demokratietheorien. Eine Einführung, Wiesbaden 2005.

Saage, Richard: Politische Utopien der Neuzeit, Darmstadt 1991 (entwickelt eine eigene analytische Methode zur umfassenden Bearbeitung der Utopietradition. Standardwerk).

Steinvorth, Ulrich: Freiheitstheorien in der Philosophie der Neuzeit, Darmstadt 1987.

Strauss, Leo: Naturrecht und Geschichte, Frankfurt am Main 1977 (besonders zu Hobbes, Locke, Rousseau und Burke).

Anhang

Fragen zum Textverständnis und zur Vertiefung

Fragen zu Platon

1. Welche Einwände trägt Sokrates gegen das „Recht des Stärkeren" vor?
2. Hat man in der Antike nicht machtrealistisch gedacht?
3. Versuchen Sie die Positionen und Denkstrukturen von Thrasymachos zu umreißen.
4. Beschreiben Sie den Aufbau des platonischen Idealstaats. Welche Gesellschaftsklassen gibt es?
5. Wie ist die Funktion von Literatur und Kunst geregelt?
6. Wie begründet Sokrates die Philosophenherrschaft?
7. Analysieren Sie die Grundmotive und Grundelemente der platonischen Politikberatung in Syrakus.
8. Würden Sie Platon als Anhänger der athenischen Demokratie ansehen?
9. Vergleichen Sie Platons Staatsutopie mit den Renaissanceutopien.
10. Vergleichen Sie Platons Staatsutopie mit den sozialistischen Gesellschaften des 20. Jahrhunderts.

Fragen zu Aristoteles

11. Welche Regierungsformen unterscheidet Aristoteles?
12. Nach welchen Kriterien nimmt er diese Unterscheidungen vor?
13. Ist die Unterscheidung nach der Zahl der Herrschenden und Regierten oder die nach arm und reich für ihn letztlich ausschlaggebend?
14. Was ist der Ausgangspunkt der aristotelischen Theorie?
15. Worin sieht er das Hauptziel menschlichen Handelns?
16. Erklären Sie den Begriff *Eudämonie*.
17. Nach welchen Kriterien unterscheidet Aristoteles verschiedene Formen der Befriedigung?
18. Mit welchen Argumenten versucht Aristoteles die Sklaverei zu rechtfertigen?
19. Wie unterscheiden sich Politik und Ökonomie bei Aristoteles?
20. Worin sehen Sie Unterschiede zwischen der aristotelischen Politik und der heutigen Vertragstheorie?
21. Versuchen Sie den Begriff des Naturrechts im Zusammenhang mit dem aristotelischen Denken zu erklären.
22. Welche Kritikpunkte bringt Aristoteles gegen Platons Staatsmodell vor?
23. Welche Regierungsform empfiehlt Aristoteles?

Fragen zu Machiavelli

24. Wie würden Sie die Methode und Argumentationsweise Machiavellis kennzeichnen?
25. Welcher Typus politischer Ethik wird von Machiavelli vertreten?
26. Was ist die entscheidende Neuerung Machiavellis gegenüber der antiken Theorie?
27. Wenn Machiavelli dem politischen Führer Wortbruch und Lüge empfiehlt, was ist dann sein politischer Maßstab?
28. Würden Sie Machiavellis Denken als Ausnahme und Bruch im politischen Denken kennzeichnen oder als genuine Fortsetzung?
29. Nennen Sie einige der Hauptcharakteristika der Theorietradition, die auf das Werk von Machiavelli zurückgreift.
30. Sind Machiavellis Lehren eng an seine Zeit gebunden oder auf die Gegenwart übertragbar?
31. Worin bestand die Kritik der Aufklärung, besonders des preußischen Kronprinzen Friedrich am Werk Machiavellis?
32. Wie würden Sie empfehlen, heute mit dem Werk Machiavellis umzugehen? Sollte es gelesen werden als Klassiker der Politikberatung oder als abschreckendes Beispiel?
33. Hat Machiavelli einen neuen Aspekt in die politische Ideengeschichte eingebracht oder eher das Machtdenken von Thrasymachos und anderen fortgesetzt?

Fragen zu den politischen Utopien

34. Diskutieren Sie die Frage, ob es sich eher um literarische oder eher um politiktheoretische Texte handelt.
35. Welches ist der Schlüsseltext des utopischen Denkens? Begründen Sie dies.
36. Aus welchen Gründen haben Marx und Engels das utopische Denken abgelehnt?
37. Welches sind die typischen Charakteristika und Elemente von politischen Utopien?
38. Erläutern Sie den Unterschied zwischen Raum- und Zeitutopien.
39. Welche Vorstellungen hat Morus zur Wirtschaftsform und Arbeitsorganisation?
40. Welches Eigentumsmodell schlägt Tommaso Campanella im Sonnenstaat vor?
41. Sind Utopien rein theoretische Modelle oder gibt es auch praktische Utopien?
42. Wie erklären Sie das Aufkommen der Negativutopien des 20. Jahrhunderts?

Fragen zu Thomas Hobbes

43. Worauf führt Hobbes die Gleichheit aller Menschen zurück?
44. Beschreiben Sie den Naturzustand bei Hobbes.
45. Vergleichen Sie ihn mit dem bei Locke und Rousseau.
46. Wer schließt bei Hobbes mit wem den Gesellschaftsvertrag ab?
47. Diskutieren Sie die Konsequenzen eines „Rechts auf alles"?
48. Was ist der methodische Ausgangspunkt bei Hobbes?
49. Ist der Souverän an den Gesellschaftsvertrag gebunden?
50. Welche Aufgaben und Rechte hat der Herrscher?

51. Welche Position vertritt Hobbes zur Gewaltenteilung?
52. Gibt es ein Widerstandsrecht bei Hobbes?
53. Diskutieren Sie das Verhältnis von Sicherheit und Freiheit bei Hobbes.
54. Worin besteht der neue Gedanke in Hobbes' Vertragstheorie?
55. Wie beurteilen Sie die Wirkungsgeschichte von Hobbes?

Fragen zu John Locke

56. Wo liegen die Grenzen der religiösen Toleranz bei Locke?
57. Umreißen Sie, wie sich der Naturzustand bei Locke von dem bei Hobbes unterscheidet.
58. Wie sind die Grenzen des Eigentums im Naturzustand festgelegt?
59. Warum bleiben wir nicht einfach im Naturzustand?
60. Wie sind die Grenzen des Eigentums im Gesellschaftszustand?
61. Warum ist nach Locke die Mehrheitsregel erforderlich?
62. Was sind die drei Hauptziele des Gesellschaftsvertrags bei Locke? Nennen Sie die drei entscheidenden Begriffe.
63. Welches sind die drei Gewalten bei Locke?
64. Wie behandelt Locke die Frage des Widerstandsrechts?
65. Diskutieren Sie John Lockes Revolutionstheorie.
66. Was versteht Locke unter Naturrecht?
67. Beschreiben und analysieren Sie die Praxiswirkungen von Lockes Theorie.

Fragen zu Montesquieu

68. Welche drei Regierungsformen unterscheidet Montesquieu?
69. Was ist bei ihm mit dem Begriff der „Tugend" gemeint?
70. Wie bewertet Montesquieu den Zusammenhang zwischen der Größe eines Staates und dessen Regierungsform?
71. Aus welchen Gründen hält er im Gegensatz zu Hobbes eine Gewaltenteilung für erforderlich?
72. Welches Modell von Gewaltenteilung legt er vor?
73. Vergleichen Sie es mit dem Modell von John Locke.
74. Sind die drei Gewalten gleichwertig und gleichgewichtig?
75. Gibt es ein konkretes Verfassungsmodell, in dem Montesquieus Konzept realisiert worden ist?
76. Diskutieren Sie die Praktikabilität von Montesquieus Modell an zwei Verfassungen Ihrer Wahl.
77. Wenn Sie Montesquieu mit Hobbes und Locke vergleichen: Welche dieser Theorien hatte die weitreichendsten Wirkungen?
78. Welche Bedeutung hatte Montesquieus Theorie in der französischen Revolution?

Fragen zu Adam Smith

79. Adam Smith spricht von einer unsichtbaren Hand, die das Verhalten der Menschen lenkt: Erklären Sie, was damit gemeint ist.
80. Warum wird nach Smith der Warentausch erforderlich?
81. Worin besteht nach Smith die Ursache allen Reichtums?
82. Was treibt bei ihm die Wirtschaftsentwicklung an?
83. Was ist bei der Erhebung von Steuern zu berücksichtigen?
84. Wie soll das Universitätssystem organisiert werden?
85. Welche Vorschläge gegen negative Nebenfolgen der Arbeitsteilung legt Smith vor?
86. Wie unterscheidet Smith produktive und unproduktive Arbeit? Ist diese Unterscheidung heute noch überzeugend?

Fragen zu Rousseau und zu den politischen Ideen der Aufklärung

87. Benennen und begründen Sie sinnvolle Epochengrenzen für das Zeitalter der Aufklärung.
88. Was unterscheidet die Epoche der Aufklärung von den vorhergehenden Phasen der Ideengeschichte?
89. Welches waren die Zentren der Aufklärung?
90. Was ist unter dem Begriff „Zivilreligion" zu verstehen?
91. Wie weit ist der Vorwurf zutreffend, die Aufklärung sei eine rationalistische, gefühlsfeindliche Epoche gewesen?
92. Legen Sie die unterschiedlichen Positionen aufklärerischer Religionskritik dar.
93. Erläutern und diskutieren Sie den Naturbegriff der Aufklärung.
94. Worin besteht die Kernthese der ersten Abhandlung von Rousseau?
95. Wie standen andere Aufklärer zur Kulturkritik Rousseaus?
96. Beschreiben und diskutieren Sie die Wirkungsgeschichte von Rousseaus Kulturkritik bis zur Gegenwart.
97. Stellen Sie die Aufklärungsdiskussion zum Begriff des „Fortschritts" dar.
98. Vergleichen Sie Condorcets Fortschrittstheorie mit dem Denken von Rousseau.
99. Was ist nach Rousseau die Hauptursache der Ungleichheit?
100. Was bedeutet genau die These von der „Dialektik der Aufklärung"?
101. Wie ist der Naturzustand bei Rousseau beschaffen?
102. Warum bleiben die Menschen nicht im Naturzustand?
103. Wie unterscheiden sich bourgeois und citoyen?
104. Wie kommt der Gesellschaftsvertrag zustande?
105. Wie steht Rousseau zum Konzept der Gewaltenteilung?
106. Aus welchen drei Faktoren setzt sich die Republik zusammen?
107. Wie beurteilt Rousseau die Möglichkeit von Demokratie?
108. Wer ist der Souverän bei Rousseau?
109. Welche Funktion hat die Regierung in seinem Gesellschaftsvertrag?
110. Kann der Wille des Volkes durch Abgeordnete vertreten werden?
111. Wann ist Einstimmigkeit nötig, wann reicht das Mehrheitsprinzip aus?

112. Welchen Diktaturbegriff hat Rousseau?
113. Diskutieren Sie die Fragen, inwieweit Rousseau ein Philosoph der französischen Revolution war.
114. Würden Sie Rousseau eher als linken oder eher als konservativen Theoretiker einstufen?

Fragen zu Kant

115. Wie hat Immanuel Kant die französische Revolution beurteilt?
116. Welches sind nach Kant die Voraussetzungen für einen Gesellschaftsvertrag?
117. Unter welchen Bedingungen gilt ein Gesetz als ungerecht oder unrechtmäßig?
118. Muss man sich nach Kants Vorstellungen trotzdem daran halten? Gibt es ein Widerstandsrecht in seinem Denkansatz?
119. Was ist mit dem Begriff „beistimmen" gemeint?
120. Beschreiben Sie die Vorläufer von Kants Text „Zum ewigen Frieden".
121. Auf welche historische Situation reagiert dieser Text?
122. In welcher äußeren Form ist Kants Text abgefasst? Aus welchem Grunde?
123. Stellen Sie mit Blick in den Kantschen Text die Regeln zusammen, die den Frieden ermöglichen sollen.
124. Ist die Friedensfähigkeit eines Staates an seine Verfassung gebunden?
125. Sind autokratische oder republikanische Länder friedensgeneigter? Aus welchem Grunde?
126. Arbeiten Sie möglichst genau heraus, was Kant mit dem Begriff „republikanisch" meint.
127. Was beinhaltet der geheime Zusatzartikel zum ewigen Frieden? Warum soll er „geheim" sein?
128. Welche praktischen Versuche wurden unternommen, um eine Friedenskonzeption kantschen Typs zu realisieren?
129. Waren diese Versuche erfolgreich?
130. Auf welchem Punkt einer Skala von machtrealistischen bis zu idealistischen Positionen würden Sie Kants Vorschlag einordnen?
131. Welche gesellschaftlichen und historischen Elemente nennt Kant, die zur Verwirklichung seines Modells drängen könnten?
132. Sind diese Überlegungen theoretisch überzeugend und haltbar?
133. Worin besteht die faktische Garantie für den Frieden in Kants Denken? Im moralischen Verhalten der Politiker oder in etwas anderem?
134. Wie analysiert Kant das Verhältnis von Politik und Moral im Anhang zu seiner Friedensschrift? Analysieren Sie dies mit Blick auf Kants Text.
135. Nennen Sie Merkmale, die dafür sprechen, Kant in die Denktradition des Liberalismus einzuordnen.

Fragen zu Tocqueville

136. Wie würden Sie die politische Beobachterposition Tocquevilles charakterisieren?
137. Was meint Tocqueville mit dem Begriff „Tyrannei der Mehrheit"?
138. Wie beschreibt Tocqueville die Rolle der öffentlichen Meinung?
139. Welche Methoden hat Tocqueville in seinem Amerikabuch angewandt, welche Quellen hat er benutzt?
140. Warum hat er sich gerade die USA seiner Zeit als Untersuchungsgegenstand ausgesucht?
141. Worin sehen Sie die Ursachen dafür, dass Tocquevilles Studie noch heute von vielen amerikanischen Autoren als treffende Analyse ihres Landes angesehen wird?
142. Worin sieht Tocqueville die Ursachen der französischen Revolution?
143. In welchen Punkten hat Tocqueville das vorherige Bild der Revolution korrigiert?
144. Welche allgemeinen Thesen über die Ursachen von Revolutionen entwickelt er? Haben diese Thesen sich bis heute bestätigt?
145. Mit welchen Methoden hat Tocqueville die Ursachen der französischen Revolution zu analysieren versucht? Welche Quellen hat er benutzt?
146. Mit welchen Ergebnissen analysiert Tocqueville die Positionen und die politische Rolle der Philosophie der Aufklärung in der vorrevolutionären Epoche?
147. Ist er ein Gegner der Aufklärung?
148. Was genau meint Tocqueville mit seinem Begriff der Freiheit?
149. Wie beurteilt er das Verhältnis von Freiheit und Gleichheit?
150. Würden Sie ihn als Befürworter oder Gegner der Gleichheit einordnen?
151. Vergleichen sie Tocqueville mit dem Werk seines Zeitgenossen Karl Marx.

Fragen zu Marx

152. Was versteht Marx unter „Nebelbildungen in den Gehirnen der Menschen"?
153. Vertritt Marx eine deutsche Ideologie?
154. Ist die Religionskritik für das Werk von Marx konstitutiv?
155. Vergleichen Sie die Religionskritik von Marx mit der aufklärerischen Religionskritik.
156. Welche Bedeutung hat bei Marx die Empirie und die „positive Wissenschaft"?
157. Aus welchen Gründen lehnt Marx eine eigenständige politische Ideengeschichte ab?
158. Welche Gründe nennt Marx für die Ablehnung des utopischen Denkens?
159. Warum ist bei Marx die Arbeitsteilung die Hauptursache von Entfremdung und Herrschaft? Will er sie abschaffen?
160. Wie stellt Marx sich die Produktion des Wohlstands in einer nicht mehr arbeitsteiligen Gesellschaft vor?
161. Vergleichen Sie die Theorien von Marx und Adam Smith und beschreiben Sie einige Übereinstimmungen sowie einige Differenzen.
162. Weshalb hat Hannah Arendt in der Lehre von Marx das Ende der klassischen politischen Philosophie gesehen?
163. Wo liegt aus der Sicht moderner politischer Ökonomie die Hauptschwierigkeit der Wirtschaftstheorie von Marx?

164. Was genau meint Marx mit der „Anarchie der Produktion"? Was folgt aus diesem Baustein seiner Lehre?

165. Ist die Entwicklung diktatorischer Züge im Marxismus ein späteres Produkt des Leninismus und Stalinismus oder schon in Grundgedanken der Lehre von Marx selbst angelegt?

166. Wie charakterisiert Marx die fabrikmäßige Arbeitsorganisation?

Weiterführende Leseliste zur politischen Ideengeschichte

Antike

Aristoteles, Nikomachische Ethik
Aristoteles, Politik
Platon, Der siebente Brief
Platon, Politeia (Der Staat)
Thukydides, Geschichte des Peloponnesischen Krieges

Mittelalter

al-Farabi, Der Musterstaat
Augustinus, Der Gottesstaat
Christine de Pizan, Stadt der Frauen
Ibn Khaldun, Muqaddima (= Einleitung, Prolegomena)
Thomas von Aquin, Über die Herrschaft der Fürsten

Frühe Neuzeit

Bacon, Neu-Atlantis
Campanella, Der Sonnenstaat. Das Bild eines philosophischen Gemeinwesens
Grotius, Über das Recht des Krieges und des Friedens
Hobbes, Leviathan
Machiavelli, Discorsi
Machiavelli, Il Principe (Der Fürst)
Morus, Utopia

Britische und amerikanische Aufklärung

Burke, Betrachtungen über die Revolution in Frankreich
Ferguson, Versuch über die Geschichte der bürgerlichen Gesellschaft
Hamilton/Madison/Jay, Die Federalist Papers
Locke, Ein Brief über Toleranz

Locke, Zweite Abhandlung über die Regierung
Mary Wollstonecraft, Eine Verteidigung der Rechte der Frau
Smith, Der Wohlstand der Nationen

Französische Aufklärung

Condorcet, Entwurf einer historischen Darstellung der Fortschritte des menschlichen Geistes
Diderot, Nachtrag zu Bougainvilles Reise
Montesquieu, Vom Geist der Gesetze.
Olympe de Gouges, Erklärung der Rechte der Frau
Rousseau, Abhandlung über die Ursprünge und die Grundlagen der Ungleichheit unter den
        Menschen
Rousseau, Abhandlung über die Wissenschaften und Künste
Rousseau, Vom Gesellschaftsvertrag oder Grundsätze des Staatsrechts
Turgot, Über die Fortschritte des menschlichen Geistes
Voltaire, Briefe aus England
Voltaire, Über die Toleranz. Veranlasst durch die Hinrichtung des Johan Calas im Jahre 1762

Deutsche Aufklärung

Fichte, Der geschlossene Handelsstaat
Friedrich der Große, Anti-Machiavel
Herder, Ideen zur Philosophie der Geschichte der Menschheit
Humboldt, Versuch, die Grenzen der Wirksamkeit des Staates zu bestimmen
Kant, Beantwortung der Frage: Was ist Aufklärung
Kant, Idee zu einer allgemeinen Geschichte in weltbürgerlicher Absicht
Kant, Metaphysik der Sitten. Rechtslehre
Kant, Über den Gemeinspruch: Das mag in der Theorie richtig sein, taugt aber nicht für die
        Praxis
Kant, Über ein vermeintes Recht, aus Menschenliebe zu lügen
Kant, Zum ewigen Frieden

19. Jahrhundert

Der Frühsozialismus. Quellentexte (Babeuf, Saint-Simon, Fourier, Owen)
Engels, Die Entwicklung des Sozialismus von der Utopie zur Wissenschaft
Engels, Ludwig Feuerbach und der Ausgang der klassischen deutschen Philosophie
Germaine de Staël, Über Deutschland
Hegel, Grundlinien der Philosophie des Rechts
Hegel, Philosophie der Geschichte
John Stuart Mill, Über die Freiheit
Marx, Das Kapital
Marx, Manifest der kommunistischen Partei
Marx, Thesen über Feuerbach

Marx, Zur Judenfrage
Marx, Zur Kritik der Hegelschen Rechtsphilosophie. Einleitung
Marx/Engels, Die deutsche Ideologie
Mill/Taylor, Die Hörigkeit der Frau
Nietzsche, Vom Nutzen und Nachteil der Historie für das Leben
Tocqueville, Der alte Staat und die Revolution
Tocqueville, Über die Demokratie in Amerika

Konsequenzen

Horkheimer/Adorno, Dialektik der Aufklärung
Huxley, Schöne neue Welt
Lenin, Staat und Revolution
Orwell, 1984
Samjatin, Wir

Literaturverzeichnis

Arendt, Hannah: Zwischen Vergangenheit und Zukunft. Übungen im politischen Denken I, München 1994.

Aristoteles: Der Staat der Athener, übers. von Martin Dreher, Stuttgart 1993.

Aristoteles: Die Nikomachische Ethik. Griechisch-Deutsch, Übers. Olof Gigon, München 2001.

Aristoteles: Politica, (griech.) Hg. Von W. D. Ross, 12. Aufl. Oxford 1992.

Aristoteles: Politik, übers. von Eugen Rolfes, Hamburg 1991.

Aristoteles: Rhetorik, übers. von Franz G. Sieveke, 2. Aufl. München 1987.

Arnim, Hans Herbert: Der Staat als Beute. Wie Politiker in eigener Sache Gesetze machen, München 1993.

Arnim, Hans Herbert: Die Partei, der Abgeordnete und das Geld, München 1996.

Aron, Raymond: Opium für Intellektuelle oder Die Sucht nach Weltanschauung, Köln und Berlin 1957.

Asbach, Olaf: Politik und Frieden beim Abbé de Saint-Pierre. Erinnerungen an einen (fast) vergessenen Klassiker der politischen Philosophie, in: Politisches Denken, Jahrbuch 1995/96, Stuttgart und Weimar 1996, S. 133-164.

Bacon, Francis: Neu-Atlantis, in: Der utopische Staat. Hg. Klaus J. Heinisch, Reinbek 27. Aufl. 2004.

Ballestrem, Karl Graf: Adam Smith, München 2001.

Batscha, Zwi (Hg.): Materialien zu Kants Rechtsphilosophie, Frankfurt am Main 1976.

Becker, Gary S.: Der ökonomische Ansatz zur Erklärung menschlichen Verhaltens, Tübingen 2. Aufl. 1993.

Becker, Werner: Der Bankrott des Marxismus. Über das Ende einer Weltphilosophie, in: Politisches Denken. Jahrbuch 1992, Stuttgart und Weimar 1993, S. 79-90.

Bellah, Robert N.; Richard Madsen; William M. Sullivan; Anne Swidler; Steven M. Tipton: Gewohnheiten des Herzens. Individualismus und Gemeinsinn in der amerikanischen Gesellschaft, Köln 1987.

Berlin, Isaiah: Der Verfall des utopischen Denkens, in ders.: Das krumme Holz der Humanität. Kapitel der Ideengeschichte, Frankfurt am Main 1995, S. 37-71.

Berlin, Isaiah: Die Originalität Machiavellis, in ders.: Wider das Geläufige. Aufsätze zur Ideengeschichte, Frankfurt am Main 1982.

Berlin, Isaiah: Montesquieu, in ders.: Wider das Geläufige. Aufsätze zur Ideengeschichte, Frankfurt am Main 1981, S. 219-258.

Bermbach, Udo und Kodalle, Klaus-Michael (Hg.), Furcht und Freiheit. Leviathan-Diskussion 300 Jahre nach Thomas Hobbes, Opladen 1982.

Bien, Günther: Die Grundlegung der politischen Philosophie bei Aristoteles. Freiburg und München 3. Aufl. 1985.

Bloch, Ernst: Freiheit und Ordnung. Abriß der Sozialutopien, Reinbek 1969.

Bluhm, Harald und Krause, Skadi: Viele Tocquevilles? – Neuere Interpretationen eines Klassikers, in: Berliner Journal für Soziologie, 15. Jg. 2005, H. 4, S. 551-562.

Bluhm, Harald: Leidenschaft für die Freiheit. Das Gravitationszentrum von Tocquevilles politischem Denken, In: Berliner Debatte Initial 16. Jg. 2005, H. 6, S. 69-82.

Blumenberg, Hans: Die Lesbarkeit der Welt. Frankfurt am Main 1981.

Böhm-Bawerk, Eugen von: Zum Abschluß des Marxschen Systems, und Hilferding, Rudolf: Böhm-Bawerks Marx-Kritik, in Eberle, Friedrich (Hg.): Aspekte der Marxschen Theorie I. Zur methodischen Bedeutung des 3. Bandes des ‚Kapital', Frankfurt/M. 1973, S. 25-194.

Brandt, Reinhard: Historisch-kritische Beobachtungen zu Kants Friedensschrift, in: Politisches Denken. Jahrbuch 1994, Stuttgart und Weimar 1995, S. 75-102.

Buchheim, Hans: Zu Hobbes' Leviathan, in: Politisches Denken. Jahrbuch 1993, Stuttgart und Weimar 1993, S. 47-58.

Burnham, James: Die Machiavellisten. Verteidiger der Freiheit, Zürich 1949.

Campanella, Tommaso: Sonnenstaat in: Der utopische Staat. Hg. Klaus J. Heinisch, Reinbek 27. Aufl. 2004.

Cassirer, Ernst: Das Problem Jean-Jacques Rousseau, Darmstadt 1970.

Cassirer, Ernst: Der Mythus des Staates. Philosophische Grundlagen politischen Verhaltens, Frankfurt am Main 1985.

Cassirer, Ernst: Die Philosophie der Aufklärung, Hamburg 1998.

Castoriadis, Cornelius: Krise des Marxismus, Krise der Politik. In: Reinhard Brunner, Franz-Josef Deiters (Hg.): Das Politische der Philosophie. Über die gesellschaftliche Verantwortung politischen Denkens. Mössingen-Talheim 1993, S. 167-174.

Condorcet: Entwurf einer historischen Darstellung der Fortschritte des menschlichen Geistes. Hg. Wilhelm Alff, Frankfurt 1976.

Dante Alighieri: De Monarchia, lat.-dt., Hg., Einl. und Übers. Imbach, Ruedi, Stuttgart 1989.

Dilthey, Wilhelm: Der Aufbau der geschichtlichen Welt in den Geisteswissenschaften, Frankfurt 1981.

Dittgen, Herbert: Politik zwischen Freiheit und Despotismus. Alexis de Tocqueville und Karl Marx, Freiburg und München 1986.

Doyle, Michael W.: Kant, Liberal Legacies, and Foreign Affairs. In: Brown, Michael E., Lynn-Jones, Sean M. und Miller, Steven: Debating the Democratic Peace, Cambridge/Mass. und London 3. Aufl. 1999, S. 3-57.

Ehrhardt, Ute: Gute Mädchen kommen in den Himmel, böse überall hin. Und jeden Tag ein bißchen böser, 5. Aufl. Frankfurt am Main 2003.

Elias, Norbert: Thomas Morus' Staatskritik, in: Voßkamp, Wilhelm(Hg.), Utopieforschung. Interdisziplinäre Studien zur neuzeitlichen Utopie, Bd. 2, Frankfurt am Main 1985, S. 101-150.

Engels, Friedrich: Die Entwicklung des Sozialismus von der Utopie zur Wissenschaft, MEW Bd. 19, Berlin 1968.

Euchner, Walter: Karl Marx, München 2000.

Euchner, Walter: Naturrecht und Politik bei John Locke, Frankfurt 1979.

Fenske, Hans; Mertens, Dieter; Reinhard, Wolfgang; Rosen, Klaus: Geschichte der politischen Ideen von Homer bis zur Gegenwart, Frankfurt am Main 1991.

Fetscher, Iring, und Münkler, Herfried (Hg.): Pipers Handbuch der politischen Ideen, 5 Bände, München und Zürich 1985ff.

Fetscher, Iring: Rousseaus politische Philosophie. Zur Geschichte des demokratischen Freiheitsbegriffs, Frankfurt/M. 6. Aufl. 1990.

Fetscher, Iring: Hannah Arendt über ‚produktive und unproduktive Arbeit' bei Adam Smith
und Karl Marx. Eine Richtigstellung, in: Politisches Denken, Jahrbuch 1995/96, Stuttgart und Weimar 1996, S. 117-124.

Feuerbach, Ludwig: Das Wesen des Christentums, Stuttgart 1969.

Finley, Moses I.: Antike und moderne Demokratie, Stuttgart 1980.

Fleischer, Helmut (Hg.): Der Marxismus in seinem Zeitalter, Leipzig 1994.

Foucault, Michel: Geschichte der Gouvernementalität II: Die Geburt der Biopolitik, Frankfurt am Main 2004.

Freyer, Hans: Einführung in: Machiavelli, Niccolò: Der Fürst, Übers. Ernst Merian-Genast,
Stuttgart 1984, S. 3-32.

Freyer, Hans: Machiavelli, Weinheim 2. Aufl. 1986.

Friedenthal, Richard: Karl Marx. Sein Leben und seine Zeit, München und Zürich 1981.

Friedrich der Große, Politisches Testament von 1752, Stuttgart 1987.

Friedrich der Große, Der Anti-Machiavell oder Untersuchung von Machiavellis „Fürst",
bearbeitet von Voltaire, Leipzig 1991.

Fritz, Kurt von: Platon in Sizilien und das Problem der Philosophenherrschaft, Berlin 1968.

Ganett, R. T. Jr.: Tocqueville Unveiled. The Historian and His Sources for The Old Regime
and the Revolution, Chicago und London 2003.

Gauchet, Marcel: Tocqueville, Amerika und wir. Über die Entstehung der demokratischen
Gesellschaften. In: Ulrich Rödel (Hg.): Autonome Gesellschaft und libertäre Demokratie. Frankfurt 1990. 123-206.

Gay, Peter: Zeitalter der Aufklärung, Amsterdam 1967.

Gerhardt, Volker (Hg.): Der Begriff der Politik. Bedingungen und Gründe politischen Handelns. Stuttgart 1990.

Gerhardt, Volker: Immanuel Kants Entwurf „Zum ewigen Frieden". Eine Theorie der Politik,
Darmstadt 1995.

Gerhardt, Volker (Hg.): Eine angeschlagene These (Zur 11. Feuerbachthese), Berlin 1996.

Gerhardt, Volker: Die Asche des Marxismus, in: Politisches Denken, Jahrbuch 1998, Stuttgart und Weimar 1998, S. 17-46.

Gitlin, Todd: Nach dem Scheitern der Heilslehren. Jenseits von Marxismus, Individualismus
und Multikulturalismus. Blätter für deutsche und internationale Politik, 40. Jg. 1995,
H. 7, 808-819.

Glucksmann, André: Köchin und Menschenfresser. Über die Beziehung zwischen Staat,
Marxismus und Konzentrationslager, Berlin 1976.

Gowa, Joanne: Ballots and Bullets. The Elusive Democratic Peace, Princeton 1999.

Gress, David: From Plato to NATO, New York 1998.

Groethuysen, Bernard: Philosophie der Französischen Revolution, Frankfurt und New York
1989 (zuerst Paris 1956).

Grotius, Hugo: Vom Recht des Kriegs und des Friedens. Drei Bücher, Hg. Walter Schätzel,
Tübingen 1950.

Gutschker, Thomas: Aristotelische Diskurse. Aristoteles in der politischen Philosophie des
20. Jahrhunderts, Stuttgart und Weimar 2002.

Habermas, Jürgen: Naturrecht und Revolution, in ders.: Theorie und Praxis, Sozialphilosophische Studien, Frankfurt am Main 1971, S. 89-127.

Hansen, Hendrik: Karl Marx – Humanist oder Vordenker des Gulag?, in: Politisches Denken, Jahrbuch 2002, Stuttgart und Weimar 2002, S. 152-176.

Hauptwerke der politischen Theorie. Hg. von Stammen, Theo; Riescher, Gisela und Hofmann, Wilhelm, Stuttgart 1997.

Hayek, Friedrich-August von: Der Wettbewerb als Entdeckungsverfahren, in ders.: Freiburger Studien. Gesammelte Aufsätze, Tübingen 1994, S. 249-265.

Hayek, F. A. von: Die verhängnisvolle Anmaßung: Die Irrtümer des Sozialismus, Tübingen 1996.

Hegel, G.W.F.: Grundlinien der Philosophie des Rechts, Vorrede, in: Werke in zwanzig Bänden, Hg. Eva Moldenhauer und Karl Markus Michel, Band 7, Frankfurt am Main 1970.

Held, Susann: Eigentum und Herrschaft bei John Locke und Immanuel Kant. Ein ideengeschichtlicher Vergleich, Münster 2006.

Helvétius, Claude-Adrien: Vom Geist, Berlin und Weimar 1973.

Herb, Karlfriedrich und Hidalgo, Oliver: Alexis de Tocqueville, Frankfurt und New York 2005.

Herder, Johann Gottfried: Journal meiner Reise im Jahr 1769. Historisch-kritische Ausgabe, Hg. Katharina Mommsen, Stuttgart 1983.

Herder, Johann Gottfried: Ideen zur Philosophie der Geschichte der Menschheit, Wiesbaden 1995.

Hereth, Michael: Tocqueville zur Einführung, Hamburg 1991.

Hereth, Michael: Montesquieu zur Einführung, Hamburg 1995.

Heyer, Andreas: Materialien zum politischen Denken Diderots. Eine Werksmonographie, Hamburg 2004.

Heyer, Andreas: Studien zur politischen Utopie. Theoretische Reflexionen und ideengeschichtliche Annäherungen, Hamburg 2005.

Hidalgo, Oliver: Unbehagliche Moderne. Tocqueville und die Frage der Religion in der Politik, Frankfurt und New York 2006.

Hobbes, Thomas: Leviathan. Oder Stoff, Form und Gewalt eines kirchlichen und bürgerlichen Staates, Hg. Iring Fetscher, Übers. Walter Euchner, Frankfurt a.M. 1966 (engl. Leviathan, ed. with an Introduction by C. B. Macpherson, London 1987).

Hobbes, Thomas: Vom Menschen. Vom Bürger. Elemente der Philosophie II/III. Hg. Günter Gawlick. Hamburg 1977.

Hobbes, Thomas: Behemoth oder Das Lange Parlament, Frankfurt am Main 1991.

Höffe, Otfried: Widersprüche im Leviathan. Zur Aktualität der Staatsphilosophie von Thomas Hobbes,. Merkur 33. Jg. 1979, 1186-1203.

Höffe, Otfried: Immanuel Kant, München 1983.

Höffe, Otfried: Den Staat braucht selbst ein Volk von Teufeln. Philosophische Versuche zur Rechts- und Staatsethik, Stuttgart 1988.

Höffe, Otfried (Hg.): Immanuel Kant: Zum ewigen Frieden, Reihe Klassiker auslegen, Berlin 1995.

Höffe, Otfried: Praktische Philosophie. Das Modell des Aristoteles, 2. Aufl. Berlin 1996.

Höffe, Otfried: Aristoteles. Politik. Reihe Klassiker auslegen, Berlin 2001

Höffe, Otfried: Platon. Politeia. Reihe Klassiker auslegen, Berlin 2. Aufl. 2005.

Holbach, Paul Thiry d': Religionskritische Schriften: Das entschleierte Christentum. Taschentheologie. Briefe an Eugénie, Berlin und Weimar o.J. (1970).

Holbach, Paul-Henri Dietrich d': Essay über die Vorurteile, Leipzig 1972 (unter dem Kürzel D.M. zuerst 1770).

Holloway, Mark: Utopian Communities in America 1690-1880, Mineola/NY 1966.

Horkheimer, Max; Theodor W. Adorno: Dialektik der Aufklärung. Philosophische Fragmente. Frankfurt/M. Neuausgabe 1969 (geschrieben 1944, Erstveröffentlichung 1947).

Hume, David: Ein Traktat über die menschliche Natur, Buch II und III, Hamburg 1978.

Huxley, Aldous: Schöne neue Welt. Ein Roman der Zukunft. Übers. Herbert E. Herlitschka, München und Zürich 5. Aufl. 1992.

Ilting, Karl-Heinz: Grundfragen der praktischen Philosophie. Hg. und mit einem Nachwort versehen von Paolo Becchi und Hansgeorg Hoppe. Frankfurt/M. 1994.

Israel, Joachim: Der Begriff Entfremdung. Makrosoziologische Untersuchung von Marx bis zur Soziologie der Gegenwart, Reinbek 1972.

Jaeger, Werner: Aristoteles. Grundlegung einer Geschichte seiner Entwicklung, Berlin 1955.

Jaeger, Werner: Paideia. Die Formung des griechischen Menschen, 3 Bände, Nachdruck in einem Band, Berlin und New York 1989.

Jardin, André: Alexis de Tocqueville. Leben und Werk, Frankfurt am Main und New York 2005.

Joly, Maurice: Macht und Recht. Machiavelli contra Montesquieu. Gespräche in der Unterwelt, Hamburg 1948.

Kant, Immanuel: Kleinere Schriften zur Geschichtsphilosophie, Ethik und Politik. Hg. Karl Vorländer, Unveränderter Neudruck 1973 der Ausgabe von 1913

Kant, Immanuel: Beantwortung der Frage: Was ist Aufklärung?, (Dez. 1783), in: Bahr, Ehrhard (Hg.): Was ist Aufklärung? Thesen und Definitionen, Stuttgart 1974, S.9-17.

Kant, Immanuel: Werke in zwölf Bänden, Hg. Wilhelm Weischedel, Frankfurt/M. 1977ff.

Kersting, Wolfgang: Hobbes zur Einführung, Hamburg 1992.

Kersting, Wolfgang: Wohlgeordnete Freiheit, Immanuel Kants Rechts- und Staatsphilosophie, Frankfurt 1993.

Kleger, Heinz (Hg.): Religion des Bürgers. Zivilreligion in Amerika und Europa, München 1986.

Klopfleisch, Reinhard: Freiheit und Herrschaft bei Claude-Henri de Saint-Simon. Eine wissenschaftsgeschichtliche Studie über die Entwicklung des sozialen Freiheitsbegriffs von Rousseau über Saint-Simon zu Marx, Frankfurt 1982.

Knoll, Manuel: Die konservative Verantwortungsethik des Humanisten Niccolò Machiavelli, in: Politisches Denken, Jahrbuch 2003, Stuttgart und Weimar 2002, S. 94-116.

Kondylis, Panajotis: Die Aufklärung im Rahmen des neuzeitlichen Rationalismus, München 1986.

Korff, Hermann August: Geist der Goethezeit, 5 Bände, Leipzig 4. Aufl. 1954ff.

Koselleck, Reinhart: Kritik und Krise, Frankfurt 1973.

Koselleck, Reinhart: Der Traum der Vernunft. Vom Elend der Aufklärung, Darmstadt 1985.

La Mettrie, Julien Offray de: Philosophie und Politik, Nürnberg 1987.

La Mettrie, Julien Offray de: Der Mensch als Maschine, Nürnberg 2. Aufl. 1988.

Lenin, W. I.: Staat und Revolution, Berlin 1969.

Lenin, W.I.: Drei Quellen und drei Bestandteile des Marxismus (zuerst 1913), 4 Arbeiten über die Lehre von Marx und Engels, 20. Aufl. Berlin 1988.

Lieber, Hans J. (Hg.): Politische Theorie von der Antike bis zur Gegenwart, München 1991.

Locke, John: Ein Brief über Toleranz. Übersetzt, eingeleitet und in Anmerkungen erläutert von Julius Ebbinghaus, Englisch-deutsch. Hamburg 1957.

Locke, John: Versuch über den menschlichen Verstand, 2 Bände, Hamburg 4. Aufl. 1981.

Locke, John: Über die Regierung, Hg. Walter Euchner, Frankfurt 5. Aufl. 1992.

Lohmann, Georg: Karl Marx' fatale Kritik der Menschenrechte, in: Politisches Denken. Jahrbuch 1999, Stuttgart und Weimar 1999, S. 91-104.

Ludwig, Bernd: Die Wiederentdeckung des epikureischen Naturrechts. Zu Hobbes' philoso-phischer Entwicklung von De Cive zum Leviathan im Pariser Exil, Frankfurt am Main 1998.

Luhmann, Niklas: Am Anfang war kein Unrecht, in ders.: Gesellschaftsstruktur und Seman-tik. Studien zur Wissenssoziologie der modernen Gesellschaft, Frankfurt am Main 1989, S. 11-64.

Lukács, Georg: Geschichte und Klassenbewußtsein. Studien über marxistische Dialektik. Berlin 1923, Photomechanischer Reprint Amsterdam 1967.

Lutz-Bachmann, Matthias und Bohman, James (Hg.): Frieden durch Recht. Kants Friedens-idee und das Problem einer neuen Weltordnung, Frankfurt 1996.

Lyotard, Jean-François: Der Widerstreit, München 1987.

Lyotard, Jean-François: Der Enthusiasmus. Kants Kritik der Geschichte, Wien 1988.

Machiavelli, Niccolò: Gesammelte Schriften, Hg. Hanns Floerke, 5 Bde, München 1925.

Machiavelli, Niccolò: Discorsi. Gedanken über Politik und Staatsführung, 2. Aufl. Stuttgart 1977.

Machiavelli, Niccolò: Der Fürst. Übers. Ernst Merian-Genast, Einführung von Hans Freier, Stuttgart : Reclam 1984.

Machiavelli, Niccolò: Il Principe/Der Fürst. Italienisch/Deutsch, Übers. und Hg. von Philipp Rippel, Stuttgart 1986.

MacIntyre, Alasdair: Three perspectives on Marxism: 1953, 1968, 1995, in ders.: Ethics and Politics, Selected Essays, Vol. 2, Cambridge und New York 2006, S. 145-158.

Macpherson, C. B.: Die politische Theorie des Besitzindividualismus. Von Hobbes bis Lo-cke, Frankfurt/M. 2. Aufl. 1980 (dt. zuerst 1967, engl. 1962).

Maier, Hans; Rausch, Heinz und Denzer, Horst (Hg.): Klassiker des politischen Denkens, 2 Bände, München 1968, 6. Aufl. 1986, Neuausgabe 2001.

Mandeville, Bernard: Die Bienenfabel oder Private Laster, öffentliche Vorteile. Mit einer Einleitung von Walter Euchner, Frankfurt am Main 1980.

Mannheim, Karl: Ideologie und Utopie, Frankfurt am Main 7. Aufl. 1985.

Marx, Karl und Friedrich Engels: Werke. Herausgegeben vom Institut für Marxismus-Leninismus beim ZK der SED, Bd. 1-43, Berlin: Dietz-Verlag, 1956 ff. (zit. als MEW).

Maurer, Reinhart: Platos Staat und die Demokratie. Berlin 1970.

Maus, Ingeborg: Zur Aufklärung der Demokratietheorie. Rechts- und demokratietheoretische Überlegungen im Anschluß an Kant, Frankfurt am Main 1994.

Mayer, J.P.: Alexis de Tocqueville. Analytiker des Massenzeitalter, München 1972.

Meier, Christian: Die Entstehung des Politischen bei den Griechen, Frankfurt/M. 1983.

Meier, Christian: Athen. Ein Neubeginn der Weltgeschichte, München 1993.

Meinecke, Friedrich: „Die deutsche Katastrophe", in: ders.: Autobiographische Schriften, hg. und eingeleitet von Eberhard Kessel, Stuttgart 1969.

Meinecke, Friedrich: Die Idee der Staatsräson in der neueren Geschichte, München und Wien 1976.

Minois, Georges: Geschichte des Atheismus. Von den Anfängen bis zur Gegenwart, Weimar 2000.

Mises, Ludwig von: Die Wirtschaftsrechnung im sozialistischen Gemeinwesen, Archiv für Sozialwissenschaft und Sozialpolitik 47 (1920) S. 86-121.

Montesquieu: Betrachtungen über die Ursachen von Größe und Niedergang der Römer. Mit den Randbemerkungen Friedrichs des Großen. Hg. Lothar Schuckert, Bremen 1957.

Montesquieu: Vom Geist der Gesetze. Übersetzt und herausgegeben von Ernst Forsthoff, 2 Bände, Tübingen 2. Aufl. 1992.

Morris, Dick: The New Prince. Machiavelli updated for the Twenty-First Century, Los Angeles: Renaissance-Books 1999.

Morus, Thomas: Utopia, in: Der utopische Staat. Hg. Klaus J. Heinisch, Reinbek 27. Aufl. 2004.

Münkler, Herfried: Im Namen des Staates. Die Begründung der Staatsräson in der frühen Neuzeit, Frankfurt am Main 1987.

Münkler, Herfried: Machiavelli. Die Begründung des politischen Denkens der Neuzeit aus der Krise der Republik Florenz, Frankfurt am Main 1987.

Nietzsche, Friedrich: Vom Nutzen und Nachteil der Historie für das Leben, in ders.: Sämtliche Werke. Kritische Studienausgabe, Hg. Giorgio Colli und Mazzino Montinari, Bd. 1, München 1980.

Offe, Claus: Selbstbetrachtungen aus der Ferne. Tocqueville, Weber und Adorno in den Vereinigten Staaten, Frankfurt 2004.

Orwell, George: 1984, Übers. Kurt Wagenseil, Wien 1984.

Ottmann, Henning: Geschichte des politischen Denkens, 2 Bände, Stuttgart und Weimar 2001ff.

Otto, Dirk Das utopische Staatsmodell von Platons Politeia aus der Sicht von Orwells Nineteen-Eighty-Four. Ein Beitrag zur Bewertung des Totalitarismusvorwurfs gegenüber Platon, Berlin 1994.

Pannier, Jörg: Das Geheimnis des zweiten Zusatzes. Ein historisch-kritischer Beitrag zu Kants Friedensschrift, in Politisches Denken. Jahrbuch 2005, Berlin 2006, S. 189-226.

Parsons, Talcott: Democracy and Social Structure in Pre-Nazi Germany (1942). Essays in Sociological Theory. Revised Edition. New York und London 1954, S. 104-123.

Pierson, G.W.: Tocqueville in America, Baltimore und London 1996 (zuerst 1938).

Platon: Sämtliche Werke in zehn Bänden. Griechisch und Deutsch. Nach der Übersetzung Friedrich Schleiermachers, Frankfurt und Leipzig 1991 (zitiert wird mit der Stephanus-Seitenzählung von 1578).

Platon: Der siebente Brief, Übers. Ernst Howald, Stuttgart 1993.

Pocock, J. G. A.: The Machiavellian Moment. Florentine Political Thought and the Atlantic Republican Tradition, Princeton und Oxford 1975.

Pocock, J. G. A.: Die andere Bürgergesellschaft. Zur Dialektik von Tugend und Korruption, Frankfurt, New York und Paris 1993.

Popper, Karl R.: Die offene Gesellschaft und ihre Feinde, Bd. 1, Der Zauber Platons, 6. Aufl. München 1980.

Popper, Karl: Die offene Gesellschaft und ihre Feinde, Band 2, Falsche Propheten: Hegel, Marx und die Folgen, München 1980.

Popper, Karl: Immanuel Kant. Der Philosoph der Aufklärung. Eine Gedächtnisrede zu seinem hunderfünfzigsten Todestag, in ders.: Die offene Gesellschaft und ihre Feinde I: Der Zauber Platons, München 6. Aufl. 1980, S. 9-19.

Ramm, Thilo (Hg.): P.-J. Proudhon. Ausgewählte Texte, Stuttgart 1963.

Ramm, Thilo (Hg.): Der Frühsozialismus. Quellentexte, Stuttgart 2. Aufl. 1968.

Raphael, D.D.: Adam Smith, Frankfurt und New York 1991.

Reese-Schäfer, Walter: Grenzgötter der Moral. Der neuere europäisch-amerikanische Diskurs zur politischen Ethik, Frankfurt 1997.

Reese-Schäfer, Walter: Antike politische Philosophie zur Einführung, Hamburg 1998.

Reese-Schäfer, Walter: Democratic Peace Theory: Kant, Doyle und Lake, in ders.: Politische Theorie der Gegenwart in fünfzehn Modellen, München und Wien 2006, S. 157-165.

Reese-Schäfer, Walter: Politische Theorie der Gegenwart in fünfzehn Modellen, München und Wien 2006.

Reese-Schäfer, Walter: Aristoteles interkulturell gelesen, Nordhausen 2007.

Reese-Schäfer, Walter: Platon interkulturell gelesen, Nordhausen 2009.

Rehm, Michaela: Bürgerliches Glaubensbekenntnis. Moral und Religion in Rousseaus politischer Philosophie, München 2006.

Richter, M.: Comparative Political Analysis in Montesquieu and Tocqueville, in: Comparative Politics 1, 1969, Nr. 1, S. 129-160.

Riedel, Manfred: Metaphysik und Metapolitik. Studien zu Aristoteles und zur politischen Sprache der neuzeitlichen Philosophie. Frankfurt/M. 1975.

Riesman, David: Die einsame Masse. Eine Untersuchung der Wandlungen des amerikanischen Charakters, Mit einer Einführung in die deutsche Ausgabe von Helmut Schelsky. Reinbek 1958 (zuerst als The Lonely Crowd 1950).

Ritter, Joachim: Metaphysik und Politik, Studien zu Aristoteles und Hegel, Frankfurt a.M. 1977.

Rorty, Richard: Das kommunistische Manifest 150 Jahre danach: gescheiterte Prophezeiungen, glorreiche Hoffnungen, Frankfurt am Main 1998.

Roß, Bettina: Politische Utopien von Frauen. Von Christine de Pizan bis Karin Boye, Dortmund 1998.

Rousseau, Jean-Jacques: Schriften über den Abbé Saint-Pierre, in ders.: Kulturkritische und politische Schriften Bd. 2, Berlin 1989 (zuerst München 1979).

Rousseau, Jean-Jacques: Schriften zur Kulturkritik (Die zwei Diskurse von 1750 und 1755), Französisch-Deutsch, Hg. Kurt Weigand, 4. erw. Aufl. Hamburg 1983.

Rousseau, Jean-Jacques: Kulturkritische und politische Schriften in 2 Bänden, Hg. Martin Fontius, Berlin 1989.

Rousseau, Jean-Jacques: Schriften, 2 Bände, Hg. Henning Ritter, Frankfurt am Main 1995.

Rousseau, Jean-Jacques: Vom Gesellschaftsvertrag oder Die Grundlagen des politischen Rechts, Übers. Erich W. Skwara, Frankfurt/M. 2000 (Du contrat social, Ed. Bruno Bernardi, Paris 2001).

Rousseau, Jean-Jacques: Emile oder Über die Erziehung, Stuttgart 2001.

Rousseau, Jean-Jacques: Friedensschriften Frz.-Dt., Hg. Michael Köhler, Hamburg 2009.

Saage, Richard: Politische Utopien der Neuzeit, Darmstadt 1991.

Saage, Richard: Eigentum, Staat und Gesellschaft bei Immanuel Kant. Mit einem Vorwort „Kant und der Besitzindividualismus" von Franco Zotta, Baden-Baden, 2. Aufl. 1994.

Saage, Richard: Zur Utopiekritik Karl R. Poppers, in ders.: Vermessungen des Nirgendwo. Begriffe, Wirkungsgeschichte und Lernprozesse der neuzeitlichen Utopien, Darmstadt 1995, S. 69-86.

Saage, Richard: Utopische Profile: Renaissance und Reformation, Münster 2001.

Saage, Richard: Utopische Profile: Widersprüche und Synthesen des 20. Jahrhunderts, Münster 2003.

Sabine, George H. und Thorson, Thomas L.: A History of Political Theory, 4th Edition, Chicago 1961.

Saint-Pierre, Abbé Castel de: Der Traktat vom ewigen Frieden 1713, Hg. Wolfgang Michael, Berlin 1922 (Klassiker der Politik).

Samjatin, Jewgenij: Wir. Roman. Mit einem Essay über die Literatur und die Revolution, Übers. von Gisela Drohla, Köln 1984.

Schlesinger, Arthur M.: The Imperial Presidency, Boston 1973.

Schmidt, Alfred: Der Begriff der Natur in der Lehre von Marx. Überarbeitete und mit einem Postskriptum versehene Neuausgabe, Frankfurt 1971.

Schmidt, Alfred: Emanzipatorische Sinnlichkeit. Ludwig Feuerbachs anthropologischer Materialismus, Frankfurt am Main 1973.

Schmitt, Carl: Der Leviathan in der Staatslehre des Thomas Hobbes. Sinn und Fehlschlag eines politischen Symbols, Köln 1982 (zuerst 1938).

Schnädelbach, Herbert: Die Zukunft der Aufklärung, in ders.: Analytische und postanalytische Philosophie, Frankfurt 2004.

Schubert, Andreas: Platon: Der Staat. Ein einführender Kommentar. Paderborn, München, Wien, Zürich 1995.

Schwarz, Egon: Aus Wirklichkeit gerechte Träume. Utopische Kommunen in den Vereinigten Staaten von Amerika, in: Voßkamp, Wilhelm(Hg.), Utopieforschung. Interdisziplinäre Studien zur neuzeitlichen Utopie, Bd. 3, Frankfurt am Main 1985, S. 411-430.

Schweidler, Walter: Der gute Staat. Politische Ethik von Platon bis zur Gegenwart, Stuttgart 2006.

Skinner, Quentin: Machiavelli zur Einführung, Hamburg 2. Aufl. 1990.

Skinner, Quentin: Freiheit und Pflicht. Thomas Hobbes' politische Theorie, Frankfurter Adorno-Vorlesungen, Frankfurt am Main 2008.

Smith, Adam: Der Wohlstand der Nationen. Eine Untersuchung seiner Natur und seiner Ursachen, Übers., Horst Claus Recktenwald. München 5. Aufl. 1990 (zuerst 1776).

Smith, Adam: Theorie der ethischen Gefühle, Hamburg 1985.

Smith, Adam: Vorlesungen über Rechts- und Staatswissenschaften. Übersetzt, eingeleitet und kommentiert von Daniel Brühlmeier, Sankt Augustin 1996.

Steinvorth, Ulrich: Stationen der politischen Theorie. Hobbes, Locke, Rousseau, Kant, Hegel, Marx, Weber, Stuttgart 1981.

Sternberger, Dolf: Drei Wurzeln der Politik, Frankfurt am Main 6. Aufl. 1986.

Sternberger, Dolf: Heinrich Heine und die Abschaffung der Sünde, Werke Bd. 12, Frankfurt am Main 2001.

Stollberg-Rilinger, Barbara: Europa im Jahrhundert der Aufklärung, Stuttgart 2000.

Strauss, Leo: Thoughts on Machiavelli, Glencoe 1958.

Strauss, Leo: Naturrecht und Geschichte, Frankfurt 1977.

Strauss, Leo und Cropsey, Joseph: History of Political Philosophy, 3 rd Edition, Chicago und London 1987.

Strauss, Leo: Persecution and the Art of Writing, Chicago und London 1988.

Strauss, Leo: Hobbes' politische Wissenschaft und zugehörige Schriften – Briefe. Hg. Heinrich und Wiebke Meier, Stuttgart und Weimar 2001.

Streminger, Gerhard: Der natürliche Lauf der Dinge. Essays zu Adam Smith und David Hume, Marburg 1995.

Streminger, Gerhard: Adam Smith, Reinbek 2. Aufl. 1999.

Stubbe-da Luz, Helmut: Montesquieu, Reinbek 1998.

Talmon, J.L.: Die Ursprünge der totalitären Demokratie, Köln und Opladen 1961.

Taureck, Bernhard H.F.: Machiavelli-ABC, Leipzig 2002.

Tietgen, Jörn: Die Idee des Ewigen Friedens in den politischen Utopien der Neuzeit. Analysen von Schrift und Film, Marburg 2005.

Tocqueville, Alexis de: Das Zeitalter der Gleichheit. Eine Auswahl aus dem Gesamtwerk, Hg. Siegfried Landshut, Stuttgart 1954.

Tocqueville, Alexis de: Erinnerungen, Stuttgart 1954 (Frz. Original: Souvenirs).

Tocqueville, Alexis de: Der alte Staat und die Revolution, München 1978 (Frz. Original: L'ancien régime et la revolution, 1856).

Tocqueville, Alexis de: Über die Demokratie in Amerika. 2 Bände. Neu übertragen von Hans Zbinden, Zürich 1987 (Frz. Original: De la démocratie en Amérique, 1835/40).

Tocqueville, Alexis de: Kleine politische Schriften, Hg. Harald Bluhm, Berlin 2006.

Turgot: Über die Fortschritte des menschlichen Geistes, Hg. Johannes Rohbeck und Lieselotte Steinbrügge, Frankfurt 1990.

Voegelin, Eric: Ordnung und Geschichte Band 7: Aristoteles, München 2001.

Volkmann-Schluck, Karl-Heinz: Politische Philosophie. Thukydides. Kant. Tocqueville, Frankfurt/M. 1974.

Voltaire: Über die Toleranz. Veranlaßt durch die Hinrichtung des Johann Calas im Jahre 1762, in ders.: Recht und Politik. Hg. Günther Nenning, Frankfurt am Main 1978, S. 84-256.

Voltaire, Briefe aus England. Zürich 1994.

Voltaire und Friedrich der Große: Briefwechsel, Hg. Hans Pleschinski, München 1995.

Voltaire und Katharina die Große: Monsieur – Madame. Der Briefwechsel zwischen der Zarin und dem Philosophen, Zürich 2002.

Vorländer, Karl: Kant und Marx (1911), in: Sandkühler, Hans Jörg und Vega, Rafael de la: Marxismus und Ethik, Frankfurt am Main 1974, S. 262-350.

Waschkuhn, Arno: Politische Utopien, München und Wien 2003.

Weart, Spencer R.: Never at War. Why Democracies will not fight another, New Haven und London 1998.

Weber, Max: Politik als Beruf (Oktober 1919), in ders.: Gesammelte Politische Schriften, Tübingen 5. Aufl. 1988, S. 505-560.

Weber-Fas, Rudolf: Staatsdenker der Moderne. Klassikertexte von Machiavelli bis Max Weber, Tübingen 2003.

Weber-Fas, Rudolf: Staatsdenker der Vormoderne. Klassikertexte von Platon bis Martin Luther, Tübingen 2005.

Weiß, Johannes: Marx oder Weber? In: Politisches Denken, Jahrbuch 1995/96, Stuttgart und Weimar 1996, S. 73-84.

Wieland, Wolfgang: Platon und die Formen des Wissens. Göttingen 1982.

Williams, Howard; Wischke, Mirko: Zwischen Widerstandsrecht und starkem Staat. Ein Beitrag zur deutschen Rezeptionsgeschichte von Hobbes, in: Politisches Denken, Jahrbuch 2004, Berlin 2004, S. 25-42.

Xenophon, Hellenika. Griechisch-Deutsch, Hg. Gisela Strasburger, 2. Aufl. München und Zürich 1988.

Zehnpfennig, Barbara: Platon zur Einführung, Hamburg 1997.

Zeittafel

AUTOR	WERK	IM EIGENEN LAND	WELTEREIGNISSE
Platon (427-347 v. Chr.)	7. Brief (ca. 354); Politeia (ca. nach 388)	Kapitulation Athens im Peloponnesischen Krieg (404); Tod des Sokrates (399)	Ermordung Dions in Syrakus (354)
Aristoteles (384-322 v. Chr.)	Politik	322 Ende der athenischen Demokratie	Alexander der Große
Machiavelli (1469-1527)	Der Fürst (1513)	1494-1512 Florentinische Republik	1517 Luthers Thesenanschlag
Thomas Morus (1477-1535)	Utopia (1516)	Heinrich VIII., anglikanische Staatskirche	1492 Columbus entdeckt Amerika
Hobbes (1588-1679)	Leviathan (1651)	1649 Hinrichtung Karls I, 1649-60 England Republik	1618-48 Dreißigjähriger Krieg
Locke (1632-1704)	Zweite Abhandlung (1690)	1688 Glorious Revolution, Bill of Rights	1683 Die Türken vor Wien
Montesquieu (1689-1755)	Geist der Gesetze (1748)	1714 Tod Ludwigs XIV., Regentschaft, Aufklärung	1713 Friede von Utrecht
Rousseau (1712-1778)	Erster Discours (1750); Zweiter Discours (1755); Contrat social (1762)	Ludwig XVI. (König 1774-1792)	1756-1763 Siebenjähriger Krieg; Verlust der frz. Kolonien
Smith (1723-1790)	Wohlstand der Nationen (1776)	England Weltreich	1776 amerikanische Revolution
Kant (1724-1804)	Zum ewigen Frieden (1795)	Friedrich der Große 1740-1786	1789 frz. Revolution, Menschenrechte
Tocqueville (1805-1859)	Über die Demokratie in Amerika (1835/40); Der alte Staat und die Revolution (1856)	1830 Julirevolution; 1848 Februarrevolution	1815 Wiener Kongreß, Restauration
Marx (1818-1883) Engels (1820-1895)	Deutsche Ideologie (1845); Thesen über Feuerbach (1845); Kommunistisches Manifest (1848)	1848 Märzrevolution ; 1871 Deutsches Kaiserreich	1871 Pariser Commune

Ausgewähltes Personen- und Sachverzeichnis